U0896273

中國收藏拍賣年鑑

蘇士澍敬題

主编　张忠义

人民美術出版社

图书在版编目(CIP)数据

中国收藏拍卖年鉴. 2013 / 张忠义编 . - 北京: 人民美术出版社，2013.9
ISBN 978-7-102-06493-2

Ⅰ.①中… Ⅱ.①张… Ⅲ.①收藏 - 中国 - 2013 - 年鉴②拍卖 - 中国 - 2013 - 年鉴 Ⅳ. ①G894-54②F724.59-54

中国版本图书馆CIP数据核字(2013)第206530号

中国收藏拍卖年鉴2013

编辑出版 人民美術出版社
(100735 北京北总布胡同32号)
http://www.renmei.com.cn

责任编辑 刘士忠 张钟心
主　　编 张忠义
责任印制 文燕军
制版印刷 北京雅昌彩色印刷有限公司
经　　销 新华书店总店北京发行所

2013年9月 第1版 第1次印刷
开本：887毫米×595毫米 1/16 印张：36.7
ISBN 978-7-102-06493-2
定价：398.00元

中国收藏拍卖年鉴
（2013）
专家顾问委员会

王光英　中国收藏家协会名誉会长，第九届全国人大常委会副委员长

蒋正华　中国收藏家协会名誉会长，第十届全国人大常委会副委员长

张思卿　第十届全国政协副主席，最高人民检察院原检察长

白立忱　中国收藏家协会赏石收藏委员会名誉主席，第十一届全国政协副主席

以下按姓氏笔画排列：

万　捷　雅昌文化集团有限公司董事长，全国政协委员

王　克　上将，中国人民解放军总后勤部原部长，中央军委委员

孔繁峙　中国文物学会副会长，北京市文物鉴定委员会主任，北京市文物局原局长

甘学军　北京华辰拍卖有限公司董事长兼总经理

白国庆　中国艺术科技研究所所长，中国艺术研究院委员会委员

冯　远　中央文史研究馆副馆长，中国文学艺术界联合会副主席，中国美术家协会副主席

吕章申　中国收藏家协会顾问，中国国家博物馆馆长

刘尚勇　北京荣宝拍卖有限公司总经理，中拍协文化艺术品拍卖专业委员会副主任

苏士澍　中国书法家协会副主席，文物出版社名誉社长，第十二届全国政协常委

杜廼松　中国收藏家协会顾问，故宫博物院研究员

李学勤　中国收藏家协会顾问，夏商周断代工程首席科学家，清华大学教授

李肇星　中国公共外交协会会长，中华人民共和国外交部原部长

杨　新　中藏协专家鉴定委员会副主任，国家文物鉴定委员会委员，故宫博物院原副院长

杨伯达　国家文物鉴定委员会委员，故宫博物院原副院长

杨晋英　中国收藏家协会常务副会长兼秘书长

肖燕翼　国家文物鉴定委员会委员，故宫博物院原副院长

邹佩珠　李可染艺术基金会理事长，李可染夫人

中国收藏拍卖年鉴
（2013）

ARTRON 雅昌

中国收藏拍卖年鉴
（2013）

主 办 单 位

中国收藏家协会

中国拍卖行业协会

雅昌文化集团有限公司

学术支持

《中国收藏拍卖年鉴》专家顾问委员会

雅昌艺术市场监测中心

制作单位

北京慧鉴国际文化艺术交流中心

中国收藏拍卖年鉴
（2013）

支 持 单 位

(排名不分先后)

人民美术出版社

中国文物保护基金会

中国文物学会

中国书画收藏家协会

雅昌艺术网

中国嘉德国际拍卖有限公司

北京保利国际拍卖有限公司

北京翰海拍卖有限公司

北京荣宝拍卖有限公司

北京华辰拍卖有限公司

北京匡时国际拍卖有限公司

中贸圣佳国际拍卖有限公司

西泠印社拍卖有限公司

苏富比（香港）有限公司

佳士得（香港）有限公司

上海朵云轩拍卖有限公司

河南省华夏美术馆

华夏城乡文化书画研究院

《人民日报》人民网收藏频道

新浪网收藏频道

《收藏天下》全国专业电视频道

中央数字电视书画频道

《中国文化报》

《中国文物报》

《中国艺术报》

《中国拍卖》杂志

《中国收藏》杂志

《收藏》杂志

《文物天地》杂志

《艺术商业》杂志

目 录

第一部分 专家论著

第二部分 艺术市场报告

第三部分 年度重要拍品

第四部分　艺苑撷英

第五部分　政策法规

第六部分　业界动态

第七部分 考古发现

第八部分　文物知识

第九部分　文物机构名录

第一部分

专家论著

艺术家的社会文化责任

——在“中国收藏拍卖文化高层论坛·收藏拍卖与文化强国”上的讲话

中央文史研究馆副馆长，中国文学艺术界联合会副主席，中国美术家协会副主席　冯　远

各位好！

进入新世纪以来，中国艺术文化事业得到了非常好的发展，很庆幸我们能赶上历史上最好的一个时期。艺术文化，作为一项受广大人民群众所关注和喜爱的门类，受众面越来越宽，艺术和艺术品收藏队伍也越来越庞大，因此艺术市场近些年来十分活跃，其中当然也存在许多问题。收藏拍卖是文化艺术行业中的一小部分。作为一个局部，文化强国这个题目很大，收藏拍卖与文化强国这中间有多大的关联，或者说是不是收藏拍卖活跃了就代表文化强、国家强的概念，这中间我觉得对许多问题的认识还有待厘清。今天我想站在一个艺术实践家的角度，就艺术团体、文化机构、创作者应该承担的社会责任以及文化责任，简洁地谈谈个人的看法。

党的十七届六中全会提出了坚持走社会主义文化发展道路、建设社会主义文化强国这个振奋人心的宏伟的目标，这标志着党和政府将发展文化事业、文化产业放到了新时期中国社会主义现代化建设一个重要的位置。作为执政的中国共产党，从其建党至今还没有哪一次全会全体中央委员来探讨这样一个问题。实际上，每一任中央的总书记在他执政期间，都会在其五年、十年任期内把文化建设问题和经济的主题内容紧密结合起来，放到党的中央全会的议程议题之中，但是像这样专门拿出一个主题来深入研究讨论并作出若干问题决定，是建党及新中国成立以来我党历史上极少有的，所以，提出建设社会主义文化强国的概念确实非常振奋人心。但是文化强国的概念是什么？怎么来实现这个目标？强国的标准是什么？具备什么样的水平才能说明我们达到了强国目标？十七届六中全会做出了《中共中央关于深化文化体制改革、推动社会主义文化大发展大繁荣若干重大问题的决定》，就建设社会主义文化强国的战略部署和若干措施作了具体说明。从中我个人体会是：真正要实现文化强国目标，可以体现在六个方面：第一，13亿国民受教育程度的普遍提高；第二，国民素质和文化素养进一步提高；第三，国民文化消费意识和购买能力进一步提高；第四，文化产业收益在国民经济总产值中所占比重进一步提高——按照欧美发达国家的基本统计，一个国家的文化产业收入在国民经济比重中达到9%~13%，才能体现该国的文化实力；第五，公共文化服务体系的建立与实施、文化设施建设进一步完善和提高，这当然指的是软件、硬件，包括文化产品和消费服务满足国民需求的比重进一步提高；最后一条也就是文化精品和优秀人才涌现的数量、比重、概率进一步提高，其中尤其是获得国际国内同行和广大公众认可的、能够代表国家文化形象的经典作品和人才的不断涌现是最为重要的，也是最为紧迫的。国家强大强在哪里？不光是看你盖了多少剧院、博物馆，文化消费如何旺盛，更要出一批大师，要出一批全世界大家认可的艺术精品。不管是戏剧、音乐、舞蹈、美术还是书法，包括各种各样的，譬如文物，

还有历史上流传下来的传统艺术品，要有不断创新的、创造的真正具有价值的艺术品，这样才能让国家艺术产业真正走向富强。

新中国建立以来，尤其是改革开放以来，我们国家文化事业取得了有目共睹的成就，这是不言而喻的。文化艺术市场的活跃和艺术品收藏的热潮持续升温，为艺术创作提供了有史以来最好的机遇和环境。中国的艺术品市场成为继英美之后的第二大市场和交易额第一大国。不管这个数据准确与否、统计的方法有否出入，就这个体量和所占的基本盘面，中国的艺术品市场在快速升温、提升、扩大，这是一个显见的事实。因此，当代的中国艺术家赶上了几代人都梦想的好时代，今天的书画家们画什么、怎么画、写什么、怎么写，享有充分自由。艺术家的劳动得到了全社会充分的尊重。李长春同志在为六中全会的报告和《决定》所作的说明中提到，各级党和政府要关心艺术家生活、工作和学习，要充分尊重他们的创作自由、学术自由，鼓励他们各种风格竞相发展，充分开展学术争论。由此可见，各级党和政府这些年来对发展文化艺术加大了投入，给予了非常大的关注。六中全会召开以后，据我了解，去年下半年到今年头几个月，各地都在纷纷研讨“十二五”发展规划纲要中文化建设和繁荣文化艺术创作，拿出相当资金，各地都增加了投入，这是非常好的机遇。艺术家的劳动成果获取相应的报酬有了保障。另一方面各级地方政府还不断提供相应的资金、物质条件和资助来支持艺术家深入生活写生、采风和创作，组织各种主题性创作，包括院校、专业机构的创作活动，甚至拿出钱来资助创作、举办展览，评选中青年优秀艺术家等等，应该说措施非常得力。同时艺术家的生活、学习、工作环境不断改善，这在十年二十年前是艺术家想都不敢想的巨大变化。

但是当前的繁荣之中确实有隐忧，有些隐忧已经到了不可忽视、应该由全社会共同携手来努力改变的地步。比如说，一部分艺术家远离现实生活，不愿意关注现实社会中丰富多彩的生活，只关注自我，热衷于表现自身狭窄视野之内的小情怀、小情趣。虽然党和政府号召艺术家要践行“三贴近”，关注社会、关注生活、关注民众，但他表现的东西只跟他自己有关联，一块很小的天地，甚至片面地理解当年“文革”期间一些极“左”文艺思潮带来的一些负面影响，认为响应党和政府的号召、参与的活动都带有某种遵命的、应景的非艺术理念和功利因素在里面，有的片面理解党和政府推动文化艺术发展的方针政策，甚至鄙薄崇高，漠视人类共同的价值追求和真善美的理想，认为画的美仅是表面的东西，追求以丑以怪为美的、个性化、个人化艺术效果。当然这是一个可以讨论的学术问题，并不是束缚个人艺术上的创新。有的追求一些极端私人化，甚至远离公众群体意识和社会责任的一些创作，我觉得这是当代艺术家艺术创作中一种不可忽视的现象。我们应该引起重视。有的刻意回避作品的意义和艺术内涵的丰富性，而完全凭着一己的兴趣，或热衷于语言、风格、技艺等技术层面的东西，或材料翻新、观念操弄等等，以此来博取社会的关注，甚至来自境外的、不同意识形态藏家的关注。当然也有一些自诩象牙塔艺术，追求享乐主义、拜金主义，相互攀比，一味地追随市场，目标是能够卖出好价钱，有的甚至直接参与市场操作。我想这些问题在我们周围时常能够听到，相信在座的很多朋友也都了解。至于说在市场行为中，有个别受过专业训练的、本来很有发展前途的年轻人，参与造假、仿制赝品，更是应该受到谴责和打击的犯罪行为。实际上近十年来，打假、谴责制假售假的舆论此起彼伏，但是情况没有从根本上得到遏制，有些低端的市场中甚至以此作为一种牟利的基本手段，这是很有悖诚信道德的。以上种种都不应该是一个有理想、有抱负、有社会责任感的艺术家的操守和修为。

艺术是一个时代，是现实生活中人和作者精神的折射，也是当代人类文明进步、社会进步的精神图谱的再现，如果认同这个道理，那么艺术家、艺术表现、艺术创作当随时代，笔墨语言当随时代，这个应该是毫无疑义的。艺术家有一百条理由追求不同的个性、艺术风格和面貌，既可以在传承先人的传统文化基础上进行革故鼎新、创新拓展，也可以大胆地运用现代艺术，包括各种前卫的新型样式进行探索和求索，这些实践层面的问题在今天已经不存在任何障碍。应该说今天的文化艺术创作氛围非常之广泛，只要不去挑战公众的道德底线去搞那种恶心、血腥，宣扬残暴、色情的东西，当代中国艺术家的创作天地应该是十分广阔的。他既可以满腔热忱地颂扬社会的进步和新时代人的理想追求、精神面貌，也可以以犀利的方式来批评、批判社会关注的各种消极问题。不能要求艺术家只能唱赞歌，只能说好听的，搞虚假的那一套。那个时代已经过去了。今天的艺术家只要满怀着热情，对应该批判的社会现象都可以通过艺术作品去表达。一个艺术家的价值评判，我觉得在今天也是完全能够被接受的，但是出发点应该是善良的，是希望社会进步的，而不是把这个社会说成一无是处、一团漆黑，这就背离了艺术家文艺创作的良好初衷。他应该秉持基本的道德良知和道义精神，使之体现在他作品的思想内涵中，并且通过精湛的技艺、精妙的形式去打动人心、愉悦公众，进而陶冶思想、净化人心。

当然我们不能要求作者的每一件作品都去承载深刻的思想内涵、宏大的精神理想，我们欢迎各种形式的新作品、优秀作品和精品，不管是鸿篇巨制还是尺幅小品。优秀作品、精品是不分大小的，没有说宏大叙事作品就一定是好作品，尺幅小品就一定不被人重视，只有好才是最为重要的。今天的批评家、理论家、艺术实践家对这些观念已经越来越清楚，只要是真正好的，不分大小，都应尊重，都该传承，这个社会也会接纳。当然也不能指望每一件画作、一首诗歌、一部小说都要去体现国家形象，那我觉得是任意夸大了文艺作品的作用，这中间没有必然联系。或者说这件作品画得好不好能体现国家的软实力，这就夸大了某一件个体作品的功能。如果要求我们每件作品一动笔就要承载一个非常重大的历史使命，我觉得这也走向了另外一种误区。但是，正如“一花一世界，一沙一天国”，我们可以以小见大，见微知著。不管是再巨大、再微小的作品，都能体现作者的情感和审美价值趣味，这是纤毫毕现、毋庸置疑的。你有什么样的修养，你有什么样的水平，你笔下的作品就是什么样的价值。

我想在今天这种大批量流水制作生产艺术品的时代已经不被人看好了，艺术创作贵在精、重在好。人民币、资金、资本无疑是个好东西，现代化建设需要大量的投资、投入和产出，文化建设和艺术品市场的发展也需要依靠人民币、资金和资本的投入产出效益。作为市场杠杆和流通领域的热门话题，资金、资本可以大有作为。它的双重特性既可以激发艺术家的再创造活力，也可能锈蚀艺术家的灵魂和价值取向。我说这个话是有体会的。我们在那个史无前例的年代，确实有艺术家满怀热情地去创作了一批“红光亮”、“高大全”的作品，并以此为荣，这确实是当时我们陷入的一种价值理念误区。多少年以后，我们经济、社会快速发展，人们物质生活水平大幅提高，人人发现金钱、物质享受是个好东西，于是人人追求。但是精神文化产品是不能也不应该把这作为价值追求的终极目标的。我个人认为，无论这个社会如何发展，你的生活条件、物质条件如何改善，人的精神价值取向不应该随波逐流。但现实的情况是，本来一批很有才华、水准优秀的艺术家转而热衷于市场。市场好不好？好！我赞成关注市场，因为一件艺术作品在获得评论家的学术评价之外，很重要的一个参考指标就是市场对它作出的评价，而且常常是以价格来体现的。环顾世界，基本都没有超越这个规律之外的。中国完全把市场拒之门外非但不可行，也做不到，市场经济繁荣带来的直接效应就是艺术品市场的繁荣。艺术市场本身的标准也在衡量着艺术家的创作价值。但是，我们相当一部分艺术家放弃了本来高远的精神价值追求，而一味地追求什么好卖画什么，这就完全偏离了他的创作思想和艺术创作的精神。

对艺术家来说，作品是他的第二生命，作品的物理生命甚至要远远超过作者的自然生命。人活七八十岁、九十岁，但作品可能二三百年、三四百年、四五百年甚至上千年一直在市场上流通，在多个艺术收藏家、艺术爱好者手中在流传，生命远远超出作者的自然生命。因此，一个理智的艺术家任何时候都应该秉持一种敬畏之心，认真地对待自己的每一件作品，以一种负责任的态度来善待自己的作品，任何草率和不负责任的行为，都将反过来还报予你。这一点我是说的切身体会。当年年轻的时候有任务来了赶时间，不免有些应酬的东西，多少年以后发现它进入了市场流通。每见这些作品，我就有一种无地自容的感觉。所以，这二十年来，我认真对待我的每一件作品，我绝不敷衍潦草，为了挣几个钱任意去应付别人，实际上应付别人的同时最终是应付自己，说这话是我的一个自身的感受。市场虽然不无实用、势利、现实，瞬息万变，但却是相对公平的，是有规律可循的。市场最终不会也不应该亏待那些诚实劳动、诚实付出的艺术家。我相信只要是诚实劳动，只要是认真对待自己作品的，市场一定会善待他，可能不是今天，但可能是明天或者后天。尽管时间上会有早晚先后，但市场的标志最终掌握在那些具有眼光的批评家和有修养的收藏家的手里。因此，艺术家的任务和责任就是认真地创作好每一件作品。尽管就中国目前的现状看，学术价值和市场价值的错位短期内难以改变，评论家认为好的东西未必被市场接受，也可能市场中价位受到追捧的艺术家在评论家那里是完全另一种评价。但是从发展而言，两者合而为一是事所必然，而且是早晚的事情。艺术品市场需要培育，收藏家的眼光和鉴别能力也是需要培育的。我认识的几个艺术爱好者，不过是五年八年的时间，现在言必称笔墨、线条、气韵、结构、造型如何如何，非常专业。所以我觉得艺术家一定不要高看了自己，一定不要低看了市场和收藏家，某种程度上认真学习、肯下工夫学习的收藏家的进步是常常超出我们所谓的艺术创作家、艺术实践家们所估计的。这也是我的真实体会。产品和市场是一种互利互惠的因果关系。市场确实关注经济效益，艺术家关注的就不能只是经济效益，社会效益在任何时候都是第一位的。良好的经济效益不一定带来同等的社会效益，但是良好的社会效益一定会带来相应的经济效益。艺术家不应当一味追求利益，唯市场是瞻。一个成熟的艺术家应当通过作品去引导广大艺术爱好者，提升收藏家的眼光，引领和提升民众的审美品位和价值趣味。这才是市场和艺术家的一个共同目标。

比起我们的前辈和先贤所处的文化境遇和市场回报来说，我指的是20世纪五六十年代的一批老艺术家们，我们应该说赶上了一个非常好的机遇和时代。现在很多年轻人作品价格都远远超出当年像李可染、李苦禅他们那些画家的收益，这是个显见的事实。中国艺术品的价值与国际同行的艺术品价值的水准确实有差距，但是这种差距正在快速缩小。居于第二大市场、成交量居世界第一的中国艺术品市场，不管这中间有多少水分或者说带有多少其他因素的介入，与国际市场差距缩小是一个显见的现象。中国艺术品的价值和影响随着中国经济的良好运行，将在未来可预见的时期在全世界有一个持续的扩散效应。文化的发展一定要依托有实力的经济基础，没有经济实力推助，没有通过贸易文化交流向世界提升中国文化的影响力，要想成为文化强国只能是一种愿望。随着世界各国同行对中国文化认识理解的进一步提升，我相信他们将羡慕地看到中国艺术品价值持续上扬。这不光体现在交易数额上，更重要的是通过成交数额来体现当代中国艺术的真实价值。如果要说这一天的到来只是时间问题的话，那么创作更多更好的艺术作品是当代中国艺术家的文化责任，也是一个艺术家赖以立足的根本任务。

收藏是社会繁荣和稳定的象征
——在“中国收藏拍卖文化高层论坛·收藏拍卖与文化强国”上的讲话

雅昌文化集团有限公司董事长，全国政协委员　万　捷

尊敬的各位收藏家、艺术家、艺术服务者，非常荣幸能够参加“收藏拍卖与文化强国”论坛。

人类艺术文明需要一代又一代的传承保护，才得以延续和发展。如果说艺术家是人类艺术文明的创造者，那么收藏家们就是传承和保护人类文化财富的使者。一个文化强国一定会有很强的收藏能力和规范的拍卖市场。收藏是人生的享受，收藏家也是一个非常伟大的群体。全世界如果没有收藏家对社会的贡献，就不可能有那么多顶级的博物馆和美术馆。

在艺术市场私人捐赠政策不完善的环境下，依然有像徐悲鸿、潘天寿、张伯驹、李可染、靳尚谊这样的艺术家、收藏家愿意向国家无偿捐赠毕生创作（收藏）的艺术精华，他们的精神值得我们感怀和传承。

因此，雅昌2009年发起了艺术家的公益榜，把1949年所有艺术家捐给公共美术机构的作品信息进行了全景式的记录，包括李可染先生、邹佩珠先生在内的书画家、艺术家。前10名艺术家捐赠的作品价值都超过10个亿。最伟大的慈善家、公益家应该是艺术家，企业家看到艺术家的捐赠后觉得特别汗颜。从2011年开始，雅昌又发起了收藏家公益榜，把1949年到现在收藏家捐给美术机构的作品、数量做了详细统计。据不完全统计，自雅昌2011年8月发起收藏家公益榜以来，共统计了全国近60家博物馆提供的2万余件捐赠藏品，参与捐赠的收藏家近1500人。统计结果反映出收藏家是非常伟大的人群。他们或者将藏品捐给国家、非盈利组织，或者自己建美术馆。他们不光把自己一生的藏品捐给社会，同时捐钱出力无私奉献。有些人对收藏家并不理解，认为他们只知道倒买倒卖，却不知道收藏家背后的故事或他们的辛酸。通过艺术家、收藏家公益榜榜单，让我们重新关注艺术作为人类文明传承重要载体的社会意义。

我想表达的就是，收藏已成为社会繁荣和稳定的象征。收藏的大敌就是假货的泛滥，要想真正地使收藏事业繁荣发展，需要有更多的艺术服务机构出现和服务水平的提升。二十年前，中国有了拍卖行业，很多人都很关心但并不了解拍卖行业。虽然每个行业都有存在弊病的地方，但如果没有拍卖行业，无论是文物交流还是私下流通，这些作品就不能得到很好的展示，不会有这么多文物回流到国内，也不能科学地鉴别收藏品的真伪。拍卖行业是一个很传统的艺术服务行业。怎样健全拍卖行业，为艺术收藏、创作提供更好的服务，是每一个艺术从业者应当考虑的问题。作为一级市场的画廊行业，虽然有几百年的历史，但还是一个弱势群体，近十年才迅速发展，或者说大家更关注。艺术品市场火爆以后，可能艺术家直接接触二级市场，使画廊行业的发展受到局限。如果没有画廊，很多作品是很难做到传承有绪的。因为画廊行业的责任是把艺术家和收藏者的关系联系起来，起到中介的作用，或者对艺术家进行整体包装，包括展览、出版、推广活动。

近年来，画廊、拍卖行业繁荣的市场环境也为收藏家们提供了可追踪的交易纪录，使市场越来越透明，藏品也更容易评估。根据雅昌艺术市场监测中心统计，2011年艺术品拍卖市场的总成交额就达到了968亿元，其中仅中国书画的成交总额就达到了580多亿元，这从一个侧面体现出了拍卖对整个市场的贡献。

中国需要更多的拍卖、画廊这样的行业。过去荣宝斋就是这样一个综合的艺术服务机构，但是当今时代需要用高科技的手段，需要更大的规模、更好的管理手段，用现代的管理方法去创造可以服务于拍卖、艺术家和收藏的服务行业。2013年是雅昌成立二十周年，二十年来我们一直致力于打造一个卓越的艺术服务机构。雅昌用二十年积累打造的《中国艺术品数据库》保存6万多位艺术家权威资料、2000多万件艺术品珍贵的图文资料、10万余本艺术图书资料和1200多万条拍卖和艺术展览数据。

雅昌用十二年时间打造的雅昌艺术网，使所有的艺术市场信息都能通过网络平台清晰地看到，看到更加完善的信息资料和历史资料，为艺术市场的信息交流和研究提供了一个很好的平台。

我们大概在七年前，就开始打造艺术家的数字资产管理系统。艺术家的作品实际上在创作以后就和艺术家的关系脱离了，很多信息在创作以后根本没有图片，我们现在给每一个艺术家做他个人的数字资产管理，包括他所有的作品、所有的创作照片、所有的出版物、所有的拍卖市场的情况、所有的文章，都用数据库的形式呈现出来。所有的作品都由艺术家自己去鉴定，而不是等到拍卖前后来鉴定。艺术家各个时期的作品都被收到数据库，因为这是他的历史。这样的工作我们把它作为公益事业已经坚持了七年。艺术家作品的鉴定在法律上还不是很健全，还没有好的科技手段。艺术家在创作的时候把作品用数据库的形式，用科技的手段，进行保管和收藏，进行集中信息管理，这是非常重要的一个方法。所以，我们在做这个工作的时候就得到很多艺术家的支持。比如，我们2004年为靳老师建立数据资产管理中心。靳尚谊老师个人数据库共存储2000多幅作品、文字数据近300条、出版物几十种、拍品数据近300件。2011年，我们针对靳老师的数据资产进行艺术家数字资产iPad客户端制作，与数据资产库同步。

繁荣我们的文化市场，每一个行业、每一个人都有责任。雅昌坚持用科技的手段和系统的方法，建立科学的标准，尽最大可能去完善服务。另外需要有一些热爱艺术、关注艺术、献身艺术的人持之以恒坚持做下去。我们已经坚持了二十年，如果能坚持一百年，本身这个数据库也成文物了。我们会不遗余力，使后人能够通过数据库查询到艺术家作品的各种信息。雅昌的口号就是“通过‘为人民艺术服务’，实现‘艺术为人民服务’”。“为人民艺术服务”就包括艺术家、美术馆、博物馆、艺术经营机构、拍卖行、画廊、艺术院校、出版社。

怎样才能用最先进的科技手段使“艺术为人民服务”，让艺术走进每个人的生活？实际上复制是一种传播，通过复制这种科技手段，让学生、社会看到原作的神韵，让收藏这项具有艺术精神的活动发挥其最大的魅力。于是我们打造了“流动美术馆”系列，以“艺术教育”为核心理念，由高仿书画展、原作对照展、多媒体互动与艺术阅读体验、艺术沙龙组成，深受群众欢迎。迄今为止，在全国各地累计策划、组织的展览、讲座共计500余场，展出的高仿真名家名作达到1.4万余件，累计参观人数达1000万人次。

感谢大家对雅昌二十年的支持，在今后的日子里，我们会为更好地服务艺术界而努力。

中国古代书画手卷研究的几个问题

辽宁省博物馆副馆长、研究馆员　由智超

中国古代书画的装帧形式以手卷类为最早，数量亦多。手卷又称长卷、图卷。它由古代卷轴式书籍演化而来。在唐以前，“卷”一直是主要的装裱形式。古代书籍的“卷轴”形式，虽然后来被淘汰，但却在书画领域得到普遍的使用。其中立轴便于悬挂，而手卷则是一种横幅展示的形式，适于案头展赏，边展开，边卷合，极具雅趣。手卷的形式在明清最终定制，由天头、隔水、引首、隔水、画心、隔水、拖尾组成。我们现今看到的古代书画手卷，除了一些经卷保持了隋唐时期原有的状态，其余的均经过递藏重装，绝大多数都是这种规范的样式。其中天头起装饰和保护画心作用；引首是用来题写手卷名称或赞辞的；引首后即为画心，短者几十厘米，长者有数百以至逾千厘米者。手卷的纵高，一般在30厘米左右，高者有逾五六十厘米者。拖尾是留给鉴赏者用来题词的，还可以加粗手卷的轴心，有利于保护画心。由于手卷这种特殊的装帧形式存在的历史久远，因此保留了较多的元代以前的书画珍品（本文所述中国古代书画手卷主要是特指元代之前的作品）。手卷较之立轴有着更多的贮存空间，画心以外还有包首、题签、引首、题跋、印记等丰富复杂的内容，便于携带和保存。（例如本文列举的唐宋元书画藏品，基本上是末代皇帝溥仪以赏赐溥杰为名，从北京紫禁城运出，此后几经流转，在中华人民共和国建国初期入藏于辽宁省博物馆。）因此，它对中国古代书画艺术史研究、古代书画鉴定，以及文献研究、史料、史学研究方面都极具意义。在这一研究范围，前人和今人已经做出了卓越的贡献，开拓了未来更加理性和科学的道路。本文仅就一般性问题和现代科技手段应用书画研究的前景作以叙述分析，希望有益于人们对古代书画的认识和收藏。

一、古代书画作品的时代和定名

唐五代前的书画传至今天已寥若晨星，极少有署名的作品。两宋始有属款，但是无名作品仍多。这些无署名的作品，以有可靠的收藏印为上。它们有的以佚名传世，有的名字则多为明清人所拟。当时为古代书画作品拟名的人，上至皇帝皇亲、达官显贵，下至文人学者、书画艺术家。这些人也有兼具收藏家、鉴赏家身份的。但是，他们的艺术水准和鉴定的眼力则良莠不齐。其中自身艺术水平较高者而鉴赏能力不足的也是大有人在。明代著名的书画大家董其昌，在书画鉴定领域声名赫赫，也做过一些缺乏根据的结论。例如辽宁省博物馆（以下简称“辽博”）藏张旭《古诗四帖》，在董其昌之前，北宋内府《宣和书谱》原定为刘宋谢灵运书。当墨迹归华夏真赏斋时，有丰坊识其不真，认为一是谢灵运卒后近八十年庾信乃生，无谢书庾诗之理，二是帖中将谢灵运王一句中的“王”字，略加更改，读做草书字的“书”字，使“谢灵运王”变为“谢灵运书”，明显做了手脚。丰坊疑为贺之章所书。而此卷经董氏鉴定，就直接指为张旭所书。题文曰：“唐张长史书庾开府《步虚词》、《谢客》、《王子晋》、

《衡山老人赞》。有悬崖坠石，急雨旋风之势。与其所书《烟条诗》、《宛豀诗》，同一笔法。”此卷就是这样因董其昌的定名，作为唐代“颠张醉素”中狂草开山之祖张旭的唯一墨迹，递藏至今。其实对于此卷古今研究者意见各异，有待于进一步研究论证。

另辽博藏北宋李成《茂林远岫图》。画本身无款，据题跋中南宋向水所说此卷为向氏家传之宝，原为小屏画，因此得名。虽然此卷公认为北宋作品，但是否为李成真迹尚存争议。

辽博藏赫赫有名的绘画名作唐周昉《簪花仕女图卷》，无款识、无题跋、无观款。从作品的鉴藏印记考察，南宋绍兴年间（1131–1161）曾入内府。当代书画鉴定家对作品年代意见不一，有北宋、五代和唐代之说。但是“以其作者为周昉实为后来人附会之说”。

类似情况不一而足，唐代以后留存的一些临本，后人也根据其书法特征，推断出是某人某家所书。故宫博物院藏唐虞世南临《兰亭序》是一件流传有绪的临本。曾经南宋绍兴内府收藏，又钤元文帝“天历之宝”大印，后入清乾隆内府。明代董其昌题跋中说“似虞永兴所临”，就是对照唐初大书法家虞世南的特点揣测出来的，清初梁清标遂直指其为“唐虞永兴临禊帖”了。至今某些国内博物馆所藏大名头的古代书画作品，经过研究鉴定后确定为后世伪作，拥有者却因为种种原因不能放弃沿袭的名头和时代。其中并不排除主观上的因素。求其根源，大概与中国书画历来讲求的第一宗旨有关，即作品最重要的必须是名家书画，一旦失去了名头，艺术水准和时代早晚则降低到次要地位。这种观念仍然继续影响到人们的收藏方向和行为。因此，我们不能仅仅依照后人的定名为准，而应该作深入的了解和辨识。

二、古代书画摹本的价值和认识

书画的作伪方式中有摹、临、仿、造之说。但是摹、临本来是书画学习和保留原作的一种重要方法和方式。特别是在古代，限于技术的落后和物质的匮乏，名家书画深藏于皇室内府，只有通过复制来加以保存或传播。当时复制的方法有摹本、临写、拓本、刻本等几种。古代法书摹本产生的最早，南朝的梁时已有王羲之正书《乐毅论》的摹本问世。唐张彦远《法书要录》卷三中记载：“梁大同中，武帝敕周兴嗣撰《千字文》，使殷铁石模次羲之之迹，以赐八王。”但目前我们还能见到的仅有唐代摹本。古代法书摹本的制作是直接在原迹上进行勾摹，细致入微之处，如毛笔写出的分叉和飞白，甚至虫蚀痕迹都忠实描出，填墨时也须按原迹墨色浓淡分别填入。古代流传至今的摹本，以唐摹本为精，唐太宗弘文馆中设有专事摹拓的高手，如韩道政、冯承素、赵模、诸葛贞、汤普彻等人。而今天对于早已湮没无存的古代法书原作来说，摹本的准确替代，已经使其本身具有等同真迹的价值。借助于它，保留下了许多古代书法巨迹。

精美的摹本在唐代已入内府收藏，宋代开始得到世人的珍视，以至于大书法家米芾感叹说：“媪来鹅去已千年，莫怪痴儿收蜡纸。”辽博藏《王羲之一门书翰》，收入从东晋至南朝梁的七人十件作品，楷行草俱备，总计四百余字。它的原迹是王羲之的后裔凤阁侍郎王方庆的收藏。王方庆于唐万岁通天二年（697）四月三日进献给武后，上有王氏本人小楷标记历代祖名，武后遂命弘文馆双钩入内府。该帖自身准确记录了在唐代由谁原藏、谁拓、何年何月何日的摹本。因此，它具有更强的真实可靠性，成为鉴定工作的科学依据。元人张雨跋《王羲之一门书翰》，有一段精辟的论述：“然双钩之法（摹本），世久无闻，米南宫所谓下真迹一等。（阁帖）十卷，书林以为秘藏，使以摹迹较之，彼特土苴耳。晋人风裁，赖此以存，具眼者当以予为知言。好事之家，不见唐摹，不足以言知书者矣。”古代法书摹本的艺术和历史价值早为唐代著名的书画鉴赏家张彦远言中：“故有非常好本拓之者，所宜宝之，既可希其真踪，又得留为证验。”

古代法书摹本不仅从内容和形式上要与原作相同，而且还要完全表现出原作的神态韵味，摹本必须极尽“真”的效果，并使其具有同原作一般神形兼备的艺术功效。正因为如此，古代摹本精品与真迹往往不易区别，在以后的递藏中被认定为真迹的也不乏其例。其中最典型就是那件被清乾隆皇帝奉若拱璧、列为“三希堂法帖”之首的《快雪时晴帖》。如《王羲之一门书翰》这件书法艺术瓌宝，就一个“摹”字，便遇到“信假不信真”的人。启功先生在《〈唐摹万岁通天帖〉书后》一文中提及了这个典型的例子：明代的大收藏家项元汴曾把此卷(指《王羲之一门书翰》)作为“价浮”的文物，出售给其兄项笃寿。此后进入清宫，乾隆皇帝可以把同是唐摹本的王羲之《快雪时晴帖》视为珍宝，奉为“三希堂”之首，而将《王羲之一门书翰》列入“唐摹”一类，毫无重视之意。另外，辽博藏有米芾《行书天马赋》一卷，入清宫内府时，乾隆皇帝赞为“至宝”，待数年之后，因识别其为廓填本，遂贬为“尚不能至下真者一等”。其实这卷古临摹本作为米氏所书多种《天马赋》的唯一流传本，加上自身的艺术价值，足以使它成为一件至为重要的书法传世之宝。当然，明清时期的帝王等等人物，由于身份地位和时间、环境等原因，对于摹本所做的价值评判尚且可以理解。但是，时至今日人们依然在有意无意地回避一个“摹”字，其实，以书圣王羲之为例所传作品无一不是后人摹写。古代的法书摹本，特别是唐摹本以及五代两宋的摹本由于自身不容置疑的真实性与艺术性，以及久远的历史年代，使其具有了愈来愈重要的文物研究和艺术赏鉴价值。古代绘画中亦有重要的临摹之作。辽博藏北宋人摹《顾恺之〈洛神赋图〉卷》，南宋初藏于内府明清间流传有绪，后入清内府，是目前传为顾恺之六件《洛神赋图》中最好的一卷，弥足珍贵。又有《摹张萱〈虢国夫人游春图〉卷》，前隔水有金章宗完颜景瘦金书“天水摹张萱虢国夫人游春图”题签一行。也是因此曾被指定宋徽宗赵佶摹画，画作“虽然参和了北宋画院的风韵，仍具有盛唐特色”。定名徽宗赵佶所摹，不足为证。但是，作为宋代绘画技艺高超的摹本，其价值不言自明。这些接力式的临摹之作极好地保留了晋唐人绘画的真实风貌，较之硬性指定的所谓名家之作，更具有科学性和年代的准确性。我们的欣赏者和收藏者切莫觉得一经注明某帖某画为摹本，就会在心理上对其价值产生怀疑，相反，要着眼于作品的艺术性和时代性的确定，还原其应有的位置。

三、古代书画手卷的主帖、画作与题跋的内容关联

题跋大致可分三类：作者的题跋、同时代人的题跋、后人的题跋。在第二类、第三类中还有一种称为观跋，这种题跋仅仅留存了某人的姓氏名讳，没有具体观点，记录了作品传承的经历。宋元以前的古代书画中很少有第一类的内容，第二类、第三类最多，是我们研究的主要对象。有内容的题跋绝大多数以褒扬为主。仅有个别的是对主帖、画作进行否定的。古代书画手卷留存至今，即便是题跋与主帖、画作为一体，相互之间的内容关联仍然会有所区别和微妙的成分，应该引起鉴赏者的注意。我们试举以下的类型。

1. 具有鉴定意义和典型意义

题跋内容多是关联主帖、画作的创作过程、收藏关系、艺术价值、保藏意义。但是最为重要的是那种考证作品出处、辨明真伪的题跋。辽博藏有宋张即之《行书报本庵记》。此作有明代文徵明长跋，考证了张即之书法的家学渊源，析解了张氏书法的特点，确定了作品的真实性。根据已有资料，文徵明的题跋就较为可信，不仅因为他本人工书善画，而且治学态度严谨，具有较高的鉴定水平。但是，此卷原本是无款作品，却被人使用挖补的方法，造出“即之”伪款。因此，《石渠宝笈续编》和《墨妙轩法帖》

误断为伪品。古代具有经典意义的鉴定题跋，不仅是作品真伪是非的证明，而且也是我们研究古代书画的宝贵经验。

2. 拆配挪移而来的题跋

此种情况是收藏者抑或作伪者，试图通过拆配来的题跋与主帖、画作合成一处，证明其真实性。因为主帖、画作无款识，配以移来的跋文为作品冠以名头。以辽博藏唐代怀素《论书帖》比较典型。此卷有元代集贤大学士荣禄大夫张晏和元代大书家赵孟頫的题跋。而据考，张、赵二跋原在怀素《食鱼帖》之后。该帖前后都有张晏、赵孟頫钤印。不过也有主帖、画作真，跋文亦真，但是两者内容上互不相干。这种情况有好事者所为，也有经营者有意拼凑，以图利益。

3. 题跋与主帖、画作若即若离

这种题跋看似与原作紧密相连，但是，在内容上经过仔细阅读，就值得认真揣摩了。题跋者越是艺术水准和鉴定水准高的人物，越要从中读出话外之音。还是上面提及的那件辽博藏北宋李成《茂林远岫图》。卷后有“元四家”之一的倪瓒跋文：“李营丘自贵重其画，不肯轻与人作，故人间罕得，米南宫至欲作无李论，盖以多不见真者也。此卷林木苍古，山石浑然，迳岸萦回，自然趣多，类荆浩晚年合作。”跋文中意思转折颇大，先说李成传世作品的珍稀程度，又借米芾之言，表明李成之作在北宋年间已经难见真迹了，最后竟婉转提到此卷“类荆浩晚年合作”，实在让人回味不已。我们在明清以后的这类题跋里还会时而看到，题跋者不惜笔墨，细谈所谓主帖、画作作者的生平事迹，恰恰不说此卷的真伪，竟然是“王顾左右而言它”。

另外，今人古人的题跋都有碍于人情面子的情况，自然也不排除各种利益的驱使。辽博藏元代赵孟頫《临皇象急就章》，曾经明初“翊运勋臣”的燕山赵景晖所藏，于是当时的达官贵人姚广孝等人纷纷题跋盛赞，每每提及收藏者的书艺德行，更有甚者竟把收藏者捧到了极高的地步：“景晖当圣明之世，为翊运之臣，虽奉公不暇，而能好学博古若是，他日所就其可量乎。将见其学其名，与松雪翁同一远大也。”（见此卷后明代张显的跋文。）刘久庵先生对此卷的鉴定结论是：“综合以观，似亦非赵氏真迹，疑为元末人善书者临仿邓文原本而冒赵孟頫之名的伪作，但不得不谓之佳书。明清人的题跋均真且佳。”（《刘久庵书画鉴定文集》，第253页，文物出版社，2007年5月。）这卷《临皇象急就章》原来是一件好而不真的元代书法作品。

四、古代书画手卷的主帖、画作与题跋的形式关联

由于古代书画手卷在长期的递藏过程中，除了留有公私鉴藏印记外，在画面和尾纸上还撰写各类题跋。这些题跋与主帖和画作之间形成了复杂的形式关联，包括原作原跋、拆配合成、有意作伪等情况。书画本身既有伪作，题跋方面也同样有多种的作伪情况。真画伪跋，假画而配以别人的真跋，都是常见之事。

1. 真帖、真画原配真跋

辽博藏元代杨维祯诸人为《周文英作诗志传合璧》卷，有杨维祯一丝不苟书写的753字楷书，实为难得。而且后有元代著名书画家倪瓒的两次题跋，使得此卷更为珍贵。北宋皇帝宋徽宗赵佶的《瑞鹤图》卷。应是徽宗的“御画”和瘦金体的亲题之作。题记书于政和二年（1112年），叙述了宫殿正门上空群鹤飞鸣、双鹤止于鸱尾之端，呈现祥瑞吉兆的状况，有感而“御制御画并书”，是北宋时期一件有画有题有具体创作时间的“书画皇帝”赵佶的重要作品。

2. 假帖、假画附加真跋

辽博藏唐代传为孙过庭《草书千字文第五本》，此卷非是孙过庭原作，断代意见有三种，最晚是南宋人临仿品。卷中有宋人王诜跋尾。清代著名书画鉴藏家张丑说“虔礼小字千文，

后有王诜跋尾，主帖不真，似觉跋胜”（明代张丑《清河书画舫·孙虔礼》）。另有辽博藏传为唐代欧阳询《行书千字文》，此帖争议颇大，有怀疑为双钩之作，书法艺术水平较低。但是卷中亦有王诜行草书跋语，清代吴升评价说：“王都尉跋，体势精奕，尤不可得者。”（清吴升《大观录》卷二）王诜，字晋卿，祖籍太原（今属山西），居开封（今属河南）。妻蜀国长公主。官左卫将军、驸马都尉。雅好文艺，精鉴赏，工诗文书画。米芾《书史》还记载自己临写的王献之《鹅群帖》及虞世南书法，被王晋卿染成古色，又从别处移来题跋拼凑成一卷，还请当时的公卿在卷后续写跋文。这些字卷如若传承至今，也会作为一段古代书画鉴定的公案。王诜常与苏轼、黄庭坚、米芾等交往，是一位宋代著名的书画家和鉴赏家。

3. 真帖、真画无跋

古代书画，尤其是宋元以前的作品，有跋文者居多。但是，也有特殊原因而无题跋。辽博藏宋徽宗赵佶《草书千字文》。此卷书于11米整幅手绘描金云龙笺纸上，其纸张本身已经足以作为一件珍贵的文物。因为宋时已入御府收藏，元明时期无任何递藏著录和印记。辽博藏宋高宗赵构《书白居易诗》，纸墨精良，亦无跋文。宋代张即之《书杜甫诗》，张氏的榜书杰构，有作者的本款，记载了年龄和准确的创作时间。但是“此卷从宋至明，无一人题跋和收藏印记，是否曾有人动过手脚，不得而知”（董彦明语）。这种真帖、真画而没有跋文的古代书画作品也是一种特殊的研究对象。

4. 假帖、假画、假跋

这是一种完全作伪的古代书画。辽博藏南宋高宗赵构《书马和之画陈风图》卷，宋高宗赵构书法与马和之的画皆为伪作，卷后董其昌题跋经鉴别为临仿之作。此外，旧时还有人做假著录，以蒙骗世人，在此不作赘述。

综上所述，中国古代书画手卷，包罗了丰富研究内容，甚至会存在一卷一种特殊形式的情况，很难以分类划分方法囊括殆尽。例如卷后题跋较多，就不可以笼统说真跋或是假跋。众多题跋中同样潜藏鱼目混珠的现象，如辽博藏唐代欧阳询《梦奠帖》卷中有元明清人题跋六件，其中赵孟頫题跋从间架结构到笔墨神韵，都有令人质疑之处，有待深入研究。

中国古代书画还有一个重要的问题，那就是由于久远的流传过程，题跋中保留了重要的鉴藏家和著名书画艺术家的作品，稀有珍贵，价值非凡。只是由于作为跋文被埋没在次要的地位里。此种情况不胜枚举。上面提及的宋人王诜、元人倪瓒、明代文徵明等等，都是古代屈指可数的著名人物。这些作品如果作为独立形式流传下来，足以与宋元明的珍贵文物比肩。例如辽博藏宋代陆游《自书帖》卷后跋文，有羊城陈琏书《放翁仕迹遗墨记》，与京口郭畀、永嘉俞庸、眉山程郇、长洲沈周等名流题跋同为一卷。此跋书于明正统四年（1439年），时年作者70岁，表现出人书俱老的成熟和深厚的学识修养，对补益明代岭南文化和书法艺术发展史的空白意义很大。

在书画研究方面，准确的跋文对于宋元前书画定名断代的鉴定工作更为重要。故宫博物院藏宋代王诜《颍昌湖上诗、蝶恋花词行草书》一卷，一直定名黄山谷书，卷后题跋有清初曹溶鉴定跋，认为非黄所书，应是王诜书。徐邦达先生进一步认证此说：“我又拿欧阳询行书千字文（辽博藏）卷后王诜的题字来和此卷比较，确实书法完全相合。”（见《徐邦达集》（三）《古书画过眼要录》，第457页，故宫博物院编，紫禁城出版社，2005年10月第一版。）自然而然，这种作用会随着交换信息资料的简单便捷，而越来越显著。

五、小议中国古代书画手卷研究的方向与方法

古代书画手卷留存不易，是天灾人祸的劫后余生之物。有些作品能够收藏至今近乎是一

种奇迹。这些作品包含了丰富的文化艺术宝藏，需要我们予以关注，认真发掘和研究。

历史上中国古代书画经历几次聚散的过程。距离我们最近的一次聚散，发生在1949年前后。五六十年代国家文物局组织专门力量对于国内博物馆等单位的古代书画藏品进行了较大规模的鉴定整理工作，耗时数年，出版了《中国古代书画图目》。据统计，《图目》中的唐宋元书画几乎尽数都收藏在国有博物馆之中，流传在市场中的实属凤毛麟角。再经过近三十年的文物拍卖业的经营活动，如果今天有报告称新的宋元作品被发现，人们确实应该慎之又慎。我们知道不仅《图目》中的宋元之作，即便是明清诸位大家之作，由于时间的推移，其珍贵程度亦如清人对待宋元人的传世之物。更值得引起我们注意的是，关于古代书画的现代作伪和以老假充真品的现象亦时有发生。甚至，个别博物馆通过各种渠道购入的物品中也充填有赝品之作。因此，无论是从文物事业的传承发展，还是解决现实存在的问题出发，中国古代书画研究方向的确定和研究方法的选择，仍然是博物馆科研工作中重要而迫切的内容。老一辈书画鉴定家为中国古代书画研究奠定了坚实的基础。又经过几十年的时间，人们开始由主要依靠感性认识的鉴定眼光，开始转向讲求方法和上升到理性认识的专门学问。书画鉴定不应仅凭记忆、经验来解决全部问题。而且作伪方法随着科技的发展在不断改进，所以书画辨伪的研究也应尽可能地利用现代科技手段。当今国内外学术交流的扩大与深入，信息化带来的各种资料传输和获取的便捷，出版印刷技术的提高，国内高等教育的普及，改革开放以来国内博物馆事业的前所未有的发展，都极大地推动了传统研究方式向系统化和科学化的轨道靠近。特别是最新科技手段的介入，改变了使用图书、放大镜等辅助工具的状况，新的科技手段正在从其他科研领域转入过来，势必引发书画鉴定与研究方法的深刻变化。例如随着数字技术的不断普及完善，数字影像的优势日益体现出来。专业级德国CRUSE大型扫描机的使用，使书画目鉴的方法将获得数据化资料强有力的支持，使肉眼不易观察的细微之处，如挖补、接缝、涂改等变得清晰可辨，使同类对比研究变得方便易行。多光谱成像技术在书画历史断代及保护中的应用，有可能使用数据作为定论的基础，有助于逐渐解析古代书画研究中的历史疑案。当然，技术不可能解决全部古代书画的疑难问题。而且，技术必然要立足于书画鉴定的原有基础，通过人与技术利用的有效结合，才能得到科学研究的最终成果。我们将为之努力，并期待中国古代书画研究工作提升到一个新的层面。

注：本文主要是以辽宁省博物馆唐宋元书画藏品为例，资料引用部分多出自《辽宁省博物馆藏书画著录·绘画卷》、《辽宁省博物馆藏书画著录·书法卷》(辽宁美术出版社，1998年6月第1版)。文中不再一一标注。

爱物琐记——文心磊落结新语

中藏协书画收藏委员会顾问，《爱物琐记》专栏作家，李可染画院名理事 张振宇

古往今来，凡文心磊落的文人，他们的人格一定是极具高度的，故世人很喜欢他们。人们通过他们的著作、于世行走的身影和言论去感受他们的治学态度与处世思想，从中找到了一面可供修整自我世界观的镜子，令我们崇尚理想，树建信仰，使人生度得丰富，令内心衍生出浓郁人情滋味的睿智把握。今回我拿出爱藏中的陈寅恪、朱自清、傅雷、巴金四大贤的小笺片纸，让大家品读的欣然延伸至这些教人心敬的文人墨宝，那种似乎能感受到手传温暖的捧读，这便是拥爱尺牍的极致快乐！

首章，能让朱自清（1898-1948）、冯友兰（1895-1990）、吴宓（1894-1978）等大教授风雨无阻听其授课的陈寅恪（1890-1969）先生以75岁高龄奉赠三首认认真真书写自作诗的觉明兄，我仔细查阅史料，应为华觉明（1889-1967）先生。华老在旧时代当过黎元洪总统府秘书，办过报，曾在1929年代湖北省政府主席期间救过数名湖北省中共地下党主要领导，解放后经时任国家副主席的董必武（1886-1975）推荐，1960年工作于北京文史馆。跟华老在广东的聚首，陈老因在古体诗上的成就很高而被华老索赋，陈老应景所作的这三首七绝，向着这位故交皆心沉叹息。从第一首的羡人、第二首的自嘲、第三首的怎奈夕阳斜的长叹中，让我们读到了生命是何其宝贵的领悟！

二章，朱自清先生书赠当代著名杂文作家、中国现代文学史研究专家唐弢（1913-1992）先生的七绝一首。1944年，在昆明西南联大（1937年卢沟桥事变后，为避日寇侵华战祸，北京大学、清华大学、南开大学三所北方著名高等学府南下长沙后，于1938年3月转至西南大后方的昆明，逐合并成立西南联大。因1932年7月已任清华大学文学系主任的朱先生被一致推任文学系主任）教书的朱先生受唐弢先生之邀，写其在集市中见一清乾隆帝“三希堂”（“三希堂”即乾隆帝于故宫养心殿里西暖阁的书房，原名温室，以收藏天下所稀的晋朝大书法家王羲之的《快雪时晴帖》、王献之的《中秋帖》和王珣的《伯远帖》三珍帖成名）曾藏的黄庭坚尺牍(乾隆帝喜在古迹中盖藏印，此物中应有“三希堂”收藏印），因爱不释手又无能力买下，故以七绝叹咏：“诗爱苏髯书爱黄，不妨妩媚是清刚。摊头蹀躞涎三尺，了愿终悭币一囊。”意思是说他诗词中爱苏东坡的诗，书法中爱黄庭坚的书法，前者舒朗，后者挺拔，在自己的心中，两者既婀娜又刚正。在售宝物的摊头，自己因太喜欢黄庭坚这一墨宝，用小孩子流口水的馋劲来形容自己。没钱买又不舍得离去，只有小步轻挪，辗转于那方寸之地，不禁对囊中羞涩的自己安慰到——看看就好了，看看就好了！

三章，傅雷（1908-1969）先生写给崇拜自己的晚辈周宗琦先生的三页长信。因是写给年轻人的寄语，此信胜似先生写给其傅聪、傅敏二子的“傅雷家书”精华本，所述为大白话，朋友们在我贴出的信中能一目了然，在此我就不作注解。我很崇拜傅雷先生，真诚希望所有

没有读过《傅雷家书》的朋友能好好去读读。这个时代所有人都渴望成功，若有能力先做一个人格的成功者，工作上的成功才是最有价值的。

四章，巴金（1904–2005）先生致唐弢先生的励志文。“战士是永远追求光明的，他并不躺在晴空下面享受阳光，他都在暗夜里燃起火炬，给人们照亮道路，使他们走向黎明。驱散黑暗，这是战士的任务。”先生这段话放在今天时人或许会觉得太口号了，我却不这么看，战士的职责就是战士的职责，时代恰恰最需要这种呼唤。此宝巴掌大，请其来让我耗去一部高级轿车的钱数。好友对我说这是疯子干的事，我却笑回：“凡干成一件像样之事的人，肯定要有疯我一个其志四洒的精神！”拥有一部车的价值只是从这头到那头，达到代步的作用而已。好友是看我为个人生活在支配金钱时实在是太苛刻自己，他长期来总是希望我换掉那部伴随我近二十年的座驾，我却总是觉得尚无必要。我常在阳台下望时深情注视我这部爱车而心泛涟漪：我不知世间有多少的人物情未了，但我要说你是我的兄弟！我是收藏家，不仅珍藏世间有能力珍藏的好物，更会珍藏自己所有深锁温暖的记忆！你不仅载我，更载我多少心深难忘的幕幕……

时间是飘的，载着陈寅恪、朱自清、傅雷、巴金的精神、性情与文字，从他人的爱怀里移入了我的爱怀。今天我对这些手帖注字填情，让私喜转为共欢，谨为时间的飘系上文化传播的美好。

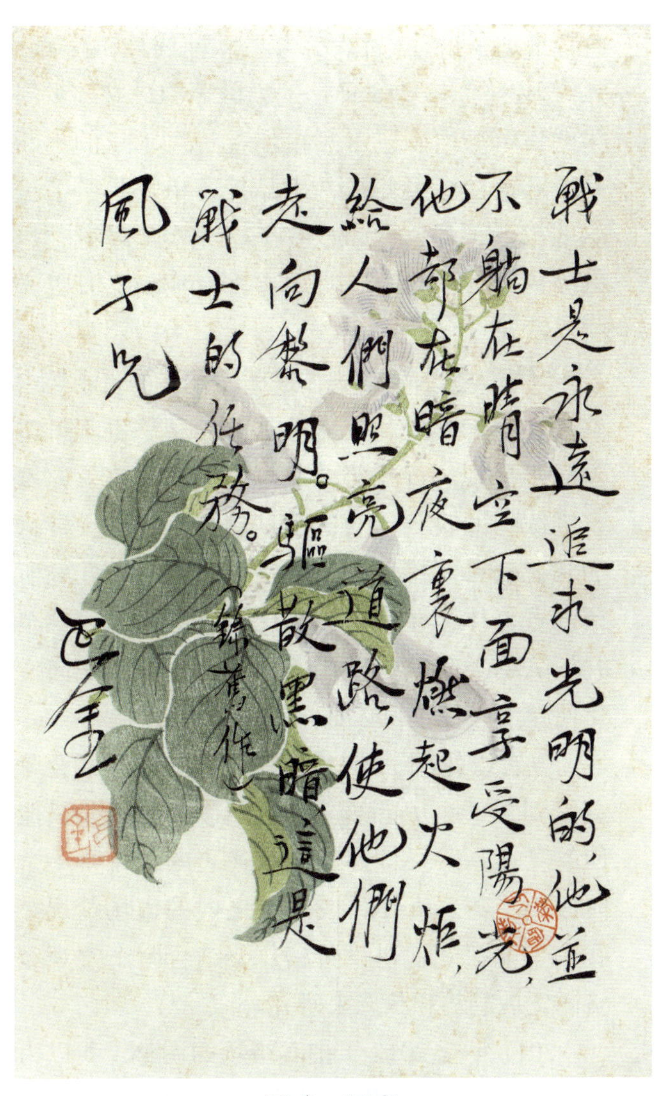

巴金 行书

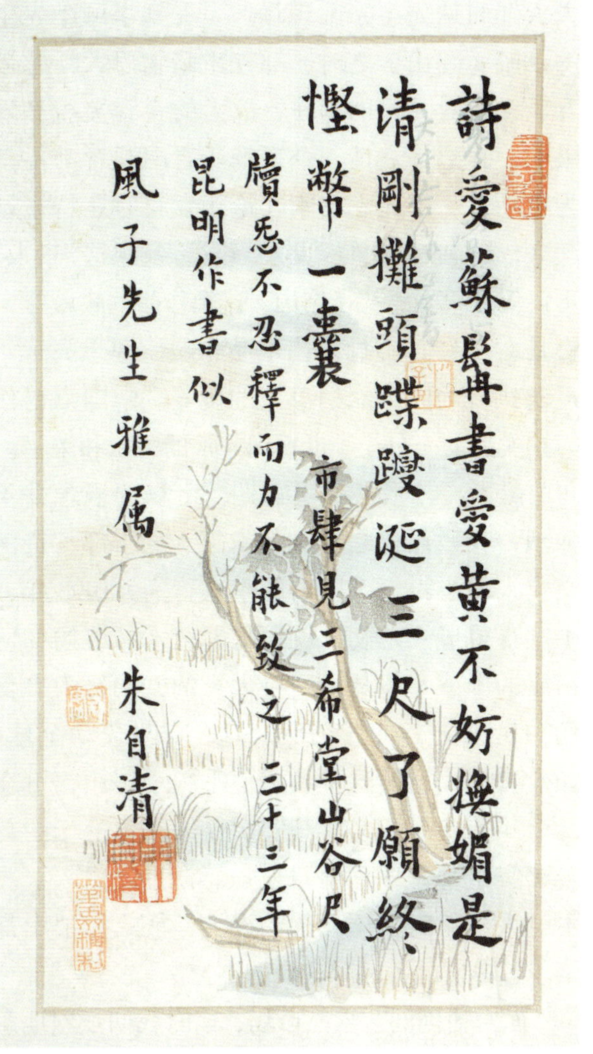

朱自清 楷书七言诗

拍卖业的文化核心

——在“中国收藏拍卖文化高层论坛·收藏拍卖与文化强国”上的讲话

中国嘉德国际拍卖有限公司董事副总裁，中国拍卖行业协会副秘书长　寇　勤

“收藏拍卖与文化强国”论坛的题目十分引人关注，值得赞赏，收藏拍卖如果缺少了“文化”这一核心价值，其意义就有了本质的不同。是将收藏拍卖当作一种文化现象来看待，还是单纯地把收藏当作投资行为来操作，差别很大。

中国嘉德2012春季拍卖会预展时，李可染夫人邹佩珠先生亲临现场。当看到李可染先生的巨幅《韶山》之时，邹先生睹物思人，感慨万千，面对无声的画作，故人的音容笑貌如现眼前，其感怀之情，令现场所有围观者都不禁为之动容。邹先生在刚才论坛发言时还特意站起来，要向收藏界的“贵人”致意。我想这“贵人”不仅仅是单指竞买《韶山》这幅作品的收藏家，更是对所有真心投入艺术品收藏、理想高远、追求执著的收藏家们莫大的褒奖。中国嘉德作为拍卖界的一分子，也感到非常的骄傲和荣幸。

在我国艺术品拍卖初期，市场的概念并不强烈，收藏仅仅是一些艺术家、老干部、资深文化人的小圈子范围内的小众行为。1993年，中国嘉德成立之初，就面临着艺术品市场如何拓展的困惑和挑战。经过大家的共同努力，首场拍卖成交1400多万元，这一结果轰动全球！如今看来，虽然这个数字似乎很小很小，可在二十年前实属不易。其实，今天参加论坛的与会嘉宾也都是中国嘉德应该感激的“贵人”。不少人当年为中国嘉德的设立、征集和拍卖都给予过热情的关注和很大的支持。

面对初创的艺术品市场，当时我们强烈地意识到，要想迅速地改变和发展市场格局，就必须在“艺术品收藏”这一概念之外，寻找和挖掘新的衍生概念和价值属性。“艺术品市场”、“艺术品投资”这些重要概念的诞生，使得人们意识到，艺术品不再仅仅具有鉴赏收藏、陶冶情操等文化、教育、审美属性，它的保值、投资功能和属性也被前所未有地发掘出来，并直接推动了当时艺术品市场的快速成长和发展。

2013年5月18日，是中国嘉德成立二十周年的日子。中国艺术品市场经过二十年的不断发展壮大，已经使得艺术品投资市场具备了足够的市场条件，并为之打下了充实的基础，足以吸纳更多的投资，吸引更多有实力、有眼光的新藏家。

当然，艺术品市场在这蓬勃发展的二十年中不断经历着起伏和变化，其中的利弊也不可避免同步出现。近几年，原本高尚、清雅、艺术氛围浓郁的收藏活动，正日趋与单纯的投资行为和盈利目的接近，以赚钱作为唯一目标的所谓收藏群体，在市场上的比重逐渐增高，甚至开始失衡。我以为，在这种情况下，收藏向文化回归十分紧迫和必要。

曾有媒体问，2011年春拍的价格会不会就算是到顶了？从市场分析的角度来看，我只能回答：这是阶段性高位。它代表的仅仅是一个阶段，三年、五年，或十年之内的市场情况。我们不能孤立地讨论价格，要结合整个宏观经济的发展趋势和状态来研究。

2011年至2012年拍卖市场的调整，我以为是一个良性的自我修复过程。到了2012年春拍，

往日极度紧绷的市场气氛缓和了，各家拍卖公司似乎有更多理由和时间，把藏品挑选得更精细，藏家也有更多余地和精力来作更深入的分析判断。与此同时，拍卖业也可以进行一些深度思考，认真反省，为市场调整后的长期稳健发展做出更加充分的准备。

现在，艺术品市场正处在调整期、康复期，拍卖业一定要坚定信念，下定决心为将来长远的发展，做好应对机遇和挑战的准备。我们不能只满足于收取佣金，在坚持中介服务机构定位的同时，应该经受住各种压力和挑战，在经济大潮中承担起应有的文化责任，把我们的拍卖做得更丰富多彩、更有文化特色。企业内部要利用市场调整的时机，进行基础建设和自我更新，严格遵守法律、法规和文物艺术品拍卖规程，建设一支自强、自尊、自律的拍卖队伍。

共筑中国拍卖行业的“中国梦”

——写在中国嘉德成立二十年之际

中国收藏家协会副秘书长、书画收藏委员会主任，李可染画院研究员 张忠义

拍卖的历史由来已久，自19世纪70年代传入我国，历经兴衰。1985年以后，随着我国经济体制改革的不断深化，拍卖这种交易方式得以迅速恢复和发展。90年代初，中国的拍卖公司陆续成立。今年是中国嘉德国际拍卖有限公司成立二十周年，嘉德走过的二十年也是中国拍卖行业成长壮大的二十年。这二十年，中国经济崛起为市场带来诸多机遇，以拍卖为标志的文物艺术品市场从无到有、由小到大，现已开花结果、枝繁叶茂，取得了辉煌的业绩。

中国嘉德1993年成立，1994年开始正式进行拍卖。第一场拍卖只拍卖了中国书画和油画两个门类，总成交额1400多万，在当时这样的成绩足以令人震惊，在中国拍卖史上具有象征意义。嘉德的诞生开启了中国文物艺术品拍卖的新篇章、新纪元。时任国家文物事业管理局局长的张德勤说：“拍卖会在国际上屡见不鲜，但对我们来说却是前所未有的新鲜事物，是需要探索和实践的。探索者的道路与足迹，应该从时间的量中去体现，历史会做出公允的评判。因此，无论成功与否，对于探索者本身都是需要肯定和值得纪念的。”的确，中国拍卖业迈出的一小步，是整个文物艺术品市场发展历程中迈出的一大步。上海朵云轩、中国嘉德、北京翰海等拍卖公司的相继成立引领了文物艺术品市场的前行。

1995年6月22日，中国拍卖行业协会在北京成立。1995年12月，国家文物局批准中国嘉德、北京翰海、北京荣宝、中商盛佳、上海朵云轩、四川翰雅等6家企业，实行文物拍卖直管专营试点。为了规范拍卖行为，维护拍卖秩序，保护拍卖活动各方当事人的合法权益，1997年，《中华人民共和国拍卖法》颁布实施，艺术品拍卖从此有法可依、有章可循。

时光荏苒，中国现有的拍卖公司如雨后春笋，但真正能立得住、叫得响的公司屈指可数。中国嘉德则是所有拍卖公司里优秀的代表，已经初步形成企业文化和品牌效应：

1. 具有中国文物艺术品市场旗帜和风向标的作用。嘉德从建立之初第一场的总成交额1400多万到18年后总成交额突破100亿，这种速度连国际拍卖业巨头都感到惊讶。嘉德每一年的春拍都受到国内外收藏家和投资人的关注，都在观察它的开局如何，它的成交额、成交量怎样，以此来判断全年的文物艺术品拍卖市场的征候和走向，进而揣摩整个中国文化创意产业的发展脉搏。

2. 对各个拍卖公司起到了率先示范的作用。嘉德是第一家按照市场规律和原则建立的股份制全国性拍卖公司，也是一家不断学习、不断开拓、不断创新的公司。它既能总结国际上的先进经验，又能结合中国国情。比如拍卖门类与各种专场的设置，如油画、古籍、珠宝、邮品、个人收藏专场、海外回流专场、中国古代家具专场、新中国美术、“文革”专场等等，几乎都是嘉德首创。再比如在全球征集拍品、海外设立办事处、开拓香港市场等，示范的作用在不同时期都非常明显，为其他各大拍卖公司提

供了参考的样本。

3. 中国嘉德已形成自身的平台特点。通过这一平台带动了整个收藏拍卖市场的发展。在自身严格管理与市场规范运作方面，是比较典型的。我们对嘉德董事长陈东升多次在公开场合强调坚守诚信的一些具体做法感受颇深：一是嘉德自己不买不卖；二是不给拍品炒作提供条件；三是绝不允许员工在外走穴；四是及时主动为卖家结账。在众多拍卖公司经常违规操作的比照下，嘉德无疑受到广泛信任。在传播文化、创新发展、强化服务等方面，嘉德也一直以先行者、改革者的姿态出现。在十分敏感的佣金的确定和调整问题上，嘉德具有绝对话语权。从5%、10%、12%到15%，国内拍卖公司最先调整的一定是嘉德，其他公司才跟着上调。国家对文物艺术品市场政策的变化，嘉德也总是积极配合。2009年，嘉德拍卖胡适致陈独秀的十三通信，以550多万成交价被国家收购，就是由先前的国家定向购买转变为行使优先购买权政策的首次具体实施案例。再比如，最近两年嘉德公司实行的客户注册卡规则，目的在于控制风险、简化程序、增加信任，这是公司与客户之间长期合作积累的信任，既方便了交易双方，也在一定程度上解决了拍品结账难的问题，受到客户热烈欢迎。

4. 中国嘉德拍卖公司被戏称为中国拍卖行业的“黄埔军校”。由于它成立较早，操作规范，又有广阔胸怀，培养了许多拍卖界的优秀人才。嘉德曾经的员工有许多现在都已成为各个拍卖公司的主帅和领军人物。这些公司的信誉和企业发展都带有嘉德公司痕迹，他们所在的拍卖公司大都得到了公众认可。

骄人的发展业绩，取决于重诚信、讲责任的企业核心价值理念。借嘉德公司成立二十周年之际引出的话题，实际上我想表达的是对中国文物艺术品拍卖事业的关注与肯定。二十年来，整个中国拍卖行业一直走在中国文物艺术品市场最前沿。虽然也经历曲折，而且目前还存在诸多严重问题，如赝品泛滥、诚信缺失，炒作盛行、法规缺陷、监管缺位等等，但是整个拍卖行业从无到有、从小到大，不断修正、不断健康发展的脉络是非常清晰的。回首往昔，从新中国建国初期到“文命”，再到80年代的时候，中国的文物几乎是“一文不值”，价值长期被埋没。中国拍卖行业发展的这二十年，文物艺术品走过了从价值被低估、不被认可到价值被发现并发扬光大的这样一个历程，向全世界揭示了中国文物的价值和价格。自从有了拍卖以后，国家一些文博单位收藏文物艺术品的主要渠道就是拍卖。通过拍卖，保护了中国文物，提高了国民的内涵素养，丰富了国家的文化资源，弘扬了中华民族优秀的传统艺术。拍卖直接促进了文物回流，开拓了海内外市场，也开创了新的投资领域，提升了中国在全世界的文化影响力。对于民间收藏的群体来说，拍卖也成为收藏家收藏和投资人进行文物艺术品投资的主要途径，同时造就了一批在世界上有影响的大的收藏家。中国的文物艺术品作为中华文化的遗存，作为最直观、最有审美价值的实物载体，受到了全世界的关注和认可。政治的稳定、经济的快速发展、拍卖行业的勇进，使全世界的人们对中华文化、对中国文物艺术品的价值另眼相看。国外越来越多的机构和大藏家进入中国市场、参与文物艺术品交易已司空见惯，中国现已成为仅次于美国的全球第二大文物艺术品交易中心，中国那些骨干拍卖企业可谓功不可没。

在整个中国经济的发展中，艺术品拍卖虽然还是小众行业，但它对人们眼球的吸引、对全社会的影响力是巨大的。它对艺术品价格回归、法律法规完善、普及艺术教育都起到了无可替代的推动作用。拍卖事业的兴旺发达，使全民艺术知识的积累、文化修养的提高达到了一个前所未有的程度。但是，任何事物都是矛盾的统一体，绚烂的背后必然乱象丛生。正如中国嘉德国际拍卖有限公司董事副总裁寇勤所言：

"当前的艺术市场总体健康但局部有'炎症'，需要对症下药。"如何"下好药"？我想头痛医头脚痛医脚不是好办法，还是从战略高度考虑，综合治理为好。现在，全中国都在讨论"中国梦"。历史证明，充满梦想的时代一定是国家富强的时代，有梦想的民族才是伟大的民族！中国梦是一个国家梦、一个民族梦，只有在不同地域不同行业实现具体目标和具体内容，才能实现全中国的梦想。已经成规模发展二十多年的中国拍卖行业，无疑应该结合行业特点，有自己的梦。笔者以为，2013 年 3 月，习近平主席在坦桑尼亚进行国事访问解读新形势下的中非关系时讲到的"真、实、亲、诚"四字箴言，对中国拍卖业行业来说，具有高屋建瓴的指导意义。用四字箴言概括中国拍卖业行业的"中国梦"，无论目标还是内容都非常吻合，且具有极强的实用性和针对性。第一，"真"字对中国文物艺术品市场赝品泛滥的现状来说至为关键。"知假拍假"和"假拍欺世"已经成为当前中国拍卖事业深化发展的严重障碍。拍卖行业应参照国际经验，变被动为主动，对买卖双方认真负责，杜绝唯利是图、急功近利，将努力保证拍品质量放在第一位。第二，关于"实"，引申到拍卖行业中就是要求拍卖行业要落实相关政策，严格遵守法律法规和《中国文物艺术品拍卖企业自律公约》，自觉履行企业职责，为进一步规范文物艺术品拍卖市场、构建行业自律体系付出实际行动，少一点浮躁，多一些务实。在历史发展关键节点上，出政策、出措施、出实招净化市场，使中国拍卖业上水平、上档次。第三，"亲"就是说拍卖公司作为服务性质的中介单位，要平等、亲善地对待交易双方，避免出现店大欺客、恶性竞争等不文明情况，把工作重心放在提升服务水平上。积极配合相关主管部门的监管，主动接受媒体监督，把规范化经营放在重中之重的位置。第四，也是至关重要的一点，就是"诚"。要真正实行三公原则，做到诚信为本，信誉为天。人无信不立，诚信既是企业命脉也是企业的"尊严"，要坚决遏制虚假宣传、虚假运作。弄虚作假只能一时，不能一世。信誉是事业发展的不竭动力。要提倡打造中国拍卖业的百年老店。

当然，要实现拍卖行业的中国梦，除去拍卖行业自身因素，还需要其他相关部门共同努力。文物艺术品市场各有关方面应各司其职，各负其责，在探索的路上不断学习，找到差距，锐意进取，开拓创新。我们希望中国拍卖市场能在增强文化服务发展活力和行业自律以及健全社会道德诚信体系等方面，花大力气，下大工夫，努力克服自身弊病，不遗余力地整顿治理违规违法行为。在体制和机制方面不断深化改革，尽快完成从经营拍品向经营文化的转变，未来真正能和世界上顶级的拍卖公司并驾齐驱，向世界持续传递中国品牌、中国形象、中国正能量！各方并肩携手，同心共筑中国拍卖业"真"、"实"、"亲"、"诚"的"中国梦"，为促进文化大繁荣大发展，扩大中华文化在全世界的影响力而不懈努力。

谈谈明清家具的鉴定

国家文物鉴定委员会委员，故宫博物院研究员　胡德生

给一件家具作鉴定并非易事，你必须对历史上各时期家具有全面了解，并进行透彻的研究。如果没有对成千上万件同类器物的客观了解，没有大批文献资料的佐证，没有对所鉴定文物准确精到的研究分析，就不可能得出科学合理的鉴定结论。鉴定明清家具首先要掌握各时期家具的造型、纹饰、色彩、做工的不同特点，再具体到某件家具上，才能正确判别这件家具在其所处品类中的地位。要宏观分析，也要微观评判。每下一个结论，都必须有确凿的依据。对市场上或社会上一些约定俗成的认识和提法，也要分析一下是否正确。正确的，我们给予肯定；错误的，我们给予纠正。有时还要了解各个历史时期的政治、经济、文化背景。决不能随波逐流，人云亦云。下面谈谈家具鉴定中必须注意的几个问题。

一、明清时期的硬木家具从何时开始流行？

现在市场上常有人说我收藏的黄花梨家具是明代中期的或明代初期的，有的甚至还说自已的硬木家具是元代的。我曾见过一位家具收藏者，称其有四十多件唐代至元代家具，可谓荒唐之极。实际上，中国硬木家具的出现应在明代隆庆（1567-1572）、万历（1573-1620）之后。在这以前，人们使用的家具基本都是漆家具或柴木家具。明代隆庆、万历所处的时期属于明后期。明代从开国到灭亡总共272年，而隆庆至崇祯只有77年。这个论断可由两个方面证实：一是明代嘉靖年间（1522-1566）以前的史料还未发现有黄花梨家具和紫檀木家具等硬木家具的记载；二是嘉靖年间曾抄没当时大贪官严嵩的家产，有一份详细的清单，记录在《天水冰山录》一书中。在这份清单中，记录有：

一应变价螺钿彩漆等床

螺钿雕漆彩漆大八步等床，五十二张，每张估价银一十五两。

雕嵌大理石床，八张，每张估价银八两。

彩漆雕漆八步中床，一百四十五张，每张估价银四两三钱。

椐木刻诗画中床，一张，估价银五两。

描金穿藤雕花凉床，一百三十张，每张估价银二两五钱。

山字屏风并梳背小凉床，一百三十八张，每张估价银一两五钱。

素漆花黎木等凉床，四十张，每张估价银一两。

各样大小新旧木床，一百二十六张，共估价银八十三两三钱五分。

一应变价桌椅橱柜等项

桌，三千零五十一张，每张估价银二钱五分。

椅，二千四百九十三把，每张估价银二钱。

橱柜，三百七十六口，每口估价银一钱八分。

凳杌，八百零三条，每条估价银五分。

几并架，三百六十六件，每件估价银八分。

脚櫈，三百五十五条，每条估价银二分。

漆素木屏风，九十六座。

新旧围屏，一百八十五座。

木箱，二百零二只。

衣架、盆架、鼓架，一百零五个。

乌木筯，六千八百九十六双。

以上即严嵩家所有的家具，除了素漆花黎木凉床40张和乌木筯6896双之外，别无硬木家具的记载。从其价钱看，也并非贵重之物。而螺钿雕漆彩漆家具倒不在少数。再从严嵩的身份和地位看，严嵩在抄没家产之前身为礼部和吏部尚书，后又以栽赃陷害手段排斥异己，进而获得内阁首辅的要职。在他的家里若没有紫檀、黄花梨、铁梨、乌木、鸡翅木等，那么民间就更不用提了。再联系到皇宫中，估计也是不会有的。硬木家具没有，柴木家具肯定是有的，只是档次较低，不进史籍而已。而柴木家具很少有保留到现在的。这就给高档硬木家具划出一个明确的时段。纵然不能断言，但可以基本肯定的是：明代隆庆、万历以前没有高档硬木家具。

明末范濂《云间据目抄》的一段记载可证明隆庆、万历以后，硬木家具方才渐渐成为时尚。书中曰："细木家具如书桌、禅椅之类，予少年时曾不一见，民间止用银杏金漆方桌。自莫廷韩与顾宋两家公子，用细木数件，亦从吴门购之。隆万以来，虽奴隶快甲之家皆用细器。而徽之小木匠，争列肆于郡治中，即嫁妆杂器俱属之矣。纨绔豪奢，又以榉木不足贵，凡床橱几桌皆用花梨、瘿木、相思木与黄杨木，极其贵巧，动费万钱，亦俗之一靡也。尤可怪者，如皂快偶得居止，即整一小憩，以木板装铺，庭蓄盆鱼杂卉，内则细桌拂尘，号称书房，竟不知皂快所读何书也。"

文中所说"细木家具"当指高档硬木家具。文中未提及紫檀。发生这种变化的原因，除当时经济繁荣的因素之外，更重要的是隆庆年间明朝政府开放海禁，使南洋及印度洋的各种优质木材大批进入中国市场。

有人认为明代宣德年间（1426-1435）郑和下西洋用中国的瓷器、茶叶等与外国贸易，运回大批高档硬木，发展了明清家具。还有人写出文章，把郑和奉为明清家具的祖师爷。这不难辨别其谬。因为郑和下西洋的资料非常有限，且只有"檀香"、"降香"的记载。檀香和降香是专指药材和香料而言，并非指做家具的木料。因此，郑和采木以及把郑和奉为明清家具祖师爷的说法，都是毫无根据的和不负责任的。

二、"明代"与"明式"、"清代"与"清式"的区别

在当今家具收藏活动中，广大收藏家们对"明代"与"明式"、"清代"与"清式"的概念往往模糊不清。一些商家则利用这一点浑水摸鱼。有的收藏家还把自己的收藏品编印成书，他的收藏明明为新仿品，却都标明为"明代"、"清代"，或"明"、"清"。在这种情况下，遇有不懂的就当明代卖给你。如果遇到懂行的，说你这是新仿的，商家则说，您是行家，我不懂，我也听人说的，或者说，我这是明代式样。他开脱了。这是好的。更有甚者，不论谁说不对，他都死不认账。这种情况，我就遇到好几起。实际上"明代"和"明式"、"清代"和"清式"是两个截然不同的概念。"明代家具"属时间概念，而明式家具属艺术概念。明代家具专指在明代生产的家具，但并非所有明代家具都是明式家具。明式家具作为艺术概念，是指明代形成的优秀的艺术风格，被全世界人公认的好的明代家具。因为历朝历代都有精品，而历朝历代也都有糟粕。即使流传下来，糟粕也永远不会成为精品。

清代家具和清式家具同此一理。但清代家具分三种风格。清代康熙朝（1662-1722）以前生产的家具，大多还保留着明式风格，被列为明式家具范畴。鉴定活动中常形容为"明末清初"，因为清代立国时间不长，明代的师承关系和家具设计理念也需要有一个转变过程。这时期生产的家具，很难确定是明代末期还是清代初期。

清代自雍正朝（1723-1735）开始，在统治阶级和上层贵族思想观念的带动下，家具的造

型及风格发生了明显变化，形成了有别于明式家具的新风格。随着康雍乾三朝盛世局面的形成，家具行业也和其他各项手工业一起，得到了进一步发展，成为代表清代优秀风格的“清式家具”。

清代自道光年间（1821-1850）开始，由于帝国主义的入侵，国运衰退，各项民族手工业遭到严重破坏，家具艺术也和其他各项手工业一起走向衰退，进入没落时期。清代后期生产的硬木家具大多呆板、臃肿，毫无艺术可言，对今后发展社会主义新型家具没有参考和借鉴的价值。

三、关于“真”、“假”问题

目前收藏界谈论最多的是“真”、“假”问题，好多人认为古代的旧物才是真，而新仿者一律被视为假。这种认识是极端错误的。举个例子，我们用真材实料依明代样式仿制一件，工艺水平也接近或达到原件标准，有的甚至超过原件水平。这种情况下只能说它是明代式样的仿制品，俗称“明式”，而非明代作品。它与明代是两个概念。我们无理由说它是假品或伪品，即使是有意做了旧。如果有人别有用心硬说它是明代古物时，它才具备假的含义。冒名顶替属于假，比如一张画，明明是仿的，上面有画家的名。如果公开表明此画是仿的，就不存在“假”问题，只能说是仿品。仿得好的可称为复制品或赝品。赝品的意思也多指仿制品或复制品。如果你把它当作真迹去骗人，它才成为假品。

我曾遇到一个场面，在一家古玩店，一个顾客看到店家柜架上摆一件瓷器，旁边有一说明牌，写着“乾隆款青花瓷瓶”，于是大呼你那是假的。店主拿起瓷瓶，和颜悦色地反问：“你看有没有乾隆款？”“有。”“是不是青花？”“是。”“是不是瓷？”“是。”“是不是瓶子？”“是。”“那凭什么说我这是假的？”“你这是新仿的。”“要说这是新仿的，千真万确，但它可不是假的。你要说我这是假的，不信到哪说理你也得输。”顾客哑然。

还有人把古代文物、艺术品的修复，一律视为假，凡“动过手”、修复过的古代艺术品，都被打成了“假”。一件古物历经数百年沧桑，难免要有磕磕碰碰，损伤在所难免。即使是重伤，比如腿断了，枨断了，配一条腿，配一条枨，都是正常的，价钱上肯定要打折扣，但不能称其为假。故宫博物院收藏着一件宣德款黑漆香几，经过几次改制，其面上花纹是明代万历时加嵌的，其四腿的螺钿龙纹是清代康熙时改制的，现在它仍然是故宫的一级文物。故宫家具库的家具有很多都经过修复，有的还添了新料，也仍然是珍贵文物。而且故宫科技部还在大量修复文物，没有人说这些修复过的文物是假的。故宫博物院近年大规模修膳古建，如弘义阁、体仁阁、慈宁宫、钦安殿、太和殿，都经过了大修，换了不少建筑构件，换了多少砖、多少瓦，油漆彩画都是新的，也没人说这些建筑是假的。故宫博物院在中正殿火场废墟上重建了中正殿、西花园，也只能说是重建的，或新建的，而不能说其是假的。如果把修复过的、动过手的都说成是假的，照这个说法推论，一个人因工伤、车祸断了腿，医院为其配了假肢，这个人难道就不是人了吗？

还有人说老料新作也是假的。再举一个例子，故宫收藏着大批明清时期的织绣袍料，每件一个文物号。1985年，故宫因陈列需要，提出明代袍料缝制一件龙袍，只是销了袍料的文物号，而换成龙袍的文物号而已，它仍然是珍贵文物，没人说它是假的。一件家具、一件龙袍，或一座建筑，只要主体构件大体完整，只能说是有修配。在家具门类中，存在这种情况：有人从民间收购大批旧家具构件，然后从大批旧家具构件中检选各类构件，东拼西揍地攒出各式家具，攒得好的几乎可以乱真。这类器物有时可看出是拼的，也只能说其不是原配，是动过手的，比如一张桌子断了一枨，八个牙头丢了四个，我们为其配了枨子，补了牙头，使其恢复了原貌，保护了这件古董。即使修配的水平不是很高，也没有理由说其是假的。一般来讲，只要初始构件在 70% 以上，有 30% 的修配，哪怕有些不合理的修配，只要没破坏主体构件，仍然属于真品范畴。如果初始主体构件不足 70%，则属于一般文物，仍然不能称其为假的。

也有人说现在除正规博物馆收藏的东西是真的，外边的东西都是假的。这又是一个非常错误的认识。难道民间就没有好东西？难道八国联军抢走的东西都被毁得一件不剩了？现今，海外文物大批回流，证明当初被八国联军掠去的古代艺术品也并非都被毁了。这批回流文物中的确有丢失配件的，经过补配而为完器，实际上是对这件文物施加了保护。总之，很多类文物没有真假概念，只有新旧概念。只有在冒名顶替的情况下才临时具备假的因素。

四、关于龙纹家具

目前市场上流行着很多龙纹家具和龙爪抓珠足家具，都被说成是清代原物或明代原物，甚至标榜为皇宫流出来的。实际上它们中多数都是中华民国以后的，甚至是当代新仿的。这类龙爪抓珠足家具在明清两代皇宫中属于等级最高的家具，如太和殿、中和殿、保和殿、乾清宫、皇极殿、慈宁宫、奉先殿及佛教、道教的佛堂中的神位、供案等，都用龙爪抓珠足作装饰。而且这类家具全部以贴金罩漆手法通体饰金。这些通体罩金家具和龙爪抓珠家具除皇宫等级最高的礼制建筑内使用外，只有皇帝的家庙和佛堂可以使用。除此之外，就连皇帝居住的养心殿及后妃居住的东西六宫都不能使用。平民百姓就更无从谈起了。龙纹在封建帝王时代禁忌很严，用龙纹作装饰的器物为帝王家族所专用。不用说平民百姓，就是一品大员，非皇族龙种，也无资格使用龙纹家具。如果有人敢冒天下之大不韪，擅自使用，则被视为僭越，轻者免官坐牢、抄没家产，重者性命不保。

那么这批家具是什么时期制作的呢？确切地说，应在 1911 年以后，民国政府推翻了清王朝的统治，清宫造办处也随之解体。造办处木作的工匠们出宫后，回到各自家乡，组建大小作坊，凭着他们在宫内所见所闻，仿制皇宫家具。大批通体罩金家具、各式雕龙纹家具和龙爪抓珠足家具开始在社会上流行。

在社会上流行的龙纹家具确有一部分属于皇宫流出去的，还有一部分属于各地王爷府中的家具，艺术水平都很高。但这属于少数，不可能像当今市场上流行的这么多。

五、关于“伪”品

“伪品”即“伪劣次品”的代名词，是指那些偷工减料、粗制滥造的粗俗家具，或曰“糟粕家具”。这些粗俗的糟粕家具不仅损坏了中国传统家具的声誉，也直接损害消费者的切身利益。

伪品当中还包括一种不伦不类的作品，有的甚至让你啼笑皆非。笔者曾见过一尊木雕弥勒佛，论雕刻水平也还不错，遗憾的是这位雕工没有一点文化知识。因为他不仅把财神爷的金元宝抢过来送给了弥勒佛，又把老寿星的拐棍也抢过来送给了弥勒佛。于是这弥勒祖师就成了左手托着金元宝、右手柱着拐棍的形象。笔者还遇到过这样一件作品，一件千工拔步床，上等红酸枝木制成，论艺术水平也不低，但因为设计师缺乏传统文化知识，制作出的作品违反传统，而成为糟粕。他把释迦牟尼、玉皇大帝、王母娘娘、七仙女及历代美女都雕在床上，违反了传统。因为这些形象属于神圣偶像，应该供在龛里礼拜的。把他们雕在床上，等于对神灵的大不敬，难道让王母娘娘、七仙女天天看着你脱衣服睡觉？谁使用这件家具，谁就亵渎了神灵。在床上雕刻花纹，雕些花草、风景就行了，不要雕猛兽，不要雕人，更不能雕神。奉劝各位从事各项手工艺技术的朋友们，都以弘扬中华民族优秀文化为已任，多学点传统文化知识，多创作些艺术精品，为现代化中国的物质文明和精神文明做出贡献。

以笔迹学方法重鉴祝允明

香港收藏家　林 霄

又一种行草有俗笔，为人伪写乱真，颇可厌耳。

——王世贞《兖州山人四部稿》

一、关于“祝允明问题”

所谓“祝允明问题”，就是曾被誉为“明朝第一”的祝允明书法真伪鉴定问题，也是长期令学界困惑的一个难题，要彻底解决不容易。本文试为发覆，以期有所进展。

解决“祝允明问题”的难点：

1. 祝允明书法面目多，小楷、中楷、行书、小草、狂草、章草，样样精通。而且对不同书家模仿能力极强，其仿米芾、苏轼足可炫耀。

2. 伪作多，作伪年代早。据笔者考察可确证出现伪作的最早纪年在 1561 年，即祝允明逝世后 35 年。

3. 祝允明一生学习、变化多。从锺繇、欧阳询、张芝、皇象、怀素、黄庭坚、李怀琳、米芾、苏轼、“二王”都是他各个时期学习的对象。

4. 后人如果伪作看得多了，往往先入为主，以为常见的就是真迹标准，产生误判。这也是至今仍将某一类伪书当成真迹的主要原因。

解决“祝允明问题”也有相对容易之处：

1. 真伪样本多，海内外博物馆信息图像丰富，可作为研究对象的作品不下百件。

2. 有前辈学者研究成果：傅申、刘九庵、肖燕翼、戴立强等专家都有研究祝允明的专题。

笔者发现，公共机构所藏祝允明晚年草书作品中（指常在权威出版物中出现的，以及著名博物馆展品），较为人们熟悉的可以明显地分为两类。

第一类：上海博物馆所藏祝允明《前后赤壁赋》卷（以下都以卷首第一次出现的标题作为作品名）、北京故宫博物院藏《歌风台》卷、台北故宫博物院藏《箜篌引》卷、贵州省博物馆藏《登太白酒楼却寄施湖州》卷、南京博物院《春日醉卧》卷。

第二类：上海博物馆藏《秋夜宿僧院》、北京故宫藏《太湖》、江西婺源县博物馆藏《写怀》、美国普林斯顿大学美术馆藏《闲居秋日》等卷。

若将这两类草书并列，则可以发现这两类草书的笔法、结字、气韵明显不同。因此可以判断这两类作品绝不可能出自一个人的手笔。其中何为真伪，正是本文重点要解决的问题。

二、为什么笔迹学可以用于古代书法鉴定以及步骤？

“笔迹鉴定，是根据物证字迹来确定其相应的书写动作习惯性存在的，并据此判断其是否能够进行‘人身同一’认定的。现有的理论认为书写习惯总会具有特殊性，是认定同一书写人的科学基础。”（《笔迹学》，贾治辉主编，第二章）

笔迹学可用于司法中“同一人身”的认定，所以在书法鉴定中可以形成有效的证据链。

笔迹学对于古代书法鉴定实践，第一步是建立标准，这也是最关键的一环。若标准不对，一切鉴定结论都是无效的。建立标准更要客观，决不可轻易从前人说。

傅申先生在《祝允明问题》一文中，使用了如下三种建立真迹标准的方法：

（一）祝允明作品有同时代人的题跋，且书于同纸上，或有同时代人的骑缝章，并且同时代人笔迹无疑议。

（二）祝允明的题跋题写在其他人的作品之上，并且前后有同时代人题跋互为印证，并且是书写在同一张纸上，或者有同时代人的骑缝章钤印于画纸之间。

（三）同时代人所刻碑帖。

在傅申先生的基础上，我还要加上第四种。

（四）当发现有两件以上作品不同，却有着几乎相同的跋文署款，并且相同的书写日期，此必有一伪或者皆伪，以书法水平高者，而且题款内容与实际状况相符者为真迹，有不相符之“硬伤”者为伪迹。在这种情况下，伪书的确认，同时也反证了真迹。

同样，对于可以确认是伪作的书法，可选作“伪迹标准”。

标准确立后，接下来的鉴定步骤如下：

a. 鉴定作品纸张、用墨是否符合时代标准。

b. 鉴定书写内容是否符合文学性以及描述的真实性。

c. 检视书法的布局章法、书写速度是否与标准符合，并检验是否有伪装性笔迹。

d. 以上步骤一一排除后，取待鉴定书法个别单字或字组，与标准件中“高价值特征字”进行比对。找出真伪两组标准的特征字，就可以掌握真伪的特点，并用来判定部分待检视的作品。

e. 笔迹学所说的“高价值特征字”是指：“特征在一定人群中的出现率，特征被共同拥有的对象越少，不同对象的笔迹中重复出现率越低的特征，特定程度越大，鉴定价值就越高”（《笔迹学》）。

在以下真伪两组样本中都可以找出各自的高价值特征字。这些字或字组或偏旁部首，可以成为书法鉴定的基础。

三、伪迹标准的认定

1. 刘九庵先生发现北京故宫博物院所藏《草书秋兴八首》为祝允明外孙吴应卯作伪（图 1），理由是与存世几件吴应卯本款草书，出自一人手笔。

2. 肖燕翼先生发现以下上海博物馆藏行书诗卷为伪作（图 2），理由是书于弘治元年（1488 年），却抄有嘉靖元年（1522 年）的诗。

3. 肖燕翼先生指出上海博物馆藏《行书怀知诗卷》为赝品（图 3）。理由是祝氏怀友十八人，“往者八人”中，最后一位朋友韩文去世的日期是嘉靖五年（1526 年）六月二十九日。所以早于这个时间写的《怀知诗》必是赝品。《怀知诗》只可能作于祝氏去世前的半年之内。

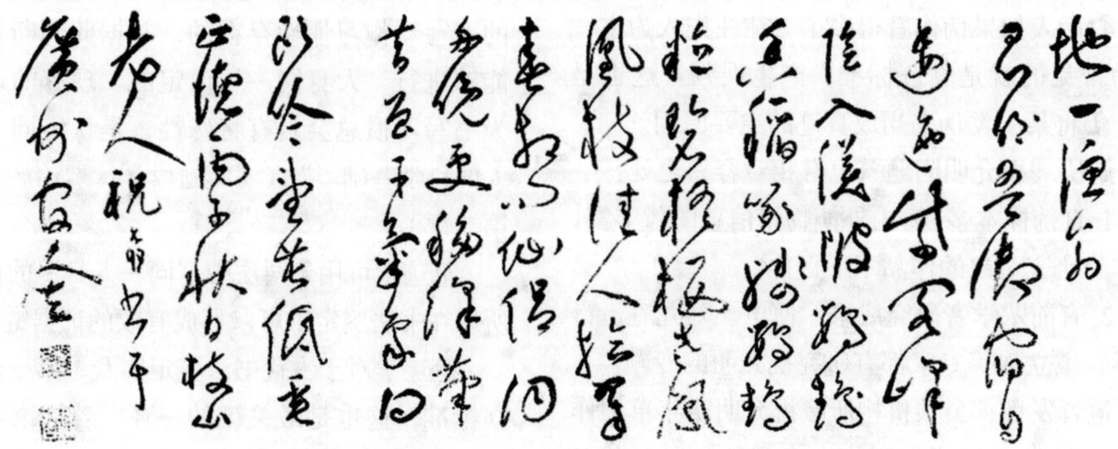

图 1 故宫博物院藏《草书秋兴八首》（伪）

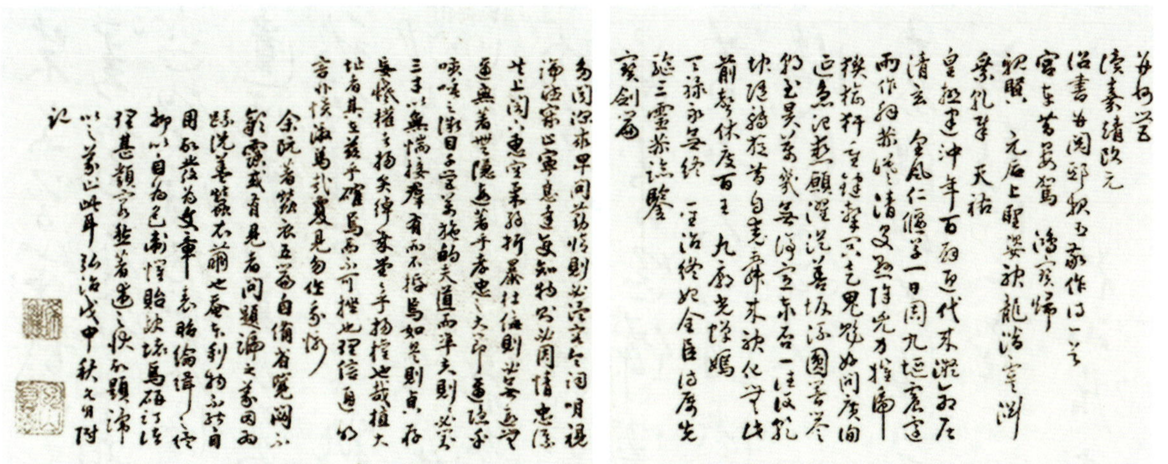
图 2 上海博物馆藏《行书诗二十首》（伪）

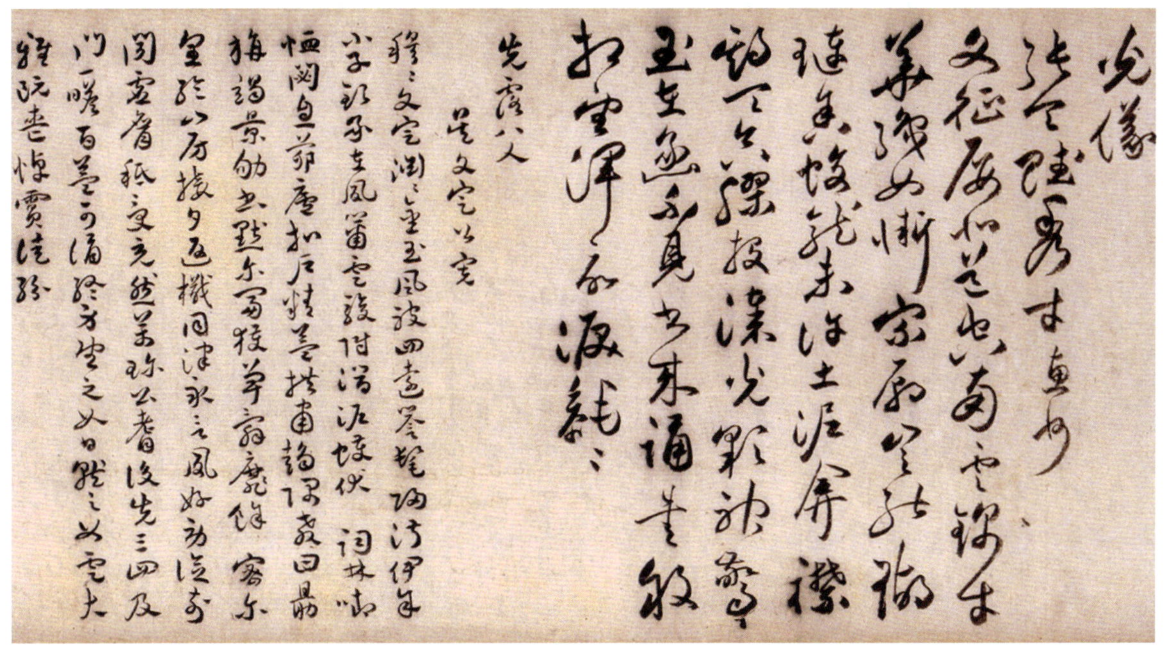
图 3 上海博物馆藏《行书怀知诗卷》（伪），1523 年

而这卷作品书于 1523 年，距离祝允明去世相差四年。

4. 广州美术馆藏《怀知诗卷》为伪作，理由同上（图 4）。

另：此件落款书于“从一堂”，据祝氏《怀星堂集》录有《从一堂记》，可知此堂号乃祝氏为友人杨清之母唐氏所名，杨清念母从一守寡 36 年，遂“作堂以奉母，语其友臣允明乞名”。仔细想来又有谁老跑到别人供养老母的房内写字？

5. 黑龙江省博物馆藏《前后赤壁赋》（图 5），此卷与另一卷故宫博物院藏《歌风台》（图 6）的长文自跋内容几乎一致，日期也相同，故必有伪者。两卷相比，《歌风台》卷书法水平极高，而且两卷跋文皆有“但苦纸长未能满”句，而考察两卷正文后的余纸，黑龙江省博物院藏《前后赤壁赋》后的余纸仅有一尺，而《歌风台》卷的余纸有四尺长，符合跋文内容。而同样书写《前后赤壁赋》，黑龙江省博物院藏卷与上海博物院藏《前后赤壁赋》（图 7）也不在同一水平上。因此判断《歌风台》卷为真迹，黑龙江省博物院藏《前后赤壁赋》卷为伪迹。

图 4 广州美术馆藏《怀知诗卷》（伪）

图 5 黑龙江省博物馆藏《前后赤壁赋》（伪）

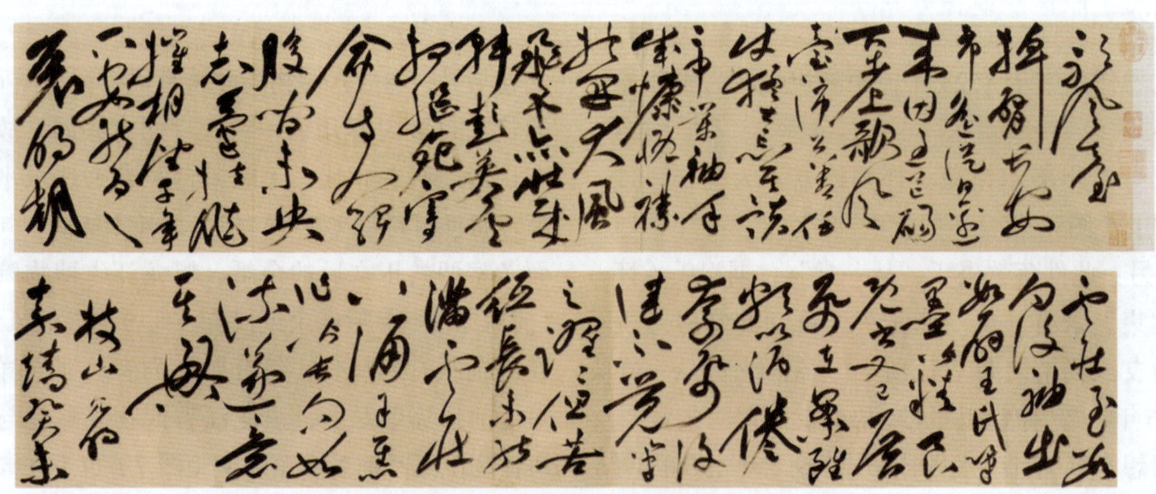

图 6 故宫博物院藏《歌风台》卷（真）

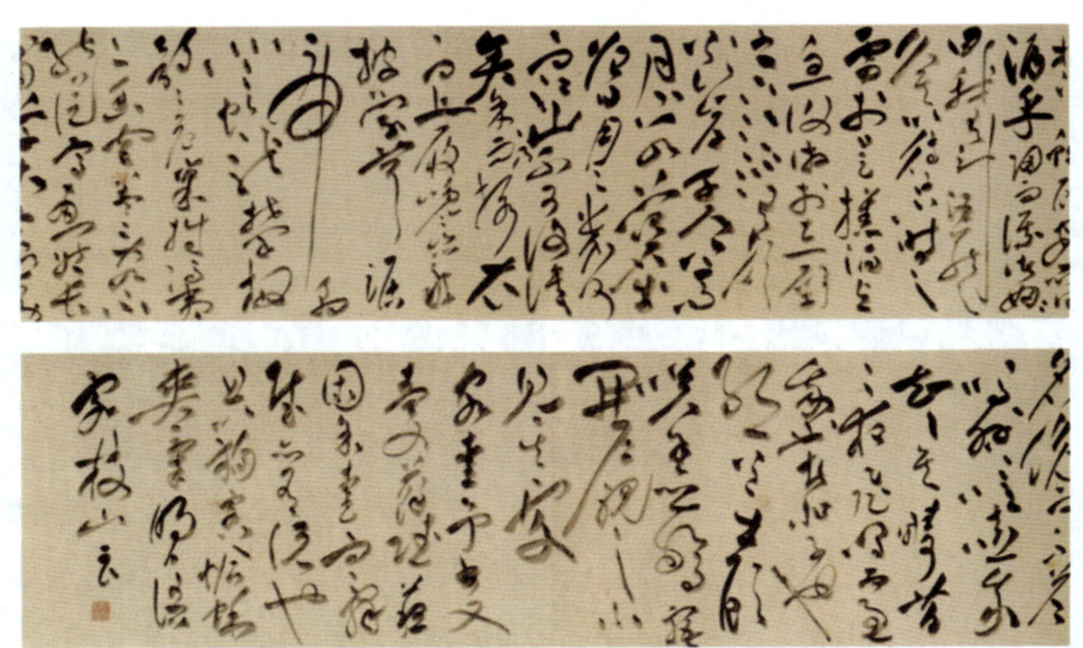

图 7 上海博物馆藏草书《前后赤壁赋》卷（真）

6. 笔者发现有四件祝允明书法《和陶饮酒诗二十首》（图 8、图 9、图 10）有几乎相同的长跋，书写日期也一致，而其中三件与上面几件伪迹作品如出一辙，最后一件出版于日本平凡社的《书道全集》第十二卷（图 10），虽不知藏处也未见全貌但知道内容符合跋文，书写水平较高，故暂排除怀疑。

据平凡社《书道全集》第十二卷——祝允明

图 8 上海博物馆藏祝允明《和陶饮酒诗二十首》，上为“小字草书”，下为“大字草书”，两卷皆伪

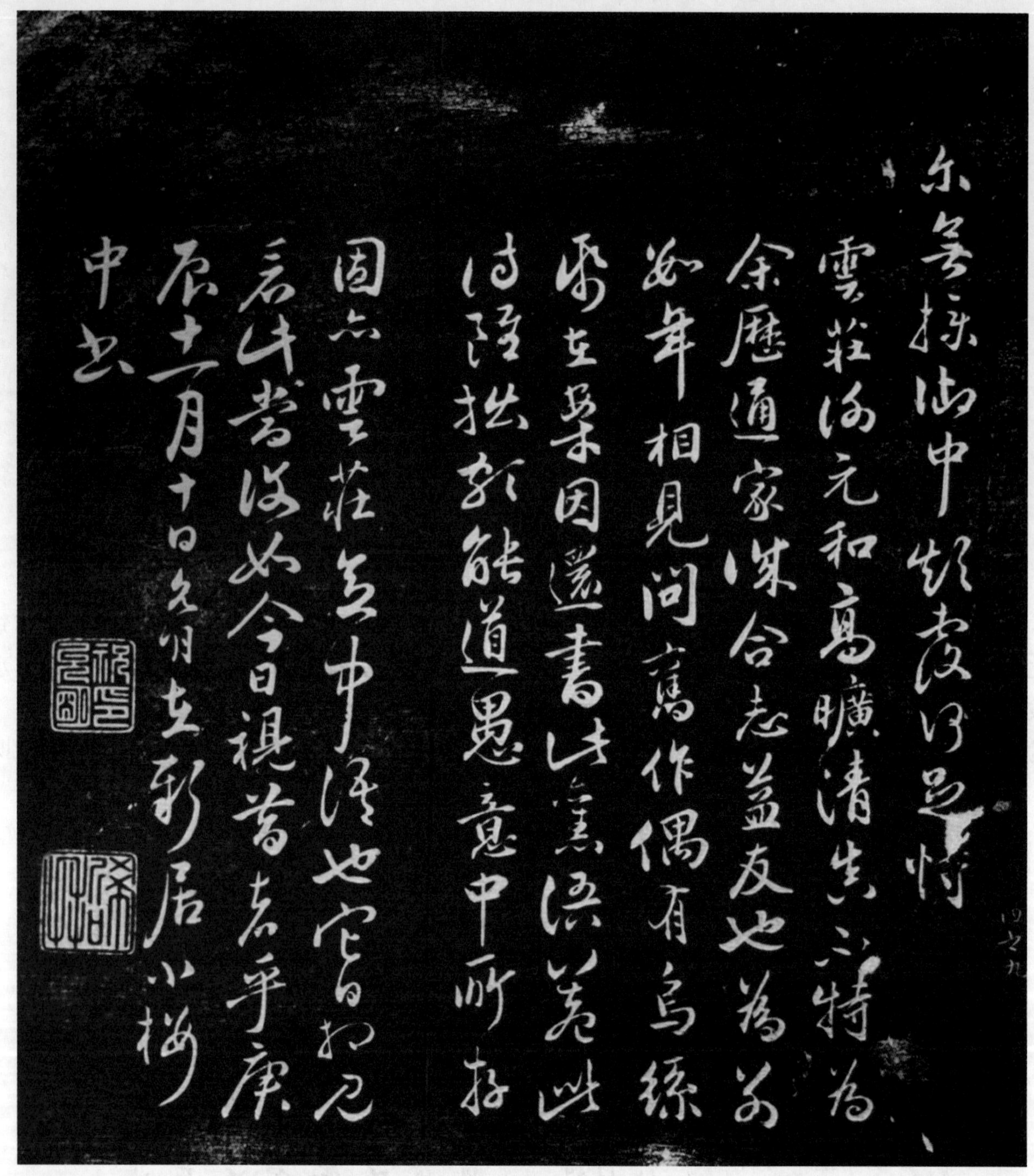

图 9 《萤照堂刻明代法书》祝允明《和陶诗卷》（伪）

图 10 《书道全集》第 12 卷《和陶饮酒诗二十首》（暂定为真）

《和陶饮酒诗》卷后的注释，知此卷书于绘有沈周署名蚕图的蜡笺。依自跋知本卷是应谢元和数年来的求书，因书旧作，以叙感怀。与“相见问旧作，偶有鸽丝纸在案，因还书此旧语”等句正合。据《祝允明年谱》作者陈麦青先生考证，祝氏《和陶饮酒诗二十首》作于1506年前后，相对于书此卷的1520年来说称为“旧作”才是合理。故此卷为真迹的可能性较大。

7. 祝允明于次年辛巳（1521年）六月一日，在广东兴宁上任入京述职途中，于“天津官舟雨中”写道：“予旧草书不甚慕山谷，比入广，诸书帖皆不絜，独甲秀堂一卷在，日夕相对甚熟，略不曾举笔效之也，昨归吴，知友多索书，因戏用其法，得者即谓近之，亦大可笑也。”（《祝氏集略》或《怀星堂集》二十六卷，《题草书后》。）

此文祝允明自己陈述了他学习黄庭坚的过程，而且开始融入山谷书风的时间不会早于1520年，因为在此之前他并不仰慕山谷书法。所以，早于1520年之前有山谷书风的大草必是伪作。以下这件书于弘治七年（1494年）的所谓祝允明草书必伪无疑（图11）。

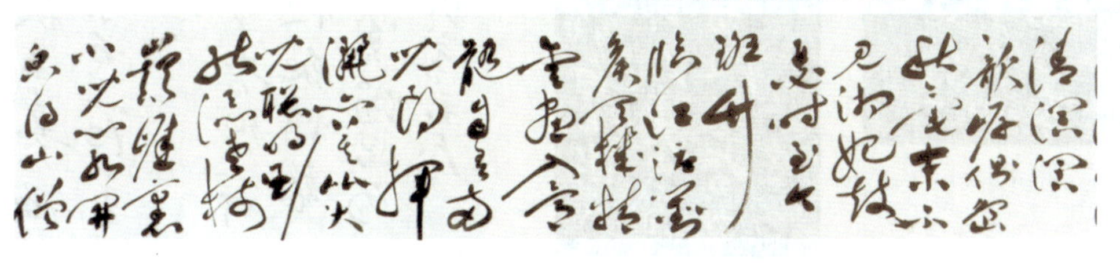

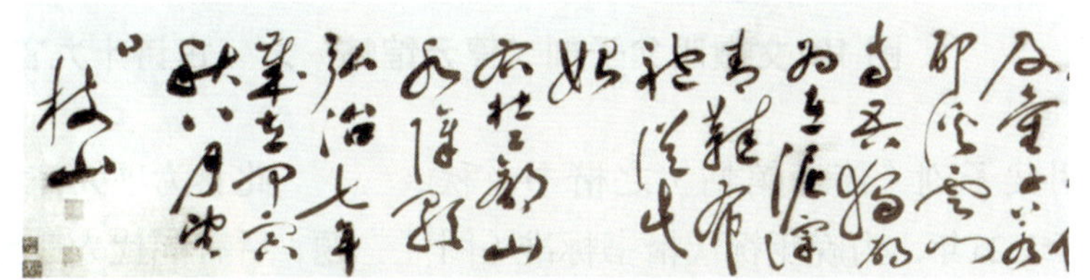

图11　天津历史博物馆藏《草书杜甫山水障歌》（伪）

四、真迹标准的认定

以下真迹标准件，皆符合前文四种认定标准之一。

1. 故宫博物院藏《唐宋四家文卷》（图12），为祝氏早年楷书标准。

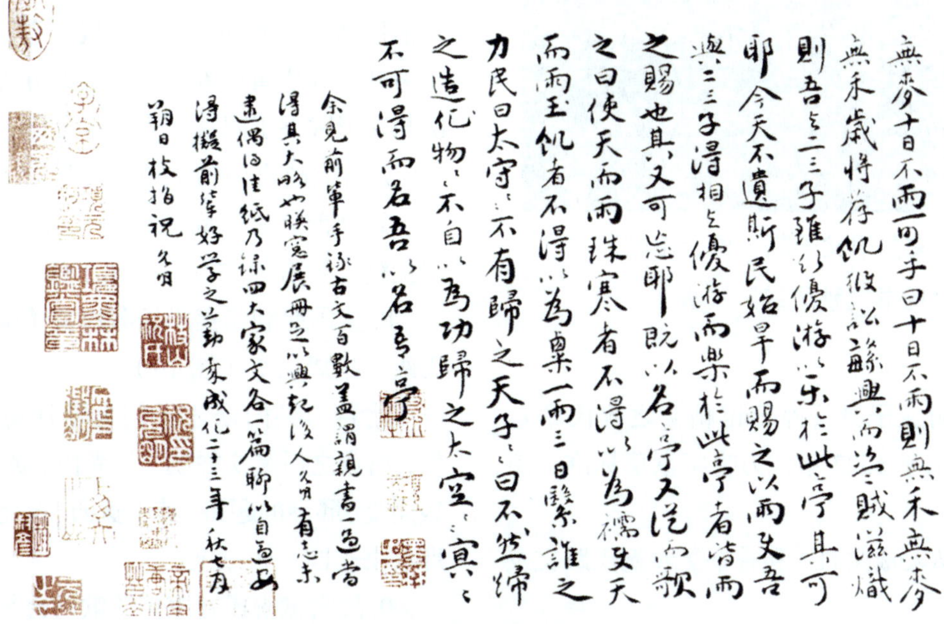

图12　故宫博物院藏《唐宋四家文卷》（真）

理由是此卷作于成化二十三年（28 岁），随后的文徵明、王榖祥、周天球、彭年等同时代人题跋皆为真迹，可以互证，而且此件钤有项元汴骑缝印鉴几十方皆真。书于粉笺，故云“偶得佳纸”。

2. 文徵明、文嘉父子刻于嘉靖年间（1522－1566）的《停云馆帖》，其中祝氏草书《古诗十九首》，书于 1526 年，为晚年小草书标准（图 13）

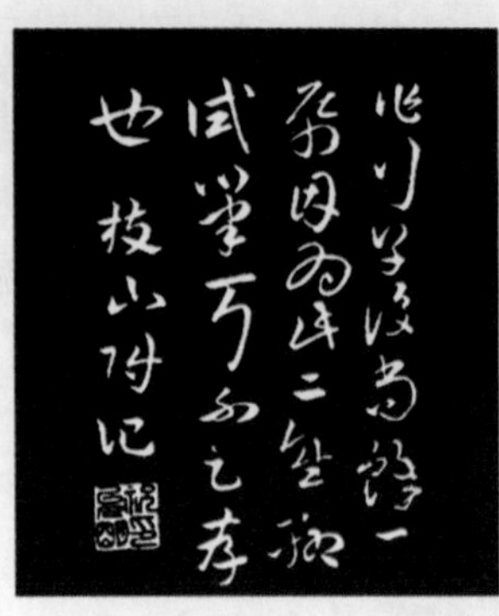

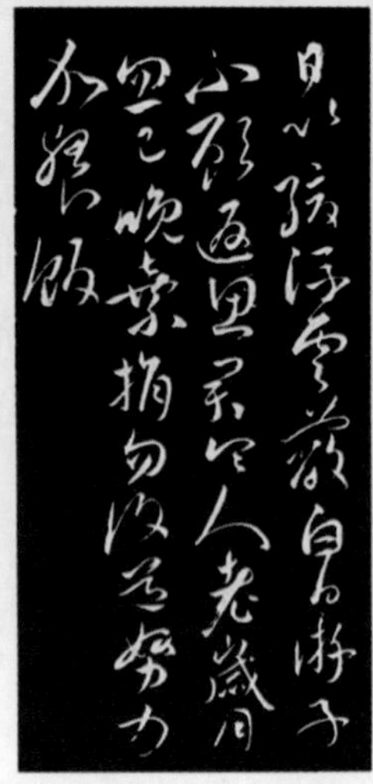

图 13 文徵明父子刻《停云馆帖》之《古诗十九首》（真）

3. 文徵明父子刻《停云馆帖》之楷书《秋风辞》，书于 1526 年，为晚年祝氏楷书标准（图 14）。

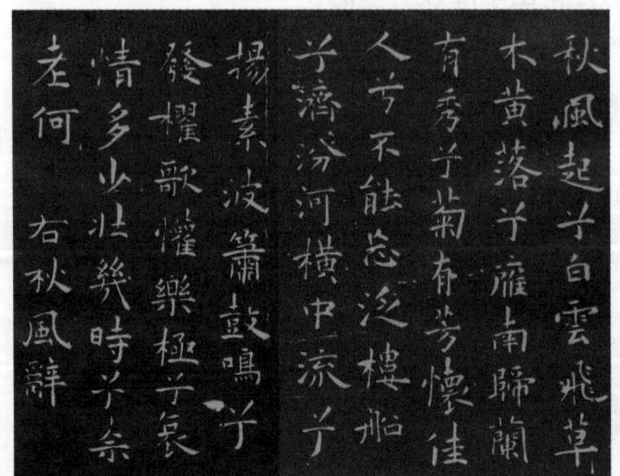

图 14 文徵明父子刻《停云馆帖》之楷书《秋风辞》（真）

4. 文徵明父子刻《停云馆帖》之祝氏章草《书述》，书于 1527 年，为晚年章草标准（图 15）。

5. 台北私人藏沈周《和香亭》卷祝氏跋文及引首。

此卷为项元汴收藏数十方印皆真。沈周画并题，后有同代人题跋：陈璚（陈淳祖父）、顾福、祝允明、张灵、北崖主人、陈淳、黄省曾、文彭、彭年、周天球、陆治等人。其中沈周、陈璚、顾福、祝允明书于同纸，每张纸接缝处，都钤有两方以上的项元汴骑缝章（图 16-1、图 16-2）。

6. 台北故宫博物院藏文伯仁《杨季静小像》，祝氏跋《杨季静像赞》。据江兆申先生考察此卷文伯仁像与后面的题跋非同属一卷，题跋全部属于另外一卷唐寅画卷，因题跋部分皆完整，此祝跋与文彭跋书于同纸，故可鉴为真迹（图 17）。

7. 台北故宫博物院藏祝氏跋《米芾蜀素帖》。祝氏跋文前后是沈周、文徵明跋，虽非书于同纸，但接缝处皆有两方以上项元汴藏章（图 18）。

8. 美国弗利尔美术馆藏唐寅《南游图》卷祝氏跋《招凤词》（图 19）

此卷为吴门众才子们为琴师杨季静践行所作，唐寅之后是文徵明、徐尚德、黄云、祝允明、钱同爱、邢参的题诗。其中黄云、祝允明、钱同爱、邢参书于同一张纸上。

9. 故宫藏祝氏自书诗《歌风台》卷（图 6），

图 15 《停云馆帖》之祝氏章草《书述》（真）

图 16-1 台北私人藏沈周《和香亭》卷引首（真）

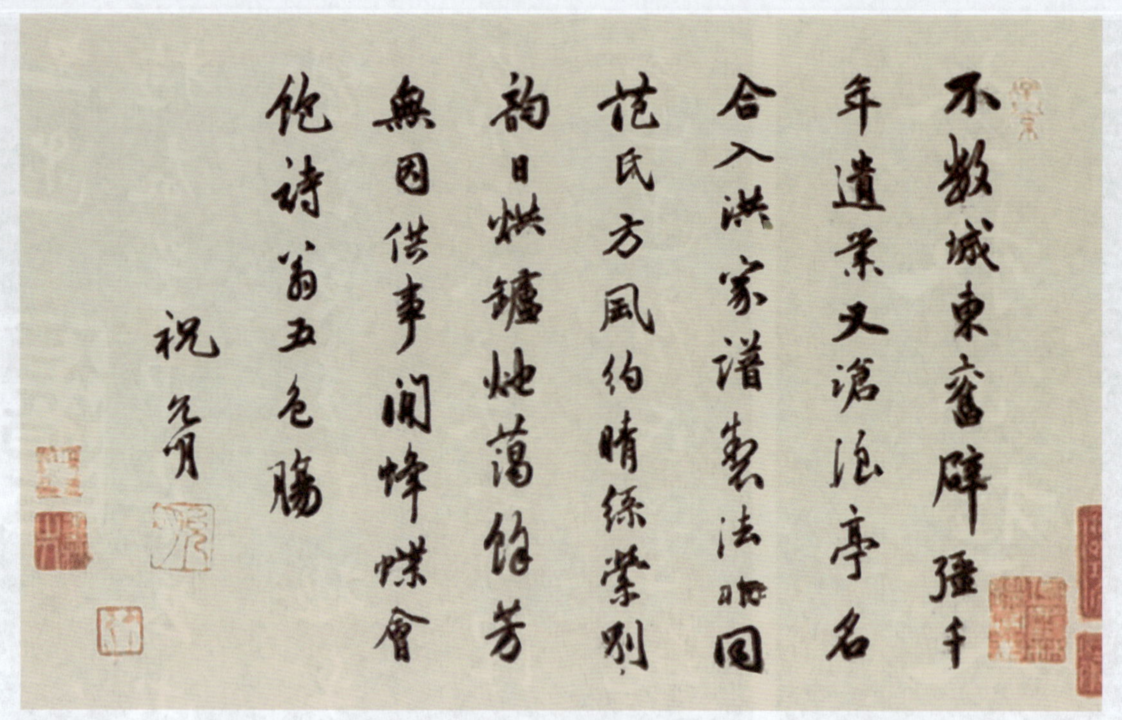

图 16-2 台北私人藏沈周《和香亭》卷，祝氏跋文（真）

图 17 台北故宫博物院藏文伯仁《杨季静小像》，祝氏跋《杨季静像赞》（真）

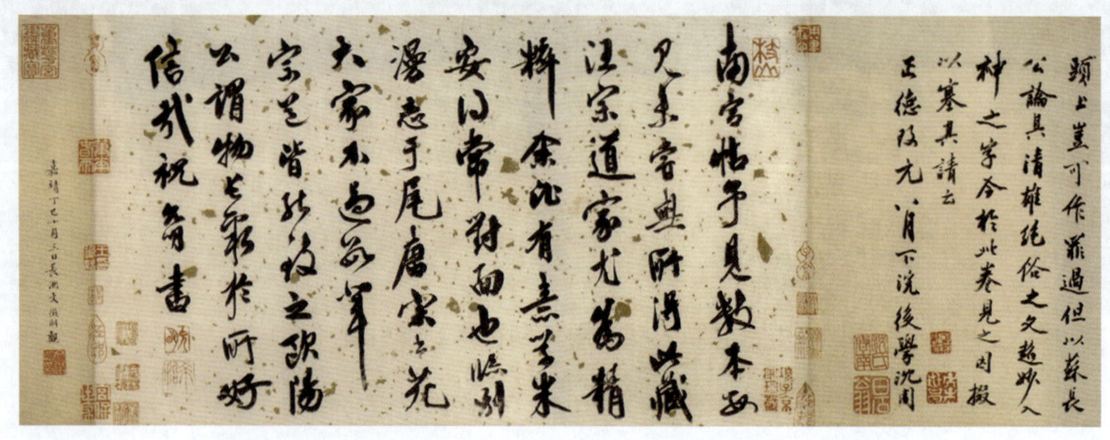

图 18 台北故宫博物院藏祝氏跋《米芾蜀素帖》（真）

此卷与前述伪作黑龙江省博物馆藏《前后赤壁赋》一真一伪，此卷书法水平高而且余纸状况符合跋文，为真迹。

10. 上海博物馆藏《前后赤壁赋》，祝氏友人黄省曾跋于同纸。另纸有文徵明、文嘉跋（图7）。

11. 故宫博物院藏《北禅寺募修雨花堂疏》（图20）。此卷是祝允明为苏州北禅寺重修雨花堂募捐所书，后面是文徵明书于同纸写给禅寺的七言小偈，然后是唐寅“和衡山韵”的七言偈，之后是陈淳游寺诗，再后是吴门才子黄姬水、张凤翼、居节、陈大伦、文元发、王穉登、杜大中的游寺诗，从内容看此卷定是北禅寺收藏的题卷，吴门诸子的书法可互为印证。此卷书于正德元年（1506年），为尚未融入黄山谷笔意之前的行书标准。

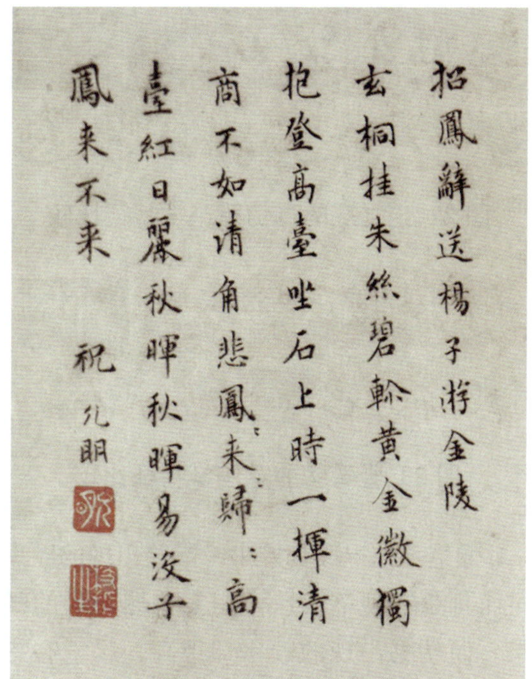

图19 弗利尔美术馆藏唐寅《南游图》卷祝氏跋《招凤词》（真）

图20 故宫博物院藏《北禅寺募修雨花堂疏》（真）

五、祝允明真伪书法的笔迹学特征比较

以下重点分析以上除第一件吴应卯伪作以外的伪迹标准，可以发现这几件伪迹为同一个人笔迹。

1. 三点水：三点水几乎无一例外地呈圆弧状排列，而真迹的三点水劲挺而且富于变化（图21）。

2. 走之底的笔迹学特征比较（图22），真迹或顿或转折有力，伪迹则几乎一律圆弧形上翘，疲弱无力。

3. 竖弯钩的笔迹学特征比较，真迹的竖弯钩或顿或转折有力，伪迹几乎一致弧形上翘，疲弱无力（图23）。

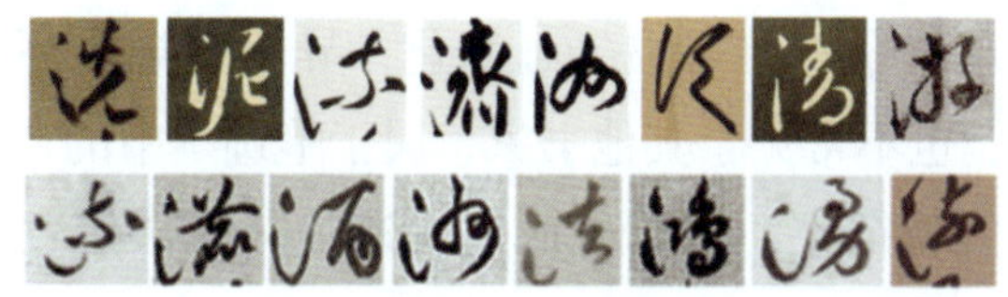

图21 偏旁三点水的笔迹学特征比较

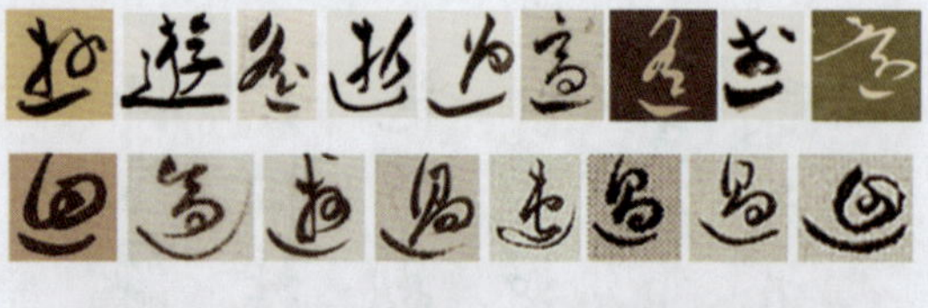

图 22 走之底的真伪笔迹学特征比较

图 23 竖弯钩的笔迹学特征比较

4. 颤笔：在祝氏真迹中，颤笔出现的频率很低，而且是在硬笔快速作用下自然产生的颤笔效果。而伪书出现的频率却很高，属于有意的上下游动，不自然，起笔结团，显示书法渊源的不同。米芾《海岳名言》对此类笔法早有形象的比喻："乃是勾勒倒收笔锋，笔笔如蒸饼，'普'字如人握两拳，伸臂而立，丑怪难状。"正与伪书合（图 24）。

图 24 书法中颤笔的笔迹学特征比较

5."风"字的比较（图 25），伪作字中"风"字习惯性地呈喇叭状结体。

图 25 "风"字的比较

6. 研究祝氏真迹标准中笔画的简化现象，祝氏草书个别字习惯笔画简化，异于常规书写方式，也不常见于其他书家，属于笔迹学中的"高价值特征字"，对于认定真迹往往有决定性作用（图 26）。

图 26 祝氏真迹中典型的减笔字

六、祝允明书法思想

了解祝允明的书法思想，可以帮助我们理解他的审美取向，并为鉴别真伪提供依据。

祝允明书论不多，仅见《奴书订》、《书述》以及《祝氏集略》中的部分跋文。《奴书订》见《祝氏集略》卷十一，指出后人只懂"泥习"宋人，"执其言而失其旨也"，而不知宋四家者皆得旨于晋唐，故提出"沿晋游唐守而勿失"的书法思想。《书述》评论自汉张芝、锺繇，晋"二王"、索靖以下，直至明代书家几十人。描绘出一条自汉晋唐开创法度，到明人丧失法度的历史线条。批评宋人败法，最后批评发"奴书"之论的李应祯，"既远群从（宋人），并去根源，或从孙枝翻出己性，离立筋骨，别安眉目"。因此，祝氏书法思想上绝对是一个晋唐传统的坚定捍卫者。

关于学习黄庭坚，在祝允明的时代，山谷、东坡书颇为流行，如沈周、李应祯、李东阳、文徵明等都不同程度地受山谷的影响，包括祝允明自己，晚年也在山谷书法中得到启示。他特别在《奴书订》中引黄庭坚的原话批评当时的学山谷者："鲁直（山谷）自云，得长沙（怀素）三昧，诸师无常而具在，安得谓果非陪臣门舍耶？而后人泥习耳聆，未尝神访，无怪执其言而失其旨也，遂使今士举为密谈，走也狂简，良不合契，且即肤近。"也就是说，若无晋唐功力，只能学到山谷皮毛。可见在祝氏眼里看到的山谷与怀素的狂放背后，不离"晋韵"二字。而世人所学仅得姿态耳，故不足观。

祝允明书法趣味高古，不论是早年、中年、晚年，即使在狂逸崛奇中，终未偏离他反复强调的“晋韵”二字。而仿祝书者，往往拘于刻帖的唐楷笔法难以超脱，总有一种“软俗”之态，难以掩饰，唯缺“晋韵”二字。所以，“晋韵”也正是用来鉴别祝允明书法真伪的一把钥匙，仔细体会，就会洞若明烛。

了解祝允明的书法思想，对鉴别祝氏书法极为重要。比较以上两种面目之书法，可以看到两个完全对立的祝允明：一古拙一流俗，一自然一做作，一遒劲一滑圆。此种矛盾绝不可能集于一身，故真伪可判。

七、结语

笔者以为，以上笔迹学方法，可以在鉴定书法实践中形成有效的证据链，建立真伪标准。有了真伪标准，祝允明的真面目便清晰可见。祝允明的书法特征是一以贯之的。所有面貌的转变也是有迹可循的。

可以肯定的是，祝允明书法的真实面目被大量的伪书所淹没。数百年来，祝允明逐渐被数个“仿祝允明”们所取代，影响至今。

自晚明开始，部分评论家对祝允明书法作出负面评语，或矛盾的评语，今天看来皆为仿作之故。例如项穆《书法雅言》评祝书：“初范晋唐，晚归怪俗，竟为恶态，骇诸凡夫。”邢侗《来禽馆集》云“祝京兆资才迈世，第颓然自放，不无野狐”这样的评论，反被人扣到了自己的头上，岂不悲哀！

历史中被人误解最多的书家，莫过于祝允明。因此，我们有责任还其真面目于世人，这是个严肃的事情。要洗去祝允明四百年来的冤屈，我们要做的还很多。

第二部分

艺术市场报告

前言

随着2005年保利拍卖行的成立，全球艺术市场的地理格局开始重新划分，尤其自2010年以来，这一格局的轮廓更加清晰。因为在这一年，中国首度问鼎全球艺术品拍卖市场的龙头位置，2012年更是凭借41.3%的全球市场份额使中国成为全球第一个连续三年保持这一头衔的市场。

去年中国艺术品市场的规模达到了50.69亿美元，这一成绩即使与其他艺术品市场重镇相比也堪称天文数字。这一成绩几乎等于法国十年拍卖收入的总和，超过排名第二的美国市场（占全球市场份额的27%）达17.23亿美元，超过排名第三的英国市场（占全球市场份额的18%）达29亿美元！

2012年，全球艺术品市场成交总额达122.69亿美元[①]，其中的50.69亿属于中国，剩下的72亿美元为其余国家的拍卖总和。在这个已经明显两极化的市场格局内，纽约（占美国市场的95%）、欧洲以及全球其他不可忽视的重要市场（如澳大利亚、瑞典、奥地利和加拿大等地）的收入总和还是比中国的拍卖总和多出21.31亿美元。西方市场之所以能够保持长盛不衰，源于其源远流长的艺术品收藏文化，并且取得超过中国17.37%的成绩。

这一年，东方与西方的竞争态势出现了互换：西方市场同比增长了5.5%，并创下全球拍卖纪录新高。中国市场也经历了近五年来最高：53.9%的流拍率，而西方只有37%。

对过渡时期的解读

对经济结构和宏观经济局势的观察有助于解释这一此消彼长的态势。首先应意识到，艺术市场的两极格局——西方与中国——在形成步调上并不一致。

首先，前者是具有百年文化沉淀的成熟市场，并由两大跨国性拍卖巨头——佳士得和苏富比主导。这些专业的拍卖行自18世纪起不断发展，从不墨守成规，而是积极适应新的市场变化。它们在全球的纯艺术品拍卖年成交金额达到52.33亿美元（不含香港市场的收益），这一成绩已占到全球市场份额的42.65%（不含中国香港），超过中国市场41.3%的份额（含香港市场在内）。

其次，中国正在以火箭般的速度动摇西方支配性地位，这得益于自身爆发式的经济增长。这一新兴市场由保利及嘉德拍卖行主导。

尽管到2012年，保利拍卖行刚刚走过第七个年头，但作为一家中国的拍卖行却展现了惊人的增长实力。排名第二的拍卖行是创立于1993年的中国嘉德拍卖行。这两家龙头拍卖行一起完成了2012年中国艺术品拍卖市场成交金额的20.76%，达10.52亿美元。

最近这几年，得益于突飞猛进的经济发展和本土居民对于投资的鲜明兴趣，中国的拍卖市场犹如被凿开的大坝，蓄势已久的市场能量喷薄爆发。购买艺术品以投资为目的，这一现

①拍卖艺术品只涉及artprice.com记录的纯艺术（Fine Art）作品，即油画、雕塑、装置、素描、摄影、版画、水彩画，不包括古董和家具。

象比世界其他地区尤为明显。中国已经迅速取得全球最高端的市场地位，并且带动效应明显，许多艺术界和评论界眼中尚未成气候的作品也受到中国市场的青睐。西方市场也有对艺术品的投机举动，尤其是对高端的当代艺术作品，但是比起单纯的投机行为，纯粹出于收藏艺术品的购买动机依然是西方市场的主导。西方市场中 80% 左右的成交作品价格低于 5000 美元，这一价格门槛基本反映出买家用于收藏的兴趣导向，是出于习惯性购买，而非将作品视为金融资产。因此不难发现，西方市场售出的作品比中国多两倍[①]。

近几年成为中国市场推力的部分因素已经显现出其负面效应。面对中国经济的放缓、投资金额的大量撤离、市场容量的过度透支以及近期作品所有者对浮动的市场前景的怀疑态度，使得其对是否将作品投放拍卖显得更加保守，这一不稳定的平衡现状尤其需要注意。这一年，中国的拍卖行算是度过了市场黄金期的最后一年，接下来将面临高端市场的削弱、拍卖收入的大量缩减以及不断降低的最低估价等考验。北京，作为中国艺术品拍卖的中心，市场表现同样也显现三年以来的首次后退，回到 2009 年的表现。

全球纯艺术成交金额(依地区分类)

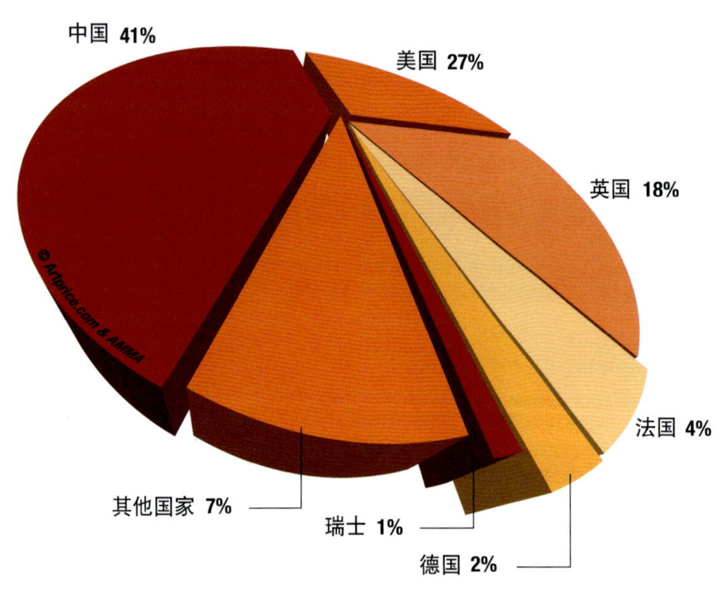

然而，中国艺术品市场的跌幅让我们不得不联想到四年前的一幕，在西方市场同样上演过"疯狂后的回归"：2008 年开始，也就是被认为投机泡沫破灭之后，我们注意到全球市场也出现过小幅度（7.5%）的下跌[②]。西方市场的表现可谓灾难性的：受经济危机影响最严重的美国市场总收入同比减少了 10 亿美元，而部分名家精品拍卖会的流拍率更是超过了 40%；更糟糕的是，处在大获丰收的 2007 年与惨淡经营的 2009 年之间，2008 年美国拍卖收入减少的幅度更是达到 65.9%[③]。为此，拍卖行着手进行调整并开展重要工作，在这个市场低谷期间以及 2012 年末，美国市场又取得了 149% 的增长。面对西方市场的快速回升，中国艺术市场进入调整期应当被视作一次机遇而非失败，尤其是面对近几年由于人为因素不断膨胀的价格，中国应从中认识到自身的优势和弱势，并朝更健康的方向发展。2012 年，中国政府和拍卖行都采取了一系列强力措施以进一步深度规范艺术市场并确保其长远发展。

①2012 年全球成交的大约 449,500 件拍品，中国占 32.19%，其他市场占 67.81%。
②参见 2008 趋势解读："全球性的市场疲软信号首先体现在 2008 年第一季度艺术品价格环比达 7.5% 的跌幅。"
③美国 2007 年的拍卖收入达 3.942 百万美元，而 2009 年只有 1.342 百万美元

第一章　Artprice 对于西方艺术市场的分析

苏富比拍卖行创造了有史以来的最佳拍卖业绩；佳士得战后与当代艺术品拍卖会上所达成的总成交金额达到欧洲同类拍卖会之最。爱德华·蒙克的作品《呐喊》以超过 1 亿美元的天价拍出，刷新了西方艺术品的最高拍价纪录；成交价格在 1,000 万美元以上的交易数量达到前所未有的高峰（2012 年共完成了 51 项交易）；超现实主义和美国抽象表现主义作品不断创下新纪录，某些在世艺术家的身价提高到数百万美元的高水平。这一切都证明：2012 年是西方拍卖历史上第三个业绩最佳的年份。

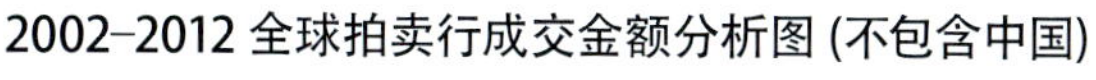
2002–2012 全球拍卖行成交金额分析图 (不包含中国)

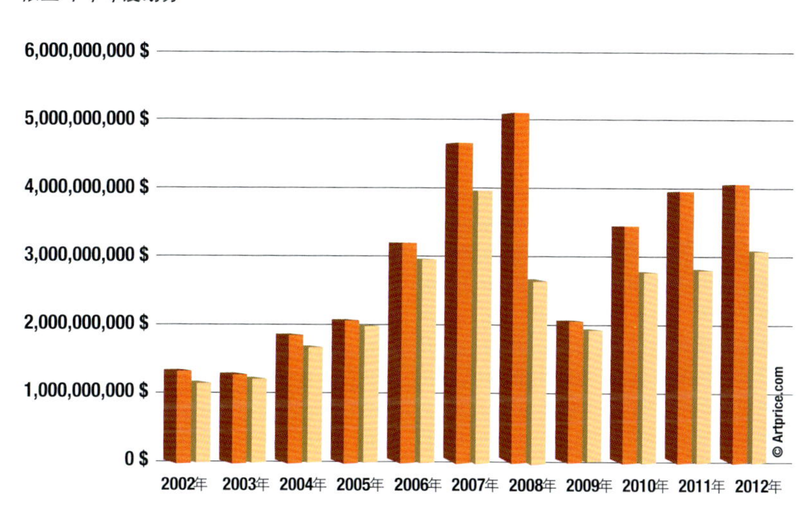

对 2012 年拍卖市场（中国除外）所进行的盘点再次证实，购买艺术品已在投资者生活中占有相当比重，拍卖市场每年都能吸引更多艺术爱好者进入该领域。买家的数量和多元性都在不断提高，并令纯艺术类[①]作品的年度总成交金额达到 72 亿美元，与 2011 年的拍卖业绩相比增长了 5.5%。成功拍出的美术类作品数量超过 315,000 件，比年度总成交金额居拍卖历史之最的 2007 年（总成交金额达到 87.1 亿美元[②]）还要多出 100,000 件。为能全面理解此处提到的 72 亿美元的拍卖业绩，值得一提的是：艺术市

①Artprice.com 统计的“纯艺术类作品”拍卖数据涉及绘画、雕塑、素描、摄影、版画、水彩画等作品，但不包括古董艺术品和家具。
②中国除外。

场在最近10年中取得了飞速发展，艺术品拍卖收入在2002年至2012年期间增长了186%，售出的作品数量则增长了58%。

价格：区间和数量的分布

艺术品市场上一半的销售收入源自享有盛誉的数件作品——年度总成交金额中的一半来自成功拍出的高端艺术品，即成交价超过百万美元的作品。在每年大量涌入拍卖市场的作品中，身价最高的作品只占极其微小的一部分。高端拍品在年成交数量中虽只占到0.23%的比重（2012年售出的315,000件作品中，高端拍品只有707件），但却是各大拍卖行的中流砥柱。仅凭数件享有盛誉的高端拍品，拍卖市场就在今年获得了36亿美元的销售收入。高端艺术品市场的竞争一直都十分激烈，最杰出的印象派、现代与战后艺术品的价格不断攀升，早期艺术大师与当代艺术家中的标志性人物也不甘落后，行情不断看涨。在十年之内，高端艺术品市场的成交总额就增加了305%，拍品数量则增加了144%。

越来越多的作品以5,000美元以下的价格成

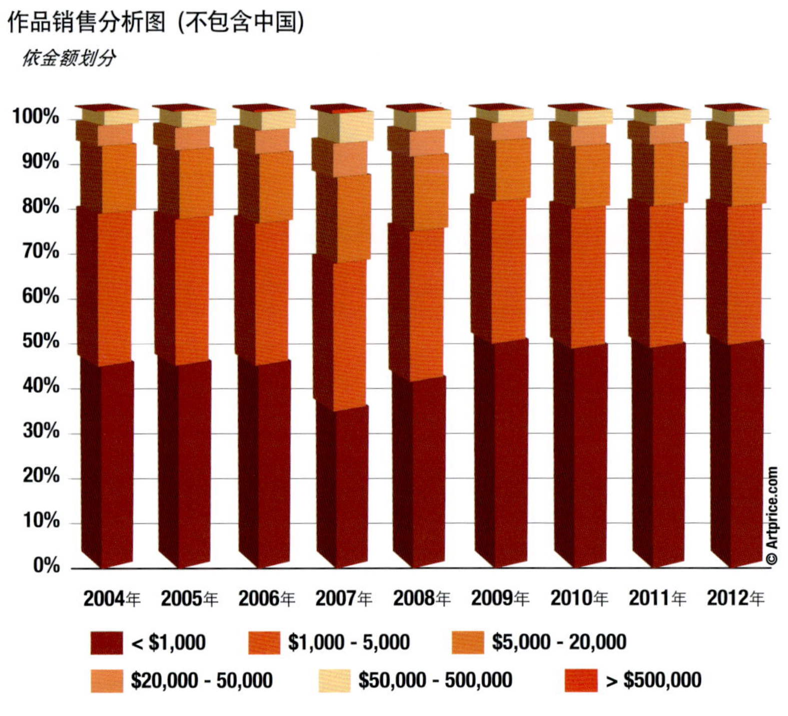

交——如果说价值过百万的艺术品是市场上占比最小，但却是最成功、投资回报率也最高的部分，价格最易被人接受的作品却拥有极高的市场密集度，因为以低于1,000美元成交的作品在市场交易总数中占到了51%的比重。2012年，共有约255,000件作品在拍价达到5,000美元之前就已落槌成交。这些售价低于5,000美元的平价作品数量在拍卖市场上占到80%，在年度总成交额中的占比却略低于5%。毫无疑问，随着市场需求的持续上升，成交作品数量在最近十年中增长了60%：如今，在此价格范围内售出的作品数量比10年前多出了100,000件。

市场：地域战略及品类的对应解读

西方艺术市场仍然呈现出蓬勃的发展态势，美国艺术市场的年度销售总额在2012年增长了21%（比2011年增加了5.87亿美元），成交价格也向上浮动（作品成交数量比2011年减少了4.8%），便证实了良好的市场发展趋势。以纽约为主要推动力的美国拍卖市场实现了比2004

年高出一倍的销售收入①，如今在全球市场（中国除外）上占有 46.4% 的份额。与纽约相差较远的英国是世界第二大拍卖市场，在全球拍卖总收入中占据 30% 的份额。英国拍卖市场在今年虽然出现了 2.9% 的小幅下跌，但年度销售总额与 2004 年相比仍然增长了 125%，但作品成交数量却只增加了 9%。与纽约一样，伦敦也呈现出了拍价上涨的趋势。

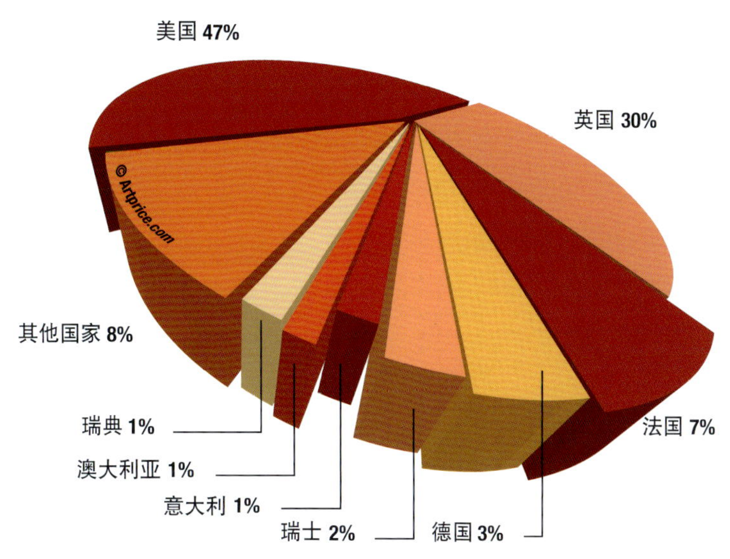

作为西方第三大拍卖市场，法国在全球艺术品市场（中国除外）上占有 7% 的份额，年度销售总额为 5.05 亿美元。法国的年度总成交金额尽管出现了 3.4% 的小幅下跌，但与 2004 年相比却增长了大约 90%。法国拍卖市场的艺术品供应量在西方国家中仍然居于首位：2012 年，法国共拍出了约 59,000 件作品，而美国和英国则分别拍出了 49,300 和 36,500 件作品。德国凭借 1.882 亿美元的总成交金额（比 2011 年减少了 13%）成为西方国家中的第四大拍卖市场，瑞士则凭借 1.296 亿美元的总成交金额（比 2011 年减少了 18%）紧随其后。位列瑞士之后的意大利显然已陷入困局，该国拍卖市场的发展速度持续放缓，在 2012 年共获得了 1.0575 亿美元的拍卖收入，比 2011 年减少了 23.8%。意大利不断倒退的市场现状因有可能持续相当长一段时间而令人担忧（2012 年的总成交金额与 2004 年相比减少了 22.3%）。如果没有英国拍卖业绩的支撑，深受经济危机影响的欧洲将全被笼罩在一片愁云惨雾之下。面对意大利的逆向发展态势，艺术品市场必须从世界的另一端寻找新的增长点，市场份额每年小幅递增的澳大利亚就是一个理想的选择。该国拍卖市场的年度总成交金额目前还不到 8,200 万美元，但比 2011 年增长了 10%，而且在中期尤其呈现出良好的增长势头（自 2004 年起增长了 143%）。凭借陆续举办的顶尖艺术盛事（包括 2012 年在当代艺术博物馆举办的安尼施·卡普尔作品展和 2013 年为另外一位当代艺术家中的代表人物杰夫·沃尔举办的作品展）以及与亚洲相邻的地理优势，澳大利亚的艺术品市场已越来越受到人们的关注。

纽约——西方市场的核心

纽约从 20 世纪中叶起就一直是一座艺术之都，也是一个举足轻重的艺术品拍卖市场，它

① 2004 年为 16.78 亿美元，2012 年为 33.45 亿美元。

对艺术家和画廊（无需为艺术品进口支付增值税是一个显著优势）始终具有巨大的吸引力。此外，两家享有盛誉的欧洲画廊已宣布将在纽约开设新画廊，它们分别是 **David Zwirner**（将在纽约开设第二家画廊）和 **Emmanuel Perrotin** 画廊。

从拍卖会的角度看，素有“大苹果”之称的纽约已展示出非凡的活力，在整个美国市场上占据着 95% 的市场价值。在 2012 年全球艺术品拍卖交易（中国除外）所创造的 72 亿美元的销售收入中，美国所占的市场份额最大（年度总成交额为33.45亿美元,即46.4%的市场份额），其中尤以纽约的表现最为突出。纽约的艺术品拍卖市场共创造了 31 亿美元的销售收入，比西方第二大艺术品交易市场伦敦高出 10 亿美元。纽约市场的丰沛活力主要来自苏富比（2012 年共在纽约创造了 14.88 亿美元的拍卖收入）、佳士得（2012 年共在纽约创造了 14.43 亿美元的拍卖收入）和纽约菲利普斯拍卖行（1.97亿美元），这三大拍卖巨头占据着 93.5% 的美国市场份额以及 99% 左右的纽约市场份额。

享有盛誉的纽约拍卖会所拥有的超强拍卖实力令人惊叹，2012 年度拍价最高的三件西方艺术作品均在这里拍出，其中包括以 1.07 亿美元的成交价刷新世界纪录的爱德华·蒙克的作品《呐喊》（5 月 2 日于苏富比拍卖行）。该版本的《呐喊》从未曾出现在大众的视野之中，它在同一个家族内度过了 70 个年头。它原本属于挪威商人 **Petter Olsen**，其父 **Thomas Olsen** 是蒙克的朋友、邻居兼艺术赞助人。除了这件西方艺术史上最重要的杰出作品以外，各大拍卖行总是优先考虑美国知名艺术家的作品，因为与欧洲艺术家的作品相比，这些作品的成交价更容易超过 1,000 万美元。在美国市场上拍卖业绩最佳的前 20 件作品中（所有拍卖交易均在纽约达成），60% 的作品出自美国艺术家之手，其中，马克·罗斯科、安迪·沃霍尔和杰克森·波洛克还数度创下拍价介于 2,050 万至 7,750 万美元的成交纪录。

伦敦——最重要的欧洲艺术品拍卖市场

作为全球第二大艺术品拍卖市场，英国在全球艺术品市场（中国除外）上占有 30% 的份额，年度销售总额达到 21.67 亿美元，其中 99% 的销售收入在伦敦实现。这个历史悠久的拍卖市场主要依托于不断将全欧洲最高端的艺术作品推向市场的佳士得、苏富比、邦瀚斯和菲利普斯拍卖行。

回顾历史，久负盛名的伦敦佳士得拍卖行成立于 1766 年，并一举成为 18 世纪和 19 世纪艺术品销售方面的专家。它与苏富比拍卖行一起促使伦敦成为了远超法国的欧洲第一大艺术品拍卖市场。苏富比拍卖行的历史比它的竞争对手更加久远，这家成立于 1744 年的拍卖行如今是唯一一家在纽约证交所上市的拍卖行。苏富比于 19 世纪中叶落户伦敦，并在推动当时的印象派与现代艺术作品重新升温的过程中发挥了积极的作用。资历最浅的菲利普斯拍卖行率先在拍卖会上推出除英国艺术家以外各国艺术家的作品，这种经营模式如今也令来自其他欧洲国家的艺术家获益不少。

与其在纽约所处的地位不同的是，佳士得在伦敦艺术品市场的总成交金额中占有 52% 的份额（11.29 亿美元），打败了分别占有 39% 和 3.5% 市场份额的苏富比和菲利普斯拍卖行，成为伦敦市场上的龙头。而邦瀚斯和 MacDougall's 拍卖行在伦敦市场上则分别占据着 2.8% 和 1.1% 的份额。佳士得将其所获得的成功归功于其伦敦拍卖会不可撼动的威望。该拍卖行在 2012 年的伦敦拍卖会上共达成了 15 项拍价超过 1,050 万美元的交易，而它的竞争对手苏富比在同一拍价水平上只达成了 4 项交易。今年最令佳士得感到骄傲的，是以 3,260 万美元的高价拍出了伊夫·克莱因的代表作品（《**Le Rosedubleu**【RE22】》，2,100 万英镑，2012 年 6 月 27 日），并为这位法国艺术家创下了一项全新的世界纪录。此外，佳士得还为几位著名的英国艺术家刷新了拍价纪录，其中包括约翰·康斯特勃（《**The Lock**》，2,000万英镑，即3,130万美元，7月3日）和亨利·莫尔（《**Reclining Figure:Festival**》，以1,700万英镑，即2,680万美元的价格成交，而最高预期价格仅为550万英镑，2月7日）。

苏富比拍卖行在伦敦为文艺复兴时期的意大利艺术大师拉斐尔（1483-1520）刷新了最高拍价纪录，可谓是实至名归，拍出的素描作品

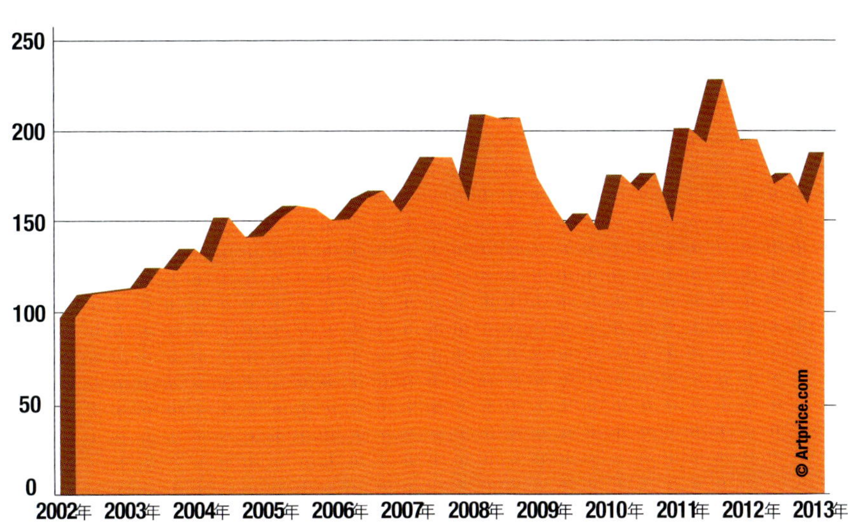

被认为是最近20年中在拍卖市场上推出的三件最优秀的拉斐尔作品之一。该作品以一个画工精美的使徒头像（**Tete d'apotre**）为主题，是拉斐尔在筹备其杰作《**LaTrans-figuration**》（1518-1520）时所创作的一幅黑炭笔作品。它出自德文郡公爵的著名收藏，苏富比拍卖行定下的预估售价介于1,000万至1,500万英镑之间。其最终拍价达到2,650万英镑（4,267万美元），为拉斐尔创造了一项新的以英磅为单位的拍卖纪录，原纪录则是在2009年创下的（《**Headofamuse**》，2,600万英镑，伦敦佳士得拍卖行，2009年12月8日）。也许还要再等几年才会有另外一件如此高品质的作品来打破《**Headofa Young Apostle**》所创下的纪录。这件以约合4,267万美元成交的作品是今年苏富比拍卖行在伦敦所取得的最佳业绩，并且在该拍卖行的全球最佳业绩排行榜上位居第三，仅次于在纽约拍的蒙克和罗斯科的作品[①]。

伦敦艺术品拍卖市场的另一项优势在于不断创新并擅于发现新人才，尤其是来自当代艺术领域的人才（其拍品目录中经常出现来自哥伦比亚、印度、南非、巴西等国的艺术家）。另外，与很多其他欧洲艺术品市场不同的是，伦敦市场懂得如何捍卫和推广它的艺术家。班克斯、达明安·赫斯特、中国艺术家艾未未、日本艺术家村上隆、美国艺术家杰夫·昆斯正是从这里起步，并成为全球知名艺术家的。尽管部分持怀疑态度的人士宣称，伦敦市场将在英国实行“追续权”（从2012年1月1日起生效）之后出现下滑现象，但当代艺术在危机和税收政策面前表现出了极强的韧性。

巴黎——发展放缓的市场？

法国艺术品拍卖市场是所有矛盾的结合体：面对悲观的市场气氛、放缓的经济增长速度和处处受到限制的预算，法国市场凭借充满活力的艺术博览会（FIAC国际当代艺术博览会、巴

①爱德华·蒙克的《The Scream》（1895年），1.07亿美元，5月2日；马克·罗斯科的作品《No.1(RoyalRedAndBlue)》，6,700万美元，11月3日。

黎艺术博览会、巴黎摄影展和层出不穷的外围展）经受住了考验，甚至还吸引了美国高古轩和奥地利 **Thaddaeus Ropac** 等知名画廊来到巴黎近郊开设新的展览空间。

法国市场上价格较为平易近人的作品比比皆是（85% 的拍品以低于 5,000 美元的价格成交），但在全球实力最强的拍卖市场之间所展开的最高拍价纪录争夺战中却难以登上优势地位。此外，当法国的大部分艺术杰作在纽约和伦敦拍出时，它只能充当一个旁观者，因为这两个市场的拍价水平远高于巴黎。然而，佳士得和苏富比这两家业务遍及全球的拍卖行帮助巴黎保住了欧洲第二大艺术品拍卖市场的地位。2012 年，法国市场实现的总成交金额为 5.05 亿美元（减少了 3.4%），作品成交数量约为 59,000 件（增加了 6%），虽与总成交金额高达 21.67 亿美元的英国市场相距甚远，但仍远超年度总成交金额仅为 1.88 亿美元的欧洲第三大艺术品拍卖市场——德国。

佳士得、苏富比和艾德拍卖行这三大巨头在法国市场上共占据了 52.5% 的份额，总成交金额达到 26.53 亿美元，他们的客户国际化程度极高，其中 2/3 的买家来自国外。苏富比是法国市场上占据龙头地位的拍卖行，2012 年所获得拍卖收入达到 11.417 亿美元，远超佳士得（9,240 万美元）、艾德（5,860 万美元）、**Cornettede Saint Cyr** 拍卖行（1,995 万美元）和 **Millon&Associés** 拍卖行（1,946 万美元）。在法国市场上最受青睐的作品当属现代艺术作品（2.56亿美元，占年度总成交金额的一半），其中，超现实主义艺术家创作的裸体画实现了多项价值百万的拍卖交易。在法国拍卖业绩最佳的前20件作品中，30%的作品出自萨尔瓦多·达利、维夫里多·拉姆、曼·雷、伊夫·唐居伊和雷内·马格丽特等超现实主义艺术家之手。雷内·马格丽特的一件作品还在2012年以585.9万美元的高价拍出（《**Lagrandetable**》，450万欧元，10月24日于巴黎苏富比拍卖行），创下了他在法国的个人最高拍价纪录，同时也在法国今年拍价最高的作品中排名第二，仅次于以730万美元成交的巴勃罗·毕加索的作品（《**Têtedefemme[DoraMaar]**》，560万欧元，5月30日于巴黎苏富比拍卖行）。巴黎艺术品拍卖市场不但有能力达成拍价过百万的交易，而且也能够在高端市场上为艺术家创下新的拍价纪录。例如：以超出估价10倍的价格拍出的本·尼科尔森（1894-1982）的作品（《**Fiddle ans Spanishguitar**》，290万欧元，即370万美元，9月29日于佳士得拍卖行）、埃德姆·布沙东的作品（《**Charles Frédéricdela Tourdu Pin,Marquisdu Gouvernet Buste**》，2,399,500欧元，即300万美元，6月11日于**Claude Aguttes** 拍卖行）以及吉恩·保罗·里奥皮勒的作品（《**Composition**》<1951-1952>，160万欧元，即199万美元，5月31日于佳士得拍卖行）。

收益：当代及战后的突出表现

身价最高的艺术家往往来自美国和英国，这与全球领先的艺术品拍卖市场相一致。部分艺术杰作的拍价持续攀升，拍价过百万的拍卖交易也层出不穷，不断刷新着于数月前才刚刚创下的拍价纪录。2012 年，共有 12,588 项新纪录在拍卖会上诞生，其中部分作品的卓越表现出人意料，令人惊叹不已：弗兰茨·克莱恩所创下的新纪录比原纪录高出了 3,030 万美元，这个数字几乎与土耳其拍卖市场在 2012 年度的总成交金额（1,400 件拍品）不相上下！杰克森·波洛克以 2,560 万美元的优势刷新了原纪录，胡安·米罗、马克·罗斯科、伊夫·克莱因创下的新纪录分别比他们的原纪录高出 1,770 万美元、1,250 万美元和 1,100 万美元……在世艺术家的身价同样以前所未有的速度增长：格哈德·里希特的新纪录比原纪录高出 1,200 万美元左右，而杰夫·昆斯、格伦·布朗和克里斯托弗·伍尔则分别以 700 万美元、520 万美元和 240 万美元的优势刷新了各自的原拍价纪录。

现代、战后和当代艺术作品无疑是投机性

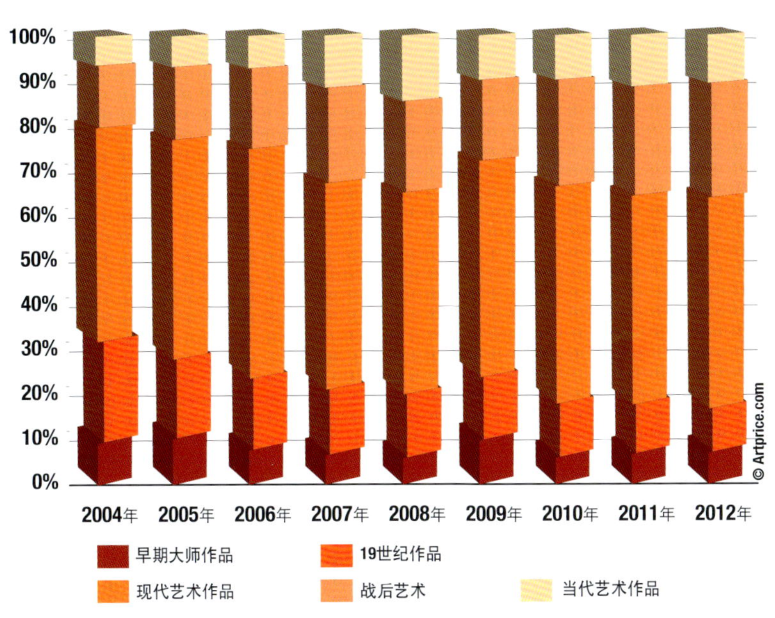

和回报率最高的作品，让·米切尔·巴斯奎特于6月刚创下的新纪录在11月就被打破即是明证。这位美国艺术家在2012年三度登上拍价新高峰，首个拍价纪录在2012年5月10日由一件以1,450万美元成交的约长两米的精美混合媒介作品创立（《Untitled》[①]，纽约菲利普斯拍卖行）。一个月之后，他的第二项纪录达到1,800万美元，令人赞叹的是，同一件作品于2007年在纽约[①]拍出时的成交价低了500万美元。然而，让米切尔·巴斯奎特在今年的优异表现到这里还没有结束，并最终以另一件创作于1981年的未命名作品于2012年11月14日在纽约佳士得拍卖行创下了2,350万美元的拍价新纪录。

战后及当代艺术品

现代艺术杰作的稀缺性、最优秀的当代艺术家被认为是不容错过的经典以及投机因素，是导致现代和当代艺术品的强势地位发生逆转的几个原因。在11月举行的久负盛名的佳士得和苏富比传统拍卖会上，当代艺术品的拍卖业绩轻松地超过了现代艺术品。

苏富比拍卖行凭借当代艺术品创造了有史以来的最佳拍卖业绩，2012年11月13日举行的拍卖会创下了该拍卖行自1744年成立以来的总成交金额之最（2.60454亿美元，不含手续费，纽约）。次日，佳士得拍卖行凭借2.863亿美元的总成交金额（不含手续费）为战后与当代艺术品拍卖会创下了最佳拍卖业绩。这家属于法国商人弗朗克斯·皮诺特（**Franois Pinault**）的拍卖行的绝对纪录由2006年的印象派与现代艺术品拍卖会创造（4.37亿美元）。

如果说现代艺术作品凭借34.42亿美元的年度总成交金额仍然受到各大拍卖行的高度重视（在除中国以外的全球拍卖总收入中约占48%），战后与当代艺术品的拍卖业绩也已达到了24.53亿美元，在拍卖市场上（中国除外）占据了34%的份额，而早期艺术大师的作品和19世纪艺术家的作品则分别占据7.5%和10.5%的份额。随着早期艺术大师作品的份额逐步减少，当代艺术品的市场地位正日益提高。

① 《Untitled》，1981年创作，199.5厘米×182.9厘米。这件作品于2007年5月15日在纽约苏富比拍卖行以约合1,300万美元的价格拍出，随后又于2012年6月27日在伦敦佳士得拍卖行以1,790万美元的价格成交。

攀上拍价高峰的抽象表现主义作品

2012年最昂贵的作品之一出自马克·罗斯科之手，他如今已是拍卖纪录排行榜上的常客。2007年，他的画作《White Center》（1950年）已凭借6,500万美元的成交价成为拍卖市场上身价最高的战后艺术作品及2007年度拍价最高的作品（5月于苏富比拍卖行）。这项纪录在2012年被两度刷新，其中一项新纪录来自于5月以7,750万美元拍出的《Orange,Red,Yellow》（2012年5月8日于纽约佳士得拍卖行），这也是战后艺术作品在西方国家创下的最高拍价纪录。

另外三位抽象表现主义艺术家的表现也备受瞩目：弗兰茨·克莱恩的画作在11月的纽约拍卖会[①]上创下了三项拍价过百万的新纪录；杰克森·波洛克继在2004年[②]创下1,040万美元的个人最高拍价纪录之后，又凭借《Number4》毫不费力地攀上了3,600万美元的拍价高峰（1951年创作，2012年11月13日于纽约苏富比拍卖行）；巴内特·纽

2012各拍卖行成交金额之份额 (不包含中国)

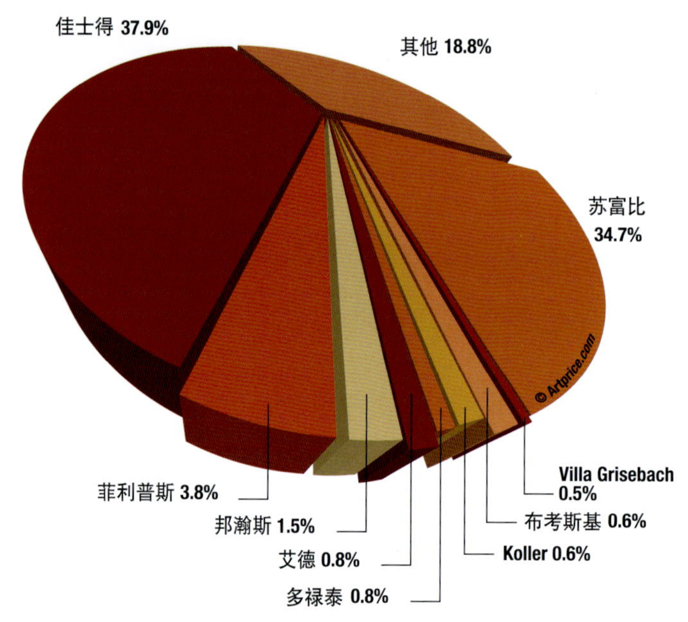

曼刷新了2008年创下的460万美元的旧纪录（《Untitled》，1969年创作，2008年5月13日于佳士得拍卖行），其现在的身价已高达2,000万美元（《OnementV》，5月8日于佳士得拍卖行）。美国本土50年代明星艺术家的作品在市场有着高档价格。如今，抽象表现主义、波普艺术的名家作品有时还比毕加索的作品价位更高。

年度亮点：纽约与伦敦

从传统来看，拍卖行上半年的业绩一般要优于下半年，这一点于今年再次得到了证实，2012年上半年（40.9亿美元）和下半年（31亿美元）的拍卖业绩几乎相差10亿美元。

艺术品拍卖市场具有明显的季节性，随着早期大师作品大型拍卖会的序幕于每年1月底

①弗兰茨·克莱恩的《Untitled》（1957年创作），11月14日在佳士得拍卖行以3,600万美元的高价拍出。
②杰克森·波洛克的《Number12》（1949年创作），5月11日在纽约佳士得拍卖行拍出。

在纽约拉开，该市场便开始苏醒，而随后在伦敦举行的印象派、现代艺术和超现实主义艺术品拍卖会（超现实主义作品单独组成一本目录，拍卖会也是单独举行）更是万众瞩目，并带动拍卖市场不断升温。这些拍卖会为何如此令人期待？因为它们往往能够创造最富有传奇色彩的拍卖交易，而且与更为罕见的早期大师作品相比，现代艺术杰作的保值能力更强，能为艺术市场注入更多活力。印象派与现代艺术品在欧洲艺术市场上占据核心地位，各大拍卖行都对这块业务寄予厚望，它们所创造的拍卖收入在拍卖行的年度总成交额中几乎占有一半比重（精确地说为47.8%），并为通常在一周后举行的知名当代艺术品拍卖会奏响序曲。

2012年2月在伦敦举行的印象派与现代艺术品拍卖会

这些经典拍卖会所取得的良好业绩是市场趋势的有利风向标，并能在一定程度上决定艺术市场参与者的心理状态。2012年2月在伦敦举行的印象派与现代艺术品拍卖会延续了2011年（年成交金额达到115.7亿美元，比2010年高出20亿美元）的出色表现，拍卖业绩尤为突出。佳士得（2月7日，总成交额达到1.254亿英镑，共推出90件拍品，流拍率为13%）和苏富比（2月8日，总成交额为6,920万英镑，共推出53件拍品，流拍率为22.6%）拍卖行原本期望在2月7日和8日举办的这些久负盛名的拍卖会上获得至少1.64亿英镑的拍卖收入，但最终的总成交额却高达2.034亿英镑，与2011年同类拍卖会的总成交额相比增长了28%。

2月7日和8日：佳士得和苏富比拍卖会上成绩最佳的部分作品

亨利·摩尔——2,680万美元：亨利·摩尔凭借以2,680万美元（1,700万英镑）成交的精美青铜雕塑作品《**Reclining Figure:Festival**》创下令人惊叹的新纪录，轻松超出最高估价两倍之多（佳士得拍卖会）。

胡安·米罗——2,368万美元：胡安·米罗的一件十分罕见且标题充满超现实主义风格的诗画作品（《**Lecorpsdemabrunepuisquejel'aimecommemachattehabilléeenvertsaladecommedelagrêlec'stpareil**》）以1,500万英镑，即2,368万美元的价格成交，在2012年度拍价最高的西方绘画作品中排名第20位（佳士得超现实主义作品拍卖会），并成为该艺术家最高拍价纪录的保持者，直到其身价于6月登上新的高峰为止。

克劳德·莫奈——1,150万美元：克劳德·莫奈的作品《**L'Entréede Givernyen Hiver**》（1885年）在2012年以1,150万美元的价格拍出，比2009年的成交价高出一倍以上（2009年6月24日在苏富比拍卖行以340万英镑拍出，随后又于2012年在同一家拍卖行以730万英镑成交）。

胡安·格里斯——1,450万美元：胡安·格里斯的立体派绘画作品《**Le Livre**》（1915年）以930万英镑，即1,450万美元的价格成交，从而成为该艺术家所有作品中拍价排名第四的作品（佳士得拍卖会）。

文森特·梵高——1,420万美元：文森特·梵高的一件极其罕见的画作《**Vuedel'asileetdelaChapellede Saint Rémy**》出自伊丽莎白·泰勒的私人收藏，最终成交价达到1,420万美元（900万英镑，佳士得拍卖会），比预期价格整整高出200万英镑。

恩斯特·路德维希·凯尔希纳——1,020万美元：恩斯特·路德维希·凯尔希纳的作品《**DasBoskett:Albertplatzin Dresden(The Bosquet:Albertplatzin Dres-den)**》（1911年）以约合1,020万美元（650万英镑）的价格成交，其拍价在该艺术家的所有作品中位列第三。这幅画作的身价自1991年成功拍出（1991年6月21日在瑞士**Kornfeld**拍卖行以约合190万美元的价格拍出）以来增长了436%。

罗伯特·德劳内——520万美元：罗伯特·德劳内凭借一件从未在拍卖会上出现过且画工最

为精美的《Tour Eiffel》（1926年）刷新了最高拍价纪录。这件运用视场对比手法创作的画作以520万美元成交（330万英镑，比预期价格高出80万英镑，佳士得拍卖会）。

2012年2月在伦敦举行的战后与当代艺术品拍卖会

佳士得和苏富比拍卖行于2009年2月在伦敦举办的战后与当代艺术品拍卖会总共创造了2,230万英镑的拍卖收入。随后，它们又在2010年2月和2011年2月的同类拍卖会上分别达成了7,950万英镑和8,320万英镑的总成交额，这一数字到2012年2月更升至1.139亿英镑，展示出战后与当代艺术品市场的坚挺走势。这些拍卖会的流拍率特别低（佳士得拍卖会为12%，苏富比拍卖会则为14%），而拍价过百万的交易数量（佳士得和苏富比拍卖会上分别达成16项和9项价值百万的交易）再次证实了战后与当代艺术品市场的实力。格哈德·里希特凭借6件拍价突破百万英镑的作品成为这几场拍卖会上最畅销的艺术家。

2月14日和16日：佳士得和苏富比拍卖会上成绩最佳的部分作品

弗朗西斯·培根——2,999万美元：弗朗西斯·培根的作品《**Le Portraitof Henrietta Moraes**》（1963年）以约合2,999万美元的价格拍出，从而成为2012年度拍价最高的绘画作品中排名第14位的作品（1,900万英镑，佳士得拍卖会）。

格哈德·里希特——1,380万美元：格哈德·里希特于1994年创作的一件抽象作品（《**Abstraktes Bild**》，880万英镑，佳士得拍卖会）凭借1,380万美元的成交价成为他在2012年初拍价最高的作品，在随后的几个月中，该艺术家以其出色的表现六度刷新了这项纪录。

克里斯托弗·伍尔——680万美元：克里斯托弗·伍尔凭借作品《**Untitled**》创下了680万美元的拍价纪录，这件出自《**wordpaintings**》系列的作品在白色的背景上用黑色字体写着"**Fool**"的字样（435万英镑，佳士得拍卖会）。这件在2012年以680万美元成交的《**Fool**》（不含手续费）曾于1999年以38万美元的价格拍出（《**Untitled[Fool]**》，1999年5月19日，纽约佳士得拍卖行）。

让·米切尔·巴斯奎特——565万美元：在这些于伦敦举行的拍卖会上增值幅度最大的作品是让·米切尔·巴斯奎特的《**Orange Sport Figure**》（1982年）。这件以约合565万美元成交的作品（360万英镑，苏富比拍卖会）在1992年曾以60,000美元的价格拍出，其价值在20年内提高了93倍。

2012年5月在纽约举行的印象派与现代艺术品拍卖会

销售强劲的2月拍卖会过后，5月拍卖会在一片利好声中拉开帷幕，而汤森路透/密歇根大学的消费者信心指数（77.8，是2008年1月以来达到的最高点）和**Artprice**的艺术市场信心指数（5月份的艺术市场信心指数平均值为27.5，达到全年中的最高水平）更促使人们对拍卖结果保持乐观态度。

5月1日和2日：佳士得和苏富比拍卖会上成绩最佳的部分作品

爱德华·蒙克——1.07亿美元——创下西方艺术品的最高世界纪录：挪威表现主义艺术家爱德华·蒙克的作品《呐喊》在拍卖会上亮相，它是继《蒙娜丽莎》和《米洛的维纳斯》之后全球最受欢迎的作品之一。苏富比拍卖行于5月2日火热推出的是《呐喊》的四个版本之一，也是唯一仍然由私人收藏的版本。根据西方的逻辑思维模式，艺术流派的等级制度令绘画和雕塑作品的价值普遍高于素描作品，然而，此彩色粉笔画版本的《呐喊》却打破了这种观念，以1.07亿美元的天价创下一项全新世界纪录（连手续费在内为1.199亿美元）。这件小规模作品（79厘米×59厘米）所具备的象征性意义和超高知名度令其在经济价值上超越了《**Nude,Green Leaves and Bust**》（1932年）——这件162厘米×130厘米的布上油画作品在2010年5月的佳士得拍卖会上为全球排行榜上的常胜将军巴勃罗·毕加索创下了9,500万美元的世界纪录（不含手续费）。

2012 年 5 月在纽约举行的战后与当代艺术品拍卖会

在佳士得和苏富比拍卖会上成功拍出的 102 件作品总共创造了 5.783 亿美元的拍卖收入，拍卖业绩超越了历届当代艺术品拍卖会并攀上了新的高峰，而上一个辉煌纪录则要追溯至 2007 年 11 月：当时的战后与当代艺术品拍卖晚会的总成交金额为 5.65 亿美元。佳士得拍卖行更是经历了一个历史性时刻，拍卖会的成交金额达到了其所有战后与当代艺术品拍卖会的最高水平(成功拍出的 56 件作品的总成交金额为 3.4329 亿美元〈不含手续费〉，只有 3 件作品流拍)，并为 12 位艺术家刷新了最高拍价纪录。马克·罗斯科、杰克森·波洛克和巴内特·纽曼这三位美国抽象表现主义艺术家的三件大师级作品就为佳士得拍卖行带来了1.18亿美元的拍卖收入。苏富比拍卖行此次共推出了 57 件拍品，其中 46 件作品成功拍出，总成交金额达到 2.35 亿美元（其中 31% 的拍卖收入来自罗伊·利希滕斯坦的波普艺术作品《**Sleeping Figure**》和安迪·沃霍尔的《**Double Elvis**》)，并创下 6 项世界纪录。

5 月 8 日和 9 日：佳士得和苏富比拍卖会上成绩最佳的部分作品

马克·罗斯科——7,750 万美元——身价最高的战后时期画家：四位通过电话参与拍卖的投标人在经过 7 分钟的激烈竞价之后，将马克·罗斯科的作品《**Orange,Red and Yellow**》（1961 年）推上了 7,750 万美元的拍价顶峰（佳士得拍卖会）。凭借此项拍价纪录，马克·罗斯科将美国抽象表现主义作品的身价提高到与最优秀的欧洲印象派与现代艺术品相持平的超高价位。此外，巴内特·纽曼（《**OnementV**》，2,000 万美元）和杰克森·波洛克(《**Number28**》，2,050 万美元）于同天在佳士得拍卖会上创造的拍价纪录再次证实了美国抽象表现主义艺术家的强劲发展势头。马克·罗斯科在 2012 年度拍卖业绩最出色的艺术家中排名第四，位居安迪·沃霍尔、巴勃罗·毕加索和格哈德·里希特之后。

罗伊·利希滕斯坦——4,000 万美元：出自《**Sexy Comic Books**》系列的作品《**Sleeping Girl**》（1964 年）在全球范围内广受追捧。来自中国、美国、拉丁美洲和欧洲的买家纷纷通过电话竞投，最终促使该作品以 4,000 万美元的高价成交（苏富比拍卖会）。这件作品的售价超越了《**I Can See the Whole Room!...and There's No bodyin It**》在 6 个月之前创下的 3,850 万美元的拍价纪录，成为利希滕斯坦的最新纪录（纽约佳士得拍卖行）。4,000 万美元的售价令《**Sleeping Girl**》在 2012 年度拍价最高的绘画作品中位居第七，仅次于马克·罗斯科的两件绘画作品，并与弗朗西斯·培根的作品持平。

弗朗西斯·培根——4,000 万美《**Figure Writing Reflected in Mirror**》(1976 年)以 4,000 万美元的价格成交，达到了最高估价水平，与罗伊·利希滕斯坦的作品《**Sleeping Girl**》旗鼓相当（苏富比拍卖会）。

安迪·沃霍尔——3,300 万美元：安迪·沃霍尔的作品《**Double Elvis**》将波普艺术流派的标志性人物沃霍尔和摇滚界的标志性人物埃尔维斯·普雷斯利（猫王）结合在了一起。作为艺术和流行文化的象征性标志，这件作品的价格起伏以数千万美元计算，因此苏富比拍卖行设定的估价范围跨度也特别大：介于 3,000 万美元至 5,000 万美元之间。《**Double Elvis**》最终以 3,300 万美元的价格成交，大幅超出 2007 年的售价。佳士得拍卖行当时(2007 年 11 月 13 日)以 1,400 万美元售出了一件类似画作《**Elvis2times**》(1963

年）。安迪·沃霍尔连续第二年成为最畅销的西方艺术家（3.295 亿美元的总成交金额令其在 2012 年度的十大艺术家排行榜上雄踞榜首）。

伊夫·克莱因——3,250 万美元：凭借一件以 3,250 万美元成交的作品，法国新现实主义画家伊夫·克莱因以 1,100 万美元的优势刷新了先前的拍价纪录。这件名为《**FC1(Feu-Couleur1)**》的作品是该艺术家于 1962 年去世前的几个星期中创作的，并被公认为凝聚了其所有艺术探索成果的终极杰作。这件长达三米的巨幅画作运用了人体测量学（用颜料和水勾画出的女性身体轮廓，并用喷火器烙下印记）、艺术家最喜欢的克莱因蓝（IKB）以及粉红色和如火的金色（佳士得拍卖会）。

2012 年 6 月在伦敦举行的印象派与现代艺术品拍卖会

2012 年，在伦敦举行的印象派与现代艺术品拍卖会共带来 1,823 亿的拍卖收入，市场对超现实主义流派中最杰出的作品表现出了极其旺盛的需求。

2012 年 6 月 19 日和 20 日：佳士得和苏富比拍卖会上成绩最佳的部分作品

胡安·米罗——3,290 万美元：《**étoilebleue**》是胡安·米罗于 1927 年创作的作品，其估价介于 1,500 万至 2,000 万英镑之间，并最终以 2,100 万英镑，即接近 3,300 万美元的价格成交（苏富比拍卖会）。该作品的售价超过了胡安·米罗此前凭借另一件作品《**Painting Poem(Lecorpsdemabrunepuisquejel'aimecommemachattehabilléeenvertsaladecommedelagrêlec'estpareil)**》所创下的 2,360 万美元即 1,500 万英镑的拍价纪录（伦敦佳士得拍卖会，2012 年 2 月 7 日），成为拍卖历史上售价最高的超现实主义作品。《**étoilebleue**》是苏富比拍卖会当天唯一一件售价在 1,000 万美元以上的作品，并在 2012 年度售价最高的绘画作品中位列第 14 位。

雷尼·马格利特——1,000 万美元：比利时超现实主义艺术家雷尼·马格利特（1898-1967 年）上一个超过 1,000 万美元的拍价纪录创立于 10 年以前。这件完成于 1928 年的作品《**Lesjoursgigantesques**》在佳士得拍卖会上的成交价是最低估价的 10 倍，从而再次跨过了 1,000 万美元的门槛（640 万英镑，即 1,000 万美元）。

2012 年 6 月在伦敦举行的战后与当代艺术品拍卖会

佳士得拍卖会的流拍率仅为 13%，总成交金额更创下了欧洲历届战后与当代艺术品拍卖会的最高纪录。苏富比拍卖会凭借格伦·布朗的裸体画同样取得出色业绩，来自 15 个不同国家的买家更证实了国际市场对当代艺术品日益旺盛的需求。格伦·布朗是欧洲极少数身价突破 500 万美元的在世艺术家之一。

6 月 26 日和 27 日：佳士得和苏富比拍卖会上成绩最佳的部分作品

伊夫·克莱因——3,270 万美元：法国新现实主义画家伊夫·克莱因的作品《**Le Rosedubleu(RE22)**》的售价已经能够与出自胡安·米罗以及在市场上处于领先地位的美国艺术家之手且保值能力极强的现代艺术作品所创下的拍价纪录相媲美（安迪·沃霍尔的《**Double Elvis**》于 2012 年 5 月 9 日在纽约苏富比拍卖会上的售价也不过为 3,300 万美元）。凭借 2,100 万英镑，即 3,270 万美元的高价，伊夫·克莱因刷新了他在几周前创下的拍价纪录（《FC1》(FireColor1 于 5 月 8 日在纽约佳士得拍卖会上以 3,250 万美元拍出），并成为法国身价最高的战后与当代艺术家。

格伦·布朗——716 万美元：对超现实主义画家萨尔瓦多·达利作品的借鉴为英国艺术家

格伦·布朗（生于1966年）带来了好运：2010年，《**Dalí Christ**》在佳士得拍卖行以125万英镑，即180万美元的价格成交（6月30日于伦敦）；2012年，《**The Tragic Conversionof Salvador Dalí(After John Martin)**》（1998年）又在至少四位试图通过电话低调买入该作品的投标人之间引起激烈争夺，这件估价介于220万至280万英镑之间的作品最终以460万英镑，即716万美元的高价拍出。

2012年10月在伦敦举行的战后与当代艺术品拍卖会

10月12日晚，苏富比拍卖会实现了超过4,410万英镑的拍卖收入（含手续费），其拍卖业绩虽不算特别突出，但与佳士得在前一天举行的战后与当代艺术品拍卖会上所获得的拍卖收入相比几乎要高出一倍。苏富比拍卖会的成功仰赖于为其带来一半拍卖收入的格哈德·里希特的作品《**Abstraktes Bild(809-4)**》。

10月11日和12日：佳士得和苏富比拍卖会上成绩最佳的部分作品

格哈德·里希特——3,000万美元：《**Abstraktes Bild(809-4)**》的售价一路飙升至1,900万英镑（超过3,000万美元），比最低估价多出1,000万英镑。2012年的艺术和经济状况固然令里希特获益不少，但作品本身的背景对其售价的迅速上涨也起到了不少推动作用：英国著名吉他手埃里克·克莱普顿（**Eric Clapton**）曾在2001年买入这幅《**Abstraktes Bild(809-4)**》，从而为其增添了一抹传奇色彩。埃里克·克莱普顿也从这件作品中赚取了可观的利润，因为它在2012年度拍价最高的绘画作品中名列第十八。

2012年11月在纽约举行的印象派与现代艺术品拍卖会

诚然，11月举办的印象派与现代艺术品拍卖会并不是拍卖史上业绩最为出色的一次，但它仍带来了可观的拍卖收入：举例来说，佳士得拍卖会的最终拍卖业绩虽然低于预期结果（1.798亿美元，而预期成交总额为2.50亿美元），但与2010年拍卖会（1.804亿美元）的结果基本持平，更令2009年的惨淡经历（5,680万美元）就此成为一段不愉快的记忆。佳士得拍卖会上推出的9件毕加索作品中，有5件作品的售价达到百万美元，其中3件作品跻身进入十佳拍卖纪录排行榜，还有3件作品则不幸流拍。拍卖会上三分之一的毕加索作品惨遭流拍足以说明：如今的买家掌握足够的信息，态度挑剔而审慎，不会盲目购买。

11月7日和8日：佳士得和苏富比拍卖会上成绩最佳的部分作品

克劳德·莫奈——3,900万美元：印象派画家克劳德·莫奈的作品《**Nym-phéas**》（1905年）凭借3,900万美元的高成交价成为此次佳士得拍卖会上售价最高的作品。

巴勃罗·毕加索——3,700万美元：作为苏富比拍卖会上的主打拍品，估价介于3,500万至5,000万美元之间的作品《**Naturemorteauxtulipes**》最终以3,700万美元的价格拍出。毕加索的作品在5次落槌声中就为苏富比拍卖会创造了7,190万美元的拍卖收入。苏富比的竞争对手佳士得拍卖行在前一天分别以1,160万美元和560万美元的价格拍出了《**Bustedefemme**》和《**La Femmeauchien**》这两件绘画作品。佳士得于11月7日举办的印象派与现代艺术品拍卖会的十佳拍卖结果显示，毕加索的两件最昂贵的作品均由亚洲买家购得，充分体现了当前的市场现状。

瓦西里·康定斯基——2,050万美元：康定斯基在佳士得的印象派与现代艺术品拍卖会上创下了2,050万美元的全新拍价纪录，并为该场拍卖会带来11%的拍卖收入。其作品《**Studiefür Improvisation8**》虽仅以轻微优势超出最低预期价格，但却打破了于1990年5月17日在纽约苏富比拍卖行创立且保持了12年之久的1,900万美元的拍价纪录。康定斯基是身价最高的早期抽象主义画家，而格哈德·里希特则是身价最高的当代抽象主义画家。

2012年11月在纽约举行的战后与当代艺术品拍卖会

2012年11月，就在佳士得和苏富比久负盛名的传统拍卖盛事于纽约举办期间，当代艺术品拍卖会以高出一倍的拍卖收入轻松战胜了现代艺术品拍卖会。于11月7日和8日举办的印象派与现代艺术品拍卖会共创造了3.224亿美元的拍卖收入，而在一周之后举行的战后及当代艺术品拍卖会的总成交金额则高达6.95亿美元。

此次当代艺术品拍卖会令苏富比和佳士得拍卖行分别在自己的发展历史上书写下了新的篇章：对苏富比而言，2012年11月13日的拍卖会创下了该拍卖行自1744年创建以来的最佳拍卖业绩；而佳士得拍卖行则在11月14日创下了战后与当代艺术品拍卖的历史最佳纪录，其4.37亿美元的绝对最高纪录则是在2006年举办的印象派与现代艺术品拍卖会上创立的。两家拍卖行从依旧蓬勃的战后与当代艺术品市场中获益良多，此次共拍出100多件作品，总成交金额接近7亿美元。佳士得拍卖会的流拍率仅为8%，有56件拍品以超过百万美元的价格售出，其中10件作品的拍价更是超过1,000万美元。而苏富比拍卖会的流拍率为16%，42件拍品的成交价突破百万美元，其中有7件作品的售价超过1,000万美元。两家拍卖行还各自创下了8项全新纪录。

11月13日和14日：佳士得和苏富比拍卖会上成绩最佳的部分作品

杰克森·波洛克——3,600万美元：在众多新纪录中，杰克森·波洛克的小尺寸画作《**Number4**》（76.5厘米 ×63.5厘米）以3,600万美元拍出，其成交价比该艺术家原来的最高拍价纪录高出1,500万美元（《**Number28**》，76.5厘米 ×137.4厘米，2012年5月8日于纽约佳士得拍卖行以1,570万美元拍出）。

弗朗茨·克莱恩——3,600万美元：弗朗茨·克莱恩的大型布上油画《**Untitled**》（200.7厘米 ×280.4厘米）以3,600万美元的高价拍出，与波洛克3,600万美元的新纪录持平。这件作品凭借出色的表现刷新了弗朗茨·克莱恩2,620万美元的旧纪录。

让·米切尔·巴斯奎特——2,350万美元：该艺术家的一项全新世界纪录（本年度的第三项新纪录）在佳士得拍卖会上诞生，创下该纪录的是一件创作于1981年且色彩极为丰富的混合媒介作品，2,000万美元左右的估价已令它的前景颇受看好。这件作品最终以2,350万美元成交，打破了巴斯奎特于2012年6月新近创下的560万美元的拍价纪录。

2012年度十大西方艺术家排行榜

由于中国艺术家所取得的拍卖业绩太过惊人，我们决定从现在起专为西方艺术家制作一份十佳排行榜，以便对西半球艺术市场所面临的挑战作出更好的分析。跻身进入本排行榜的艺术家与去年基本相同，而安迪·沃霍尔、巴勃罗·毕加索和格哈德·里希特凭借介于2.627亿美元至3.295亿美元之间的年度销售总额（不含手续费）在本榜单上位列三甲。

本排行榜证实了艺术市场的超凡活力以及保值能力极强的艺术品的迅猛价格涨势：本排行榜上位列最末的年度成交总额也达到了1.206亿美元，几乎是2005年的4倍。当时在全球排名第一的年度成交总额（2005年，毕加索凭借1.53亿美元的成交总额雄踞榜首）如今只能在拍卖业绩最佳的西方艺术家排行榜（不再是全球艺术家排行榜）上位列第五，即弗朗西斯·培根在本排行榜上的排名。为了夺得战后与当代艺术品中的标志性作品，收藏者不惜多花上数百万美元的代价，也要在激烈的竞价中获胜。拍卖会上的成交价位由此越来越高，举例而言，胡安·米罗的作品《**Peinture(Etoile Bleue)**》在2007年至2012年期间就增值了1,950万美元。

1. 安迪·沃霍尔（1928–1987）——3.295亿美元

安迪·沃霍尔与萨尔瓦多·达利和巴勃罗·毕加索一样，都打破了“越是稀缺的作品价值越高”的惯常说法。具有广告从业背景的他身体力行地执行着“重复、重复再重复”的创作策略，作品数量达到40多万件，比毕加索的作品数量多出10倍左右。

这位波普艺术之王在拍卖市场上的辉煌表现是该艺术流派中任何其他艺术家的拍卖纪录都无法比拟的。他的作品《**Green Car Crash(Green Burning CarI)**》于2007年5月在纽约佳士得拍卖行创下了6,400万美元的最高拍价纪录。该艺术家在2006年共有不少于43件作品的拍价突破百万美元大关，在投机热潮尤其高涨的2007年更实现了68项价值百万的拍卖交易，随后在市场收获颇丰的2012年又有41件作品以过百万美元的价格成交。其作品的总成交金额已连续第三年达到3亿美元以上，对拍卖行而言可谓是天赐的恩惠……这也令安迪·沃霍尔连续第三年战胜了巴勃罗·毕加索，从而成为业内人士与市场参与者眼中的传奇人物。

2012年，沃霍尔在拍卖市场上共实现了3.295亿美元的拍卖收入（不含手续费，比2011年多出400万美元），并凭借出神入化的创作技巧在波普艺术作品的十佳拍卖纪录排行榜上一人独揽7个席位。《**Statue of Liberty**》（1962年）是该艺术家在2012年度拍价最高的作品，3,900万美元的成交价格超过了所有预期，使之成为沃霍尔所有作品中拍价排名第三的作品（佳士得拍卖行，2012年11月14日）。这件作品也是沃霍尔最著名的作品之一，它的独特之处在于让人得以领略未来的3D科技，佩戴特制的眼镜观赏时便能看出它的立体效果。

尽管沃霍尔的作品并未在2012年创下新的拍价纪录，但由于沃霍尔基金会已决定在未来几年中通过佳士得拍卖行出售2,000余件库存作品以维持足够的运作资金，因此向拍卖市场提供了数量充足的视觉艺术作品。这份来源无可挑剔的意外大礼令沃霍尔作品2012年的市场供应量比2011年增多了23%。11月12日，作为佳士得拍卖行与沃霍尔基金会之间合作伙伴关系的首项举措，364件预估价格介于2,000至150万美元之间的拍品被陆续拍出。然而，该场拍卖会上售价最高的作品以50万美元的差距与最高预期价格失之交臂《**Endangered Species:San Francisco Silverspot**》，扣除手续费后的成交价格为105万美元）。该拍卖会上并未出现盲目购买现象或投机热潮，但却令佳士得拍卖行肯定了这些专场拍卖会将在未来呈现出的旺盛需求，因为Pinault拍卖公司在11月12日成功拍出了91%的拍品，这对安迪·沃霍尔来说也是一项巨大成功，因为他的作品在2012年的平均流拍率为20%。

2. 巴勃罗·毕加索（1881-1973）——2.861亿美元

艺术爱好者每年都能在拍卖会上发现大量购买巴勃罗·毕加索作品的机会，2012年和2011年都有3,000多件作品在拍卖会上售出（2012年的拍品数量超过3,600件）。大量涌入拍卖市场的版画作品（62%的拍卖交易）所覆盖的价格区间十分广泛，丝网印刷作品的售价一般在数百美元左右，而有的作品售价则高达450万美元（创下版画最高拍价纪录的作品为《**LafemmequipleureI**》，创作于1938年，2011年11月1日在纽约佳士得拍卖行拍出）。绘画作品在毕加索的拍品总量中约占2%，但却在成交总额中占有76%的比重。今年，这位艺术大师共有6件作品的拍价达到1,000万美元以上，体面的业绩令他在西方艺术家排行榜上保留了亚军的位置，仅次于安迪·沃霍尔。毕加索的作品在西方国家一直备受追捧，并真正开始在亚洲国家受到青睐，佳士得拍卖行于2012年11月分别以1,160万美元和560万美元成功地向亚洲买家售出《**Bustedefemme**》和《**Femmeauchien**》这两件标志性作品（11月7日举行的纽约拍卖会）后再次证实了此种趋势。佳士得在该场拍卖会上推出的9件毕加索作品中，有5件作品的售价达到百万美元，还有3件作品不幸流拍。这场纽约大型拍卖会上三分之一的毕加索作品惨遭流拍足以说明：如今的买家掌握足够的信息，态度挑剔而审慎，不会盲目购买。他们对一件预估价格在1,000万至1,500万美元之间的青铜雕塑《Coq》反应尤其冷淡。这种保留态度是可以理解的，因为毕加索仅有两件雕塑作品曾经达到1,000万美元的拍价水平，而这两件作品的规模和罕见程度都胜过《**Coq**》。在立体主义绘画方面，于2012年5月2日在纽约佳士得拍卖行拍出的《**Têtedefemme**》（1906-1907）虽成为毕加索在2012年拍价最高的立体派作品，但成交价却没有超过15万美元，而于2007年11月7日在纽约苏富比拍卖行售出的《**Têtede Femme,Dora Maar**》（1941年）却创下了2,600万美元的绝对纪录。在2012年为毕加索创下最高拍价纪录的绘画作品以3,700万美元成交（《**Nature Morte Aux Tulipes**》，1932年创作，2012年11月8日在纽约苏富比拍卖行拍出），而毕加索的个人最高纪录则高达9,500万美元（《**Nude,Green Leaves and Bust**》，1932年创作，2010年5月4日在纽约佳士得拍卖行拍出）。

3. 格哈德·里希特（1932年出生）——2.627亿美元

格哈德·里希特是唯一一位身价达到如此高水平的在世艺术家。这位难以归类的画家走过了一段极为丰富的艺术发展道路。他在2011

年全球最畅销艺术家排行榜上排名第八，随后又凭借36件拍价超过百万美元的作品登上了2012年度最畅销西方艺术家的季军宝座。在短短12个月之内，这位德国艺术家就数度刷新了先前的拍价纪录（于2008年创下，约合1,400万美元）。其作品价格的迅速增长与拍卖行对战略时机的精确把握密切相关，为了庆祝里希特的80岁生日，整个欧洲都向他致以了崇高的敬意。在2011年10月至2012年9月期间，名为“**Panorama**”的里希特大型作品回顾展先后在伦敦泰特现代美术馆、柏林新国家美术馆和巴黎蓬皮杜艺术中心举行，就连巴黎卢浮宫博物馆也加入了这股里希特的热潮，专为该艺术家举办了“1957至2005年的素描和纸上作品展”（6月至9月）。有关该艺术家的频繁报道激发了拍卖现场的空前热情。“**Panorama**”大型作品回顾展在泰特现代美术馆开幕一周之后，里希特的作品就在伦敦创下了2011年的首个最高拍价纪录（《**Kerze[Candle]**》于2011年10月14日在佳士得拍卖行以930万英镑，即1,060万美元的价格成交）。面对这项纪录，里希特认为“难以理解，简直就与银行危机一样荒谬”，但在随后的数月中，这项纪录又被数度刷新。

2012年10月12日，他仅凭一件绘画作品《**Abstraktes Bild(809-4)**》就为一场享有盛誉的苏富比拍卖会带来了不少于一半的销售收入：这幅作品在突破1,000万英镑的最低预期以后，最终以1,900万英镑（3,040万美元）的高价成交！这位素有“21世纪毕加索”之称的年近八旬的德国艺术家由此成为了全球身价最高的在世艺术家。巴勃罗·毕加索在2012年共有6件作品以超过1,000万美元的价格成交，而格哈德·里希特在同一时期内有9件作品的售价超过此价位。今年，里希特作品的总成交金额达到2.62亿美元以上，使其成为全球回报率最高的德国艺术家。其作品所取得的拍卖业绩超过了德国全年的拍卖收入，他在拍卖市场上的卓越表现由此可见一斑！里希特的身价自2006年以来增长了250%以上，再次证实了他的受欢迎程度。

4. 马克·罗斯科（1903-1970）——1.667亿美元

相对于经常出现在大型知名拍卖会上的艺术家而言，马克·罗斯科极少在拍卖会上露面。2012年，他仅有10件作品在拍卖会上出售，但已足够创下高达1.667亿美元的总成交额（不含手续费）！尤其值得一提的是，这位美国抽象表现主义的代表人物两度刷新了他的个人最高拍价纪录，仅凭两件作品就获得了1.445亿美元的销售收入。

2012年5月，佳士得成功拍出了罗斯科的代表作品《**Orange,Red and Yellow**》，完成了一项具有历史意义的拍卖交易，并为该艺术家创下了全新的拍价纪录。这幅完美杰作自1967年起就收藏在大卫·平卡斯（**David Pincus**）的艺术藏品中，该收藏家在作品拍出前的几个月就已去世。

这幅以7,750万美元成交的作品打破了苏富比拍卖行此前于2007年5月凭借《**White Center**》创下的6,500万美元的拍价纪录。这幅画作不仅在罗斯科的作品拍卖历史上创立了一项新纪录，还为“现代及战后时期艺术作品”类别增添了一项新的世界纪录，因为它成功超越了由弗朗西斯·培根的《**Triptych**》（1976年）在2008年创下的7,700万美元的拍价纪录。

另一件在2012年高价拍出的罗斯科作品是《**No.1(Royalrougeetbleu)**》。该作品于11月13日以6,700万美元的价格成交，它同样在大卫·平卡斯的艺术藏品中度过了30个年头之后，方才进入为该艺术家屡屡创下最佳拍卖业绩的纽约拍卖市场。

5. 弗朗西斯·培根（1909-1992年）——1.53亿美元

弗朗西斯·培根的作品《**Figure WritingReflected in Mirror**》（1976年）于2012年5月9日在纽约苏富比拍卖行以最高

估价4,000万美元拍出，从而成为该艺术家在2012年拍价最高的作品，并在培根的个人最佳纪录排行榜上排名第五。这件作品的优势在于它的稀缺性和无可挑剔的出处（它曾在1977年作为该艺术家展品中的一分子出现在巴黎ClaudeBernard画廊举办的展览上）。它的主题同样功不可没，因为该作品的主人公是培根的情人兼主要模特George Dyer。2007年至2008年是整个高端艺术市场的繁荣时期，培根的身价正是在这段时期内迅速上涨，并令他接连成为全球排名第三和第二的最畅销艺术家，但自那以后，培根的任何一幅绘画作品都未能达到现在这样的巅峰水平。2012年，培根共有10件作品的售价超过百万美元，他的市场价值与2011年相比增长了400万美元。他的地位逐年巩固，并使其成为西方艺术市场上保值能力最强的艺术家之一。

培根的杰出作品在拍卖会上非常罕见，但需求却极其旺盛，以至于一件规格仅30厘米但画工精湛的小幅肖像画也可卖到300万至900万美元的高价。

出自《**Pope**》系列的作品同样极受欢迎，苏富比拍卖行于11月13日在纽约售出了其中一件作品：这件从维拉斯奎兹画就的《**InnocentX**》中汲取灵感的作品完成于1954年，在私人收藏中度过了40年之后才重新出现在世人眼前。该作品以2,650万美元的价格拍出，成为该系列中售价最高的作品，同时证实了题材最为知名的培根作品的价格不断稳步上扬的趋势。此前共有7件刻画教皇英诺森十世形象的画作出现在拍卖会上，成交价格介于400万至900万美元之间。如果它们再度出现在公开拍卖会上，价格一定会疾速飙升。就连以罗马教皇为主题的版画作品也价格不菲，对此类题材作品青睐有加的收藏者们愿意花费30,000美元以上的代价购入一件《**Study for Portrait of Pope InnocentX(Whyte's Dublin,Ireland,21/05/2012)**》，该作品在20世纪90年代中期的售价在5,000美元左右。

6. 让·米切尔·巴斯奎特（1960-1988）——1.412亿美元

让·米切尔·巴斯奎特在2012年共有86件作品被成功拍出，其中三件作品为其创下了全新拍价纪录。巴斯奎特的作品在2012年的总成交金额达到1.412亿美元，与2011年672万美元的销售收入相比翻了一番。

让·米切尔·巴斯奎特的最新纪录比2007年创下的旧纪录整整高出1,350万美元，价值过百万的拍卖交易从2012年5月的纽约大型拍卖会开始接踵而来，菲利普斯拍卖行在当时以1,450万美元的价格拍出了一件完成于1981年的优质混合媒介作品，而该作品的最高估价为1,200万美元（《**Untitled**》，5月10日）。一个月以后，第二项令人惊叹的新纪录诞生，这件以1,790万美元拍出的作品比2007年在纽约拍出时的成交价多出了490万美元（《**Untitled**》首先于2007年5月15日以1,300万美元的价格在苏富比拍卖行拍出，随后又于2012年6月27日以1,150万英镑，即1,790万美元的价格在伦敦佳士得拍卖行成交）。最后，在纽约大型秋拍会举办期间，佳士得又以创纪录的2,350万美元拍出了第三件完成于1981年的画作。

在巴斯奎特的9件拍价超过1,000万美元的画作中，有4件作品在2012年拍出，再次证明了2012年对拍卖市场而言是一个绝佳的年份。这4件作品都是在1981年至1982年期间创作的，这个时期对艺术创作和该艺术家的职业生涯而言都是一个转折点。

巴斯奎特的身价涨势极其迅猛，他的价格指数在十年间增长了335%以上。今年创下的2,350万美元的拍价纪录和他在2004年凭借50件拍品所创造的总销售收入也相差无几（2005年扣除手续费之后的总成交金额为2,500万美元，比2012年的总成交金额几乎少了6倍）。

7. 胡安·米罗（1893-1983）——1.348亿美元

世界上最昂贵的超现实主义作品并非出自萨尔瓦多·达利之手，尽管他喜欢自称为“超现实主义者中最超现实的艺术家”。该艺术流派中身价最高的艺术家其实是西班牙艺术家胡安·米罗，他的画作《**Peinture(étoilebleue)**》在6月19日举行的苏富比伦敦拍卖晚会上以2,100万英镑，即接近3,300万美元的价格拍出，而它的预估价格介于1,500万至2,000万英镑之间。该作品自2007年12月起成为知名收藏家**André Lefèvre**藏品中的一部分，法国**Claude Aguttes**拍卖行在当时以1,340万欧元的价格拍出了这件作品（935万美元，2012年12月21日于巴黎），并创下了当时的拍价纪录。因此，这件于1927年完成的杰作《**Etoilebleue**》在短短五年间就增值了将近两倍，而该作品的售价可与699件米罗作品在整年中创造的拍卖收入相媲美（在699件拍品中，大约90%的作品为版画作品。米罗作品在2005年的总成交金额为3,270万美元）。

来自世界各地的买家对保值作品的需求越来越大，充满神秘色彩的现代艺术作品由此在买家之间引发了激烈竞价，但具备如此多优势的作品其实非常罕见：米罗本人也认为该作品是他艺术生涯中的关键作品，而知名的艺术评论家罗萨琳·克劳丝（**Rosalind Krauss**）则将它形容为凝聚了米罗创作特色的作品，因为“人们能够在单幅画作中同时发现对人体形象和宇宙标记的刻画”。《**Peinture(étoilebleue)**》是米罗的精髓之作，正如《呐喊》在爱德华·蒙克作品中的地位，全球最具经济实力的买家不惜多花上数百万美元购买这些作品。

8. 亚历山大·卡尔德（1898—1976）—1.285亿美元

亚历山大·卡尔德出现在这个十佳排行榜上可谓是2012年的一大惊喜。该艺术家不仅在今年首度创下了超过1,000万美元的拍价纪录，而且实现了三项新的个人纪录。

高233厘米的移动作品《**Lily of Force**》凭借1,650万美元的成交价成为该艺术家拍价最高的作品。《**Lily of Force**》于5月8日在纽约佳士得拍卖行以超出最高估价450万美元的价格成交。在同场拍卖会上，佳士得拍卖行还以920万美元的价格拍出了另一件移动作品《**Snow Flurry**》，该作品售价比预估价格高出了一倍！2012年，亚历山大·卡尔德共有不少于35件作品以超过百万美元的价格拍出，这些作品的总成交金额就已达到破纪录的1.09亿美元。他的价格指数不断上涨，在千禧年之初购入卡尔德作品的收藏者的确作出了十分明智的投资决定，因为其作品价值在十年间增长了接近120%。

9. 爱德华·蒙克（1863-1944）——1.208亿美元

爱德华·蒙克出现在2012年的十佳排行榜上可以说是一个偶然，这要归功于在拍卖会上推出的一件充满传奇色彩的素描作品《呐喊》。有时，作品的传奇色彩会胜过作品本身，这一点已先后在《米洛的维纳斯》、达·芬奇的《蒙娜丽莎》和爱德华·蒙克的《呐喊》上得到证实。2002年进入拍卖市场的鲁本斯的《屠杀无辜者》便是一个最佳例子，这件估价介于400万至600万美元的作品最终在苏富比拍卖行以4,500万美元的天价拍出（《**The Massacre of the Innocents**》，2002年7月10日）。其他例证还包括：拉斐尔用黑色石头勾画出的缪斯的精美脸庞，这件估价介于1,200万至1,600万英镑的作品于2009年在佳士得拍卖行最终以2,600万英镑，即4,270万美元的价格成交（《**Head of a Muse**》，2009年12月8日）；2012年5月2日在拍卖市场上推出的蒙克的第三版《Cri》，这件以1.07亿美元（连手续费在内为1.199亿美元）成交的作品刷新了巴勃罗·毕加索凭借

《**Nude,Green Leaves and Bust**》创下的旧世界纪录（9,500万美元，2010年5月4日于纽约佳士得拍卖行），成为全球拍价最高的作品。这件彩色粉笔画版本的《呐喊》是唯一尚有可能参与拍卖的版本，因为另外三个版本均已成为博物馆的馆藏作品。这个从未出现在大众视野之中的版本在同一个家族内度过了70个年头，它原来的主人是挪威商人**Petter Olsen**，其父**Thomas Olsen**是蒙克的朋友、邻居兼艺术赞助人。

10. 克劳德•莫奈(1840-1926)——1.206亿美元

这位印象派中的头号人物始终是最受欢迎的艺术家之一，也是年度十佳排行榜上的常客。2007年，他的作品共创造了1.65亿美元的拍卖收入，这要归功于以高出最低估价1,000万英镑，即1,600万英镑的价格成功拍出的博物馆级别的作品《**Waterloo Bridge,tempscouvert**》（1904年）以及在苏富比拍卖行以1,650万英镑成交的《**Nymphéas**》。2008年，其布上油画在拍卖会上的总成交额超过了1.75亿美元，与上一年的销售收入相比高出了1,000万美元。在2009年至2011年期间放缓了发展脚步之后，他的作品在2012年又再度创造了1亿美元以上的年度成交总额。

莫奈作品的拍卖业绩重回顶峰主要归功于《**Nymphéas**》的成功拍出，这件估价介于3,000万至5,000万美元（88.3厘米×99.5厘米）的作品最终以3,900万美元的价格成交（2012年11月7日于纽约佳士得拍卖行）。这些于1905年创作的《**Nymphéas**》在忠实地陪伴了原主人33年之后另觅新主。“睡莲”是莫奈标志性的创作主题（甚至可以说是印象派作品的标志性主题），也是拍卖会上身价最高的作品。此外，于2008年6月以大约7,200万美元拍出的《**LeBassinauxnym-phéas**》至今仍保持着该艺术家的最高拍价纪录。另一方面，拍价超过1,000万美元的莫奈作品中，几乎一半的作品是以这种水生花卉为主题的（克劳德·莫奈共有38件作品的拍价达到8位数字，其中16件作品以睡莲为主题）。

第二章 雅昌艺术市场监测中心（AMMA）对中国艺术市场的分析①

规模：三年爆发式增长后第一次回落，成交格局理性重组

2012年在流动性资金减少、市场信心不足的情况下，中国艺术拍卖市场结束了由2008年开始的连续三年的爆发性增长，成交规模大幅缩减：根据雅昌艺术市场监测中心（AMMA）首次对艺术品拍卖落槌价的不完全统计，2012年中国艺术品拍卖市场总额为84.58亿美元，相比2011年下降37.14%。其中，中国纯艺术类（仅包括中国书画、油画及当代艺术）总成交额占比为59.93%，为50.69亿美元，同比2011年减少44.24%；瓷器杂项拍卖品类，作为中国艺术品拍卖另一重要门类，本年度总成交额为32.55亿美元，市场份额达38.49%，相比去年提高7.30%；此外，奢侈品等其他门类市场份额为1.58%，比去年提高0.33%。纯艺术市场份额下降，瓷器杂项等份额提高，主要原因在于藏家普遍惜售，可供销售的艺术品资源大为减少，为维持交易规模，拍卖公司选择向奢侈品和新兴品种扩张。在这样的市场格局下，尽管拍卖行不惜成本在全世界搜罗拍品，本年度作品上拍数量和成交数量仍产生了20.39%和24.88%的回落。而对比2012上半年和下半年的数据可以发现，市场在秋季结束了连续两个拍卖季度的交易总量下跌，终于在年底略有回升，接近27亿美金的总量，比上半年成交额增长13%。根据

图A-1 2012年中国纯艺术（Fine Art）拍卖规模缩减

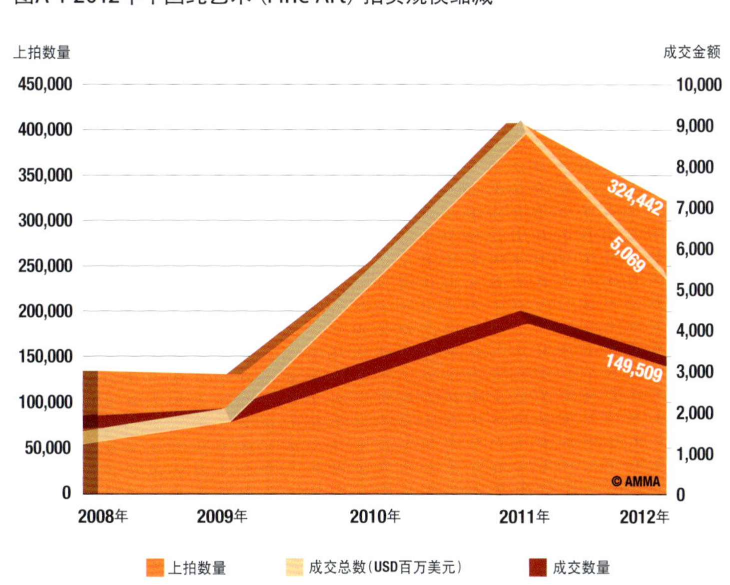

①本文均采用落槌价（不含佣金）计算，汇率为年度平均汇率，故数据存在一定的误差，但这并不影响市场现状及趋势分析。数据来源：雅昌艺术市场监测中心（AMMA），统计时间2012年1月1日至12月31日。

大量业内人士的景气预期和市场判断，50 亿美金将成为回调触底的标志，也成为 2012 年成交规模的一个标准（图 A–1）。

2012 年中国艺术品拍卖市场的一大特色是朴实无华、缺乏亮点，这从某些角度无疑是回应了 2012 年初海外及国内市场对中国 2011 年度 134.56 亿美金拍卖成交总额的关注和质疑。以前占尽媒体头条版面的天价效应已不再现，业内对拍品估价的回调，一方面有效地减少了以前的虚假交易和迟付拒付，另一方面也使大量藏家产生惜售心理，导致市场上征集困难、精品难寻。

这些现象非常明显的体现在成交作品的价格区间上：高端拍品锐减，中低端拍品云集。2012 年与以往的价格两极分化现象背道而驰，本年度中国市场对天价作品成交的放大效应产生冷落情绪，精品逐渐进入高端收藏，市场中流通的拍卖资源枯竭，征集难的问题愈发严重。2012 年，1,000 万美金以上的作品仅为 7 件，相比去年减少 15 件，其中 6 月 3 日北京保利推出的李可染 1964 年创作的《万山红遍》（镜心）以约 4,040 万美金的高价位居首位。与往年的市场表现相比，高端精品几乎告别了所谓的“亿元时代”（单件拍品价格超过 1 亿人民币，约合 1,600 万美金），再次显现理性的面目。除千万美金以上作品与去年同期相比大幅度减少外，市场整体环境导致其他各个高价区间与去年的成交数量相比都不能同日而语。今年 500 万至 1,000 万美金拍品的数量仅有 20 件，相比 2011 年减少了近 71.23%；而 100 万至 500 万的拍品数量对比去年同期也出现了近一半的萎缩。这说明与以往掐尖及两极分化现象不同，精品稀少、天价罕见是这一市场调整期的典型表现，这也和拍卖公司以及委托人在调整期力求理性估价有一定关系。

表A-1

2008年至2012年中国纯艺术（Fine Art）拍卖情况

	2008年	2009年	2010年	2011年	2012年
上拍数量	135,502	130,557	253,124	407,560	324,442
成交数量	73,130	82,408	141,151	199,033	149,509
成交比率	54.00%	63.10%	55.80%	48.80%	46.10%
每件平均成交价(USD千美金)	20,09	22,12	37,40	45,67	33,90
成交总额(USD百万美金)	1,469.44	1,823.12	5,279.28	9,090.54	5,068.82

表A-2

2008年至2012年中国纯艺术（Fine Art）不同价格区间的作品数量

	2008年	2009年	2010年	2011年	2012年
1,000万以上	0	7	18	22	7
500万至1,000万	8	14	62	70	20
100万至500万	95	130	577	1013	490

精品数量下降在各个板块中有明显体现。AMMA 曾在 2010 年提出书画市场已进入了“价格高原阶段”，市场调整期缺乏艺术精品，难见往年名家名作此起彼伏迭创高价的壮观场面。中低端拍品支撑书画类艺术品市场。少有的几

件艺术精品也并没有拍出预期价格，成交平平。1,000万美金以上的7件作品中，除李可染的《万山红遍》在4,000万美金以上，其他6件落槌价均在2,000万美金以下；6件书画作品入围，相比去年减少13件；油画及当代艺术仅有1席入围，比去年减少2件。相反，随着精品数量的减少，藏家对中低端拍品的关注度和竞拍热情有所提升。AMMA对2012年秋拍艺术品溢价率（成交价与最高估价的比值）进行了研究，在溢价率大于5倍的21件拍品中，67%的作品价格在200万美金以下，而2011年这个比例仅为24%，反映出今年高溢价作品的价格明显下移。这些高溢价现象中固然有拍卖行估价策略的原因，但也反映出藏家对中低价市场的关注和低标引致高卖这种拍卖价格的形成特点。

单件作品均价下滑为2012年度拍卖市场的另一表现：本年度纯艺术（FineArt）品类的平均成交额仅为3.39万美金，相比2011年跌幅达25.77%，比2010年的3.7万美金低9.35%。主要原因不外乎于2012年中国纯艺术整体市场价位下降，精品数量减少。

除了以上原因，艺术品基金的退潮也是本季度成交平淡的又一构成因素。前两年艺术品投资基金和信托信贷机构等集中入市，使得艺术品交易市场一度呈爆发性扩张，尤其是名家书画板块涨幅过大，基本封杀了未来几年价格上涨的空间。今年由于许多基金正处于调整期和兑现期，可用于投资的资金额度相比2011年大幅下降，引致前两年拍卖火爆的场景难以复制。

品类：中国特色的收藏文化在实验中寻求新的增长点

2012年中国纯艺术门类拍卖市场规模缩减，各拍卖行力图维持交易规模，纷纷向新人新风格作品及奢侈品、新兴品种等其他门类扩张。但因品类杂多、标准模糊，很难形成规模效应，也无从弥补传统门类拍品收缩所形成的交易差额。

中国纯艺术极具中国特色，主要是按艺术门类划分为中国书画（包括古代书画、近现代书画和当代书画）和油画及当代艺术（包括油画、雕塑、版画、装置等外来的艺术创作手段），分别代表了传统和现代两种相对独立的审美观。两者在时间上有很大程度的重合，近现代的书画以及油画及当代艺术的创作实践基本是并行的，而在购买人群的审美品位甚至社会背景上

图B-1 2012年各艺术品类市场份额占比图

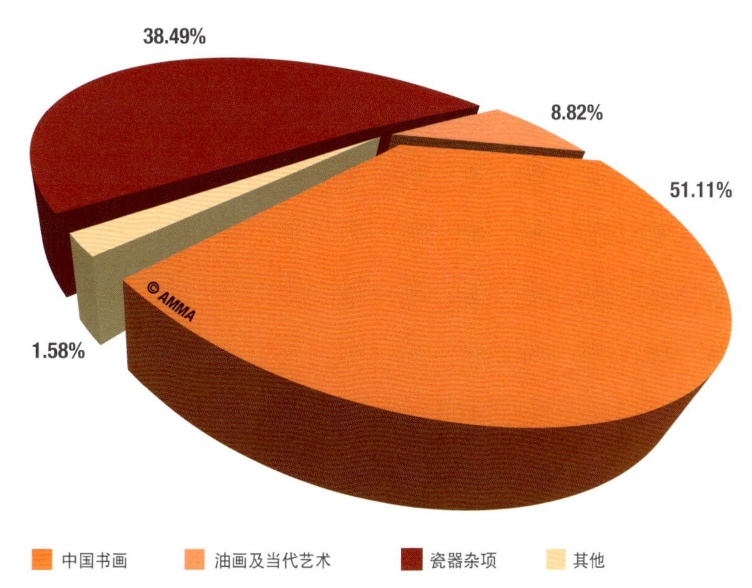

都是大相径庭。

2012 年度，中国纯艺术市场规模相比 2011 年减少了 40.21 亿美元，为 50.69 亿美元，占 2012 年中国艺术品拍卖总额的 59.93%(图 B-1)。尽管中国纯艺术仍以近 60% 的拍卖份额占绝对优势，但由于市场中流通资源的逐渐枯竭，拍卖行不得不寻求新的资源以维持拍卖市场规模，故这一市场份额近几年逐渐缩减。

本年度，中国书画总成交额为 43.23 亿元美金，占本年度中国艺术品拍卖总额的 51.11%。虽然仍为市场份额最高的拍卖品类，但相比 2011 年降低了 8.47%。中国书画市场份额的缩水，除了受市场环境的影响，精品佳作难以征集也是重要的影响因素，本季度诸如《石渠宝笈》的拍品已不见踪影，买家越发理性和谨慎，追星现象减少。

油画及当代艺术板块市场份额为 8.47%，比 2011 年提高了 0.84%。除京津和海外地区之外，

图B-2 2012年港澳台地区油画及当代艺术拍卖占优势

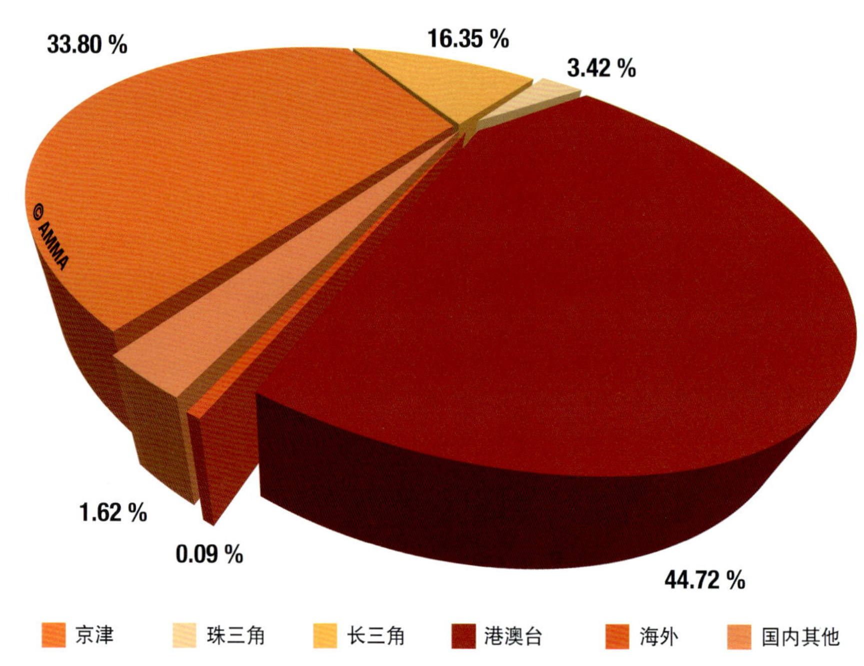

该板块市场份额均呈现不同程度的提升，其中港澳台地区油画及当代艺术总成交额为 3.34 亿美元，占该板块总成交额的 44.72%，市场份额最高(图 B-2)。香港地区作为亚洲艺术交易中心，除了地理、经济、税收等方面的优势，其背后有庞大的国际买家群体的支撑。具有国际语言的油画及当代艺术，逐渐成为该地区的优势拍卖品类。

书画：古代书画价格走稳，近代书画泡沫缩减

自 1992 年中国恢复拍卖制度以来，艺术市场鲜明地体现出中国藏家倾向传统的审美品味。中国书画作为中国独具特色艺术门类，集中国传统文化意蕴与美学标准于一体，和中国社会变迁及文化发展关系密不可分，同时各细分品类及门派特点明显，存世量及市场流通量丰富，是中国财富实力崛起之后重点收藏投资对象。在 20 年的中国艺术品拍卖历程中，中国书画市场先后经历了 1995 年至 1996 年的第一次高潮、2003 年下半年至 2005 年的二次高峰、2006 年至 2008 年的回落，到 2009 年开始以绝对主导性的优势占领中国艺术品拍卖市场。在中国纯艺术领域里，中国书画优势更为突出，在中国书画大放异彩的 2011 年，其市场份额攀升至了 88.19%。而在 2012 年的市场回落后，书画的份

图B-3 2012年中国书画仍占主导

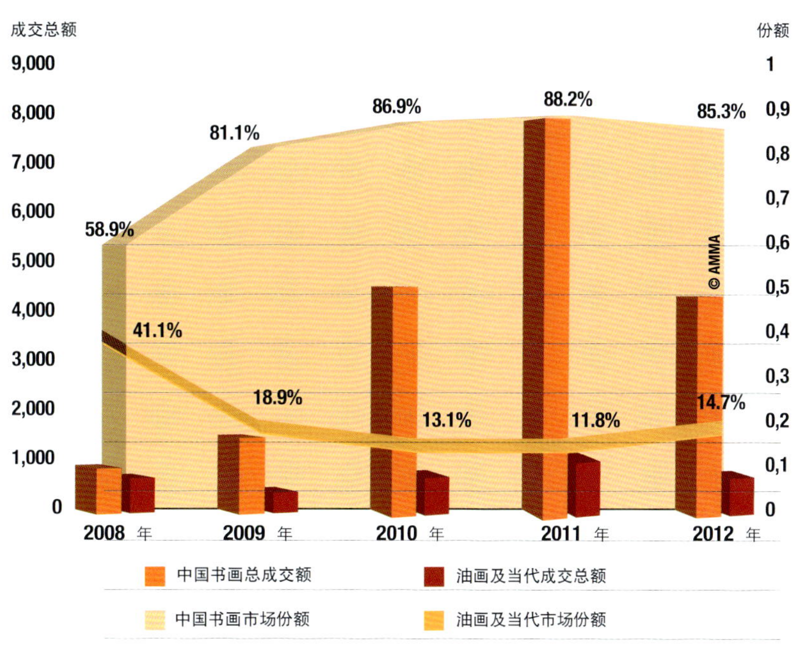

额有3%的回落（图B-1）。品类格局的微调以及市场对新生代艺术家以及实验水墨的升温热情，预示着2012将会是接下来市场审美品味的进一步演变和调整的开始。

与2011年相比，2012年中国书画市场规模缩减。本年度，中国书画总成交额为43.23亿美元，相比2011年度下滑了46.07%；作品上拍307,882件，比去年减少81,860件，降幅为21%；成交139,676件，比去年减少25.59%；作品成交比率也由去年的48.16%下降至2012年的45.37%（表B-1）。并且AMMA推出的“国画400成分指数”也呈现出下跌的态势，2012年以5,219点收盘，比去年同期下滑37.07%（图B-5）。尽管如此，相对其他板块而言，仍占市场绝对主导地位。调整期的书画市场表现出相对保守的态势，以及更多对精品的诉求和依赖。

中国古代书画作为梳理中国书画市场价格标杆品类，因其稀缺性和艺术价值被称为艺术市场中的“硬通货”。入围2012年中国纯艺术76席的中国书画中，中国古代书画占有32席，拍卖总额为1.62亿美元。两件作品落槌价高于1,000万美金，占这一价格区间作品数量的

表B-1

2008年至2012年中国纯艺术拍卖情况

	2008年	2009年	2010年	2011年	2012年
中国书画					
成交数量	62,666	75,735	131,681	187,711	139,676
成交总额(百万美元)	$865	$1,478	$4,586	$8,017	$4,323
单品均成交额(万美金)	$1.38	$1.95	$3.48	$4.27	$3.10
市场份额	58.90%	81.10%	86.90%	88.20%	85.30%
油画及当代					
成交数量	10,464	6,673	9,470	11,322	9,833
成交总额(USD, 百万美元)	604 $	345 $	693 $	1,073 $	746 $
单品均成交额(万美金)	5.78 $	5.17 $	7.32 $	9.48 $	7.58 $
市场份额	41.10%	18.90%	13.10%	11.80%	14.70%

图B-4 2012年中国书画市场行情下滑

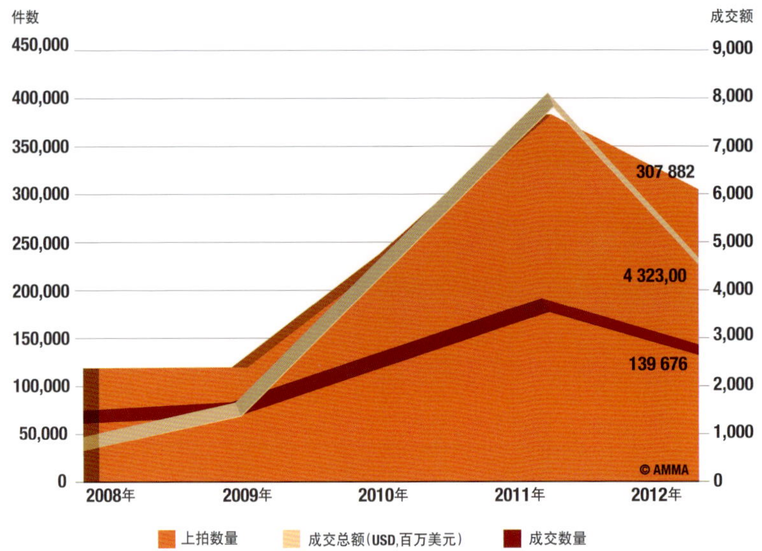

图B-5 2012年中国画400成分指数持续走低

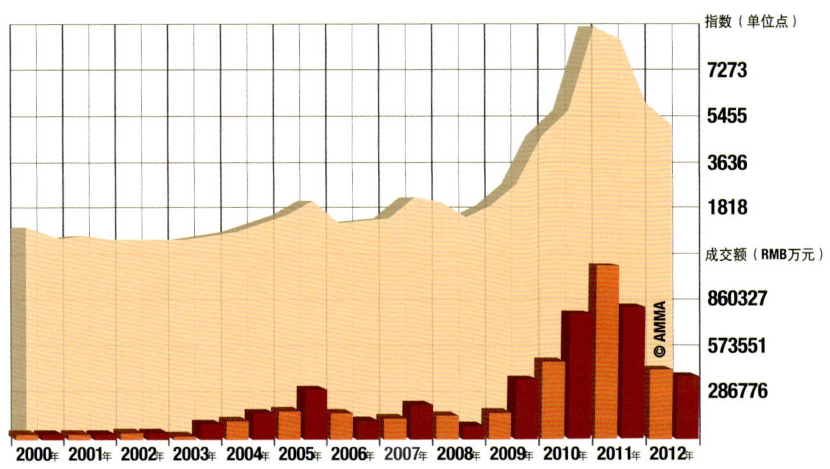

28.57%：12月4日北京保利推出的元代王振鹏的《江山胜览图》以1,394万美元的高价位居本年度古代书画拍卖首列；朵云轩以约1,030万美金的落槌价拍出的文徵明手卷《溪山清远》，首次打破了文徵明书画的拍卖历史最高纪录。古代书画在市场不景气的2012秋拍中，证明了其坚挺的市场需求和市场价格。

尽管古代书画在2012年尤其是下半年表现出较强的抗跌性和稳定性，但另一方面流拍率上升，以往在拍卖市场通行无阻的《石渠宝笈》著录古画由于估价过高而流标者屡见不鲜。如春拍中保利推出董邦达《雷峰西照》（立轴）、乾隆《书画合璧四友图》（册页）、元代方从义的《云林钟绣手卷》、爱新觉罗·弘旿的《翠屏云绣手卷》等4件《石渠宝笈》著录作品，其中仅有《云林钟绣手卷》以约237.62万美元成交；春拍中嘉德推出的5件《石渠宝笈》著录的作品——恽寿平《载鹤图及致王翚信札》手卷、蒋廷锡《仿宋人勾染图》、蒋廷锡《仿宋人设色图》册、陈淳的《水仙手卷》、文徵明《自书七言律诗》卷，仅2件蒋廷锡的作品成交。可以看出，今年与以往稍有不同的是，这一季买家不仅仅关注拍品质量和来源出处，同时对估价偏高或换手频繁的拍品亦表现出谨慎的态度，进一步体现出买家对拍品性价比的要求。

同时，古代书法板块逐渐破除了“书法卖不过绘画”的传统观念，传承有绪的名家书法精品成为藏家关注的焦点。据雅昌艺术市场监测中心（AMMA）不完全统计，2012年共有8件古代书法作品入围中国纯艺术拍卖TOP100，其中董其昌《行书李白诗篇》（手卷）沈周《行书蜗壳诗》、龚贤《行书渔歌子卷》2件均打破书家个人书画最高成交纪录，证明了只要是名家精品，即使市场处于调整期，依然炙手可热。

作为中国书画市场中的中流砥柱，中国近现代书画相对古代书画存世量多、流动量高和市场认同度高，近几年成为市场追逐的热点。虽一般认为近现代书画由于高价的攀比和放大效应，已经进入了一个持平发展的高原阶段，但在可以预料的未来，近现代书画将依然是中国纯艺术市场中的主导性板块，差别仅在于不同的流派以及不同的艺术家陆续呈现新的成交纪录。本年度，中国近现代书画表现出先扬后抑的现象，上半年该板块高价倍出，下半年则表现为行情滑落。

本年度中国近现代书画共有44席入围中国纯艺术拍卖TOP100榜，其中2012年上半年有19件作品，总成交额为1.43亿美元，比下半年25件作品的1.11亿美元成交额高出22.54%。并且4件1,000万美元以上的作品，上半年占3席，拔得头筹的是6月3日北京保利上拍的李可染的《万山红遍》。究其原因，主要由于市场的不景气导致近现代精品书画释出量大幅度减少，加之之前高价透支，致使这一板块行情热度相对而言持续走低。但由于近现代书画有着数量庞大的藏家基础和消费群体，仍旧是拍卖市场的主流板块。

中国当代书画板块一直被认为是一个过度炒作的市场，虽然无法和古代及近现代书画比较，本年度无一作品入围2012年中国纯艺术拍卖TOP100榜单，但范曾、何家英、崔如琢等书画家作品市场的迅速发展为此板块市场掀起了一定的波澜。本年度，三位当代书画家分别以5,821.54万美元、4,673.93万美元和2,062.98万美元的拍卖总额位居2012年度中国纯艺术家拍卖总额TOP500第12、15和40位。

此外，作为异军突起的当代水墨板块也成为2012年的市场热点。中国嘉德、北京保利、北京匡时等拍卖公司积极推出这一板块专场或艺术家作品，为这一板块市场的发展发挥了重要的推动作用。但由于当代水墨在学术定位上还存在争议，收藏群体尚不稳定，而且艺术家作品的数量不足以支撑类似近现代书画市场那样的格局。作为尚待崛起的当代水墨板块，需要长期地积累和逐步地筛选，需要学术定位与市场布局同步进行。在这个漫长的过程中，才会逐渐淘汰急功近利的哗众取宠之作，过分人为的炒作和护盘只能形成昙花一现的短期效应。

传统之外：早期油画发力，中国当代黄金炒作期结束

中国油画及当代艺术作为中国纯艺术门类的另一主力板块，与中国书画年度拍卖市场份额为此起彼伏的状态。相对中国书画市场，2012年度该板块市场份额相比2011年呈现出3%的增幅，为14.71%。但其总体市场规模相比去年呈缩减状态：全年拍卖总额为7.46亿美金，比去年下降31%；作品上拍16,5600，比去年减少1,2580；成交9,7960，比去年减少13.5%；成交率由63.5%降至60.0%。雅昌艺术市场监测中心（AMMA）“油画100成分指数”、“当代18热门指数”分别为11,531点和17,544点，均比去年同期有不同程度的下跌。

相对于中国传统书画，“油画及当代艺术”板块在中国代表着相对前卫和西化的审美品位。该品类在中国起源于20世纪初第一批留洋的中国艺术家，如徐悲鸿、吴冠中、常玉等分别将学院派的写实主义以及20世纪初现代主义里的各个流派带入中国，催生了当今市场上定义的

“早期油画”；而在20世纪80年代改革开放后又将后现代主义、avant-garde先锋思想以及行为艺术、装置艺术等一系列新的创作手段带入中国，催生了在21世纪初炙手可热的中国当代艺术；介于两个概念之间的还有一个中国艺术市场特有的“写实派油画”：中国美术学院的教育对素描、油画基本功的重视，培养出了一系列的艺术家以传统的学院写实风格创作。而这三类细分品类在2012年的表现也各有千秋。

在2012年中国纯艺术拍卖TOP100中，共有24件入围本季度中国艺术品拍卖TOP100，其中早期油画大师作品占有12席。常玉、赵无极、朱德群等国际艺术大师的作品倍受青睐，分别有40、40和20入围。其中朱德群1987年创作

图B-6 2012年中国油画及当代艺术市场规模缩减

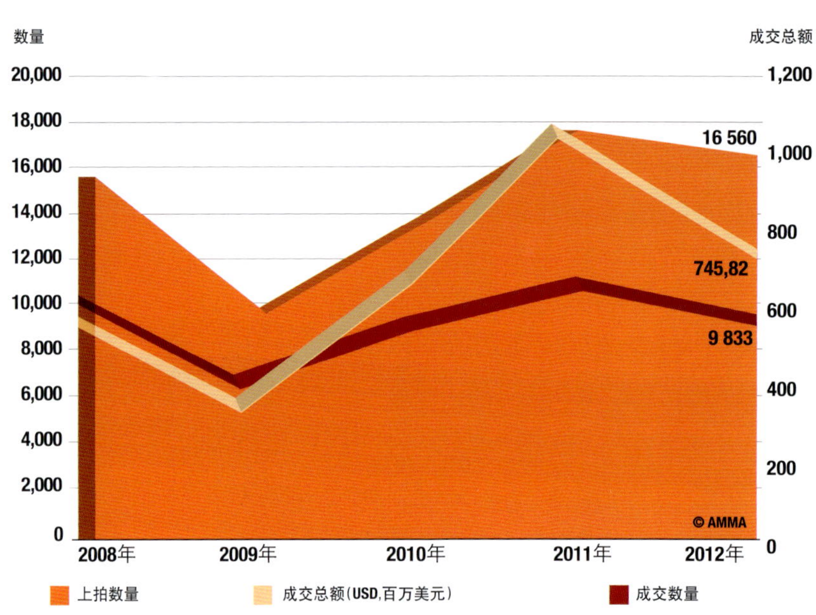

的《白色森林之0》以683.34万美元的高价成交，位居2012年度中国纯艺术拍卖TOP100第16位。并且朱德群以4,950万美元的年度总成交额位居中国纯艺术家作品成交额TOP500榜第14位。赵无极则以6,033.07万美元的拍卖总额位居第11位。早期油画由于其重要的学术和市场价值，近几年许多拍卖公司也对此进行梳理，以期促进社会对早期油画更广泛、更深刻的价值认知，比如嘉德推出的“20世纪早期油画专场”、保利“20世纪早期中国油画专场”。

相比早期油画，当代板块在2012年则面临价格透支和品位转型的双重挑战。作为一个被过度挖掘和炒作的市场，其价格已经严重透支，在市场中缺乏精品名作的情况下，当代艺术市场价格回落是必然的。而国际市场对中国当代艺术的追捧热潮已退，大部分当代艺术拍品已流回香港及国内，为该板块作品的上升空间造成了障碍。而自去年秋拍开始，当代艺术经历着审美趣味的转变，文化性取代了0治性，市场开始偏向于强调绘画性的作品。为了适应这一变化，本季度各拍卖行也做出了相应调整，周春芽、曾梵志、刘小东、罗中立、刘炜等强调绘画性的艺术家作品成为各拍卖行网罗的重点，王广义、方力钧、岳敏君等政治化较强的作品上拍数量明显减少。本年度，王广义作品上拍123件，相比去年减少48件，仅成交66件，总成交额为272.12万美元，比去年下降73.63%；方力钧和岳敏君作品总成交额也分别减少了60.23%和76.21%。而作为2012油画及当代艺术市场的亮点，周春芽作品成交总额为3,253.97万美元，比2011年增加451.23万美元，增幅达16.1%，作品价格指数上升至228,455点，

图 B-7 2012 年油画 100 成分指数先抑后扬

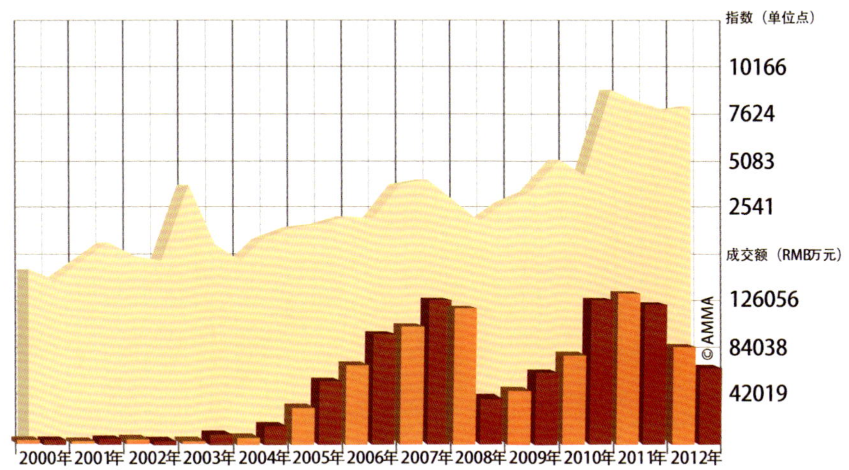

其作品《石头系列——雅安上里（三联画）》在北京匡时以 411.88 万美元的高价成交。（图 G-4）刘炜的作品价格指数也比上季度提高了 92%，成为该样本艺术家中升幅最高的艺术家。接下来的当代艺术拍卖，品位转变的趋势将更加明朗，艺术家、拍卖行和买家三方博弈有待观察。

写实油画，作为一个技法纯西方而题材极具东方特色品类，在中国有相对稳定且广泛的收藏群。2012 年，这一板块市场相对稳定。陈逸飞、杨飞云、艾轩等作为该板块重要支撑力量。本年度陈逸飞作品共上拍 46 件，成交 40 件，成交总额为 2,523 万美元（25,230,203），位居 2012 年中国纯艺术家拍卖总额 TOP500 榜第 32 位。而杨飞云以 1,893.17 万美元位居第 49 位，北京保利推出的“理想的青春——回望杨飞云二十年重要作品专场”10 件作品悉数成交，成交额达 606.73 万美元。但这一板块中，由于精品在前几年的收藏中早已换手，难以轻易释出，一般性写实作品如果性价比不高，则不会为经验丰富的藏家接受。这也是导致陈逸飞、杨飞云等作品流拍的重要原因。诸如陈逸飞的两件作品《苏州风景 NO.1》和《江南水乡》因其商业画的特色及估价较高，均告流标。

酝酿期的实验：实验水墨在转型期的孵化

市场的调整期同时也带来了新的探索和实验，2012 年在品类方面的两大亮点之一便是“当代实验水墨”概念的系统性推出。当代水墨经过连续几年的积累已经形成一个艺术家梯队，仍然以中国传统的水墨与宣纸作为基本媒介，在绘画技法以及创作哲学方面进行各种中心融合与探索，在当下呈现多种面貌。前有早期大师级别的当代水墨艺术家奠定当代水墨的地位，后有中坚级别的艺术家不断拓展，其中还包括不少旅外艺术家借由水墨这一形式在当代艺术语境下获得海外的认同。

2012 年的拍卖市场中许多拍卖行在“当代实验水墨”上巧思推广。如中国嘉德把水墨作为本次拍卖的重点，包括众多新实力代表艺术家的水墨代表作及中国现代艺术大师赵无极和当代艺术家方力钧、岳敏君等人的水墨力作。新专场“水墨新世界”总成交额超过 220 万美金，专场成交率达 92.45%。而“中国当代书画”部分总成交额为 1,355 万美金，专场成交率也高达 88.17%。其中，黄永玉的作品尤其值得关注，其 1988 年的作品《湘荷在水》以 11.5 万美金底价起拍，经过数轮竞价后，最终以 77.2 万美金的高价成交，暂列画家个人书画拍卖作品 TOP5。王明明《绿幽烂漫》以美金 95.6 万美元易主，率先创下个人最高纪录，而紧接其后于北京保利“中国当代水墨（一）”专场上拍的王明明《蒲松龄先生讲书图》以221万美金的价格成交，再次刷新了个人最高成交纪录。

青年艺术家市场：新的市场发现点和增长点

2012年，随着新旧风格和审美趣味的变化，以及青年艺术家市场的开拓和发展，许多青年艺术家的作品成为新一轮投资收藏的热点。本年度，各拍卖行在加强传统拍卖板块的基础上，开拓新的拍卖品类，寻找新生代的艺术风格和画家，从新生代的油画到新生代的实验水墨。这种对新人新风的关怀是出于两种目的：一是摆脱对明星画家精品难求、价格滞涨的依赖，寻找潜力股；二是大家一致认识到世代交替、风格转型的必要性。市场需求及文化呈现和表达，呼吁与前一代不同的作品出现，形成新的推进。然而需求强劲而产品难求。究其原因，艺术市场的投资理念和资金介入扰乱了新人新作自然和自发生长的生态环境，取代了画廊筛选和培育画家的功能，缩短了业界认识新风格并形成学术共识所需要的时间。这种趋势充分体现在各个拍卖行各行其是的推荐名单和专场拍卖上。

2012年，青年艺术家板块（1970年出生之后的艺术家）成为各拍卖公司大力挖掘的重点。中国嘉德秋拍“油画雕塑”专场推出的126件作品中，青年艺术家作品占21席，成交15件，其中吴成伟2012年创作的《思念》以218.5万元位居本板块首位。北京诚轩推出李青、韦嘉、王岱山、欧阳春、梁欣然等艺术家的15件作品，占油画雕塑专场上拍数量的15.46%。北京华辰专门设立“新视界——青年艺术家新锐作品专场”。51件青年艺术家作品，成交26件，成交总额为222.76万元。值得关注的是，各家拍卖行虽然都推出了各自甄选的青年艺术家的油画雕塑作品，但入选名单重复不多，说明市场对所谓明日风格及潜在市场明星尚未形成共识。

本年度中国青年艺术家市场中，风头最大的莫过于贾蔼力，其2012年春上拍的两幅作品均顺利成交，并且其在4月份在香港苏富比上拍的《苍白的不只是你》（三联作，2007年作）取得约71万美元的高价，位居这一梯队艺术家作品拍卖高价首位。截止目前，尽管贾蔼力仅有4件作品上拍，作品进入二级市场的时间仅有1年的时间，其作品已跨入百万级行列。写实主义新一代的杰出代表——王晓勃创作于2010年的《颠倒的女人》于2012年5月15日在中国嘉德以44.36万美元的价格成交，刷新了艺术家个人作品拍卖纪录。

目前，尽管各拍卖公司加大力度推动青年艺术家市场，但对“85后”艺术家市场的建构尚处于起步阶段，还需要假以时日，才能逐步形成具有流通性的美学标准及其相关作品的市场共识。

收益：长线书画及短线油画背后的文化心态

2012年艺术品市场无可争议地步入了调整期，艺术品拍卖市场成交总额大幅下滑，拍品质量严重下降。但在寒冷的环境中，中国绘画艺术品价格的升值案例依然不少。下面我们将对2012年秋季绘画类艺术品的投资收益率进行集中盘点。

关于收益率的测算，我们采用年复合收益率的计算公式，即以年复利的方式计算收益率。收益率的计算公式为：

$$R=\sqrt[n]{\frac{P_T*(1-f)}{P_t}}-1$$

其中代表年复合收益率为购买艺术品时的成交价格为出售艺术品时的成交价格为平均拍卖佣金率表示投资者出售艺术品时的实际所得。考虑到中国艺术品拍卖公司的佣金率介于10%至15%之间，同时对高价艺术品又具有一定的佣金折扣，所以我们假定国内艺术品拍卖平均佣金率为12%。由于收益率的计算是源于公开的拍卖数据，所以这个计算结果只能仅供参考，因为对于拍品是否真正成交，我们无法得到准确的证据。这是我们研究和数据使用者共同的风险。

中国书画：长线投资收益优势明显

目前拍卖市场的中国书画作品，尤其是近现代书画，其重复上拍的比重较高。在2012年秋拍成交价高于500万元的314件作品中，具有重复交易记录的作品多达48件。如果假设艺术品的平均交易成本为12%，通过计算我们可以得到，2012年秋拍中国书画年平均复合收益率为21%。在48个样本中，收益率最高值为161%，最低值为-51%，收益率中位数为25%。这与艺术品市场上普遍认为书画投资20%左右的收益率预期非常吻合。

表C-1

2012年秋拍中国书画投资收益率情况

假设平均交易成本为12%

	平均年复合收益率	收益率最高值	收益率最低值	收益率中位数
全部样本	21%	161%	-51%	25%
持有期超过5年的样本	27%	58%	-13%	31%
持有期少于5年的样本	19%	161%	-51%	18%

在这些具有重复交易记录的样本中，以齐白石和李可染的作品最多。其中齐白石作品有12件，其作品年平均复合收益率为32%；李可染作品有8件，平均年复合收益率为36%。今年中国画收益率最高的作品为“李可染《漓江秋山》（镜框）”，在北京传是以3,450万元成交，比去年秋拍的1,105万元的价格升值161%；排名第二的为“八大山人草书《爱莲说》（立轴）”，其在中国嘉德以724.5万元成交，比去年秋拍287.5万元的价格升值了131%。

当然市场上不乏贬值的例子，比如吴冠中1978创作的《石头林里有人家》，与去年相比，年平均贬值约51%；谢稚柳1956年创作的《西湖富春纪游》（册页，十四开）年平均贬值约44%。

细分样本，我们发现书画作品的投资回报率与持有期限呈一定的正比例关系。持有期限超过5年的14个样本，其平均年复合收益率为27%，收益率中位数为31%；而持有期限少于5年的样本，平均年复合收益率为19%，收益率中位数为18%。可见，中国书画更适合长线投资。

油画市场：年平均收益13%短线操作居多

表C-2

2012年秋拍油画与当代艺术投资收益率情况

	平均年复合收益率	收益率最高值	收益率最低值	收益率中位数
不考虑交易成本	19%	80%	-48%	17%
考虑交易成本 (假设平均佣金率为12%)	13%	59%	-60%	13%

2012年秋季，100万以上的中国油画作品有395件，其中51件在拍卖市场上具有两次以上的成交记录。如果不考虑交易成本，2012年秋拍油画投资的年平均收益率为19%，与市场对艺术品投资的普遍预期（20%的年度回报率）几乎一致。但由于交易成本的存在，真实收益率被严重拉低，中国油画年平均收益率仅有13%。而且，中国油画的投资中短线操作居多。在这51件作品中，两次交易间隔期超过5年的作品只有18件，只占三分之一左右；交易间隔期少于2年的作品有15件。在不考虑交易成本的前提下，前者平均年复合收益率为17%，后者平均年复合收益率为22%。但扣除成本后，交易间隔期超过5件的作品平均年复合收益率为15%，间隔期少于2年的平均年复合收益率仅有8%。

油画艺术家中，周春芽作品重复交易的数量最多，有13件作品具有两次以上成交记录，占今秋51件有重复交易纪录的百万以上作品的25.49%，收藏投资者的平均持有期限为4.5年。这些作品平均年复合收益率为18%。

由于交易成本受时间因素的影响，投资期限越长，每年分摊的交易成本越小，其对年平均收益率的影响就越小。显然，在高交易成本的情况下，油画艺术品更应该是一种长期投资品。

表D-1

TOP10公司中国纯艺术拍卖总额对比图

排名	拍卖公司	成交额 (USD, 百万美元)	同比2011年
1	北京保利	549,64	↓48.39 %
2	中国嘉德	502,70	↓53.15 %
3	香港佳士得	278,13	↓24.14 %
4	香港苏富比	210,37	↓49.38 %
5	北京匡时	205,71	↓51.89 %
6	朵云轩	150,87	↓7.95 %
7	北京翰海	121,05	↓75.89 %
8	西泠拍卖	119,98	↓48.82 %
9	荣宝斋（上海）	102,55	↓11.93 %
10	中贸圣佳	89,08	↓57.11 %

行业：各路新招争夺调整期市场话语权 达标规范回应国际质疑

尽管拍卖公司成交规模持续缩水成为不争的事实，2012年秋各拍卖公司仍然使出浑身解数，加强征集、拍卖、市场营销、扩张、并购等经营策略，旨在市场格局变动中占得先机，争取更好的生存与发展环境。

从2012年拍卖公司中国纯艺术拍卖总额排行来看，相比2011年度，TOP10的拍卖公司成交总额均呈不同程度的下滑，其中北京翰海、中贸圣佳、中国嘉德、北京匡时四家拍卖公司下滑幅度最大，下滑比例分别为75.89%、57.11%、53.15%和51.89%。

位居第一梯队的北京保利、中国嘉德、香港佳士得和香港苏富比，作为中国拍卖行业的领头羊，对中国艺术品拍卖行业的繁荣发展具有举足轻重的作用。2012年受经济和市场大环境的影响，“四大金刚”纯艺术拍卖总额相比去年下滑47.23%，仅为15.41亿美元。

位居第二梯队的上海朵云轩成为2012年度

图D-1 2012年中国“四大金刚”纯艺术拍卖总额呈不同程度缩水

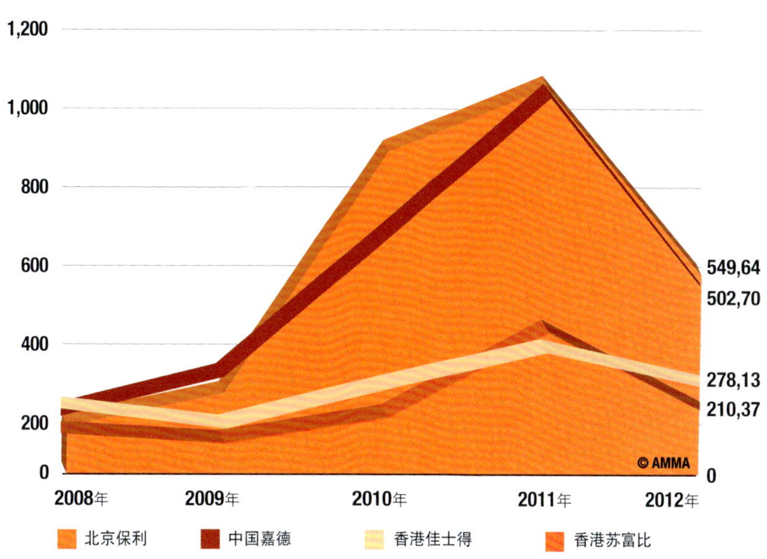

为数不多纯艺术拍卖总额下滑幅度较小的公司，比2011年仅下降7.95%，成交总额为1.5亿美元，由去年的第九晋升至第六名。作为首届入选达标企业的上海朵云轩，在业界享有良好的口碑和信誉。中拍协和AMMA联合发布的《2012中国文物艺术品拍卖业标准化状况报告》显示，2011年文物艺术品成交额TOP榜单中，朵云轩位居第七，而在文物艺术品拍卖营业税创税额TOP榜中位居第五。2012年朵云轩为庆祝其成立二十周年，加大征集和拍卖力度，共推出5,474件纯艺术作品，成交4,696件，成交比率为85.79%，相比2011年度下降3.48%。

除朵云轩外，北京匡时凭着其强劲的文化营销能力和书画征集能力，领先第二梯队。2012年，通过收藏寻城记、拍卖解说及梁启超档案研究和宣传等系列活动，提高了在业界的影响力，并取得了显著效果，以2.05亿美元的成交额位居第五。此外，北京匡时与上海恒利的合并，也将加快匡时迈入中国拍卖行业领头羊队伍的步伐。

其他各家拍卖行在2012年纷纷不甘于后。9月份，苏富比和北京歌华集团合资成立苏富比（北京）有限公司，并于9月27日举行了首拍，这标志着历经17年之久的苏富比正式进驻北京。由于中国艺术品市场的高税率和外资公司不能在国内拍卖文物艺术品的法律条文，曾一度把苏富比等拍卖公司拒之内地之外，而天竺文化保税区的成立，给苏富比的进驻提供了良好的契机。

而嘉德、保利的进军香港，主要看中了香港地区发达的艺术品市场和有利的免税政策，买家在此拍卖可以规避高达作品价值35%的税率。中国内地两大拍卖公司2012年秋先后在香港举办了首拍，并取得不错的拍卖成绩：嘉德香港2012年秋拍“观想——中国书画四海集珍”专场中319件拍品成交269件，成交总额约为5,800万美元。其中，齐白石的《设色山水图册册页（十开）》以593.24万美元（5,932,422美元）的高价摘得本场头筹。保利香港4场拍卖会共成交额6,692万美元，其中中国纯艺术成交额占比65.42%，约为4,377.91万美元。

2012年8月24日，北京保利推出“贵宾部”，中国内地首家私人洽购机构正式成立；香港苏富比原定于10月9日推出的“德显明彰——欧洲珍藏御制功臣像”专场（17件拍品），将整套以私人洽购方式出售。私人洽购早已成为国际拍卖业的一项常规业务。

近几年，国际大型拍卖公司例如苏富比和

佳士得私人洽购业务更加突出。在中国内地，由于拍卖法的限制，拍卖企业是不能进行私人洽购业务的。为此，内地很多拍卖行业虽有私下交易的活动，但大多数属于私密性的。保利贵宾部的成立，把私人洽购业务首次纳入业务范畴，打破了这一沉寂，但由此引发了种种质疑声音。保利贵宾部与保利拍卖是平行关系，而不是隶属关系。保利贵宾部隶属于保利艺术中心，其可以直接进行艺术品销售业务。共同作为保利文化集团的一部分，两者在业务上也是相互推动的关系：贵宾部依托保利拍卖在艺术品交易方面庞大的信息资源储备和行业及社会影响力，为藏家提供私密的洽购服务；贵宾部也可以为拍卖推荐作品，李可染专场中有许多作品就是贵宾部的推荐作品。私人洽购业务的发展迎合了中国高端人群对定制化服务和差异化服务的要求，变竞价交易为定价交易，减少了交易价格不确定性，满足了买卖双方随时可能发生的套现需求和购物需求，相比于拍卖，既减少了交易成本，也规避了交易风险，并与拍卖形态构成了互相补充的全方位的交易方式，其发展趋势将更加明朗。

除了各拍卖公司使出浑身解数开拓市场、赢得市场话语权及努力推动中国艺术品拍卖行业的发展外，中国拍卖行业协会自 2011 年 9 月份启动了“第一届中国文物艺术品拍卖标准化达标企业评定”，立足拍卖业首个行业标准《文物艺术品拍卖规程》（SB/T10538-2009）的宣贯实施，根据 116 项严格的评选标准，对拍卖行业的经营管理、库房设施等现场调查和全面分析，最终在 74 家参评的文物艺术品拍卖企业中，评选出 44 家达标企业。在这一过程中，单个文物艺术品拍卖企业得以系统梳理、审视企业自身服务流程的规范水平；同时，行业和社会也得以有机会全面、客观评价当前中国文物艺术品拍卖业的服务发展水平。作为国际首个达标企业标准，有利于推动中国拍卖行业的标准化、规范化，为打造中国拍卖行业的百年老店迈出了重要的一步。

图E-1 2012年中国纯艺术主要拍卖地区成交总额均呈下滑状态

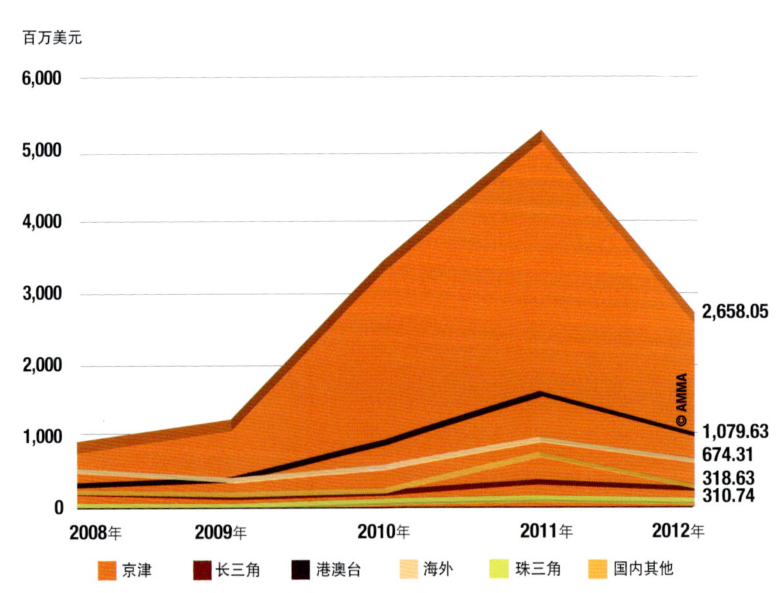

地域：长三角和珠三角逆势而上，京津地区拍卖份额大幅下滑

2012 年，中国地区纯艺术拍卖总额均呈不同程度的下滑，而各地区拍卖市场份额（各地

区的拍卖总额比中国纯艺术拍卖总成交额）除京津和国内其他地区之外，其他地区均呈上升状态。

与京津地区不同的是，2012 年度长三角和珠三角两地区拍卖市场份额逆势而上，均比上一年度有一定的提升。近几年，珠三角和长三角地区一直利用自身的优势，逐渐形成以上海和杭州为中心的长三角地区，以及广东为中心的珠三角拍卖地区。本年度，两地区市场份额迅速增加：长三角地区市场份额由 2011 年的 18.35% 上升至 21.30%，拍卖总额为 10.80 亿美元；珠三角地区市场份额由 2011 年的 3.92% 提高至 6.13%，拍卖总额为 3.11 亿美元，相比去年下降 12.74%，降幅相对其他地区较小。

而京津塘地区市场份额由上年度的 58.90% 下降至 52.44%，拍卖总额为 26.58 亿美元，相比 2011 年减少 26.96 亿美元，降幅达 50.36%。拍卖总额腰斩的结果，除了与经济和市场环境有关之外，作品质量和市场信心也是重要的影响因素。拍卖行征集困难，拍卖场上更多的是中低端拍品。再者，许多艺术基金等机构的缺席也是影响拍卖市场份额下降的重要原因之一。此外，市场的分流也对这一地区的拍卖有着重要的影响。嘉德和保利相继在香港举行首届拍卖会，在一定程度上减少了北京地区的拍卖份额。而国际拍卖行苏富比率先入驻北京，自此在内地正式展开与其他拍卖行的较量。

港澳台地区也正由于嘉德、保利等拍卖行的加入，2012 年秋拍卖总额增加至 6.74 亿美元，占总成交额的 13.30%，相比 2011 年提高了 3.07%。并且，这一地区中国油画及当代艺术的市场支撑力度相对较强：本年度该地区这一板块上拍 3,346 件，占本年度油画及当代艺术总上拍量的 20.21%，作品成交 2,394 件，成交总额为 7.46 亿美元，占该板块总成交额的 44.72%。由此可见，港澳台地区在中国油画及当代艺术拍卖中仍占优势。香港作为中国艺术品的拍卖重镇，其优越的地理位置、亚洲艺术市场中心的地位、免税政策，以及国际大型优秀拍卖行的聚集等条件，吸引了全球各地的买家，这也是其与内地相抗衡的重要因素。

图F-1 2012年下半年艺术品市场跌幅减速 M1增长率回升

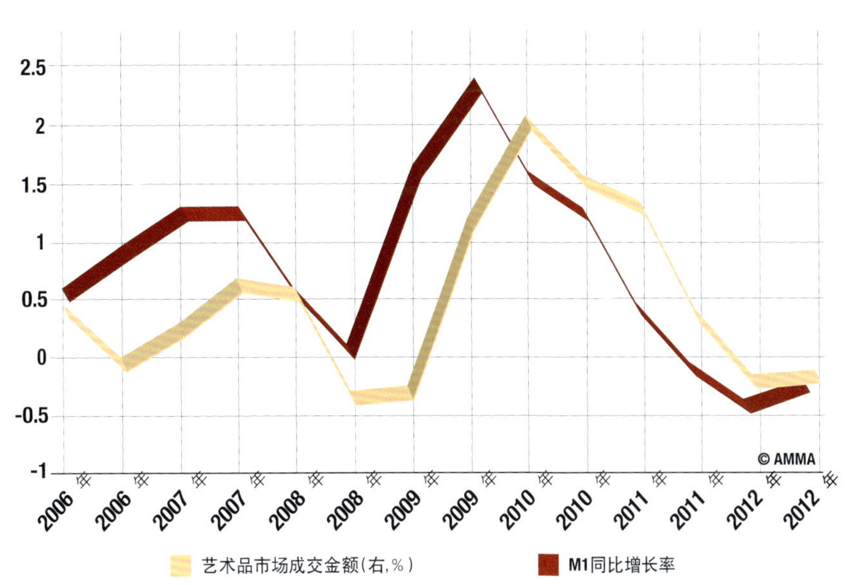

市场预期：触底后的行业清理，2013 下半年复苏有望

在外部经济环境和持续流动资金紧张影响下，2012 年艺术品拍卖市场的成交规模相比去年下降了 44.24%。根据雅昌艺术市场监测中心

（AMMA）的持续观测，中国艺术品拍卖市场总成交额的变化率与国内狭义货币供给量（M1）的变化率保持了几乎连续6年的半年滞后期的联动关系（图A-1）。受累于市场流动资金量的匮乏，投资性资金大幅撤退，2012年秋拍市场高端购买力明显不足，“亿元”频现的美好时代难以再现。

但这一现象有望在2013年好转。目前，已经连续7个季度增速放缓的中国经济逐渐显现出回暖的迹象，这对2013年的艺术品市场而言无疑是有利因素。最新公布的经济数据显示，2012年末，广义货币(M2)余额15.43万亿美金（97.42万亿元人民币），同比增长13.8%，货币供给量已经接近百万亿元的高位水平；狭义货币(M1)余额4.89万亿美金（30.87万亿元人民币），同比增长6.5%，比2012年二季度的同比增长率高出1.8个百分点，显示出实体经济资金活跃度的提升。中国经济回暖的动力还来自国内持续增长的内需和投资这两方面。2012年，内需成为拉动中国经济增长的主要动力。1月至11月，社会消费品零售总额实际增长12%。这一趋势有望在2013年延续。社会总体消费能力的提高对于艺术品这类高层次消费品市场而言无疑是长期利好消息。同时，随着中国城镇化建设的深化，投资对GDP的拉动作用在2013年将会放大，投资规模扩大所带来的流动性资金将对艺术市场资金条件的改善产生有利影响。

从国际经济形势而言，欧债危机在各国自救和国际援助下得到缓解，美国“财政悬崖”问题的解决增加美国经济复苏的概率，但经济问题并没有得到根本解决。西方各国为刺激经济增长，只能在紧缩财政的条件下，采用宽松货币政策。随着，美国和日本政府已经继续推出“量化宽松”政策，可以预见2013年全球通货膨胀的压力会增加。届时，国内的货币政策也会被迫放松。

不过，无论是实体经济回暖，还是货币紧缩环境缓和，均存在一定的滞后期才会对艺术品市场产生实质影响。结合目前大额艺术品投资性资金和机构投资者所面临的困境，我们预计2013年上半年艺术品市场将继续调整态势，下半年市场环境应会有所改善。但艺术品拍卖市场能否回暖，将更多取决于拍卖公司的征集能力和挖掘市场需求的能力。无疑，艺术品市场也将从价格调整走向结构调整的阶段。

陆续公布的经济数据和媒体的多维解读无

图F-2 2013年第一季度中国艺术品价格走势判断

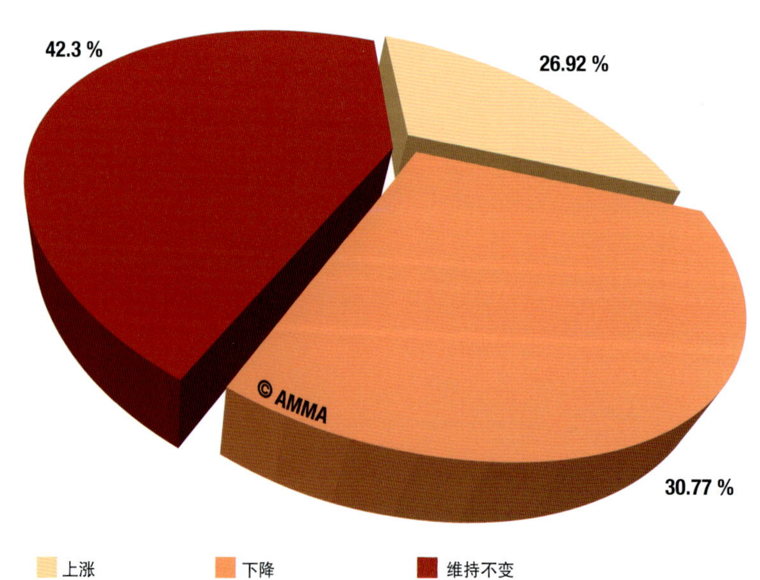

疑增加了人们对 2013 年的信心，这种信心在艺术品市场上也得到了体现。由雅昌艺术市场监测中心（AMMA）组织的艺术市场信心度调查显示，2013 年第一季度中国艺术市场信心指数环比上季增长 10%。不过人们对艺术品未来的价格走势大多持悲观态度，与前三季度的调查一

图F-3 2013年第一季度艺术品购买时机判断

69.23 %

30.77 %

© AMMA

是　否

样，依然有超过 30% 的参与调查人群认为艺术品价格在未来三个月里会下降，而认为艺术品价格会上涨的仅占 26.92%（图 F-2）。资本投资热潮的减退和拍品价格的回落吸引了藏家和行家的关注，69.23% 的被调查者认为，未来是购买艺术品的合适时机。市场中稳定的购买力量有望得到回归，将有助于今后市场的稳健发展（图 F-3）。

2012 年中国书画市场仍优势突出，其中古代书画作为树立中国书画市场价格标杆的品类，在市场调整期的背景下，其抗跌性和稳定性的优势再次彰显出来。在此次参与调查的人员中，24.53% 的比例最为关注古代书画，有 18.87% 的受访者关注近现代书画。虽然今年书画的市场

图F-4 2013年第一季度主要艺术门类关注度

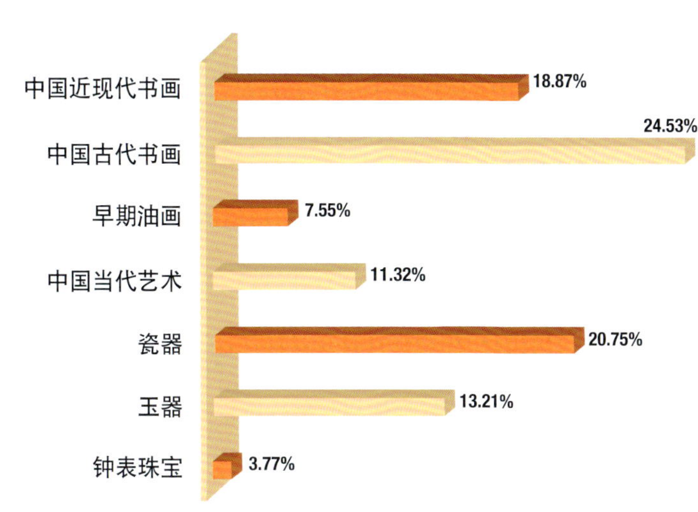

份额出现回落，但其依然是受众最广的收藏投资门类。瓷器的受关注度仅次于古代书画，为20.75%。近年来，国内瓷器拍卖的市场份额变化较为稳健，受制于复杂的赝品环境和法律约束，瓷器拍卖的发展略受制约。不过瓷器收藏受众范围很广，且国际化程度高，其价格体系较为稳定。中国当代艺术的关注度相比传统门类依旧较小，为11.32%。今年，虽然几位当代艺术领军人物作品个别价格较为坚挺，但难掩其市场的整体衰弱。当代艺术的转暖尚需赢得市场更多的认同（图F–4）。

2013年将是平稳发展的一年，宏观经济的逐渐回暖将有效地支持艺术品交易的社会氛围及资金需求。从今天的观点来看，2010年及2011年既是艺术市场的高峰期，也是艺术市场的泡沫期，交易规模虽大，天价作品虽多，但无效交易多，虚假交易多。从统计数据看，2012年跌落1/3的成交量仅比前两年的有效交易略低而已。在这个意义上，2012年的成交额更真实也更坚实，它也比2010年以前的成交总量提高甚多，这是近十年以来艺术品交易市场高速发展之后所形成的台地，也是今后数年来持续发展的基础。

2012 年度十大中国艺术家排行榜

中国绘画艺术（包括中国书画、油画及当代艺术）一直是艺术品市场的主流品类，2012 年总成交额为50.68亿美元，占59.93%的市场份额。为此，我们制作了年度中国绘画作品销售总额（不含佣金）排名前十的艺术家榜单，其中有 9 个席位被中国近现代艺术大师占据，其中张大千、齐白石、徐悲鸿以介于 1.758 亿美元至 2.872 亿美元的年度成交总额位列三甲。

以下十位中国艺术家，实现总成交额 14.92 亿美元，占中国纯艺术类（仅包括中国书画、油画及当代艺术）市场 29.44% 的市场份额，是中国高端艺术品市场之翘楚。

1. 张大千（1898–1983）——2.872 亿美元

张大千作为中国画坛上极具影响力的中国画大师，以 2.872 亿美元的作品总销售额，继续蝉联中国十大艺术家榜首位置，不过同比 2011 年总成交额下降幅度超过 60%。

2012 年秋拍，张大千的山水精品《烟江叠嶂图》在中国上海朵云轩拍卖行以 784.875 万美元（含佣金价）成交，是 2012 年张大千作品的最高拍卖价。而这位艺术家作品的最高价格纪录诞生于 2011 年的香港苏富比春季拍卖会上，其《嘉耦图》以 2,457 万美元（含佣金价）高价成交。

2. 齐白石（1864–1957）——2.702 亿美元

齐白石是中国近现代美术史上最重要的艺术巨匠，不过其作品年度总成交额已经连续两年以微弱差距位居张大千之后，当然这并不能影响齐白石首屈一指的学术和市场地位。

2012 年，齐白石 1954 年创作的《祖国颂》以 1,242 万美元成交，是其作品年度最高价。这件作品曾在 2006 年以 46.34 万美元成交，6 年升值近 1,200 万美元，扣除交易成本后，年复合收益率高达 58%。

3. 徐悲鸿（1895–1953）——1.758 亿美元

徐悲鸿，被国际评论誉为“中国近现代绘画之父”，引领了中国近现代绘画的变革。2011 年秋拍，徐悲鸿的《九州无事乐耕耘》以 4,002 万美元的价格创下徐悲鸿作品最高价格纪录。但 2012 年市场上徐悲鸿高端作品锐减，最高价作品是 1942 年作《七喜图》，在北京保利拍卖行以 483 万美元价格成交。市场调整期，藏家对徐悲鸿作品的惜售状况非常明显。

4. 李可染（1907–1989）——1.668 亿美元

李可染无疑是 2012 年中国艺术品拍卖市场最闪亮的明星，受追捧程度丝毫不让齐白石和张大千。2012 年春拍，北京保利近现代书画夜场，李可染《万山红遍》以 4,398.75 万美元的成交价，刷新李可染作品拍卖纪录，也成为 2012 年中国艺术品市场成交价格最高的拍品。

李可染作品的价格水平在 2012 年实现突破，根据雅昌艺术市场监测中心的测算，2012 年，李可染作品的市场平均价格为每平方尺 36.42 万美元，同比 2011 年上涨了 77.29%。

5. 傅抱石（1904-1965）——1. 521 亿美元

2012 年傅抱石的《杜甫九日蓝耕会饮诗意图》在北京保利拍卖行以 1,380 万美元成交，是全年傅抱石最高价作品。傅抱石高端作品价格虽然坚挺，但市场成交总额同比 2011 年下降了 45%，以 1.521 亿美元的总成交额排名第 5 位，首次被李可染超越。

近年来,市场对傅抱石作品的需求非常稳定。根据雅昌艺术市场监测中心的统计，傅抱石作品在中国艺术品市场上的有效需求量保持在 100 件至 150 件之间，成交率自 2009 件以来，均在 80% 以上。

6. 陆俨少（1909-1993）——1. 121 亿美元

陆俨少在中国近现代史上与李可染一起被誉为“北李南陆”。2004 年在北京翰海拍卖行春季拍卖会，陆俨少的《杜甫诗意册》以 836.96 万美元成交，是陆俨少作品最高价格纪录，九年来无一件作品打破该项纪录。

2012 年，陆俨少作品在市场上同样无特别表现，在上海崇源拍卖行秋季拍卖会上，其《井冈山朱砂冲哨口》以 347.59 万美元成交，为 2012 年陆俨少作品最高价。

7. 黄胄（1925-1997）——1. 057 亿美元

黄胄是中国长安画派的代表人物。黄胄的高端作品在 2012 年中国艺术品市场上遭遇滑铁卢，在中国排名前 10 位的拍卖行中，黄胄作品无一件超过 150 万美元。2012 年黄胄作品最高价为北京保利拍卖行上拍的《于阗歌舞》，以 125.925 万美元成交。市场高端作品释出量极为有限，整体价格表现平平。

8. 黄宾虹（1865-1955）——8300. 87 万美元

黄宾虹是中国近现代美术史上与齐白石齐名的另一位艺术大师。中国艺术品市场上黄宾虹的精品佳作相对较少，导致其作品价格水平相对较低。2011 年，中国嘉德拍卖行上拍《山川卧游卷》，以 793.5 万美元的价格创下了黄宾虹作品的最高价格纪录，此价格水平与美术史上同层次艺术家作品价格相差甚远。

2012 年，黄宾虹作品年度最高价格为中国嘉德拍卖行上拍的《天都松影图》，以 215.625 万美元成交。

9. 吴昌硕（1844-1927）——7710. 35 万美元

吴昌硕是中国近现代书画艺术发展过渡时期的关键人物，不过在艺术品市场上，吴昌硕作品并没有受到资本的高度追捧。目前，吴昌硕作品的最高价格纪录是在 2010 年北京保利拍卖行创下的，其《花卉屏风十二扇》以 554.4 万美元的 价格成交。即使在艺术品市场火爆的 2011 年，吴昌硕高端作品市场也非常稳定，其最高价仅有 431.25 万美元。2012 年，吴昌硕的《敝帚自珍册》册页以 301.875 万美元成交，为年度最高价。

10. 吴冠中（1919-2010）——6218. 97 万美元

吴冠中是榜单中唯一一位 2000 年以后去世的当代艺术家，以 6218.97 万美元的总成交额位列第十位。吴冠中的作品在其去世之后的 2011 年达到了市场顶峰，当时有两件作品相继达到了亿元人民币的水平。2012 年，吴冠中高端拍品沉淀现象明显，市场上难寻高价成交的作品。其最高价仅为北京传是上拍的《香港中环》，以 276 万美元成交，与其市场顶峰时的价格表现已经无法同日而语。

结语：在文化的纯粹与混搭之间游离

在中国卖出的作品

中国的藏家们最青睐传统水墨书画，以及部分油画精品，由中国山水画大师李可染创造的年度拍价纪录就是最好的证明:《万山红遍》(131厘米 ×83厘米）这幅山水画作品的创作灵感来自毛泽东《沁园春·长沙》中的名句“万山红遍，层林尽染”，并于2012年6月3日缔造超过4,000万美元的成交新纪录。相同题材的作品画家一共创作了七幅。凭借这个纪录，李可染的身价足以列入世界最贵纸上作品画家名单，因为这个价格足以和拍卖史上近十年最昂贵的纸上作品相媲美，那就是伟大的意大利文艺复兴时期画家拉斐尔所创作的一幅年轻使徒头像画。这幅《**Headofa Young Apostle**》于2012年12月5日在伦敦苏富比以4,267多万美元的天价成交。在纸上作品方面，现代中国的艺术大师从此在中国所获的青睐程度也开始比肩早期西方大师在西方的受珍视程度。

中国当代艺术作品方面则展现出一定的市场区分度：中国大陆众多超级写实主义画家作品成交超过百万，与新近炙手可热的传统中国画形成分庭抗礼之势。在中国最受青睐的艺术家（这里指作品只在中国市场拍卖的艺术家）有杨飞云（油画）、王沂东（油画）、罗中立（油画）、何家英（中国画）和艾轩（油画）。

中国当代艺术的第三大市场，即国际市场，则由位于香港和台北的拍卖行开拓，曾梵志、张晓刚、方力钧以及刘炜等艺术家作品在中国和西方买家中都引发了激烈争夺。

中国和西方已为当代艺术市场的相互依存关系铺好了道路。20世纪90年代末开始就有西方的拍卖行前来中国觅寻新的艺术人才，随后曾梵志、张晓刚、方力钧以及刘炜等艺术家的作品开始登上伦敦（始于1998年）和纽约（始于2002年）的拍卖会。正因如此，再通过早些年香港苏富比和佳士得举行的拍卖活动，他们的作品才受到国内市场的抬爱。应当说中国市场潜力的爆发和手不释卷的买家等一系列令人震惊的市场行为首先是从当代艺术市场开始的。而欧洲市场的几大重镇却表现平平：在法国最受青睐的本土当代艺术家罗伯特·孔巴[①]在55岁之际才第一次有作品跨过100,000美元的门槛，而中国的曾梵志仅在43岁就斩获了人生的第一个百万级作品。尽管有10年的职业生涯差距，曾梵志的身价却是罗伯特的10倍，要知道一直到上个世纪50年代全球最大的拍卖市场都在法国。现在，拍卖行为了适应新的市场需求也进入全新的试验期。为此，新的合作也有待开拓。

新的拍卖市场合作

香港苏富比在2012年12月3日以一场名为“无界：当代艺术”的拍卖会作为2012年的收官活动。这场拍卖会的主题是将亚洲与西方艺术家的作品穿插混搭，拍品价格区间巨大（平均价格在4,000美元到600,000美元之间），目

① 1945年以后出生的艺术家。

的在于测试香港市场的反应。

因此拍卖会上出现了朱德群、赵无极（8幅版画和1幅素描）、丁雄泉、郭炜、贾蔼力、草间弥生、奈良美智等艺术家的作品与弗朗西斯·培根、费尔南度·波特罗、亨利·马蒂斯、罗伊·利希滕斯坦等西方艺术家的作品同场竞技的精彩场面。

在这场测试香港市场对西方艺术家作品反应的拍卖会上，看看苏富比和藏家各自对拍品的选择偏好也是饶有一番趣味。

藏家们对朱德群的抽象画进行了最为激烈的争夺。这幅创作于1964年的《**CompositionNo.170**》以400万港元（约合516,000美元）的价格成为当天拍卖的最高成交纪录。罗伊·利希滕斯坦的版画《**Mao**》以23,220美元被人拍走，但这位美国艺术家的另一件主题更加美国化的版画作品《**Modern Room(Study)**》却不幸流拍。安迪·沃霍尔的6幅版画《**Dollarsign**》也被人拿下（成交价格在38,700到41,280美元之间），这估计和美元货币符号“$”同时也是港元货币符号有关。

苏富比此次还推出了两位在亚洲拍卖市场非常少见的法国当代艺术家的作品，他们是伊夫·克莱因（**Yves Klein**）和克洛德·拉兰内（**Claude Lalanne**），其“家居艺术品”在香港人眼里犹如奢侈品而极受追捧。以《**Tabled'or**》为代表的伊夫·克莱因的无形艺术在市面上已能见到多个版本。这张饰满金色树叶（在中国象征着成功与兴旺）的著名茶几最终以约合23,000美元的价格成交，刷新了该物品近两年来的最高拍价纪录。至于克洛德·拉兰内的雕塑作品《**Ginkgo Biloba**》最终以约合116,000美元的价格（900,000港元，版本3/8）被人拍走。苏富比之所以推出这件为香港买家量身定做的作品，是因为在中国的传统里银杏树是财富的象征。

不过苏富比的菜谱并非每次都合胃口，虽然最低估计才约合97,000美元，托马斯·施特鲁特特别向亚洲致敬的摄影作品《**TodaiJiInterior,Nara**》（1999年）也难逃流拍的厄运。要知道该艺术家的作品在伦敦[①]和纽约[②]的拍卖市场上都已超过或即将超过10万美元。

从香港到纽约

不难看出，苏富比把希望寄托在一些符合中国文化元素和符合艺术品就是奢侈品这种理念的西方作品身上。这一商业策略还只是整体战略的第一步。与佳士得一道，苏富比会继续加深对当地市场的研究以吸引中国藏家对西方艺术的美学造诣和文化底蕴产生更浓厚的兴趣。学习的道路漫漫而修远，然而最近随着巴黎贝浩登、纽约高古轩、伦敦白立方、伦敦本·布朗、巴黎马凌等西方各大实力雄厚的顶尖画廊陆续进驻香港，它们将成为将香港打造成名符其实的文化之都的另一张王牌。

在此之前，香港以外的中国藏家实际上并没有机会购买西方艺术真品，因为中国政府出于保护国内市场而限制外资拍卖行进入中国大陆。然而苏富比和北京歌华一起组建的合资公司宣告政策有了改变。同时，中国的嘉德和保利拍卖行也不再局限于中国大陆市场，纷纷放眼更广阔的国际市场，2012年它们在香港举行的首次拍卖就是这一新举动的具体体现。香港是这些拍卖行企图进军国际市场的第一步，下一步可能就是纽约。

正当中国的拍卖行正在学习如何攻占新的西方市场时，西方的拍卖行也不能忽视中国的艺术市场。未来会告诉我们这些拍卖行的市场开拓战略将对艺术品收藏和艺术市场的两极化格局起到怎样的变革作用。

① 相同作品的另一件样品于2012年2月16日在伦敦苏富比以约合11万美元的价格成交（成加价为7万英镑）。

② 其样品早在2004年5月13日苏富比就拍出过92,500美元的成绩。

东方与西方的对话

Artprice 采访雅昌艺术市场监测中心（AMMA）

Artprice：相较于西方的艺术市场，中国艺术市场的资产是什么？

AMMA：中国的艺术品并没有取得应有的"资产"地位。原因主要归结于中国艺术品市场不受控制的赝品环境以及缺乏权威、独立、被广泛认可的艺术品鉴定和评估机构。艺术资产的价值和价格无法得到一个公认、可信的评估。所以，目前中国的艺术品尚无法完全被金融机构认可，用于抵押贷款，也无法作为家庭或企业资产在保险公司得到相应的财产保险，更无法进入企业的资产负债表，成为一项表内资产。

目前，中国艺术市场和政府官员对艺术品的资产属性和金融属性的认识已经有了深化。全国人大原常委朱相远曾多次呼吁："认识文化艺术品所具有的财产属性与金融功能，从而把艺术品当作一种新的金融工具、一种新的资本、一种新的生产要素，来参与市场的生产与流通过程，使艺术品这类金融资产得到最佳的资源配置。"

中国艺术市场的资产门类主要包括中国书画、油画及当代艺术、瓷器杂项、奢侈品及其他艺术品。与西方市场以油画艺术品为主不同，中国绘画作品和中国瓷器是艺术市场的主要交易品类。根据雅昌艺术市场监测中心（AMMA）的最新统计数据，2012 年中国艺术品拍卖市场总额为 84.58 亿美元，其中，中国纯艺术类（仅包括中国书画、油画及当代艺术）总成交额占比为 59.93%，为 50.68 亿美元，瓷器杂项拍卖品类总成交额为 32.55 亿美元，市场份额为 38.49%，奢侈品等其他门类市场份额为 1.58%。

Artprice：您认为中国新崛起的艺术市场所面临的主要困境是什么？

AMMA：中国艺术市场在经历了近二十年的快速发展之后，逐渐进入一个瓶颈阶段。对于中国艺术品拍卖市场而言，目前主要的发展困境有：

第一，高端艺术品资源逐渐沉淀，艺术品拍卖资源逐渐枯竭，拍品征集难度加大。为了征集到高端艺术品，近年来中国大型艺术品拍卖公司，纷纷开展了大规模的海外全球征集活动。比如，北京保利国际拍卖有限公司制定了全球 16 国征集计划。

第二，多数艺术品类别价格处于"高原阶段"，透支了未来多年的成长空间，降低了艺术品买家的购买热情，市场整体成交率较低。据雅昌艺术市场监测中心（AMMA）的最新统计，2012 年秋拍中国艺术品市场的整体成交率仅有 43%，已经连续 4 个拍卖季成交率低于 50%。

第三，中国艺术品市场法律法规的不健全。目前中国规范艺术品市场的法律有《中华人民共和国拍卖法》和《中华人民共和国文物保护法》。但两部法律内容与目前市场的发展要求已有明显差距。目前的法律法规对市场上存在的假拍、拍假、肆意炒作、暗箱操作等行为难以起到限制和制裁作用。

第四，市场诚信环境较差，市场赝品数量较大，拍卖公司假拍和拍假等违规违法操作被公众所熟知，艺术品拍卖市场的公信度很差，对新兴购买力的吸引度严重下降。为更好地了解市场诚信环境和真实交易情况，雅昌艺术市场监测中心（**AMMA**）与商务部及其下属的中国拍卖协会合作统计和发布中国艺术品拍卖机构的纳税和结算情况，以期为市场参与人员提供更为真实有效的参考信息。例如，2011 年 1000 万以上成交拍品中 45% 完成结算，14.8% 未完全结算。

第五，艺术品拍卖公司运营模式受到挑战。中国艺术品拍卖公司，除中国嘉德外，更多采用个人作坊式地运营模式，公司资源主要集中于公司创始人手中。在市场调整期，这种作坊式运营模式的劣势逐渐限制了公司业务的发展。

中国画廊业发展的主要困境有：

第一，中国缺少对画廊业的税收优惠，同时目前中国的税制并不利于画廊这种经营模式的企业发展，使得画廊业成为高税率的行业。云峰艺苑董事长郭浩满介绍说："由于画廊从艺术家手中购买艺术品，但艺术家并不能为画廊开具被税务机构认可的发票，所以画廊缴纳的税金是以出售艺术品的价格总额为基数缴纳的。而艺术品拍卖公司则是以其收取的佣金总额为基数缴费。画廊缴税的比率是拍卖公司的数倍。"目前中国画廊的增值税为 17%，是画廊经营中相当大的负担。

第二，中国艺术品拍卖行业的强势发展，挤压了中国画廊业的生存空间，画廊业难以竞争到优质的艺术资源，盈利状况很差。根据北京画廊协会的调查，在全国有 1560 家画廊，其中北京占 742 家，2012 年画廊的业绩与 2011 年或者 2006 年、2007 年相比下滑幅度很大。北京画廊协会主席、国际策展人程昕东认为，中国盈利的画廊也许 7% 都不到。拍卖市场的艺术品从画廊来，从收藏家手上来，这是一级市场画廊和二级拍卖之间的合理关系，但国内并非如此。因为二级市场拍卖很强大，很多人跳过画廊直接借用拍卖力量，想要很快有名气，有一个市场的价格标准。很多美术学院学生的作品就直接送拍，希望通过拍卖市场获得艺术创作的价值而被公众认知，这是当下社会的一种急躁心态。私下交易的猖獗让画廊业"雪上加霜"。据不完全统计，私下交易的成交额大约占到了中国艺术品市场总成交额的 60%-70%。根据雅昌艺术市场监测中心的对 1,300 多位收藏人士进行的问卷调查显示，私人交易是中国收藏人群最主要的交易方式，超过 70% 的收藏人士都进行私人交易。

第三，中国对当代艺术作品消费能力的不足，限制了画廊业的发展。中国艺术品买家具有强烈的投资心理，对当代艺术作品消费需求度较低，画廊可以提供的、用于满足投资需求的艺术资源又相对较少，很大程度上限制了画廊的经营模式的发展。

第四，画廊专业经营能力普遍不足。与欧美许多画廊经营是家族式不同，中国缺乏真正具备画廊经营管理的专业人才。许多画廊的经营者都是拥有其他产业，如房地产、金融投资等，艺术品只是其多项商业经营中的一项，画廊的艺术专业性较差。

Artprice：就如中国当代艺术，印度的当代艺术市场亦备受西方世界关注，但现象在中国仍不显著。是否中国的收藏家会收藏这些东南亚现当代艺术作品？

AMMA：中国的藏家具有较强的民族性，这与目前中国有一定经济实力人群的受教育程度和成长环境有关系。在中国，艺术品的买家会出于更多的目的，不单单是一种对艺术的爱好和需求，这是与西方收藏市场很大不同。在这种背景下，中国收藏家购买的艺术品更多具有地域特征。比如长安画派的作品多被陕西籍收藏人士购买，山西收藏人士非常推崇山西籍画家董寿平的作品。

西方艺术和东南亚现当代艺术作品，在中国

艺术市场的吸引力非常有限。中国的拍卖公司也开始上拍一些东南亚现当代艺术作品，比如新加坡艺术家陈瑞献的作品《月圆时候》在北京保利国际拍卖有限公司以 1,897.5 万高价成交。随着具有国际教育背景的中国中青年收藏群体经济实力的逐渐提升，他们对艺术本身的关注将更大，中国藏家的民族观念会更弱。对于真正艺术价值较高、符合东方审美需求的国际现当代艺术作品，今后在中国会受重视。

Artprice：在中国市场是否已开始进驻不同国家的拍卖行？

AMMA：目前，中国并没有完全开放自己的文物艺术品拍卖市场。《中华人民共和国文物保护法》规定："禁止设立中外合资、中外合作和外商独资的文物商店或者经营文物拍卖的拍卖企业。"所以，国外拍卖行无法在中国从事文物艺术品拍卖活动，极大地限制了不同国家的拍卖行进驻中国大陆市场。不过西方拍卖公司也非常重视中国艺术品市场，通过不同方式进驻中国大陆。比如：2012 年，北京顺义天竺文化保税区的成立，给苏富比的进驻提供了良好的契机。9 月，苏富比和北京歌华集团合资成立苏富比 (北京) 有限公司，并于 9 月 27 日举行了首拍，这标志着等待 17 年之久的苏富比正式进驻北京。

国际拍卖公司巨头佳士得则以另外一种方式进驻中国大陆市场，它以其在中国的品牌特许"永乐"(Forever，北京永乐国际拍卖有限公司) 的名义在北京举办艺术品拍卖会。

同时，苏富比、佳士得、邦瀚斯、德国纳高等国际知名拍卖公司也均在中国大陆设立办事处，开展拍品征集、拍卖预展等活动。

Artprice：中国的拍卖行有没有什么策略让更多的中国艺术作品行销到西方世界？

AMMA：对于中国艺术品的国际范围的行销，中国画廊、艺术经纪人和艺博会通过各种展览、艺术活动以及与国外艺术机构和网站进行宣传合作的方式将中国当代艺术品推广至西方世界。但中国拍卖行更多承担了将艺术品回流中国的作用。

现在，中国处于独特的历史时期，由于历史上西方国家对中国的侵略，以及中国在近代经济困难时期为出口创汇导致艺术精品的外流，都使得中国的艺术作品尤其艺术精品广泛地分布在西方世界。随着中国国内艺术品拍卖资源的稀缺，中国拍卖行均从西方各国征集艺术品。所以，目前中国艺术品处于从西方回流中国的过程中。中国拍卖行更多的工作是将世界各地的中国优秀艺术品回流到中国，出售给中国藏家。中国当代油画也是被西方藏家首先发掘了当代艺术的价值，进而导致中国当代艺术市场的繁荣，当代优质的中国油画资源大部分尚被西方收藏家收藏，比如瑞士人乌里希克 (UliSigg)、比利时人盖尤伦斯夫妇 (BaronGuyUllens&MyriamUllens)、美国人肯特罗根夫妇 (Kent&VickiLogan)、瑞士人皮埃尔于贝尔 (PierreHuber)、法国人多米尼克希尔万乐维夫妇 (DSL)。

Artprice：在巴黎、伦敦及纽约定期举办摄影拍卖场，在中国是否也有特别的拍卖场？

AMMA：在 2006 年秋拍中，北京华辰首次成立影像拍卖专场，中国嘉德和北京诚轩也曾经做过影像的专场拍卖。但由于国内影像收藏市场较小，中国嘉德和北京诚轩相继退出了影像专场拍卖。但北京华辰一直坚持中国影像市场的培育，2012 年，北京华辰的影像拍卖取得 1,213 万元人民币的总成交额，整个影像市场呈现出逐年增长的态势，也吸引了更多收藏群体的关注。

雅昌艺术市场监测中心（**AMMA**）采访 **Artprice**

AMMA：西方艺术市场十年间达到186%成长率的原因为何？

Artprice：使西方艺术市场扩张的原因有许多：原因之一为对于艺术品的需求大增，具体而言，这牵涉到“全球性”需求的增加。此外，从1980年至2008年间，全球亿万富豪成长了8倍之多，他们的加入促使了高端艺术品需求的成长。西方艺术品能保值，因此，让全球投资者（80年代的日本人，21世纪初的俄国人及近期的中国人）感兴趣并让市场去物质化，他们参与了艺术市场需求的全球化发展。有效率的销售及拍卖及大拍卖行有效率的商业行销刺激了整个市场供不应求的状况。

AMMA：让当代艺术市场繁荣的因素是什么？

Artprice：新艺术平台的建立及在全球的倍数成长的艺术博览会，让我们可以聚焦于具新的有创造力的艺术作品，并不断地刺激市场。以阿拉伯联合酋长国、非洲国家、巴西、澳大利亚及土耳其为例来说，近几年，当代艺术市场在新的表现形式不断地推出之下活力地发展着。

同时，我们也注意到收藏家的年轻化，这也是近期的现象。相较于过往以收藏为志业的藏家投入市场的年纪较晚，而业余爱好者开始购买作品的年纪约在30岁上下。这些新的收藏者偏好与他们生长时间，背景相近的当代艺术作品。

AMMA：在西方人眼里，他们怎么看待中国现代山水画的发展？

Artprice：西方人喜欢艺术收藏，艺术收藏是西方人文化的一部分。一些艺术收藏家亦是艺术作品的开拓者、发现者，这也是为什么有西方的收藏家收藏中国的当代艺术作品。然而，我们很难确认西方艺术收藏家如何接受中国水墨，因为我们缺乏佐证资料。但可以确定的是，西方人是透过一段时间的观察并期待有质量的作品的出现。当然，这件作品必须对他们而言是有某种程度上的意义，他们必须要能与作品对话，作品必须超越亚洲符码，或许是一种众所周知的语言也说不定。因为是新的市场版图，所以对西方人来说是全新且波动的。西方买家宁愿持谨慎的态度，也不愿冒然前进。短期的投资操作或许可行，但却冒险。

AMMA：根据我们的观查，这几年国外市场的品味改变了，当代艺术的新类别是什么？

Artprice：在市场上有声望的西方当代艺术家多以绘画作品为主，在西方拍卖行约占70%的成交金额(占43.7%成交拍品数量)。然而，从90年代以后，转而以摄影作品活跃于市场。法国与美国在摄影作品的发展史上有着强烈连结，也因此在西方能快速地建立对于摄影作品的收藏习尚。但在此之前，因为缺少对摄影作品的认识，这门艺术度过了一段艰辛的时光，艺术评论家及市场参与者长久认为摄影不若绘画一般，直至1997首办一场以摄影为主题的艺术博览会“巴黎摄影展”（ParisPhoto）才对此改观。90年代末，因为买家，摄影的市场如雨后春笋般的发展，也成为西方收藏家的新宠儿。所以说，摄影艺术有它独有的时间面向及其文化印象，它也提供给求“艺”若渴的买家许多有利的收藏条件，诸如：易保存，价格平易近人，从几百美元到300万美元都有可能，这也让它可以触及更广大的群众。摄影的市场正蓬勃地发展，美好的前景正在眼前。

AMMA：在交易金额5,000美元以下的作品通常大多是什么作品？

Artprice：价钱平易近人的作品通常是能复制的限量作品，也就是版画、摄影等，它们不是单件创作，但价格通常相对便宜。在西方，版画的收藏文化算平常，有些作品价格因为艺术家签名，供不应求而攀升，有些藏家会欲拒还迎，让版画或素描作品的价格相较于绘画价格更实惠。2012 年，版画作品在整个西方市场的成交金额占 3.1% 的份额，但却占有 21.5% 的作品成交数量，因此，在市场上充斥着对这类作品的供需往来：从 2004 至今，版画作品的交易有 66% 的正成长，作品价格则成长了 109%（相较于 2004 年，版画作品的成交金额为 1.07 亿多美元，2012 年攀升至约合 2.25 亿美元）。

另一方面，早期艺术大师的市场富藏着许多价格 5,000 美元以下的机会，在拍卖场上我们也有可能花上个几百美元或几千美元获得具西方历史意涵的作品。因此，不是只有“一个”艺术市场而是众多艺术市场充斥着不同类型，不同价格范围的艺术作品，收藏者个性习尚在西方世界毕竟有着它的文化历史脉络及热情，这也就是为什么这块艺术市场的供需如此多元及丰富。

AMMA：如何吸引新的艺术爱好者进入艺术收藏这块领域？如何增加及开拓多元的买家？

Artprice：法国文化人安德烈马乐侯曾言：“21 世纪将是灵性的世纪，要不然就是一点儿也不灵性的世纪。”艺术收藏是一种探寻，透过个人的选择去体现自我最美的认知及他眼中认知最美的世界观，从而去发掘个人的艺术品位。许多西方藏家便是这样被养成并持着这样的精神投入艺术市场，持续不断地拓展多样化收藏。

同样，有许多买家是靠口耳相传而购买作品，而非靠自己的“眼睛”，这个风险便是我们容易臣服于潮流，短线操作，加速了当代艺术家身价攀升及蒸发艺术市场的价值。

第三种重要且为近起的现象则是愈来愈多的买家（如：艺术投资者，艺术基金，艺术商人）基于资金利益的考量，买进卖出艺术作品，将艺术作品视为他们赚钱的金鸡母，从中赚取价差。有些买家投入早期艺术及当代艺术以将风险降到最低；投入于千禧年才开始的当代艺术“新兴市场”的买家，则因缺乏经验且市场波动起伏大而必须承担较大的风险。

AMMA：近几年东南亚当代艺术市场的发展吸引西方新藏家的注意进而转向中国当代艺术，就您而言，原因为何？

Artprice：主要原因为中国艺术家作品的价格走强，艺术家身价相较于西方艺术家攀升快速。现今西方买家找寻据有潜力且价格实惠的作品或购买新艺术家的作品。

AMMA：中国艺术市场最大的潜力是什么？如何吸引国际买家？

Artprice：今天看来，当代艺术博览会举办的品质、文化中心的设立、好的策展计划及展览可以让中国的艺术市场向西方藏家更新中国艺术品新的收藏价值。

从市场观点切入，购买艺术作品的动机可能有很多种：举凡投资、资产多元化、保值、社会风气等，购买艺术作品通常带点吹嘘炫富，但不可否认的是艺术收藏在文化资产上的价值及其在人文精神及文化观点上的价值展现。

对买家而言，这是非常重要的购买动机，也是让艺术市场有效发展的长远之计。只有市场回归到对于艺术品品质的要求及长久经营上，而非投机炒作，成熟稳健的中国市场环境才能让西方买家具有投资信心。

2012年前100名拍卖作品

序号	艺术家	成交金额($)	艺术品	成交之拍卖行
1	爱德华·蒙克	107,000,000	The Scream (1895年)	2012年5月2日(纽约苏富比)
2	马克·罗斯科	77,500,000	Orange, Red and Yellow (1961年)	2012年5月8日(纽约佳士得)
3	马克·罗斯科	67,000,000	No. 1 (Royal Red and Blue)	2012年11月13日(纽约苏富比)
4	拉斐尔	42,675,600	Head of a Young Apostle	2012年12月5日(伦敦苏富比)
5	李可染	40,396,040	Mountains in red (1964年)	2012年6月3日(北京保利国际拍卖有限公司)
6	弗兰西斯·培根	40,000,000	Figure Writing Reflected in Mirror (1976年)	2012年5月9日(纽约苏富比)
7	罗伊·利希滕斯坦	40,000,000	Sleeping Girl (1964年)	2012年5月9日(纽约苏富比)
8	克洛德·莫奈	39,000,000	Nymphéas (1905年)	2012年11月7日(纽约佳士得)
9	安迪·沃霍尔	39,000,000	Statue of Liberty (1962年)	2012年11月14日(纽约佳士得)
10	巴勃罗·毕加索	37,000,000	Nature Morte Aux Tulipes (1932年)	2012年11月8日(纽约苏富比)
11	弗兰茨·克莱恩	36,000,000	Untitled (1957年)	2012年11月14日(纽约佳士得)
12	杰克逊·波洛克	36,000,000	Number 4 (1951年)	2012年11月13日(纽约苏富比)
13	安迪·沃荷	33,000,000	Double Elvis [Ferus Type] (1963年)	2012年5月9日(纽约苏富比)
14	胡安·米罗	32,938,500	Peinture (Etoile Bleue) (1927年)	2012年6月19日(伦敦苏富比)
15	伊夫·克莱因	32,699,100	Le Rose du Bleu (RE 22) (1960年)	2012年6月27日(伦敦佳士得)
16	伊夫·克莱因	32,500,000	FC1(FireColor1) (1962年)	2012年5月8日(纽约佳士得)
17	约翰·康斯特勃	31,356,000	The Lock	2012年7月3日(伦敦佳士得)
18	格哈德·里希特	30,445,600	Abstraktes Bild	2012年10月12日(伦敦苏富比)
19	杰夫·昆斯	30,000,000	Tulips(1995-2004年)	2012年11月14日(纽约佳士得)
20	弗兰西斯·培根	29,999,100	PortraitofHenriettaMoraes(1963年)	2012年2月14日(伦敦佳士得)
21	弗兰西斯·培根	29,896,320	StudyforSelf-Portrait(1964年)	2012年6月27日(伦敦佳士得)
22	亨利·摩尔	26,841,300	RecliningFigure:Festival(1951年)	2012年2月7日(伦敦佳士得)
23	弗兰西斯·培根	26,500,000	Untitled(Pope)(c.1954年)	2012年11月13日(纽约苏富比)
24	巴勃罗·毕加索	26,000,000	Femmeassisedansunfauteuil(1941年)	2012年5月2日(纽约苏富比)
25	罗伊·利希滕斯坦	25,000,000	Nude with Red Shirt(1995年)	2012年11月14日(纽约佳士得)
26	胡安·米罗	23,683,500	Painting Poem(Lecorpsdemabrune[...])	2012年2月7日(伦敦佳士得)
27	尚·米榭·巴斯奇亚	23,500,000	Untitled(1981年)	2012年11月14日(纽约佳士得)
28	安迪·沃荷	21,100,000	Marlon(1966年)	2012年11月14日(纽约佳士得)
29	瓦西里·康定斯基	20,500,000	StudiefürImprovisation8(1909年)	2012年11月7日(纽约佳士得)
30	杰克逊·波洛克	20,500,000	Number28(1951年)	2012年5月8日(纽约佳士得)
31	巴内特·纽曼	20,000,000	OnementV(1952年)	2012年5月8日(纽约佳士得)
32	格哈德·里希特	19,400,000	Abstraktes Bild(798-3)(1993年)	2012年5月8日(纽约佳士得)
33	马克·罗思科	19,000,000	Black Stripe(Orange,Gold and Black)(1957年)	2012年11月14日(纽约佳士得)
34	尚·米榭·巴斯奇亚	17,906,650	Untitled(1981年)	2012年6月27日(伦敦佳士得)
35	格哈德·里希特	17,595,230	Struktur(2)(1989年)	2012年6月27日(伦敦佳士得)
36	德库宁	17,500,000	Abstraction(c.1949年)	2012年11月13日(纽约苏富比)
37	格哈德·里希特	17,200,000	Seestüeck(Leichtbewöelkt)(1969年)	2012年5月8日(纽约佳士得)
38	李可染	17,108,911	Shaoshan-revolutionarysacredplace[...]	2012年5月12日(中国嘉德国际拍卖有限公司)
39	保罗·塞尚	17,000,000	Joueurdecartes(1892/96年)	2012年5月1日(纽约佳士得)
40	亨利·马蒂斯	17,000,000	Lespivoines(1907年)	2012年5月1日(纽约佳士得)
41	亚历山大·考尔德	16,500,000	Lily of Force(1945年)	2012年5月8日(纽约佳士得)
42	格哈德·里希特	15,500,000	Abstraktes Bild	2012年11月13日(纽约苏富比)
43	赛·托姆布雷	15,500,000	Untitled(New York City)(1970年)	2012年5月9日(纽约苏富比)
44	巴勃罗·毕加索	15,300,000	FemmeàlaFenêtre(Marie-Thérèse)(1936年)	2012年11月8日(纽约苏富比)

序号	艺术家	成交金额（$）	艺术品	成交之拍卖行
45	格哈德·里希特	15,000,000	Abstraktes Bild(1992 年)	2012 年 5 月 9 日（纽约苏富比）
46	胡安·格里斯	14,525,880	Lelivre(1915 年)	2012 年 2 月 7 日（伦敦佳士得）
47	尚－米榭·巴斯奇亚	14,500,000	Untitled(1981 年)	2012 年 5 月 10 日（纽约菲利普斯拍卖行）
48	萨尔瓦多·达利	14,500,000	Printempsnécrophilique(1936 年)	2012 年 5 月 2 日（纽约苏富比）
49	安迪·沃荷	14,500,000	Suicide	2012 年 11 月 13 日（纽约苏富比）
50	梵高	14,210,100	Vuedel'asileetdelaChapellede[...](1889 年)	2012 年 2 月 7 日（伦敦佳士得）
51	王振鹏	13,940,594	Landscape(1323 年)	2012 年 12 月 4 日（北京保利国际拍卖有限公司）
52	格哈德·里希特	13,894,320	Abstraktes Bild(1994 年)	2012 年 2 月 14 日（伦敦佳士得）
53	格哈德·里希特	13,600,000	Abstraktes Bild(779-2)(1992 年)	2012 年 11 月 14 日（纽约佳士得）
54	安迪·沃荷	13,500,000	Green Disaster(Green Disaster Twice)(1963 年)	2012 年 11 月 13 日（纽约苏富比）
55	胡安·米罗	13,200,000	Têtehumaine(1931 年)	2012 年 5 月 2 日（纽约苏富比）
56	傅抱石	12,673,267	Compositionofdufu'spoem(1944 年)	2012 年 6 月 3 日（北京保利国际拍卖有限公司）
57	德库宁	12,500,000	UntitledI(1980 年)	2012 年 5 月 8 日（纽约佳士得）
58	保罗·希涅克	12,315,420	LaCorned'Or,Constantinople(1907 年)	2012 年 2 月 7 日（伦敦佳士得）
59	胡安·米罗	12,200,000	Peinture(Femme,Journal,Chien)(1925 年)	2012 年 11 月 7 日（纽约佳士得）
60	理查德·迪尔本康	12,000,0000	ceanPark#48(1971 年)	2012 年 11 月 14 日（纽约佳士得）
61	巴勃罗·毕加索	12,000,000	LeViol(1940 年)	2012 年 11 月 8 日（纽约苏富比）
62	安迪·沃荷	12,000,000	Mao(1973 年)	2012 年 11 月 15 日（纽约菲利普斯拍卖行）
63	巴勃罗·毕加索	11,927,440	Femmeassise(1949 年)	2012 年 6 月 20 日（伦敦佳士得）
64	伦勃朗·范·莱因	11,758,500	Amaninagorgetandcap	2012 年 7 月 3 日（伦敦佳士得）
65	巴勃罗·毕加索	11,600,000	Bustedefemme(1937 年)	2012 年 11 月 7 日（纽约佳士得）
66	克洛德·莫奈	11,557,360	L'EntréedeGivernyenHiver(1885 年)	2012 年 2 月 8 日（伦敦苏富比）
67	齐白石	11,405,941	OdeofMotherland	2012 年 12 月 3 日（北京保利国际拍卖有限公司）
68	尚·米榭·巴斯奇亚	11,315,080	IronyofNegroPoliceman(1981 年)	2012 年 6 月 28 日（伦敦菲利普斯拍卖行）
69	康斯坦丁·布朗库西	11,250,000	Prométhée(1911 年)	2012 年 5 月 2 日（纽约苏富比）
70	布朗库西	11,000,000	Unemuse(1912 年)	2012 年 11 月 7 日（纽约佳士得）
71	德库宁	11,000,000	UntitledVI(1975 年)	2012 年 5 月 10 日（纽约菲利普斯拍卖行）
72	格哈德·里希特	11,000,000	Kegel(Cone)(1985 年)	2012 年 11 月 15 日（纽约菲利普斯拍卖行）
73	安迪·沃荷	11,000,000	NineJackies(1964 年)	2012 年 06 月 29 日（纽约菲利普斯拍卖行）
74	克洛德·莫奈	10,750,000	ChampdeBlé(1881 年)	2012 年 11 月 8 日（纽约苏富比）
75	伊夫·克莱因	10,588,280	Réliefépongebleu(RE51)(1959 年)	2012 年 6 月 27 日（伦敦佳士得）
76	罗伊·利希滕斯坦	10,500,000	SailboatsIII(1974 年)	2012 年 5 月 9 日（纽约苏富比）
77	文徵明	10,297,030	Landscape(1531 年)	2012 年 12 月 28 日（上海朵云轩拍卖有限公司）
78	基希纳	10,290,800	DasBoskett:AlbertplatzinDresden[...](1911 年)	2012 年 2 月 8 日（伦敦苏富比）
79	勒内·马格里特	10,044,160	Les jours gigantesques (1928 年)	2012 年 6 月 20 日（伦敦佳士得）
80	阿尔伯托·贾科梅蒂	10,000,000	La Jambe (1947 年)	2012 年 11 月 7 日（纽约佳士得）
81	弗兰茨·克莱恩	9,800,000	De Medici (1956 年)	2012 年 11 月 14 日（纽约佳士得）
82	巴勃罗·毕加索	9,730,280	Femme au chien (1962 年)	2012 年 6 月 20 日（伦敦佳士得）
83	安迪·沃荷	9,500,000	Ten-Foot Flowers (1967/1968 年)	2012 年 5 月 9 日（纽约 苏富比）
84	李可染	9,425,743	Shaoshan	2012 年 1 月 7 日（南京经典拍卖有限公司）
85	沃荷与巴斯奇亚	9,364,200	Olympics (1984 年)	2012 年 6 月 28 日（伦敦菲利普斯拍卖行）

序号	艺术家	成交金额（$）	艺术品	成交之拍卖行
86	亚历山大·考尔德	9,200,000	Snow Flurry（c.1948年）	2012年5月8日（纽约佳士得）
87	爱德华·霍普	9,200,000	Bridle Path（1939年）	2012年5月17日（纽约苏富比）
88	安迪·沃荷	9,200,000	Mao（1973年）	2012年5月10日（纽约菲利普斯拍卖行）
89	尚-米榭·巴斯奇亚	9,000,000	Humidity（1982年）	2012年11月15日（纽约菲利普斯拍卖行）
90	唐纳德·贾德	9,000,000	Untitled, 1989 (Bernstein 89-24)（1989年）	2012年11月14日（纽约佳士得）
91	巴勃罗·毕加索	8,750,000	Le repos (Marie-Thérèse Walter)（1932年）	2012年5月1日（纽约佳士得）
92	克莱福特·斯蒂尔	8,750,000	1948-H	2012年11月13日（纽约苏富比）
93	傅抱石	8,712,871	Landscape	2012年6月2日（北京歌德拍卖有限公司）
94	董其昌	8,633,663	Landscape after huang gongwang	2012年10月28日（中国嘉德国际拍卖有限公司）
95	保罗·希涅克	8,631,700	La Corne d'Or, les minarets（1907年）	2012年6月20日（伦敦佳士得）
96	巴勃罗·毕加索	8,626,750	Homme assis（1972年）	2012年6月19日（伦敦苏富比）
97	亚历山大·考尔德	8,564,050	Rouge triomphant (Triumphant Red年)	2012年6月27日（伦敦佳士得）
98	爱德华·霍普	8,500,000	October on Cape Cod（1946年）	2012年11月28日（纽约佳士得）
99	克洛德·莫奈	8,500,000	Les demoiselles de Giverny（1894年）	2012年5月01日（纽约佳士得）
100	柴姆·苏丁	8,300,000	Le chasseur de chez Maxim's（1925年）	2012年5月02日（纽约苏富比）

2012 拍卖额前 100 名艺术家

排名	艺术家	成交额
1	安迪 · 沃荷	$329,963,430
2	张大千	$287,223,639
3	巴勃罗 · 畢卡索	$286,145,305
4	齐白石	$270,195,309
5	格哈德 · 里希特	$262,806,424
6	徐悲鸿	$175,786,482
7	李可染	$166,791,556
8	马克 · 罗斯科	$166,783,649
9	弗兰西斯 培根	$153,089,002
10	傅抱石	$152,071,133
11	尚-米榭 · 巴斯奇亚	$141,276,790
12	胡安 · 米罗	$134,875,177
13	亚历山大 · 考尔德	$128,551,918
14	爱德华 · 蒙克	$120,850,295
15	克洛德 · 莫奈	$120,624,873
16	陆俨少	$112,070,166
17	罗伊 · 利希滕斯坦	$111,614,299
18	伊夫 · 克莱因	$109,833,734
19	黄胄	$105,741,059
20	黄宾虹	$83,008,711
21	亨利 · 摩尔	$79,696,580
22	吴昌硕	$77,103,453
23	赵无极	$69,430,555
24	德库宁	$65,309,906
25	卢齐欧 · 封塔纳	$63,847,513
26	吴冠中	$62,189,654
27	弗兰茨 · 克莱恩	$61,758,588
28	朱德群	$60,061,037
29	马克 · 夏卡尔	$59,656,189
30	范曾	$58,215,448
31	赛 · 托姆布雷	$58,185,689
32	林风眠	$57,918,961
33	杰克逊 · 波洛克	$56,613,343
34	勒内 · 马格里特	$55,669,871
35	何家英	$46,739,267
36	谢稚柳	$43,410,056
37	潘天寿	$42,677,792
38	拉斐尔	$42,675,600
39	瓦西里 · 康定斯基	$41,932,360
40	启功	$41,867,353
41	八大山人	$40,933,543
42	钱松喦	$38,951,414
43	杰夫 · 昆斯	$38,758,052
44	萨尔瓦多 · 达利	$38,750,328
45	阿尔伯托 · 贾科梅蒂	$38,624,791
46	保罗 · 希涅克	$38,536,057
47	吴湖帆	$36,807,925
48	亨利 · 马蒂斯	$36,718,121
49	皮埃尔-奥古斯特 · 雷诺阿	$35,821,154

排名	艺术家	
50	溥儒	$34,138,338
52	周春芽	$32,539,689
53	董其昌	$32,463,001
54	约翰・康斯特勃	$32,188,970
55	费南・雷捷	$31,909,187
56	曾梵志	$31,348,298
57	琼尼・米歇尔	$29,848,170
58	保罗・塞尚	$29,076,646
59	王翚	$28,968,337
60	黎雄才	$28,510,254
61	李苦禅	$28,363,476
62	文徵明	$27,417,555
63	马克斯・恩斯特	$27,286,364
64	埃德加-德加	$27,081,589
65	克里斯托弗・伍尔	$26,303,275
66	孙其峰	$25,571,445
67	常玉	$25,350,483
68	陈逸飞	$25,230,203
69	老彼得・布吕赫尔	$24,474,967
70	仇英	$23,859,863
71	巴内特・纽曼	$23,656,000
72	达米恩・赫斯特	$23,249,353
73	理查德・迪尔本康	$23,137,339
74	卡米耶・毕沙罗	$22,876,532
75	康斯坦丁・布朗库西	$22,808,193
76	凡东根	$22,752,795
77	宋徽宗	$22,208,517
78	林散之	$21,974,047
79	让・杜布菲	$21,845,093
80	关山月	$21,775,462
81	董寿平	$21,624,057
82	任伯年	$20,983,853
83	皮耶罗・曼佐尼	$20,759,609
84	黄永玉	$20,633,612
85	崔如琢	$20,629,808
86	胡安・格里斯	$20,503,809
87	草间弥生	$20,383,210
88	唐云	$20,206,316
89	刘海粟	$20,117,026
90	黄君璧	$20,082,875
91	皮埃尔・勃纳尔	$19,978,966
92	王雪涛	$19,937,952
93	张晓刚	$19,923,592
94	爱德华・霍普	$19,818,226
95	卢西安・弗洛伊德	$19,801,616
96	埃米尔・诺尔德	$19,772,386
97	王铎	$19,756,540
98	宋文治	$19,641,701
99	沈周	$19,397,102
100	王明明	$18,996,346

见 证 中 国 艺 术 品 拍 卖 二 十 年

rdian 2012 Autumn Auctions
731
1192
齐白石
RMB 370,000,000
USD 57,098,765
EUR 40,086,676

中國嘉德二十年慶

中國嘉德 CHINA GUARDIA

嘉德人让梦想成真

Guardian Made the Dream Come True

文 / 陈 念　By Chen Nian

At the end of March, 1994, a news report by CCTV's program, "Eastern Times", grabbed many people's attention, which said, "The success of China Guardian's auctions is a good sign of Beijing's emergence to be a new center for auction of Chinese cultural relics and works of art to gradually rival with New York and Hong Kong." At that time, the rapping of the gravel at China Guardian's first auction had just ended.

Nearly 20 years from then, this prediction has been materialized: Of the total of 336 cultural relics and artworks auction companies in China, 115 are based in Beijing; of the more-than-50-billion-yuan annual turnover of cultural relics and artworks auctions, Beijing has the overwhelming market share of 80%; some outstanding auction companies gain rankings on the world's best known and most influential annual lists for the art market and even on the fortune list. Therefore, Beijing rightly deserves the recognition of being the world's largest auction center for Chinese cultural relics and artworks.

Now, China Guardian is not only the most important power at the innermost core of Beijing, the transaction center of artworks, but also a leader of China's auction industry and even a flagship of China's auction industry on the world arena.

1994 年 3 月底，中央电视台《东方时空》一则新闻报道吸引了不少人关注："中国嘉德拍卖的成功，预示着北京作为新的中国文物艺术品拍卖中心，将逐步与纽约、香港形成三足鼎立的局面。"

那时，中国嘉德的首场拍卖刚刚落槌。

近 20 年后，这个预言已成为现实——全国 336 家文物艺术品拍卖企业中，北京就占有了 115 席；全年文物艺术品拍卖 500 多亿元的成交额中，北京占有绝对的市场份额——八成，而这一成绩已让纽约和香港两大中心颇有压力；在全球最著名、最具影响力的艺术市场年度评选、榜单中，甚至财富榜上，一些国内优秀拍卖企业也是榜上有名……北京，"全球最大的中国文物艺术品拍卖中心"可谓实至名归。

此时，中国嘉德不仅仅是北京这个艺术品交易重镇最核心的力量，而且是中国拍卖业乃至中国拍卖业在国际上的一面旗帜。

文物拍卖的开拓者

说起文物艺术品拍卖，今天大多数中国人都不会感到陌生，保不齐还会跟你侃上一两句。老百姓与文物艺术品的距离是越来越近了，这已是个不争的事实。目前，336 家文物艺术品拍卖企业，如果仅以春秋两季大拍来计算的话，一年下来全国最起码敲响 600 多场文物艺术品拍卖。不绝于耳的落槌声已让老百姓对文物拍卖耳熟能详，并吸引着越来越多的人参与其中。但 20 年前，甭说文物艺术品拍卖，即便是简单的市场行为都不是件容易的事。

这给时任国务院副秘书长的徐志坚留下了深刻印象。"当时人们对文物的认识很浅显，只知道文物都是国家的，至于'市场'这个概念鲜有人知，更甭提拍卖了。"二十多年前，徐志坚到天津出差，顺便去逛了逛民间自发的鬼市。"记得那鬼市位于半明半暗的街道里，大家都小心翼翼的，即便是讨价还价也都悄悄地进行着。"让徐志坚当时很不解的是：文物市场怎么偷偷摸摸的？

新中国成立初期，初步建立了国家所有制下的文物艺术品收藏体系，让国有文博机构倾力征集散乱于世的重要文物，这在当时极大地保护和丰富了国有馆藏。与此同时，个体古玩商也全部通过公私合营的方式进入了社会主义公有制的行列，形成了单一的国营文物流通体制格局。这一格局 40 年未被打破。如果文物需要买与卖那只能在文物商店进行。"文物商店都是文物部门主办的，吃的是'垄断'饭。"从 1988 年就开始在国家文物局工作的张德勤，对当时的文物工作是深有体会的。"这么大的国家、这么多的人口、这么一个文明古国，当时却满足不了民众对文物艺术品的需求。不过随着经济的发展，老百姓对文物的认识提高了，市场的概念也开始深入人心。久而久之，一直吃'垄断'饭的文物商店反而有了生存问题——既从老百姓那里买不到文物，又因政策所限卖不出东西，不进也不出怎么生存？"

事实上，90 年代初期，私下的文物艺术品交易已出现并有大兴之势。一些先知先觉的人隐隐觉得文物艺术品有了一定的市场需求。于是，一个新生事物——文物艺术品拍卖开始酝酿。

"成立文物拍卖公司当时很敏感。"20 年后，徐志坚用了"敏感"一词来形容当初中国嘉德成立时的境遇。为什么会敏感？当时知道文物艺术品拍卖为何物的人可谓凤毛麟角。一个绝对全新的领域与刚刚有所萌动的国有文物市场化体制改革开始了碰撞！"文物拍卖本身是个新事物，而今天要闯进来的嘉德是既没有文物部门的血统，又不是纯正的国有企业，却要打破文物部门 40 年对文物的垄断，这还行？”直到今天，张德勤说起这段往事，还掩饰不住自己的情绪。面对当时文物市场私下交易的兴盛，“我当时就想，与其让这种交易在地下偷偷生存，不如让它合法化。而拍卖就是一个途径，它讲究公开、公平、公正”。于是，当年在这位花甲之年执政者的力推下，中国有了文物拍卖，中国有了嘉德。

徐志坚至今还记得1993年5月18日，北京长城饭店东花园的那片草坪，中国嘉德就是从那里开始起航的。“嘉德的创始人很有胆识、有魄力，从而为我们开创了一个新的事业。应该说，他们也很幸运，赶上了改革开放的大好形势，又碰上了张德勤这样开明的文物局长。如果没有当初张德勤的支持，嘉德公司的审批手续也不会送到我这儿，更到不了国务院有关领导手中”。

作为第一家也是目前唯一一家“国字头”的文物拍卖企业，嘉德在成长过程中也有不少的“是是非非”。“尤其是起步阶段，习惯势力在作祟。四十多年来，文物的国有属性已根深蒂固地刻在了这些人的脑子里。”在徐志坚的印象里，嘉德成立不久，还真有人到他那里去反映。一下子，不和谐之音“粉墨登场”。当时甚至有人这样形容嘉德：“一帮年轻人，住在长城饭店，开着‘大奔’，却卖着文物。”

在嘉德成立当天张德勤的日记里，我们看到了这样一句话：“徐志坚同志对我说，文物拍卖宜小步走，慢慢来。”对于这么一个敏感问题，谨慎的态度后面，却是当时难得的开明支持。

“当时我就觉得拍卖这个事是可以试试的，不行再说嘛。”张德勤利用自己手中的“特权”给文物拍卖亮起绿灯，但与此同时，反对的声音也甚嚣尘上——拍卖会不会刺激文物的盗掘，反而对文物造成损害？“我深知，要改变文物局某几个同志在计划经济时期形成的文物工作观念，是很困难的。我体会过‘要搬动一把椅子、移动一个火炉都几乎要流血’的滋味。”可想而知，文物拍卖这个新事物从无到有是多么不易，而中国嘉德正站在这个历史节点上，个中滋味也许只有这些开拓者才能体会到。

不过，在这些开拓者、探索者艰难前行中，有一句话在一定程度上或许成了他们的动力——形势总比人强。

他们是一面旗帜

人们经常说：不怕你做不到，就怕你想不到。20年前，正是陈东升超前的敢想和敢闯，正是在他的激情感召下，一群年轻人走到了一起。

在张德勤眼中，这群懵懂的年轻人不仅是文物拍卖的“外来户”，也是门外汉。“嘉德公司创立之初，可以说，他们只知道收取佣金，除此之外拍卖公司到底该做些什么，却全然不知。”他的这个说法并不过分。熟识这段历史的人都知道，嘉德这群年轻人对文物艺术品不熟悉，对艺术品拍卖的程序和技巧也一窍不通。

在嘉德人看来，不懂并不可怕，可以学嘛。陈东升当年用不娴熟的摄像技术，把香港两大拍卖行举办的拍卖会录制回来，成了大家最初学习的教材。不少嘉德人就是从这个特殊“教材”中对拍卖有了最初的了解。然后，这群年轻人开始四处奔波，聘人才、找拍品、寻资源……就这样摸索着做起了拍卖。

1994年3月27日，对嘉德人来说是永远难忘的一天。长城饭店二楼大厅里人头攒动，座无虚席。纷至沓来的各路人士都想在第一时间目睹这场意义非同小可的拍卖。在全场几百人的见证下，中国书画成交了1227万元，中国油画的成交额则为196万元。今天再看这两个数字时，恐怕很难让人惊喜，但20年前它们却缔造了中国艺术品拍卖的奇迹。

中国嘉德首槌的成功，不仅仅是一家企业的成功，更是一个行业探索性的开始，也改变了许多人对文物艺术品拍卖的担心和偏见。那年秋季，嘉德的第二场拍卖更为火爆，中国书画专场从春季的194件拍品“扩容”到272件，成交额更是收获了3500多万元。这个市场的潜力也由此可见一斑。两季拍卖之后，中国内地的文物艺术品拍卖渐渐活跃起来，北京、上海、成都……相继响起了拍槌。

很多人纳闷：既是“外来户”又是“门外汉”，却在一个全新领域中做得有声有色？“嘉德是一家极富想象力和创造力的公司。他们精通现代企业的管理模式，他们很勤奋，又会学习、借鉴，他们还会结合自己的现状适宜地‘拿来’，因而在成长的过程中少走了不少弯路。”中国拍卖行业协会会长张延华这样评价嘉德。

“他们不懂，但他们懂得怎么用人。当时聘请了国内诸多顶级文物、艺术品专家，来担任他们的顾问。他们还通过公开招聘，广招社会精英；他们脚踏实地，肯于吃苦，苦练内功；他们的管理科学、严谨，着眼点高……”张德勤认为这些都是嘉德人成功的秘笈，但这个中国拍卖界的金字招牌可不是一蹴而就的，是一点一滴、长年累月下来的成果。在这位老人看来，“天行健，君子以自强不息；地势坤，君子以厚德载物”就是嘉德人精神的最好写照。

“中国文物艺术品拍卖业的发展，得益于有关政府部门的支持，而那些敢于第一个吃螃蟹的探索者们坚韧不拔的追求与努力，也成就了这个从无到有、从小到大的拍卖领域。”在张延华看来，像嘉德这样的先行者让人钦佩。

值得一说的是，从世界首家拍卖行苏富比的诞生，到1993年中国嘉德的成立，之间相差了250年，这意味着中国内地文物艺术品拍卖整整迟到了两个半世纪之久。一个蹒跚学步的新企业并没有因此退缩或迷失了前进的方向，反而在创立之初就给自己明确了一个目标——做中国的“苏富比”和“佳士得”。20年来，嘉德不遗余力地朝着这个目标努力。

张德勤还记得嘉德成立时，陈东升就说过，嘉德不仅仅着眼于实现商业目的，也不仅仅要把嘉德办好，而是要推动整个行业。“从最初的五六家到今天的300多家文物艺术品拍卖企业，这种成长是有目共睹的，而嘉德在这里起到的典范作用是功不可没的。”无独有偶，我们在梳理嘉德历史时，惊喜地发现嘉德成立后组织的第一个重要活动，竟然是在长城饭店举办的“培育和规范中国艺术市场的研讨会”，距今整整20年！

有意思的是，嘉德这20年还是不少同行纷纷追赶和效仿的对象。今天嘉德刚推出一个新专场，明天其他企业也纷纷推出；今天嘉德刚有一个新举动，明天就有企业也效仿着出新……这在一定程度上反映了嘉德的确做得好，处处领先，才会引起同行们的追逐。

一个规则的长方形上，鲜艳的红色为底儿，上面飘逸、自如地书写着“嘉德”二字，这就是中国嘉德的LOGO（标志）。看似简单的设计，最初却引来了不少人的猜想和诠释，注定了这小小的LOGO非同一般。有嘉德的地方，就少不了这个LOGO。其实这个LOGO如何阐释现在已不那么重要了，因为它已深深地刻在人们的脑海里，那就是嘉德，那就是中国拍卖业的一面旗帜。

在法制建设中拥有话语权

中国嘉德与“第一”特别有缘。文物艺术品拍卖中诸多第一都是嘉德创造的，而在行业的规范、对法律法规的完善等方面，他们同样拥有多个第一。尤其是对《拍卖法》、《文物保护法》的践行以及行业标准、国家标准的制定都发挥了举足轻重的作用。

20年前，在原国内贸易部政策法规司工作的张延华，就与中国嘉德有了最初的接触。当时法规司正在负责《拍卖法》的起草工作，她经常会从同事们那儿听到“嘉德”这个名字。1998年，张延华调到营销改革司工作，当时司里主管的一项业务就是拍卖，对嘉德有了进一步的了解，知道这是一家很优秀的企业。后来担任中国拍卖行业协会会长工作后，与嘉德的接触就更多了。“嘉德的创始人陈东升任我们协会的副会长，王雁南是艺委会主任，寇勤是我们的副秘书长，他们积极参与协会工作，让我们既是同事又是朋友。”

作为那个特定年代的“早产儿”，中国嘉德在最初的经营中却要面对难有合法地位、相关法律法规不健全的尴尬局面。直到1997年1月1日实施的《拍卖法》，才让中国文物拍卖真正步入了法制化轨道。这时嘉德在“无法”可依的窘境中摸爬滚打了3年半之久。

《拍卖法》的制定要追溯到1988年，当时针对拍卖企业盲目发展而出现的一些问题，原商业部打算起草《拍卖暂行条例》，但种种原因，条例并没有问世。国内贸易部组建后，初具规模的拍卖市场对拍卖有关的法律制定有了更为迫切的需要，于是在1988年起草的条例基础上开始酝酿《拍卖法》。1996年7月，这部“千呼万唤始出来”的法律终于通过审议。而此时，文物艺术品拍卖试点企业全国仅有六家，嘉德即是这六家之一。其他众多拍卖企业只能徘徊在文物拍卖的大门外。

毋庸置疑，《拍卖法》的出台让文物艺术品拍卖企业的设立从此“有章可循”，也促使了文物艺术品拍卖企业如雨后春笋般出现，极大地推动了文物艺术品拍卖市场的发展与壮大。

在《拍卖法》实施之前，与文物有关的法律只有一部，即1982年颁布的《文物保护法》。显然，这部法受到计划经济的很大影响，对于民间收藏文物、文物流通等内容几乎没有涉及，即便有也是只言片语、含混不清。20年后——2002年10月，新修订的《文物保护法》首次为民间收藏文物单辟章节，“文物拍卖”这个敏感的词也赫然出现在新修订的法律中。当时有一种共识：除了政府主管部门的思想解放、与时俱进外，日渐红火的文物艺术品拍卖无形中也帮了大忙，在一定程度上影响了《文物保护法》的修订。

嘉德作为中国内地文物艺术品拍卖的开拓者和领军者，其间起到的作用是不容小觑的。最显而易见的是，年年攀升的成交价让民间和海外一直藏而不露的精品、珍品浮出，一些国宝还弥补了国有文博机构的收藏；文物的高价成交反而推动了人们对文物价值的认可，越来越多的人自愿地加入到文物保护队伍中……事实表明：拍卖是文物保护的一支重要力量。

从无到有，从小到大，行业的快速发展，促使企业服务品质和管理水平提出了更高的要求。但在行业最初发展的十多年里，文物艺术品拍卖过程中缺乏统一的标准，具体操作规则也多是从国内外同行的经验中汲取而来，没有翔实的可操作性规则。于是，拍卖这个服务行业也开始呼唤标准化的建设。

“拍卖怎么标准化？”当时不少企业对此很不解，有些企业一门心思投身于提高拍卖成交额，认为先把成交额搞上去，再回头说标准化。曾在经贸委、国家标准委工作过的张延华对此颇有体会。国内不少企业做得很好，但与国际同行相比，就能比出差距，而这差距主要集中在标准化上，尤其是服务业。“拍卖业的发展光靠一部法是不成的，应该成为服务业中率先施行标准化的行业。”张延华的提议得到了行业的认可。2003年，由嘉德牵头开始起草《文物艺术品拍卖规程》。此时的嘉德刚好成立十年，十年的规范经营不仅让他们在业内外赢得了口碑，也为整个行业的发展积累了宝贵经验。

标准到底应该怎么定？哪些应该入标准？大家谁也说不清。嘉德从自己入手，把自己的经验、管理规则，以及平日里遇到的问题等等，逐条梳理。从一个手势、一句言语开始规范……嘉德人深知，拍卖中每一个环节，即便是一个很小的细节都关乎着行业的发展。历经七个春秋，拍卖业终于迎来了自己的第一个行业标准——《文物艺术品拍卖规程》，它不仅对文物艺术品拍卖企业的规范起到了极大推动作用，也开启了中国拍卖行业步入标准化的时代。标准出台不久，就有媒体就这样评价道：《文物艺术品拍卖规程》是对《拍卖法》的有机补充，是今后行业规范化发展的重要依据。

之后，无论是国家标准《拍卖企业的等级评估与等级划分》，还是《拍卖术语》、《拍卖师操作规范》等行业标准，都少不了中国嘉德的身影。“对标准化的制定与推动嘉德立了大功，绝对值得特书大书一笔。”在张延华看来，嘉德这个标准化的积极参与者，既是标准化的受益人，也是标准化的推手。

我们看到，十年前就有过这样的评价：中国嘉德之于拍卖业的历史贡献，不仅仅在于他们在拍卖活动中创造了许许多多艺术品拍卖的记录，更为重要的是，他们奠定了国内拍卖企业规范运作、科学发展、对接国际市场的重要基础，为国内业界提供了一个高水准的范例。“一部法律法规的起草，少不了他们的建言献策；一部法律法规的出台，少不了他们的推动与规范。嘉德在法律法规建设中是拥有话语权的。”张延华对十年前的这个评价很是认可。

不可或缺的力量

众所周知，拍卖不是关系国计民生的支柱产业，但却是一个“上镜率”极高的热点行业，尤其是文物艺术品拍卖业。于是有人发难：这个行业竟“数钱”了，他们到底能为社会做点什么？又能给社会留点什么？

时任国务院副秘书长的徐志坚，对中国嘉德每次拍卖前举办的预展印象深刻。“预展布置得很专业、很到位，对民众来说，就是一次大型展览活动，起到了教育、宣传等社会作用，其影响力不可低估。”从1994年3月的嘉德首槌，至今嘉德春秋两季大拍已举办了38场，即为老百姓捧出了38个大型文物艺术品展览。要知道，此展览非彼展览。从数量上看，一次往往要展出两三千件，而美术馆、博物馆举办的一次展览展品数量也不过两三百件；从种类上看，一次预展所涵盖的内容有书画、瓷陶铜玉、竹木牙角雕、油画、雕塑、古籍善本、邮品、钱币、珠宝、手表……五花八门，这让美术馆、博物馆恐怕望尘莫及，毕竟他们的一次展览只能集中在某一种类或三五个种类身上。从某种程度上说，一场好的文物艺术品拍卖预展也是对文博机构展览、活动的有机补充。

“文物拍卖业的发展尽管举步维艰，但在一定程度上满足了国内广大群众文化生活的需求，并为国家收回‘国宝’级文物做出了贡献，实际上已成为文物保护事业不可缺少的力量”。十多年前，已退休的张德勤在写给朱镕基总理的信上，对文物艺术品拍卖业的社会贡献做出了这样的评价。

正如张德勤所说，20年的文物艺术品拍卖让诸多“国宝”浮出，也让诸多文物珍品“回家”。史学家们早就发现，一个国家文物的流向是和这个国家的命运紧密相连的。散落在世界各地数以百万计的中国文物，是中华文明的传播者，也是中国百年屈辱的阴影。新中国成立之初，老一辈国家领导人就对文物的回流给予了高度重视，但种种因素所限，从新中国成立到20世纪80年代的30年间，收回的流失文物十分有限。不可否认的是，文物艺术品恢复拍卖以来，让中国文物艺术品渐渐有了“身价”，从而吸引了流失海外的文物开始回流。应该说，这20年，拍场上的文物回流也经历了从量变到质变的过程。

2002年4月23日，对于中国文物界、拍卖界来说非比寻常，一件珍贵文物——宋徽宗赵佶《写生珍禽图》将在嘉德付拍。宋徽宗在中国历史上是一位极为特殊的人物，他既是昏庸无能的帝王，又是开宗立派的一代艺术大家。今天的艺术品市场上即便是一件普通的宋人书画都甚为难得，何况是这位“艺术帝王”的作品呢？拍卖那天，拍卖师高德明宣布：“宋徽宗《写生珍禽图》起拍价780万元。”话音刚落，拍场上的较量也随即而起，1000万、1200万、1300万、1500万元……拍卖大厅内云集了近千人观战，各路媒体长枪短炮，中央电视台还在现场做起了直播，这是前所未有的场面。“2300万元。”拍卖师手起槌落，一个新的中国文物艺术品拍卖记录由此诞生了。

自从《写生珍禽图》这件从海外回归的珍品创记录之后，越来越多流失海外的重量级文物艺术品纷纷出现在国内拍坛。尽管让更多的中国文物回家仍然任重而道远，但毕竟，一个令人欣喜的开端出现了。

在中国嘉德创造的诸多第一中，还有一个第一也让业内外人士至今都拍手称道。2009年，正值五四新文化运动90周年之际，在嘉德春季拍卖中一批“陈独秀等致胡适信札”成了各路人士关注的焦点，其中也不乏国有文博机构。为了留住这批信札，国家文物局决定启用优先购买权，最终把嘉德拍场上以554.4万元高价成交的这批信札成功收购。不要小看了这次收购，它不仅让整个行业在优先购买权行使上有了典范，也是《文物保护法》对优先购买权有规定以来的首次成功运用。而此前，除了法律条款中那一句话外，至于实践中如何使用，需要怎样的手续、过程却没有更详细的条款和细则。嘉德无疑成了“优先购买权”的第一个尝试者。当时有媒体这样评论道：“这一次，优先购买权真正派上用场了。无疑，这是国家对于如何在相对公平的机制下收藏、保护重要文物的一次有益尝试。”

几页发黄的故纸，承载了90年前的那些人和那些事，成了中国人民大学博物馆里的一件藏品，成了新文化运动研究者的珍贵资料，也成了国家文物行政部门首次行使优先购买权的见证者。它的价值已远远不止554.4万元！

有人认为，收藏是一种闲情逸致，是人们茶余饭后的那道“甜点”。不过，即便是这种简单的把玩、赏鉴和认知，我们已看到：文物艺术品拍卖极大地唤醒和激发了全社会的文物保护意识，这是前所未有的；而文物在一代代藏家间的递藏，也正是对中国文化几千年文脉的最好传承。无疑，以中国嘉德为代表的文物艺术品拍卖业正在担负着文化复兴与传承的重担，这是一支不可或缺的力量。

多年后，当文物艺术品拍卖市场上一串串天文数字已成常态时，但嘉德首槌所创造的1400多万元的成交额却很难让人淡忘，毕竟那一槌拉开了中国文物艺术品专业拍卖的大幕，开启了一个新时代——中国文物艺术品拍卖在专业化、规模化、国际化发展道路上阔步前行。

“我的理想是：嘉德要成为中国文物艺术品拍卖业的百年老店！”这个嘉德人孜孜以求的目标，今天却成了张德勤这位耄耋之年老人的心愿。张德勤的这个心愿也是很多中国人的心愿，五千年的文明古国，在文化传承中的确需要这样的百年老店。

2013年，北京东皇城根，寸土寸金的地段，与中国美术馆新馆遥相呼应的一处建筑工地，工人们正在有条不紊地忙碌着。不久的将来，一座地标式建筑将从这里拔地而起，它就是中国嘉德艺术中心。在很多人看来，这可不仅是座建筑那么简单，它铭刻了一个企业的成长历程，承载了一群年轻人坚守的梦想。

毋庸置疑，嘉德20年不仅是中国文物艺术品拍卖20年历史的见证者，更是这20年的践行者。古人言：二十弱冠。我们应该为嘉德行“加冠之礼”，此举意味着中国文物艺术品拍卖也将步入成年。

这不正是20年前陈东升的愿望，那群年轻人的愿望吗？梦想成真！

第三部分

年度重要拍品

古代书画

作品名称	成交价（RMB）	拍卖公司	页码
过云楼藏古籍善本一百七十九种（一百七十九种选三十）	216,200,000	北京匡时	111
元 王振鹏《江山胜览图》	101,200,000	北京保利	112
明 文徵明《溪山清远》手卷	74,750,000	上海朵云轩	113
明 董其昌《仿黄公望富春大岭图》手卷	62,675,000	中国嘉德	114
清 张照《韩愈石鼓歌》手卷	56,080,000	香港苏富比	115
明 董其昌《行书李白诗篇》手卷	47,223,594	香港佳士得	116
清 张宗苍《云栖山寺》手卷	39,675,000	中国嘉德	117
明 王铎《临徐峤之帖》	34,500,000	北京匡时	118
隋 陆法言《巨宋广韵五卷》	34,500,000	北京保利	119
清 吴之振《种菜诗唱和诗册》系列作品十四种	32,200,000	北京匡时	120
明 沈周《行书蜗壳诗》	30,475,000	北京匡时	121
明 沈周（传）《赠吴匏庵行》手卷	30,289,138	香港佳士得	122
清 石涛《兰竹当风》	28,750,000	北京匡时	123
清 蒋廷锡《仿宋人设色图册》册页（十二开）	25,300,000	中国嘉德	124
清 石涛 朱耷《杂画册》（七开）	24,150,000	北京匡时	125
清 邹一桂《花卉》册页（八开）	23,000,000	北京翰海	126
清 康熙帝《行书“笃志经学”并四十名臣诗》	23,000,000	中国嘉德	127
明 沈周《思萱图》手卷	23,000,000	北京保利	128
清 王翚《虞山山水卷》手卷	22,425,000	北京保利	129
清 蒋廷锡《仿宋人勾染图册》册页（十二开）	21,850,000	中国嘉德	130
清 王原祁《仿大痴山水》	21,850,000	北京匡时	131
清 王翚《溪堂佳趣》	21,850,000	上海朵云轩	132
明 傅山《小楷金刚经》册页（二十四开）	20,700,000	北京匡时	133
明 龚贤《行书渔歌子卷》	20,700,000	北京匡时	134
清 王原祁《仿黄大痴山水》	20,125,000	北京匡时	135
明 蓝瑛《西湖十景》	20,125,000	中贸圣佳	136
明 黄道周《楷书曹远思推府文治论》手卷	19,550,000	西泠拍卖	137
明 谢时臣《双松寿芝图》	18,975,000	中贸圣佳	138
清 朱耷《书法册》册页	18,400,000	北京匡时	139
佚名《御花园赏玩图》手卷	18,170,000	中国嘉德	140
清 钱泳《记事珠》墨迹本 册页	17,825,000	北京保利	141
明 李东阳《行书画马诗一首》手卷	17,250,000	中国嘉德	142
元 方从义《云林钟秀》手卷	17,250,000	北京保利	143

续表

作品名称	成交价（RMB）	拍卖公司	页码
清 王时敏《溪山雨意》手卷	17,250,000	广州华艺	144
明 祝允明《小楷歌词二十一首》手卷	17,135,000	中国嘉德	145
清 金农《墨竹》	16,100,000	中国嘉德	146
清 渐江《峭壁竹梅》	16,100,000	北京匡时	147
清 朱耷 高邕《墨荷图》手卷（两件）	16,100,000	上海朵云轩	148
明末清初 项圣谟《烟寺钟声图》	15,525,000	北京保利	149
明 蓝瑛《临宋人青绿山水》手卷	14,950,000	中国嘉德	150
清 王鉴《仿董文敏青绿山水》	14,110,500	中国嘉德（香港）	151
清 任颐《花鸟》四屏	14,110,500	中国嘉德（香港）	152
清 查士标《二瞻双绝》册页（二十四开）	13,800,000	北京匡时	153
明 宋旭《仿黄鹤山樵辋川别墅图》手卷	13,225,000	中国嘉德	154
清 王翚《惜竹爱松图》手卷	12,229,100	中国嘉德（香港）	155
清 吴历《少陵诗意图》手卷	12,075,000	北京匡时	156
清 朱耷《黄雀图 草书合璧》	12,075,000	北京匡时	157
清 丁敬《诗文集》手卷	12,075,000	北京匡时	158

过云楼藏古籍善本一百七十九种（一百七十九种选三十）

成交价：RMB 216,200,000

北京匡时 2012 年春

元 王振鹏《江山胜览图》

48.7cm×950cm，约 41.6 平方尺

成交价：RMB 101,200,000

北京保利 2012 年秋

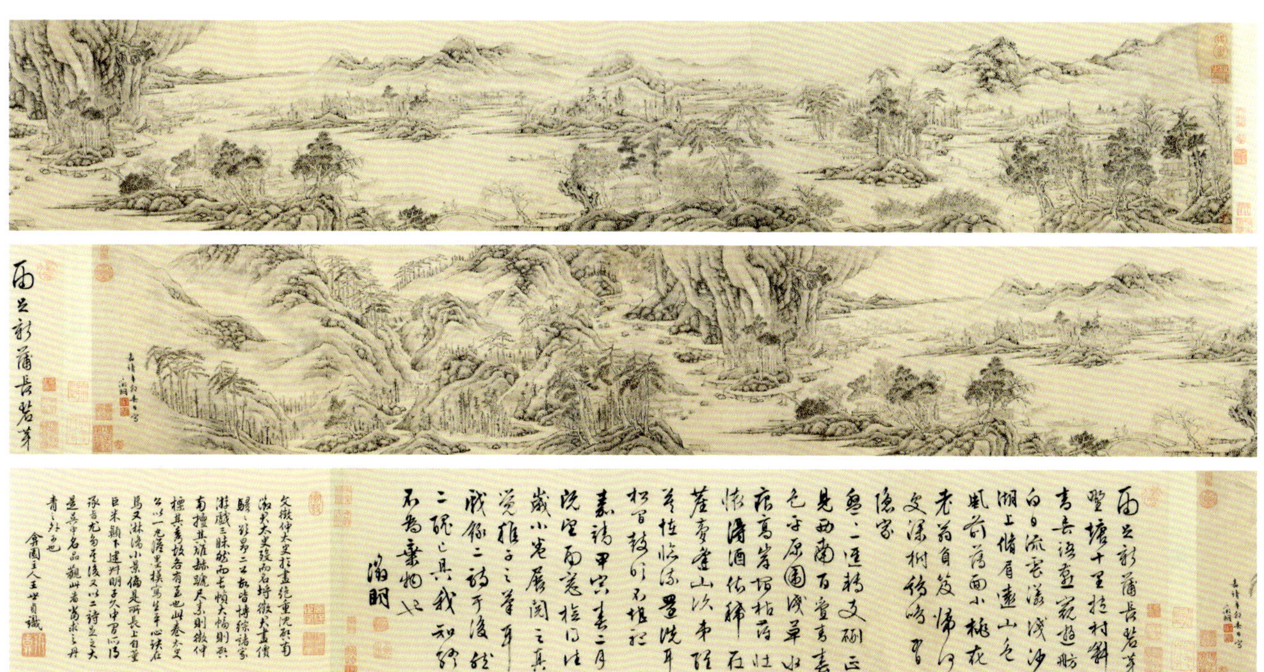

明 文徵明《溪山清远》手卷

25cm×201cm，约 4.5 平方尺

成交价：RMB 74,750,000

上海朵云轩 2012 年秋

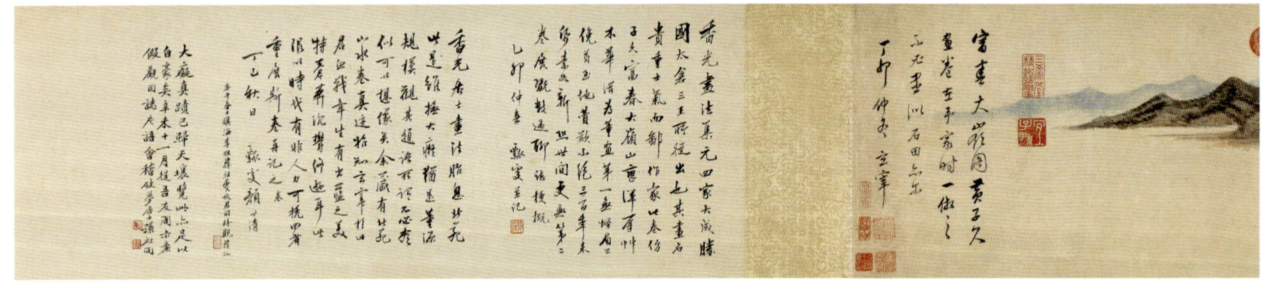

明 董其昌《仿黄公望富春大岭图》手卷

28.5cm×297cm，约 7.6 平方尺

成交价：RMB 62,675,000

中国嘉德 2012 年秋

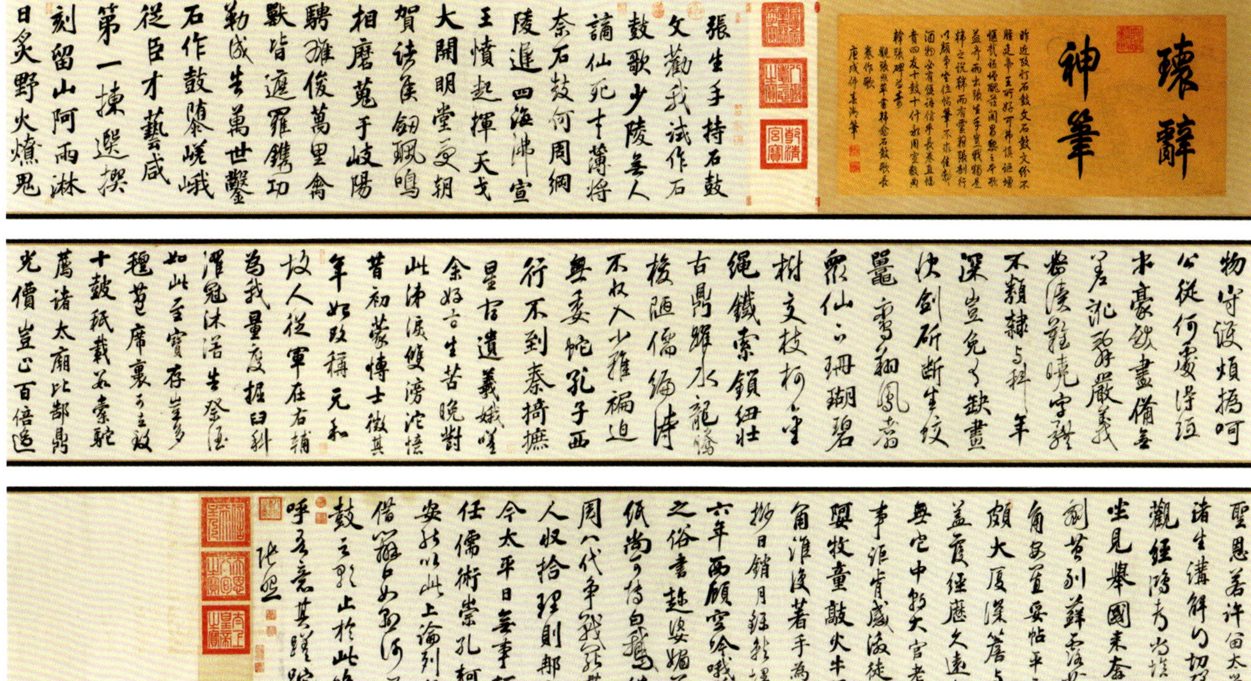

清 张照《韩愈石鼓歌》手卷

45.8cm×102.8cm. 约 4.2 平尺

54.5cm×790.5cm. 约 38.8 平尺

成交价：RMB 56,080,000

香港苏富比 2012 年秋

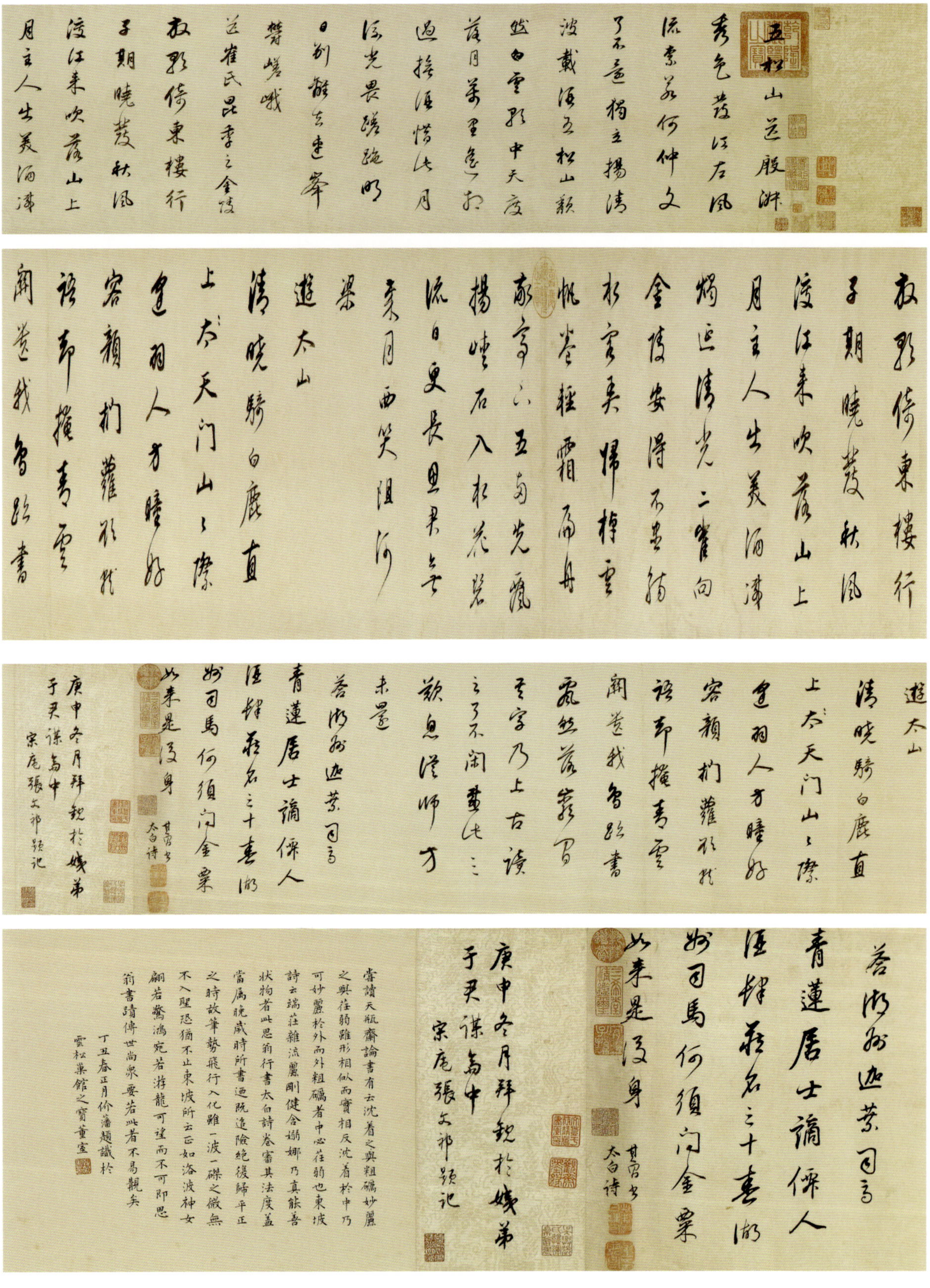

明 董其昌《行书李白诗篇》手卷

27.5cm×235cm，约 5.8 平方尺

成交价：RMB 47,223,594

香港佳士得 2012 年春

清 张宗苍《云栖山寺》手卷

46cm×231cm，约 9.6 平方尺

成交价：RMB 39,675,000

中国嘉德 2012 年秋

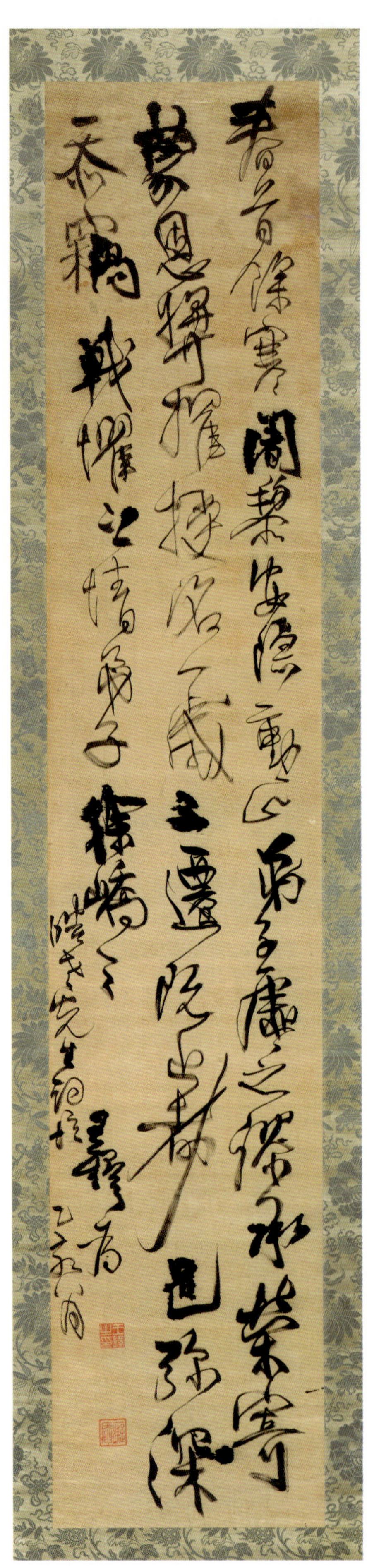

明 王铎《临徐峤之帖》
271cm×53cm，约 12.9 平方尺
成交价：RMB 34,500,000
北京匡时 2012 年春

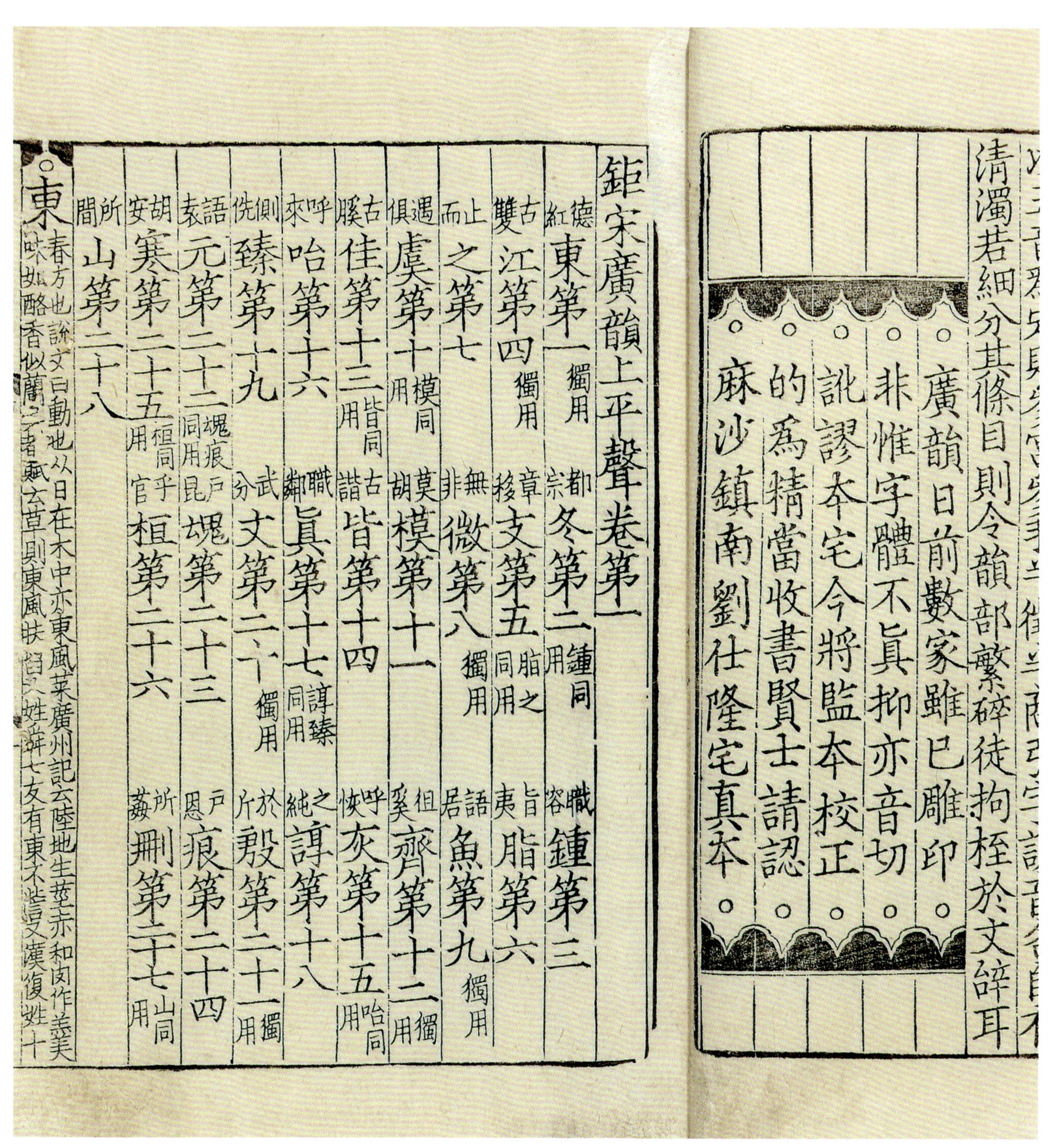
清濁若細分其條目則令韻部繁碎徒拘桎於文辞耳

廣韻日前數家雖已雕印
非惟字體不真抑亦音切
訛謬本宅今將監本校正
的爲精當收書賢士請認
麻沙鎮南劉仕隆宅真本

鉅宋廣韻上平聲卷第一

東第一 德紅 獨用　冬第二 都宗 鍾同用　鍾第三 職容
江第四 古雙 獨用　支第五 章移 脂之同用　脂第六 旨夷
之第七 止而　微第八 無非 獨用　魚第九 語居 獨用
虞第十 遇俱 模同用　模第十一 莫胡　齊第十二 徂奚 獨用
佳第十三 古膎 皆同用　皆第十四 古諧　灰第十五 呼恢 咍同用
咍第十六 呼來　眞第十七 職鄰 諄臻同用　諄第十八 之純
臻第十九 側詵　文第二十 武分 獨用　殷第二十一 於斤 獨用
元第二十二 語袁 魂痕同用　魂第二十三 戶昆　痕第二十四 戶恩
寒第二十五 胡安 桓同用　桓第二十六 胡官　刪第二十七 所姦 山同用
山第二十八 所閒

東 春方也說文曰動也从日在木中亦東風菜廣州記云陸地生莖赤和肉作羹味如酪香似蘭吳都賦云草則東風扶留又姓舜七友有東不訾又漢複姓十

隋　陆法言《巨宋广韵五卷》
成交价：RMB 34,500,000
北京保利　2012 年秋

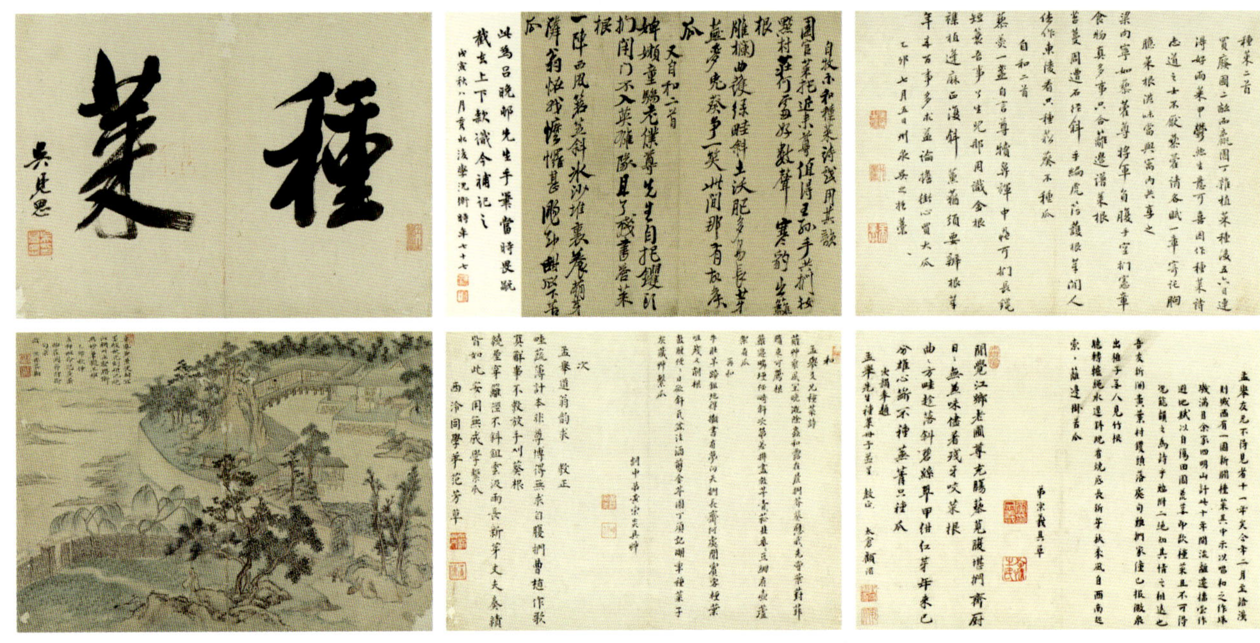

清 吴之振《种菜诗唱和诗册》系列作品十四种

成交价：RMB 32,200,000

北京匡时 2012 年春

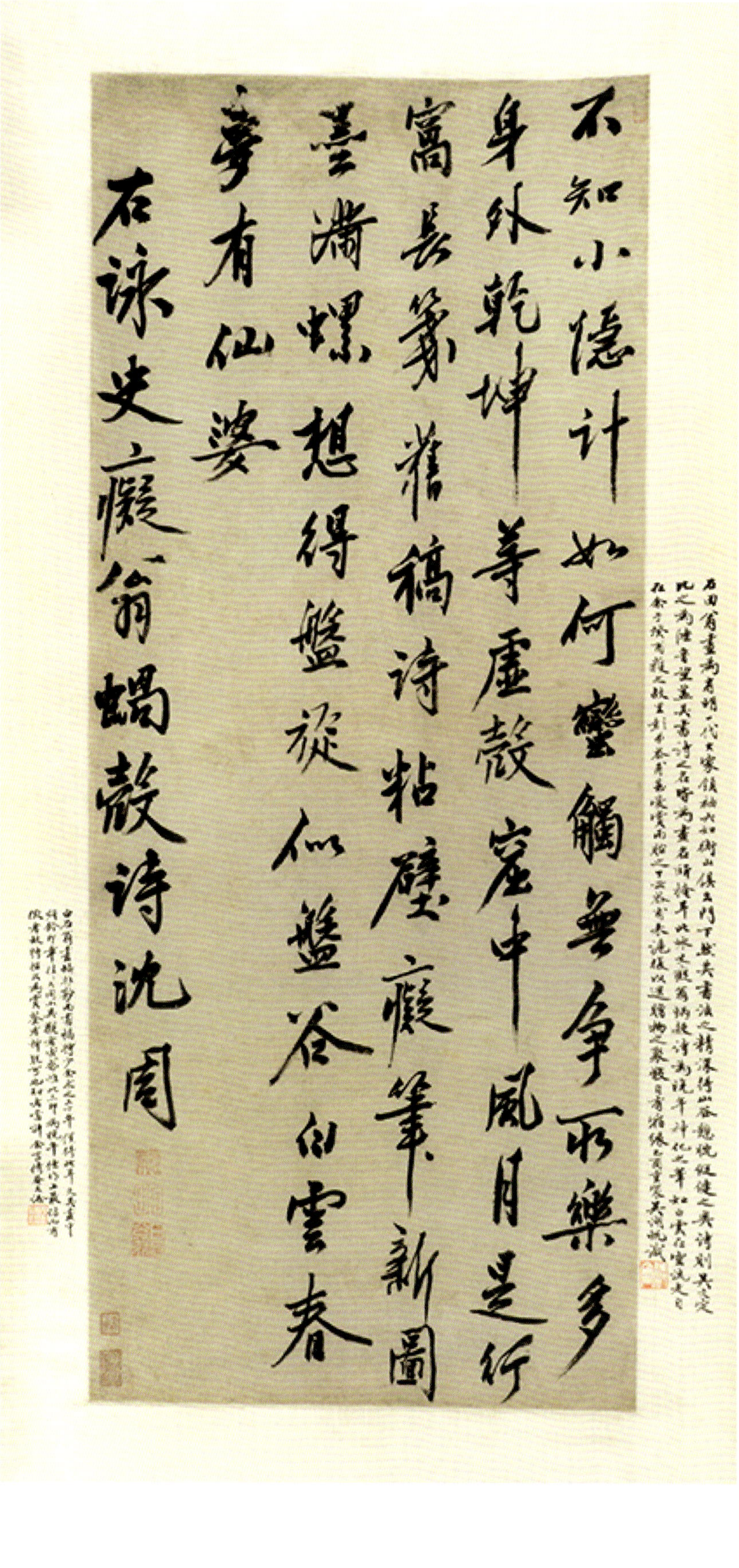

明 沈周《行书蜗壳诗》

96.5cm×41cm，约 3.6 平方尺

成交价：RMB 30,475,000

北京匡时 2012 年秋

明 沈周（传）《赠吴匏庵行》手卷

31cm×1082cm，约 30.2 平方尺

成交价：RMB 30,289,138

香港佳士得 2012 年春

清 石涛《兰竹当风》

122cm×55cm，约 6.0 平方尺

成交价：RMB 28,750,000

北京匡时 2012 年春

清 蒋廷锡《仿宋人设色图册》册页（十二开）

29.8cm×24.5cm×12，约 0.7 平方尺（每幅）

成交价：RMB 25,300,000

中国嘉德 2012 年春

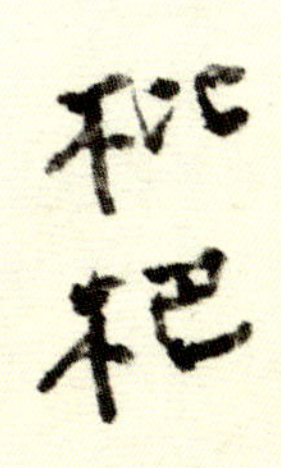

清 石涛 朱耷《杂画册》（七开）

30cm×23cm；29cm×23.5cm；29.5cm×23.5cm；26cm×20cm；30.5cm×23cm；34cm×22cm；26.5cm×20cm

成交价：RMB 24,150,000

北京匡时 2012 年秋

清 邹一桂《花卉》册页（八开）

18cm×22cm×8，约 0.4 平方尺（每幅）

成交价：RMB 23,000,000

北京翰海 2012 年春

清　康熙帝《行书“笃志经学”并四十名臣诗》

横批 66cm×220cm；册页 47cm×25cm×40

成交价：RMB 23,000,000

中国嘉德 2012 年秋

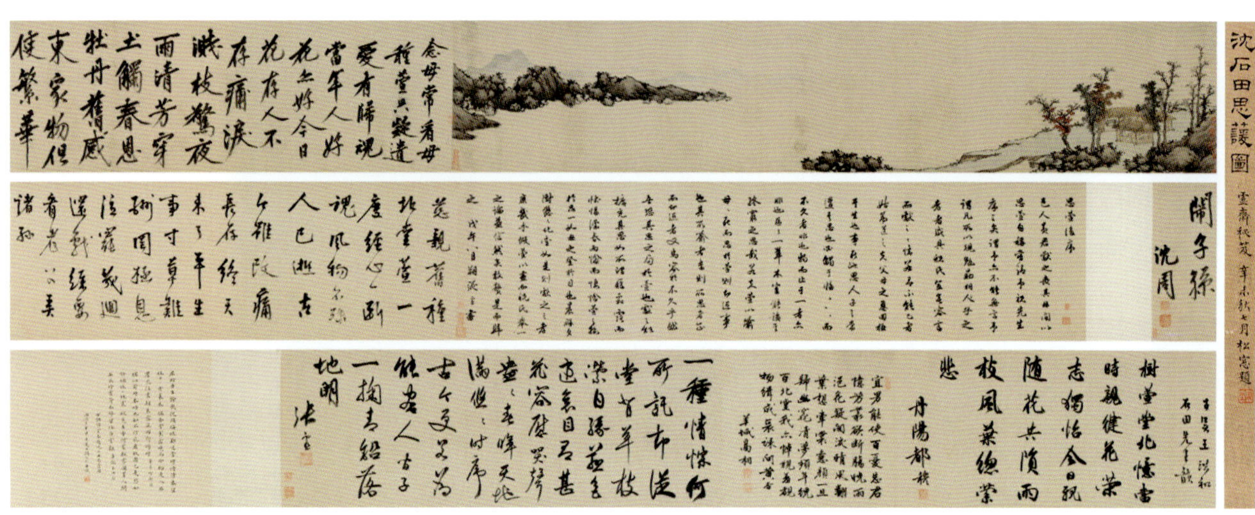

明 沈周《思萱图》手卷

书画 30cm×263cm；题跋 30cm×450cm

成交价：RMB 23,000,000

北京保利 2012 年秋

清　王翬《虞山山水卷》手卷

32.5cm×330cm，约 9.7 平方尺

成交价：RMB 22,425,000

北京保利　2012 年秋

清 蒋廷锡《仿宋人勾染图册》册页（十二开）

26.8cm×23cm×12，约 0.6 平方尺（每幅）

成交价：RMB 21,850,000

中国嘉德 2012 年春

清 王原祁《仿大痴山水》

122cm×55cm，约 6.0 平方尺

成交价：RMB 21,850,000

北京匡时 2012 年春

清 王翚《溪堂佳趣》

136cm×61cm，约 7.5 平方尺

成交价：RMB 21,850,000

上海朵云轩 2012 年春

明 傅山《小楷金刚经》册页（二十四开）

23.5cm×16cm×24，约 0.3 平方尺（每幅）

成交价：RMB 20,700,000

北京匡时 2012 年春

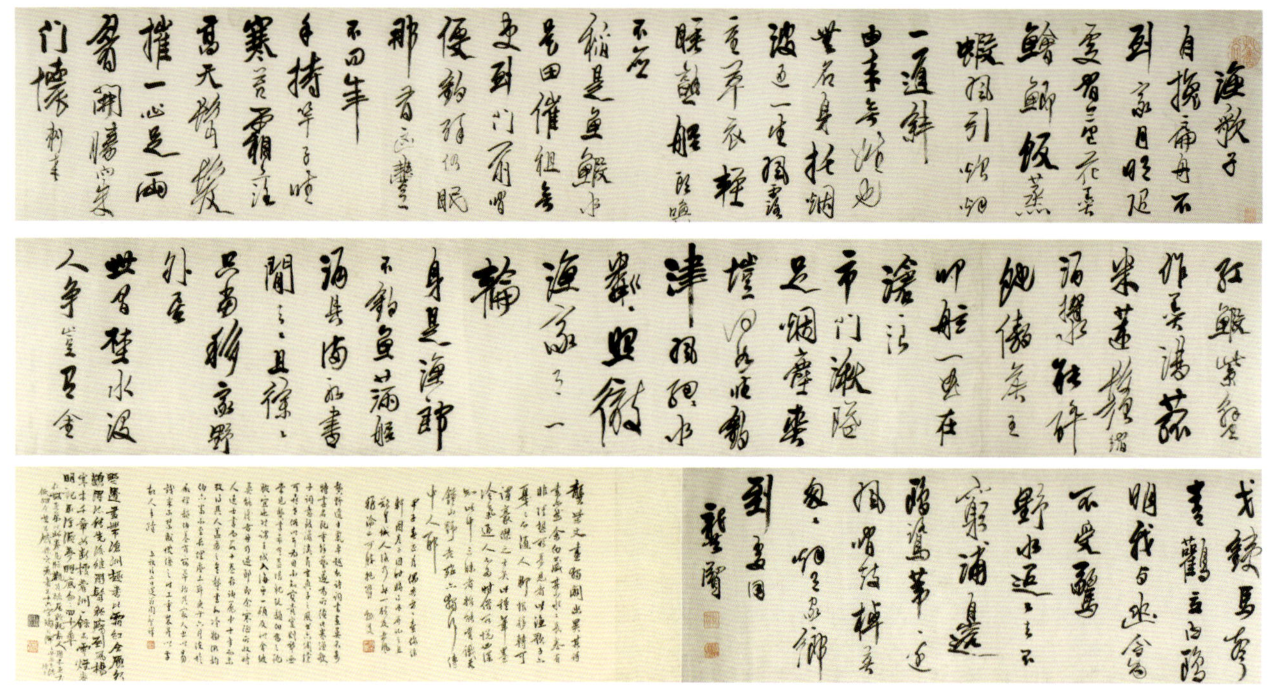

明 龚贤《行书渔歌子卷》

30cm×501cm，约 13.5 平方尺

成交价：RMB 20,700,000

北京匡时 2012 年秋

清 王原祁《仿黄大痴山水》

132cm×58cm，约 6.9 平方尺

成交价：RMB 20,125,000

北京匡时 2012 年秋

明 蓝瑛《西湖十景》

167.5cm×44.5cm×10，约 6.7 平方尺（每幅）

成交价：RMB 20,125,000

中贸圣佳 2012 年春

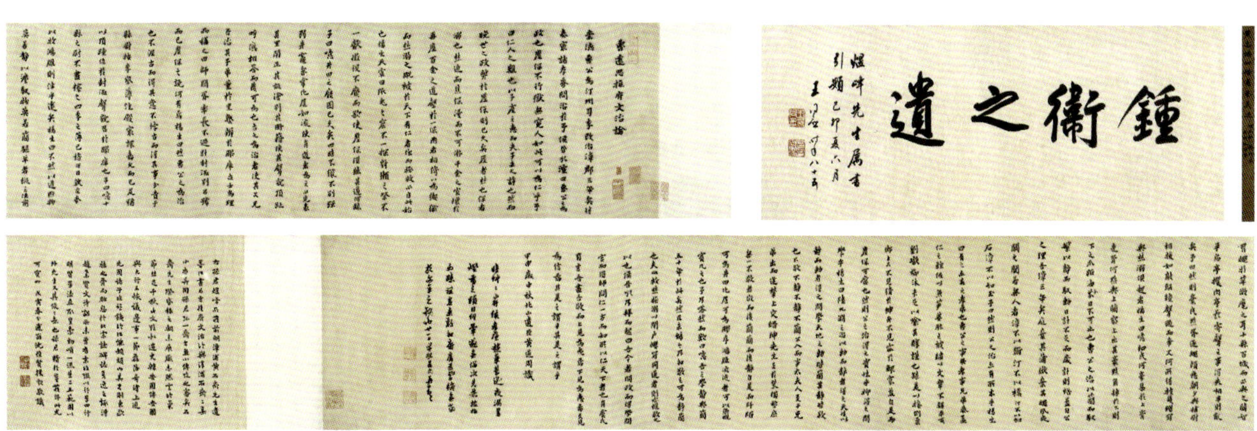

明 黄道周《楷书曹远思推府文治论》手卷

31.5cm×384.5cm，约 10.9 平方尺

成交价：RMB 19,550,000

西泠拍卖 2012 年春

明 谢时臣《双松寿芝图》

189.5cm×101cm，约 17.2 平方尺

成交价：RMB 18,975,000

中贸圣佳 2012 年春

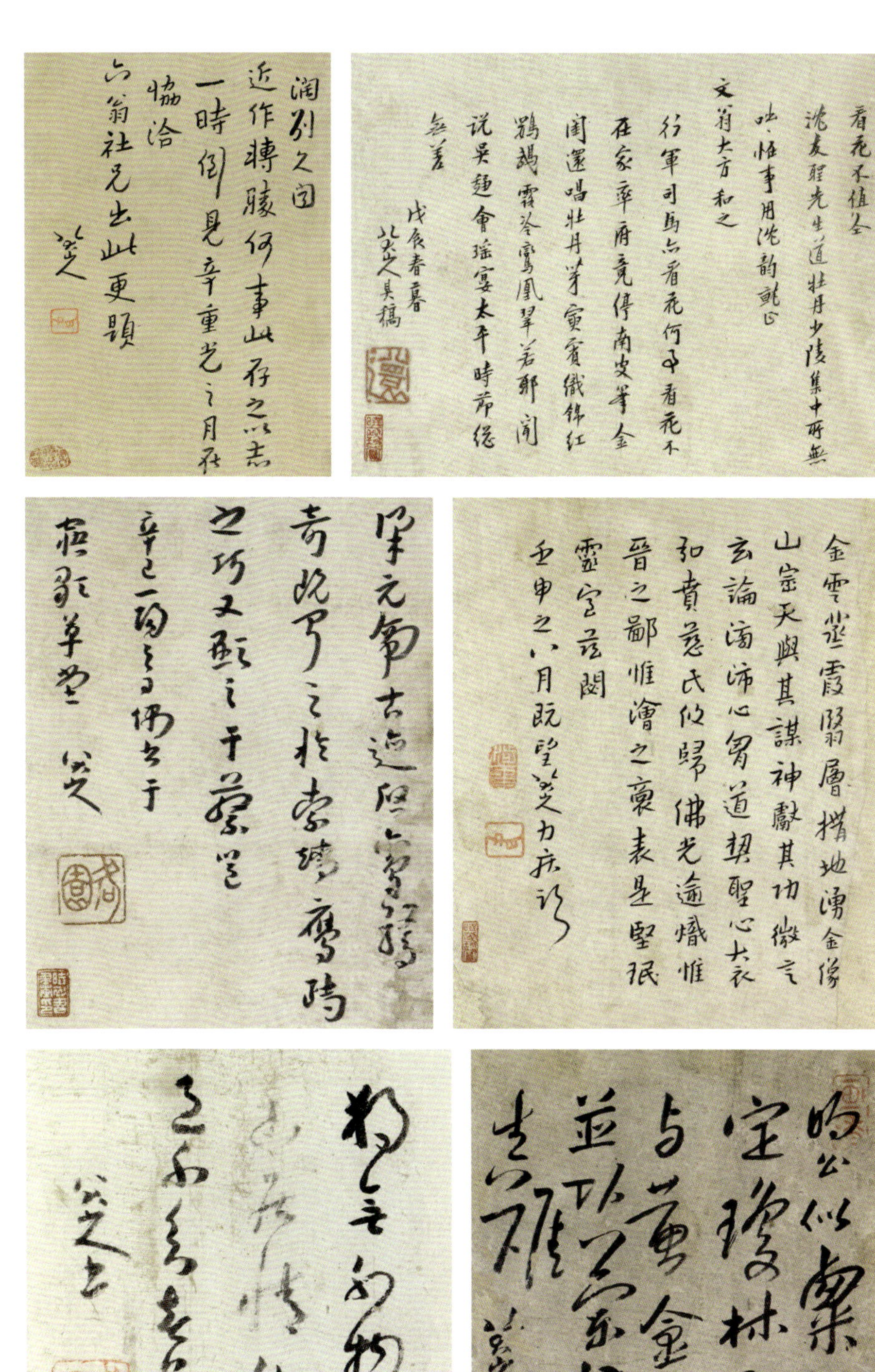

清　朱耷《书法册》册页
尺寸不一
成交价：RMB 18,400,000
北京匡时　2012 年春

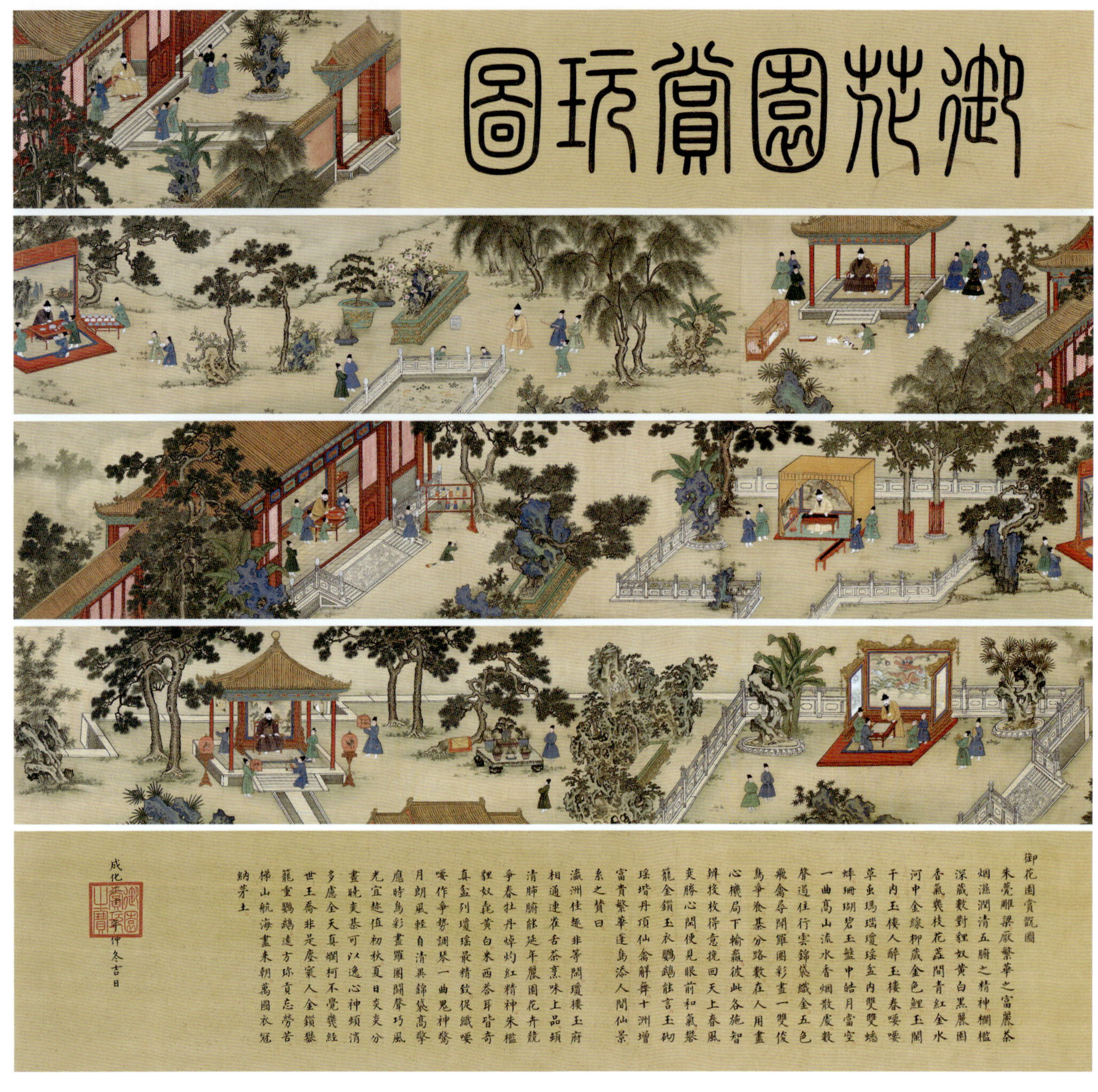

佚名《御花园赏玩图》手卷

36cm×672.5cm，约 21.7 平方尺

成交价：RMB 18,170,000

中国嘉德 2012 年秋

清 钱泳《记事珠》墨迹本 册页

25cm×30cm，约 0.7 平方尺（每幅）

成交价：RMB 17,825,000

北京保利 2012 年秋

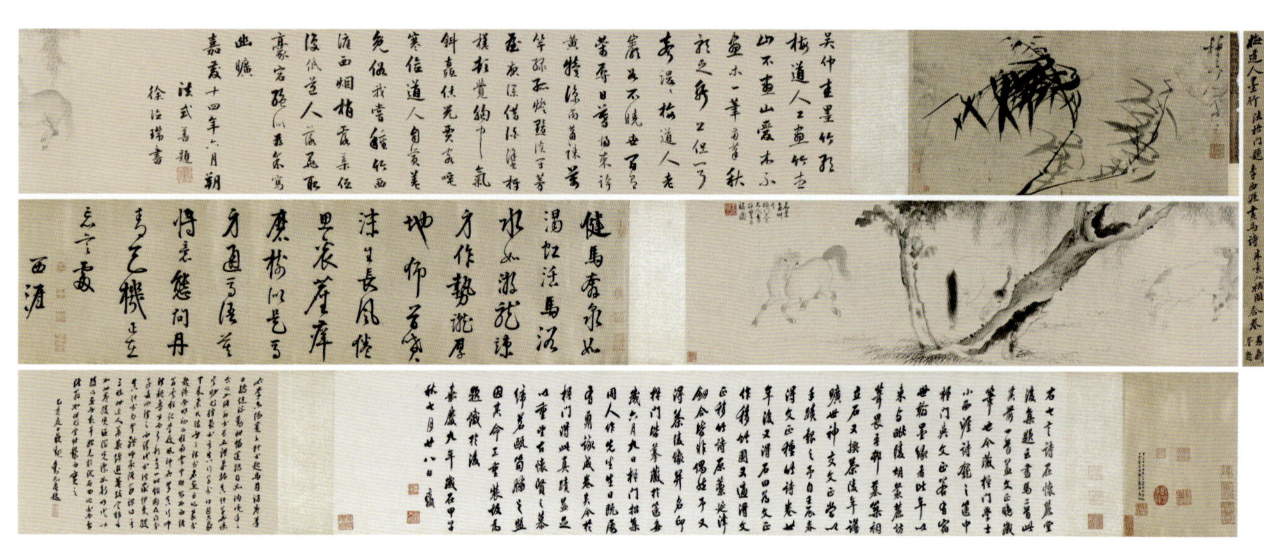

明 李东阳《行书画马诗一首》手卷

29cm×130cm，约 3.4 平方尺

成交价：RMB 17,250,000

中国嘉德 2012 年春

元　方从义《云林钟秀》手卷

23.5cm×105cm，约 2.2 平方尺

成交价：RMB 17,250,000

北京保利　2012 年春

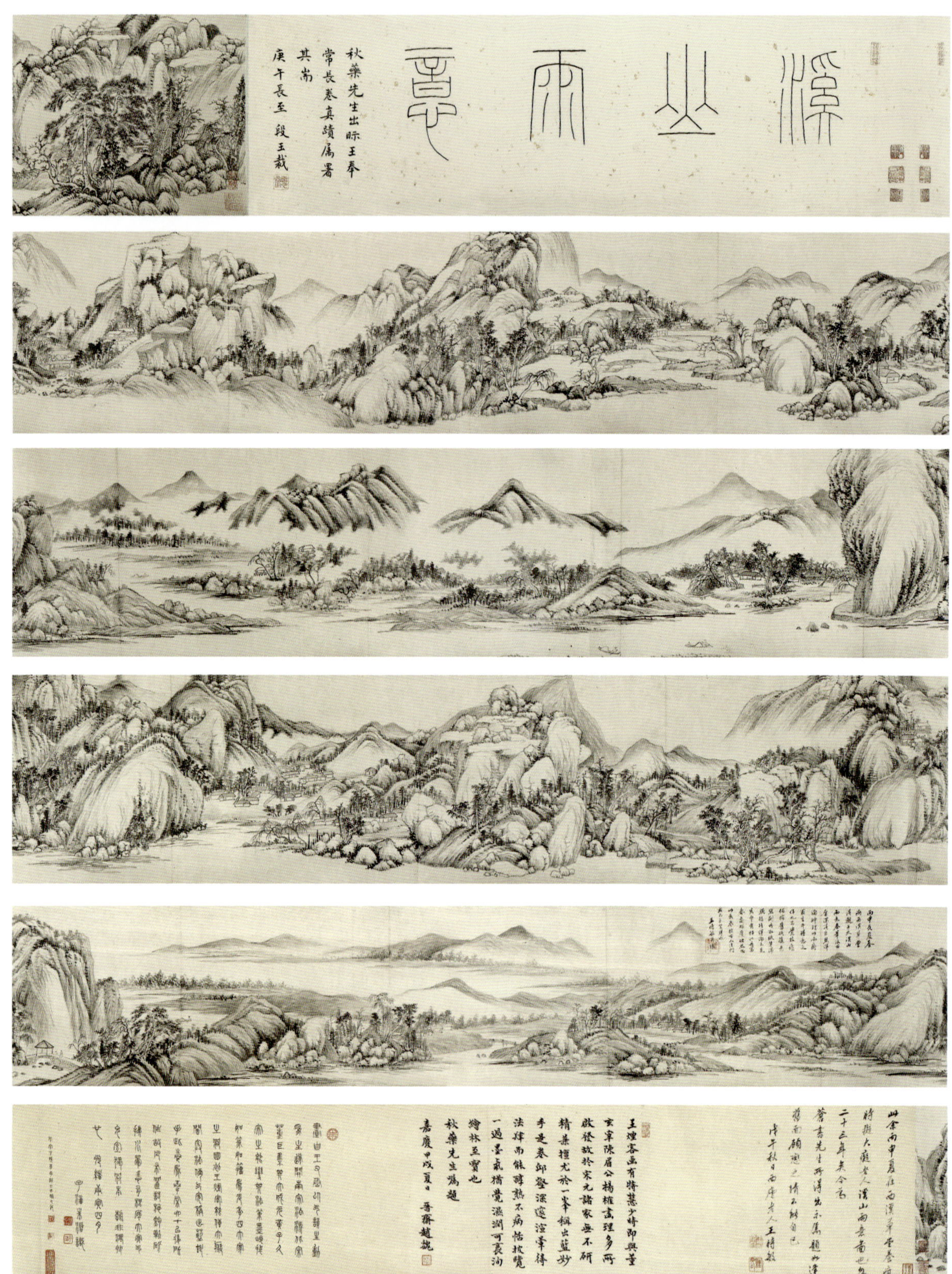

清 王时敏《溪山雨意》手卷

21.5cm×623cm，约 12.1 平方尺

成交价：RMB 17,250,000

广州华艺 2012 年夏

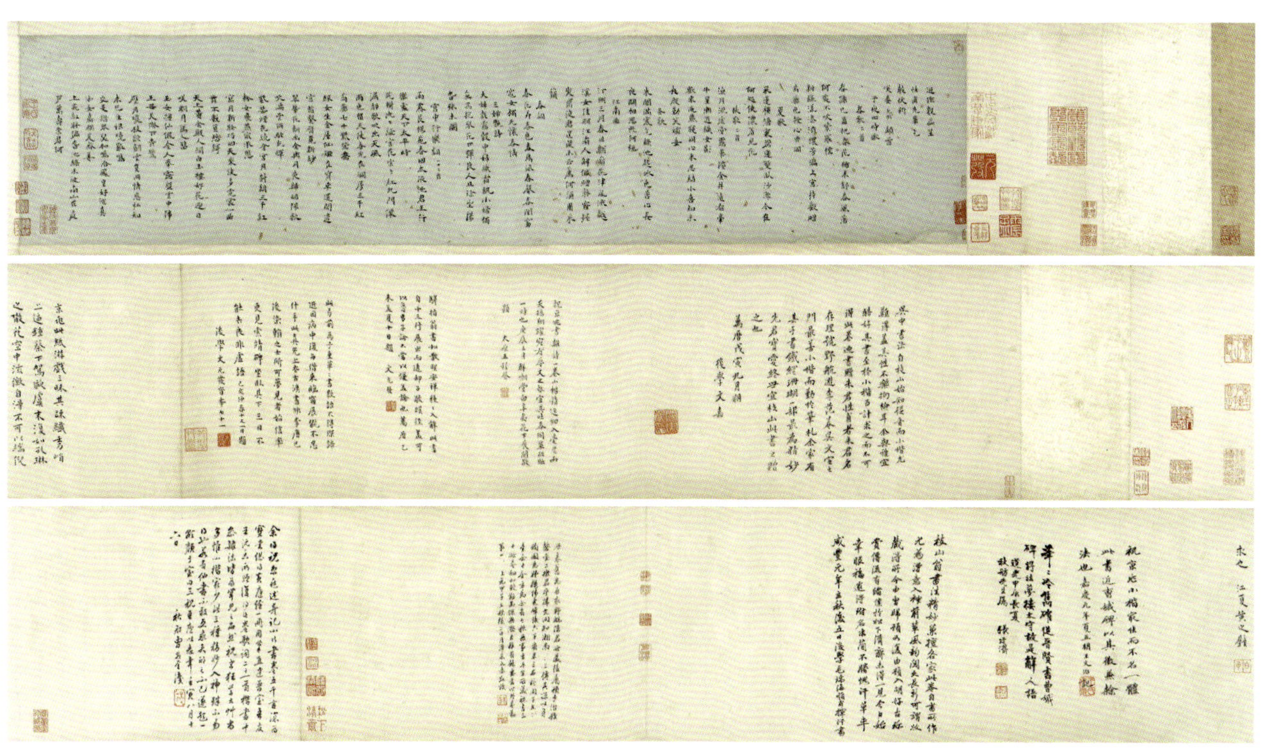

明 祝允明《小楷歌词二十一首》手卷

书法 19.7cm×90.5cm；题跋 22.5cm×215cm

成交价：RMB 17,135,000

中国嘉德 2012 年秋

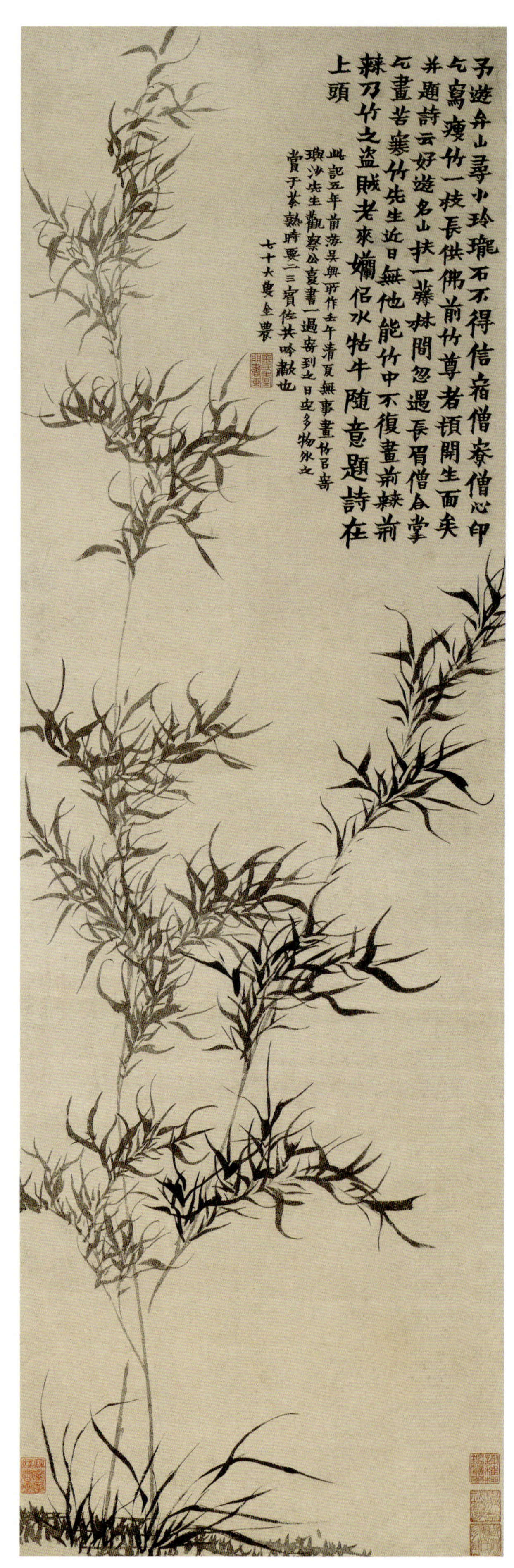

清 金农《墨竹》

127.5cm×41.5cm，约 4.8 平方尺

成交价：RMB 16,100,000

中国嘉德 2012 年春

清　渐江《峭壁竹梅》
111cm×55cm，约 5.5 平方尺
成交价：RMB 16,100,000
北京匡时 2012 年春

清 朱耷 高邕《墨荷图》手卷（两件）

朱耷卷 23.5cm×257cm；高邕卷 23.5cm×248cm

成交价：RMB 16,100,000

上海朵云轩 2012 年秋

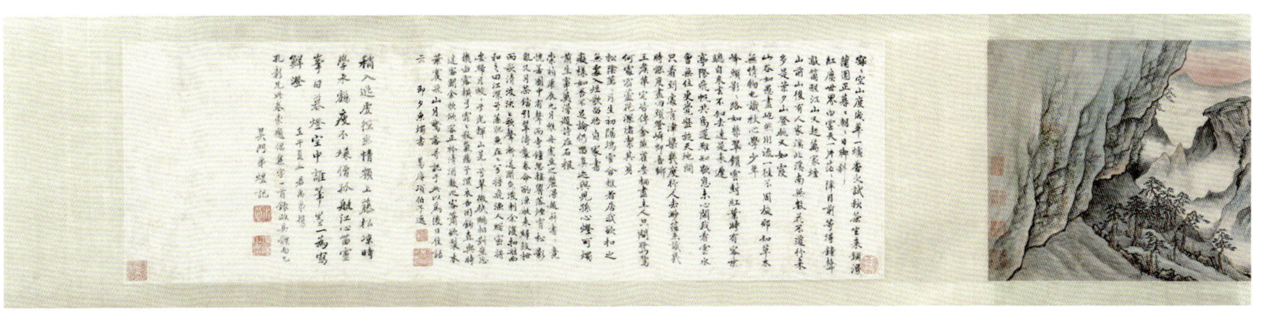

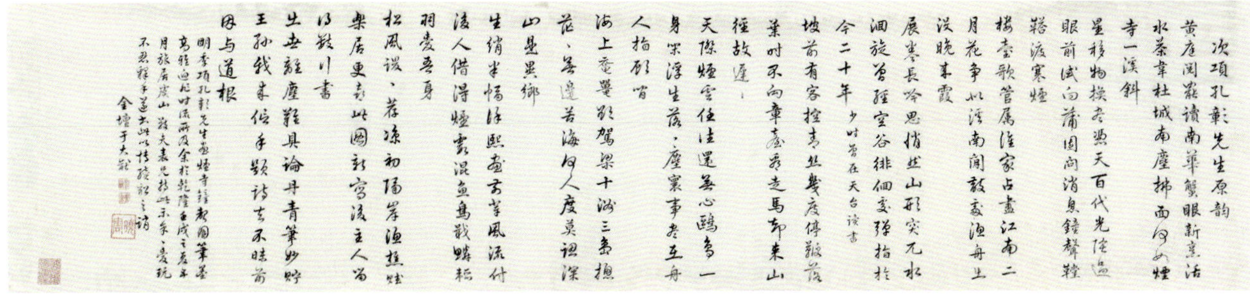

明末清初 项圣谟《烟寺钟声图》

书画 25cm×166cm；题跋 25cm×223cm

成交价：RMB 15,525,000

北京保利 2012 年春

明 蓝瑛《临宋人青绿山水》手卷

47cm×394cm，约 16.7 平方尺

成交价：RMB 14,950,000

中国嘉德 2012 年秋

清　王鉴《仿董文敏青绿山水》
131.5cm×60cm，约 7.1 平方尺
成交价：RMB 14,110,500
中国嘉德（香港）　2012 年秋

清 任颐《花鸟》四屏

246.5cm×117.5cm×4，约 26.1 平方尺（每幅）

成交价：RMB 14,110,500

中国嘉德（香港） 2012 年秋

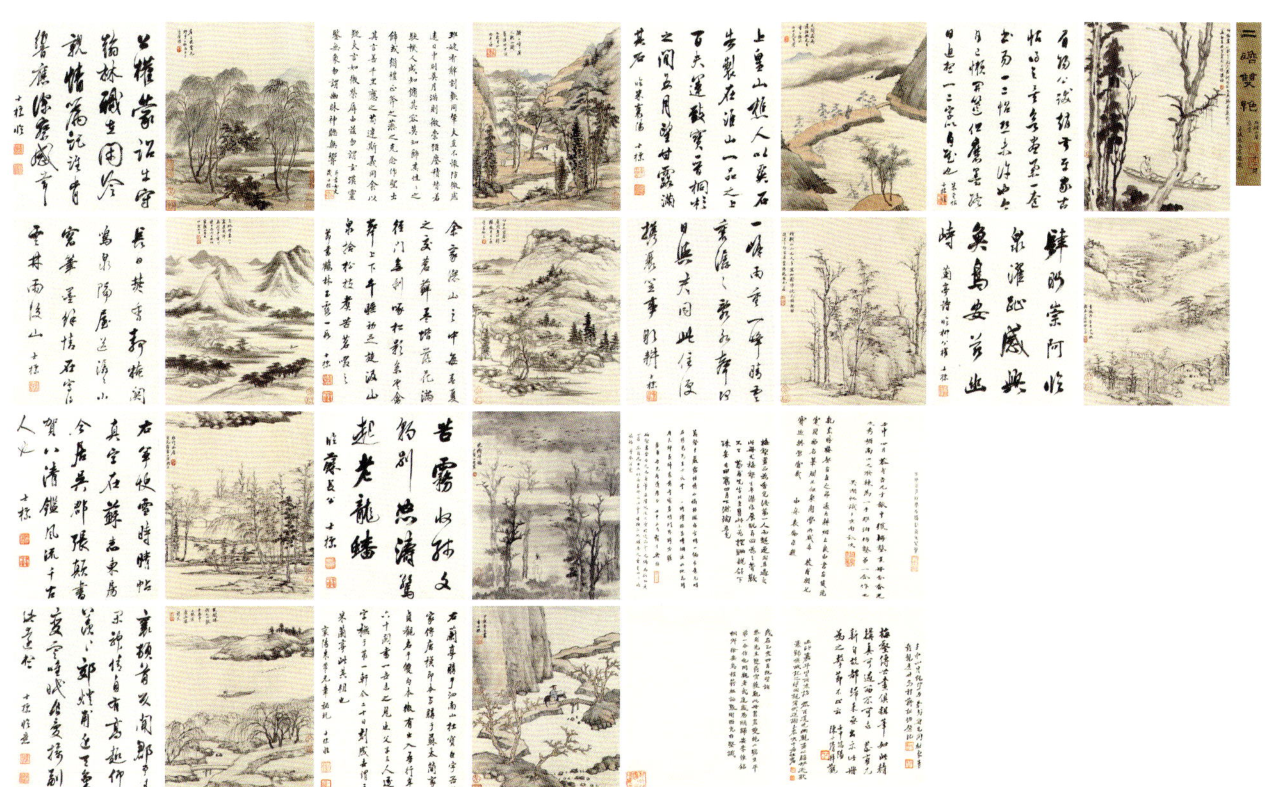

清 查士标《二瞻双绝》册页（二十四开）

24.5cm×21.5cm×24，约 0.5 平方尺（每幅）

成交价：RMB 13,800,000

北京匡时 2012 年春

明 宋旭《仿黄鹤山樵辋川别墅图》手卷

31.5cm×1074.5cm，约 30.5 平方尺

成交价：RMB 13,225,000

中国嘉德 2012 年秋

清 王翚《惜竹爱松图》手卷

24cm×234cm，约5.1平方尺

成交价：RMB 12,229,100

中国嘉德（香港） 2012年秋

清 吴历《少陵诗意图》手卷

27cm×142cm，约 3.5 平方尺

成交价 :RMB 12,075,000

北京匡时 2012 年春

清 朱耷《黄雀图 草书合璧》

30cm×30cm×2，约0.8平方尺（每幅）

成交价：RMB 12,075,000

北京匡时 2012年春

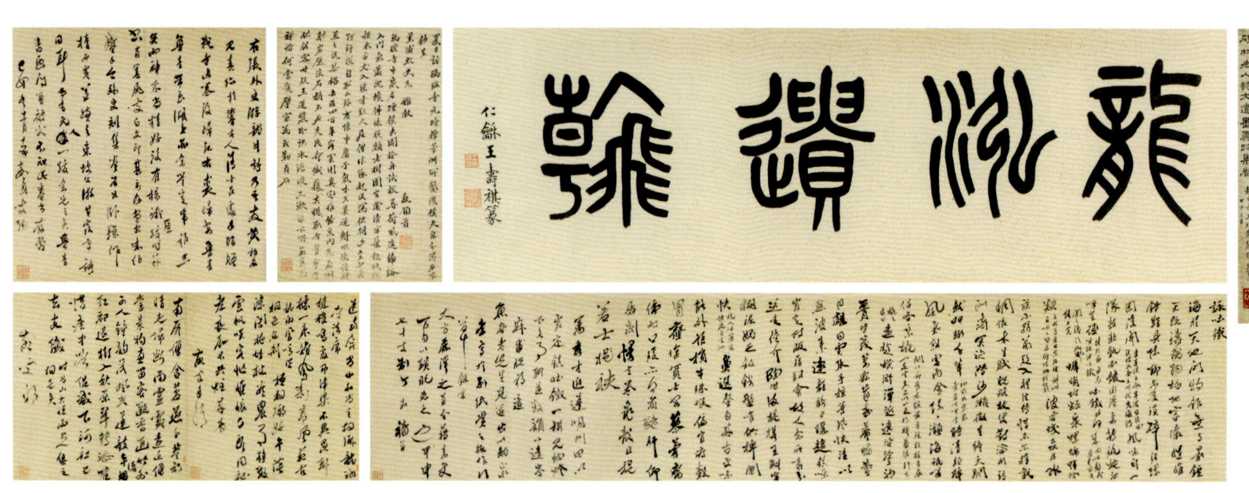

清 丁敬《诗文集》手卷

引首 25cm×85cm；本幅 23.5cm×44.5cm、22cm×101.5cm、25cm×27cm、27cm×19cm

成交价：RMB 12,075,000

北京匡时 2012 年秋

近现代书画

作品名称	成交价（RMB）	拍卖公司	页码
李可染《万山红遍》	293,250,000	北京保利	161
李可染《韶山——革命圣地毛主席旧居》	124,200,000	中国嘉德	162
傅抱石《杜甫九日蓝耕会饮诗意图》	92,000,000	北京保利	163
齐白石《祖国颂》	82,800,000	北京保利	164
齐白石《溪桥柳岸、海棠秀石》山水花卉屏风(一对)	56,080,000	香港苏富比	165
张大千《烟江叠嶂》	52,325,000	上海朵云轩	166
李可染《雄关漫道年苍山如海》	40,825,000	北京保利	167
傅抱石《宝研楼图》	40,020,000	北京华辰	168
张大千《番女掣厖图》	38,929,800	香港保利	169
齐白石《设色山水图册》册页（十开）	37,628,000	中国嘉德（香港）	170
李可染《漓江秋山》	34,500,000	北京传是	171
李可染《千岩竞秀年万壑藏云》	32,775,000	北京保利	172
徐悲鸿《七喜图》	32,200,000	北京保利	173
张大千《李检法空林萧散图》	29,325,000	北京保利	174
张大千《晚波渔艇》	28,750,000	上海朵云轩	175
傅抱石《赤壁图》	28,520,000	上海天衡	176
张大千《忆远图》	28,000,698	香港佳士得	177
潘天寿《欲雪》	27,600,000	北京保利	178
傅抱石《幽对鸣泉》	25,300,000	北京保利	179
张大千《致张群山水花卉册》册页（二十四开）	25,300,000	中国嘉德	180
张大千《松峰晓霭图》	24,339,194	香港佳士得	181
潘天寿《墨牛图》	24,150,000	上海崇源	182
潘天寿《鹰石图》	24,150,000	北京保利	183
齐白石《松鹰》	24,150,000	北京保利	184
陆俨少《井冈山朱砂冲哨口》	23,172,500	上海崇源	185
徐悲鸿《奔马》	23,000,000	上海荣宝斋	186
齐白石《芙蓉阁仙家》	22,770,000	北京华辰	187
李可染《漓江胜揽》	22,425,000	上海天衡	188
张大千《丁未泼彩》	21,850,000	中国嘉德	189
齐白石《人物》四屏	21,850,000	北京保利	190
傅抱石《松下高士》	21,275,000	北京保利	191
傅抱石《山间论道》	21,275,000	北京传是	192
齐白石《万竹山居图》	21,275,000	北京匡时	193

续表

作品名称	成交价（RMB）	拍卖公司	页码
吴湖帆《古树层峦》	20,700,000	中国嘉德	194
傅抱石《春夜玄武湖》	20,700,000	中国嘉德	195
傅抱石《清阴雅集图》	20,700,000	中国嘉德	196
徐悲鸿《吼狮图》	20,700,000	上海天衡	197
吴昌硕《敝帚自珍册》册页（十一开）	20,125,000	中国嘉德	198
李可染《井冈山主峰图》	20,125,000	北京保利	199
吴湖帆《临〈五牛图〉卷》	20,125,000	上海朵云轩	200
潘天寿《无边春色》	19,550,000	上海天衡	201
齐白石《山间小屋》	19,550,000	中贸圣佳	202
傅抱石《毛泽东〈登庐山〉诗意》	19,344,000	香港苏富比	203
张大千《仿宋人笔古木幽禽》	18,975,000	北京保利	204
傅抱石《春词诗意》	18,448,000	香港苏富比	205
张大千《瑞士奇峰》	18,448,000	香港苏富比	206
徐悲鸿《立马》	18,400,000	中国嘉德	207
齐白石《花卉》四屏	18,400,000	中国嘉德	208
张大千《南海无边》	17,825,000	北京翰海	209
徐悲鸿《野趣》	17,683,640	香港佳士得	210
徐悲鸿《松鹰图》	17,402,950	中国嘉德（香港）	211
齐白石《寿酒图》	17,250,000	上海崇源	212
张大千《勾金红莲》	17,250,000	中国嘉德	213
齐白石《松屋饮酒图》	17,250,000	北京保利	214
傅抱石《细擘桃花掷流水》	17,250,000	上海天衡	215
吴湖帆《庚桑古洞图》	17,250,000	西泠拍卖	216
张大千《红叶白鸠》	16,675,000	北京翰海	217
张大千《观世音菩萨》	16,100,000	中国嘉德	218
徐悲鸿《奔马图 行书五言联》	16,100,000	上海道明	219
吴昌硕《花卉》四屏	15,525,000	中国嘉德	220
傅抱石《秋山策杖》	14,950,000	中国嘉德	221
徐悲鸿《康南海六十行乐图》	14,950,000	北京保利	222
陆俨少《稼轩词意对题册》册页（二十开）	14,950,000	北京保利	223
傅抱石《虹飞千尺》	14,950,000	北京传是	224
黄宾虹《天都松影图》	14,375,000	中国嘉德	225
傅抱石《高士观瀑图》	12,320,000	北京荣宝	226
李可染《翠溪人家》	11,200,000	北京荣宝	227
齐白石《十六应真佛像册》册页	11,200,000	北京荣宝	228

李可染《万山红遍》

131cm×84cm，约 9.9 平方尺

成交价：RMB 293,250,000

北京保利 2012 年春

李可染《韶山——革命圣地毛主席旧居》

141.5cm×243cm，约 30.9 平方尺

成交价：RMB 124,200,000

中国嘉德 2012 年春

傅抱石《杜甫九日蓝耕会饮诗意图》
208cm×59.5cm，约 11.1 平方尺
成交价：RMB 92,000,000
北京保利 2012 年春

齐白石《祖国颂》

218cm×72.5cm，约 14.2 平方尺

成交价：RMB 82,800,000

北京保利 2012 年秋

齐白石《溪桥柳岸、海棠秀石》山水花卉屏风（一对）

147.8cm×132.5cm×2，约 17.6 平方尺（每幅）

成交价：RMB 56,080,000

香港苏富比 2012 年春

张大千《烟江叠嶂》

129.5cm×67cm，约 7.8 平方尺

成交价：RMB 52,325,000

上海朵云轩 2012 年秋

李可染《雄关漫道年苍山如海》

96cm×157cm，约 13.6 平方尺

成交价：RMB 40,825,000

北京保利 2012 年秋

傅抱石《宝研楼图》

35cm×106cm，约 3.3 平方尺

成交价：RMB 40,020,000

北京华辰 2012 年春

张大千《番女掣厖图》

108.6cm×73cm，约 7.1 平方尺

成交价：RMB 38,929,800

香港保利 2012 年秋

齐白石《设色山水图册》册页（十开）
32.5cm×23.5cm×10，约 0.7 平方尺（每幅）
成交价：RMB 37,628,000
中国嘉德（香港） 2012 年秋

李可染《漓江秋山》

69.5cm×45.5cm，约 2.8 平方尺

成交价：RMB 34,500,000

北京传是 2012 年秋

李可染《千岩竞秀年万壑藏云》

78cm×104cm，约 7.3 平方尺

成交价：RMB 32,775,000

北京保利 2012 年秋

徐悲鸿《七喜图》

92cm×61cm，约 5.1 平方尺

成交价：RMB 32,200,000

北京保利 2012 年春

张大千《李检法空林萧散图》
122cm×56cm，约 6.1 平方尺
成交价：RMB 29,325,000
北京保利 2012 年春

张大千《晚波渔艇》

354cm×129.5cm，约 41.3 平方尺

成交价：RMB 28,750,000

上海朵云轩 2012 年春

傅抱石《赤壁图》

166.5cm×41cm，约 6.1 平方尺

成交价：RMB 28,520,000

上海天衡 2012 年秋

张大千《忆远图》

91.7cm×45.8cm，约 3.8 平方尺

成交价：RMB 28,000,698

香港佳士得 2012 年春

潘天寿《欲雪》

82cm×81cm，约 6.0 平方尺

成交价：RMB 27,600,000

北京保利 2012 年秋

傅抱石《幽对鸣泉》

98cm×50cm，约 4.4 平方尺

成交价：RMB 25,300,000

北京保利 2012 年春

张大千《致张群山水花卉册》册页（二十四开）

33cm×48cm×24，约 1.4 平方尺（每幅）

成交价：RMB 25,300,000

中国嘉德 2012 年秋

张大千《松峰晓霭图》

187.5cm×95.5cm，约 16.1 平方尺

成交价：RMB 24,339,194

香港佳士得 2012 年春

潘天寿《墨牛图》

260cm×86cm，约 20.1 平方尺

成交价：RMB 24,150,000

上海崇源 2012 年秋

潘天寿《鹰石图》

214cm×47cm，约 9.1 平方尺

成交价：RMB 24,150,000

北京保利 2012 年春

齐白石《松鹰》

171cm×46.8cm，约 7.2 平方尺

成交价：RMB 24,150,000

北京保利 2012 年秋

陆俨少《井冈山朱砂冲哨口》

140cm×68.5cm，约 8.6 平方尺

成交价：RMB 23,172,500

上海崇源 2012 年秋

徐悲鸿《奔马》

78.8cm×47.5cm，约 3.4 平方尺

成交价：RMB 23,000,000

上海荣宝斋 2012 年春

齐白石《芙蓉阁仙家》
96cm×44.5cm，约 3.8 平方尺
成交价：RMB 22,770,000
北京华辰 2012 年秋

李可染《漓江胜揽》

110cm×70cm，约 7.0 平方尺

成交价：RMB 22,425,000

上海天衡 2012 年春

张大千《丁未泼彩》

127cm×63cm，约 7.2 平方尺

成交价：RMB 21,850,000

中国嘉德 2012 年秋

齐白石《人物》四屏

108cm×43cm×4，约 4.2 平方尺（每幅）

成交价：RMB 21,850,000

北京保利 2012 年秋

傅抱石《松下高士》
110cm×62cm，约 6.1 平方尺
成交价：RMB 21,275,000
北京保利 2012 年春

傅抱石《山间论道》

88.5cm×56.7cm，约 4.5 平方尺

成交价：RMB 21,275,000

北京传是 2012 年春

齐白石《万竹山居图》

154cm×58cm，约 8.0 平方尺

成交价：RMB 21,275,000

北京匡时 2012 年春

吴湖帆《古树层峦》

48cm×106cm，约 4.6 平方尺

成交价：RMB 20,700,000

中国嘉德 2012 年春

傅抱石《春夜玄武湖》

106.5cm×60.5cm，约 5.8 平方尺

成交价：RMB 20,700,000

中国嘉德 2012 年秋

傅抱石《清阴雅集图》

126.5cm×64cm，约 7.3 平方尺

成交价：RMB 20,700,000

中国嘉德 2012 年秋

徐悲鸿《吼狮图》
110cm×62cm，约 6.1 平方尺
成交价：RMB 20,700,000
上海天衡 2012 年秋

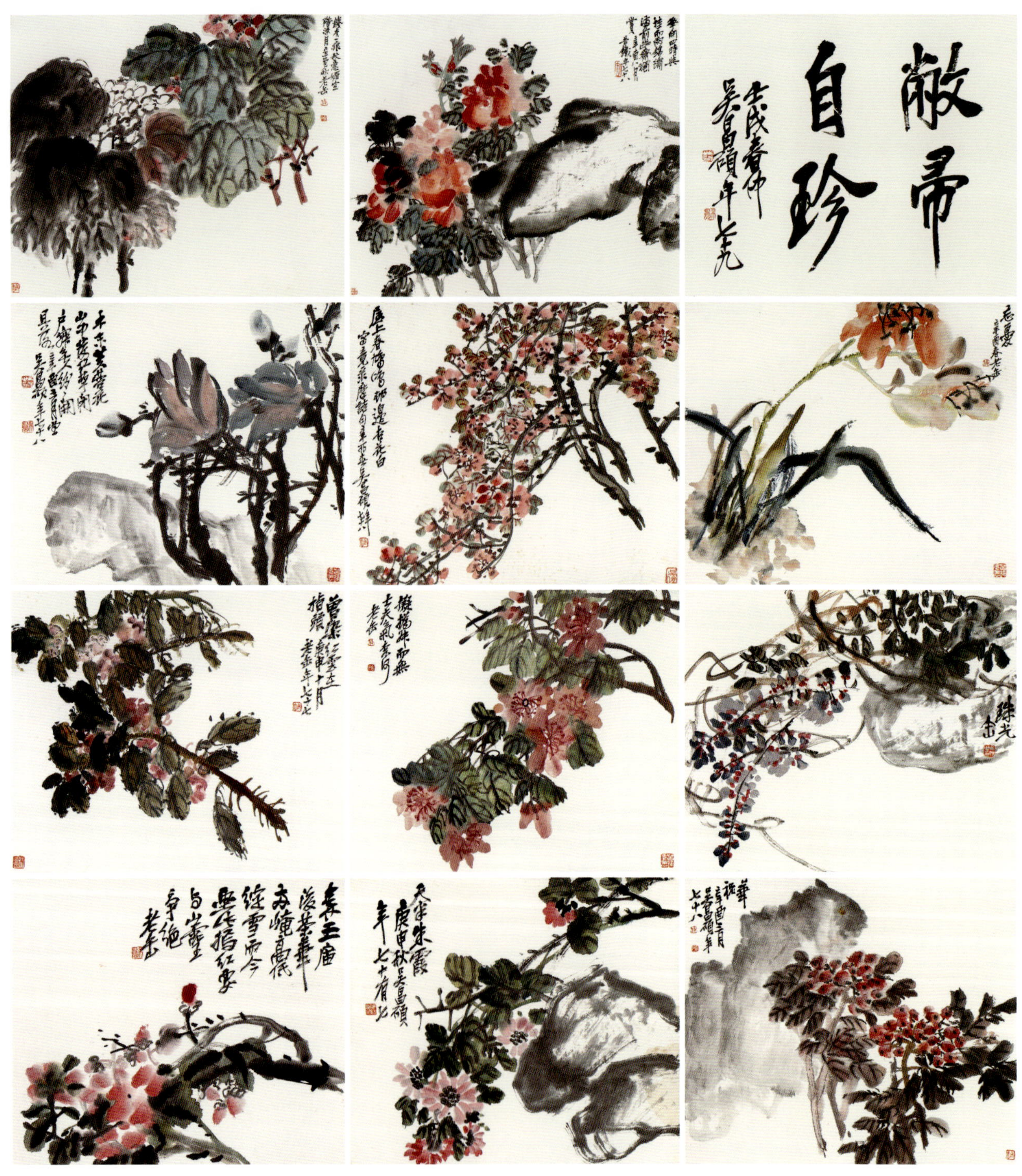

吴昌硕《敝帚自珍册》册页（十一开）

32cm×39cm×11，约 1.1 平方尺（每幅）

成交价：RMB 20,125,000

中国嘉德 2012 年秋

李可染《井冈山主峰图》

124cm×69cm，约 7.7 平方尺

成交价：RMB 20,125,000

北京保利 2012 年秋

吴湖帆《临〈五牛图〉卷》

22cm×217.5cm，约 4.3 平方尺

成交价：RMB 20,125,000

上海朵云轩 2012 年秋

潘天寿《无边春色》

84cm×67cm，约 5.1 平方尺

成交价：RMB 19,550,000

上海天衡 2012 年春

齐白石《山间小屋》

140cm×40cm，约 5.0 平方尺

成交价：RMB 19,550,000

中贸圣佳 2012 年春

傅抱石《毛泽东〈登庐山〉诗意》

66cm×96.5cm，约 5.7 平方尺

成交价：RMB 19,344,000

香港苏富比 2012 年春

张大千《仿宋人笔古木幽禽》

131cm×59cm，约 7.0 平方尺

成交价：RMB 18,975,000

北京保利 2012 年春

傅抱石《春词诗意》

109.2cm×30.5cm，约 3.0 平方尺

成交价：RMB 18,448,000

香港苏富比 2012 年秋

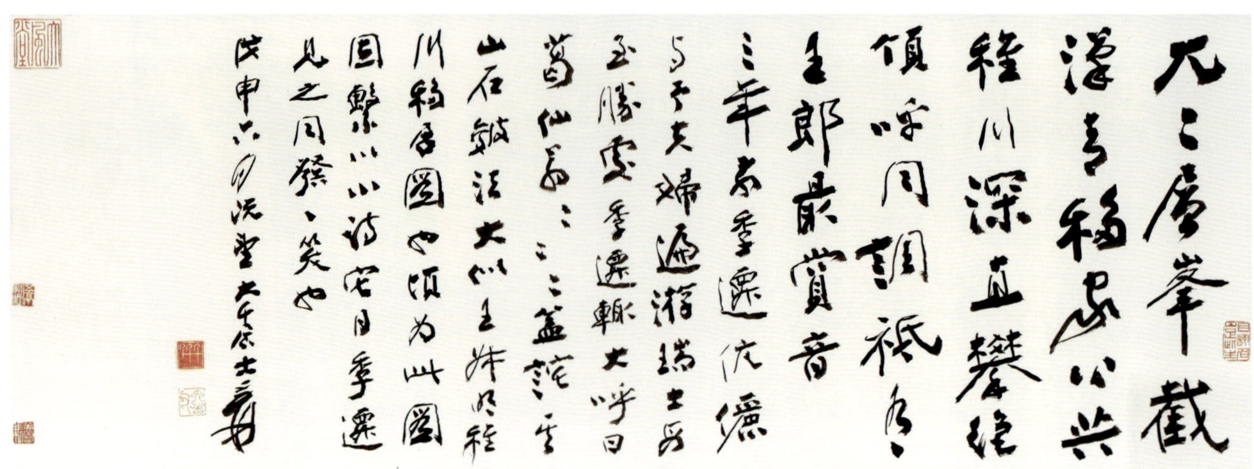

张大千《瑞士奇峰》

66.3cm×188cm；67.3cm×190.5cm

成交价：RMB 18,448,000

香港苏富比 2012 年秋

徐悲鸿《立马》

115.5cm×65.5cm，约 6.8 平方尺

成交价：RMB 18,400,000

中国嘉德 2012 年春

齐白石《花卉》四屏

100cm×34.5cm×4，约 3.1 平方尺（每幅）

成交价：RMB 18,400,000

中国嘉德 2012 年秋

张大千《南海无边》

185cm×95cm，约 15.8 平方尺

成交价：RMB 17,825,000

北京翰海 2012 年春

徐悲鸿《野趣》

112cm×111cm，约 11.2 平方尺

成交价：RMB 17,683,640

香港佳士得 2012 年秋

徐悲鸿《松鹰图》

130.5cm×77.5cm，约 9.1 平方尺

成交价：RMB 17,402,950

中国嘉德（香港） 2012 年秋

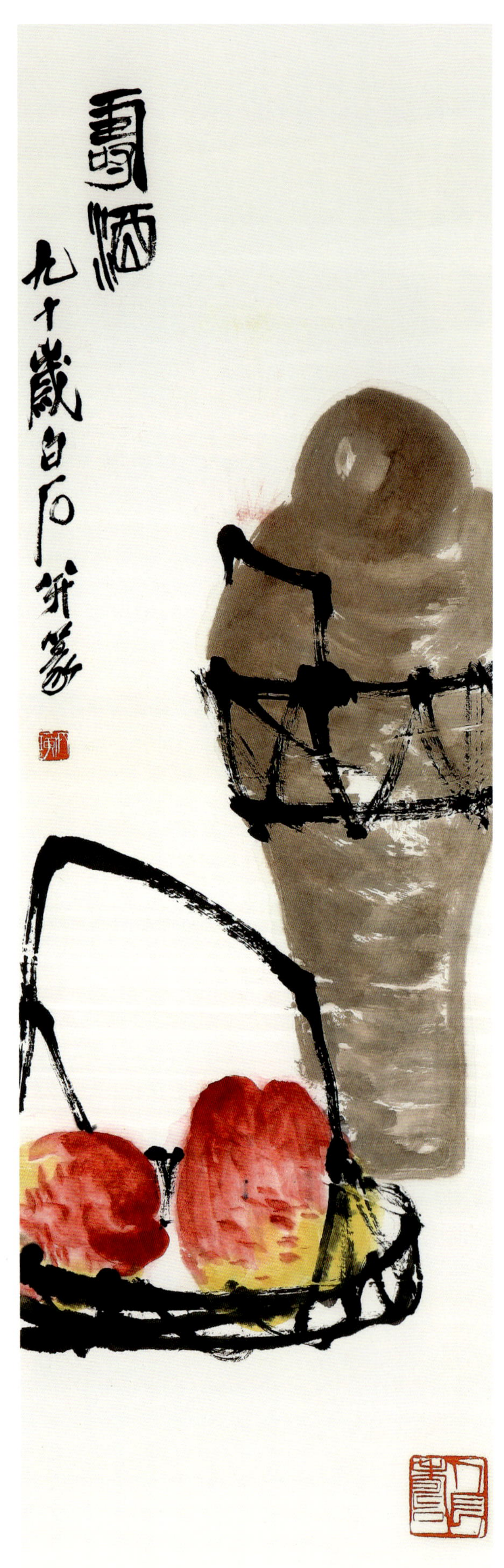

齐白石《寿酒图》

97cm×34.5cm，约 3.0 平方尺

成交价：RMB 17,250,000

上海崇源 2012 年秋

张大千《勾金红莲》

100.5cm×48cm，约 4.3 平方尺

成交价：RMB 17,250,000

中国嘉德 2012 年春

齐白石《松屋饮酒图》

137cm×42.5cm，约 5.2 平方尺

成交价：RMB 17,250,000

北京保利 2012 年秋

傅抱石《细擘桃花掷流水》

106cm×41cm，约 3.9 平方尺

成交价：RMB 17,250,000

上海天衡 2012 年春

吴湖帆《庚桑古洞图》
133cm×66.5cm，约 8.0 平方尺
成交价：RMB 17,250,000
西泠拍卖 2012 年秋

张大千《红叶白鸠》

113cm×45cm，约 4.6 平方尺

成交价：RMB 16,675,000

北京翰海 2012 年春

张大千《观世音菩萨》
129cm×64.5cm，约 7.5 平方尺
成交价：RMB 16,100,000
中国嘉德 2012 年春

徐悲鸿《奔马图 行书五言联》

104cm×60cm；141cm×33cm×2

成交价：RMB 16,100,000

上海道明 2012 年秋

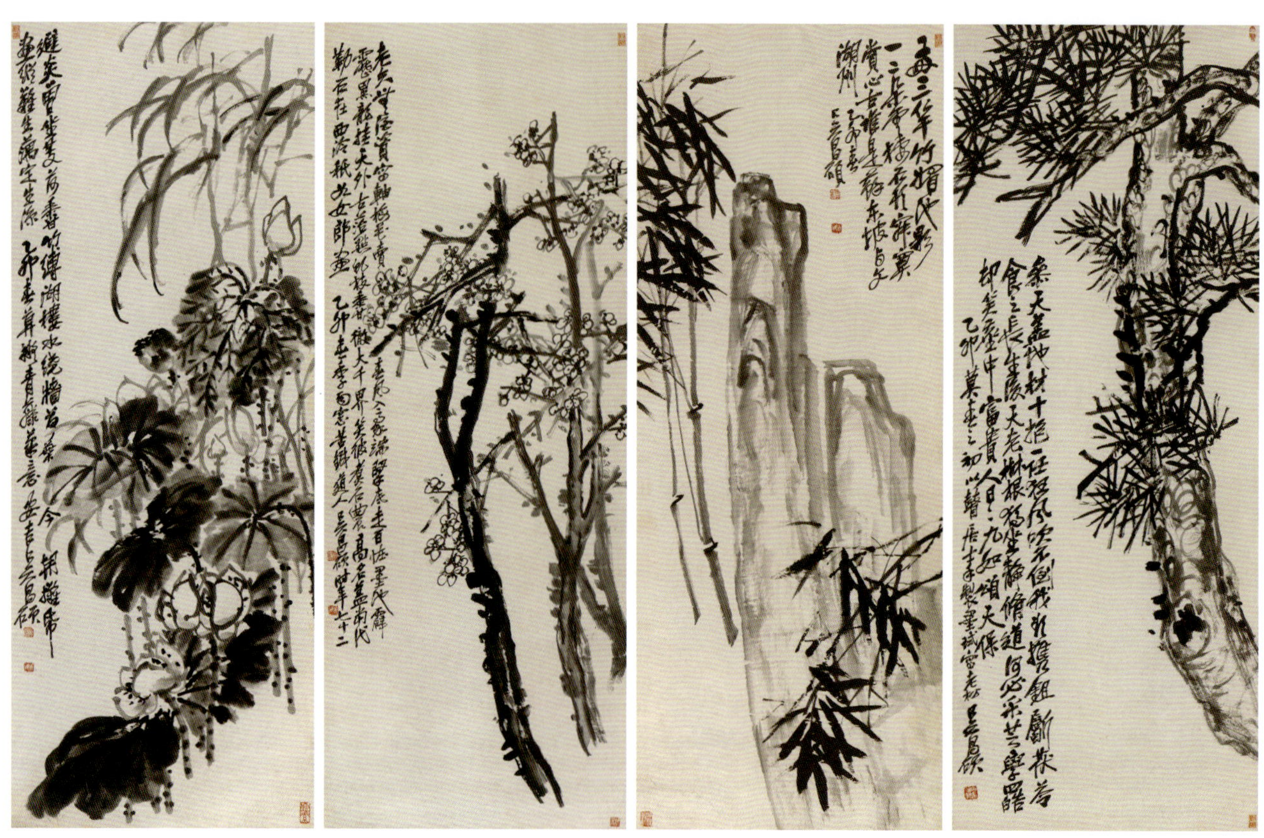

吴昌硕《花卉》四屏

180cm×70cm×4，约 11.3 平方尺（每幅）

成交价：RMB 15,525,000

中国嘉德 2012 年春

傅抱石《秋山策杖》

136.5cm×33.5cm，约 4.1 平方尺

成交价：RMB 14,950,000

中国嘉德 2012 年春

徐悲鸿《康南海六十行乐图》
86cm×121cm，约 9.4 平方尺
成交价：RMB 14,950,000
北京保利 2012 年春

陆俨少《稼轩词意对题册》册页（二十开）

29cm×34cm×20，约 0.9 平方尺（每幅）

成交价：RMB 14,950,000

北京保利 2012 年秋

傅抱石《虹飞千尺》
138.5cm×67cm，约 8.4 平方尺
成交价：RMB 14,950,000
北京传是 2012 年春

黄宾虹《天都松影图》

145cm×65cm，约 8.5 平方尺

成交价：RMB 14,375,000

中国嘉德 2012 年春

傅抱石《高士观瀑图》
109cm×61cm，约 6.0 平方尺
成交价：RMB 12,320,000
北京荣宝 2012 年秋

李可染《翠溪人家》

137cm×68cm，约 8.4 平方尺

成交价：RMB 11,200,000

北京荣宝 2012 年秋

齐白石《十六应真佛像册》册页

32cm×25.5cm×17，约 0.7 平方尺（每幅）

成交价：RMB 11,200,000

北京荣宝 2012 年秋

当代艺术

作品名称	成交价（RMB）	拍卖公司	页码
爱德华年孟克《呐喊》	743,519,500	纽约苏富比	231
马克年罗斯科《第1号作品（红与蓝）》	465,759,500	纽约苏富比	232
拉斐尔《青年使徒头像》	294,240,375	伦敦苏富比	233
克劳德年莫奈《睡莲》	273,344,785	纽约佳士得	234
安迪年沃霍尔《自由女神像》	273,344,785	纽约佳士得	235
巴布罗年毕加索《静物与郁金香》	259,353,529	纽约苏富比	236
弗朗茨年克莱恩《无题》	252,357,901	纽约佳士得	237
杰克森年波拉克《1951年，第4号》	250,495,500	纽约苏富比	238
杰夫年昆斯《郁金香》	210,384,135	纽约佳士得	239
弗兰西斯年培根《无题（教宗）》	184,527,500	纽约苏富比	240
罗伊年利奇腾斯坦《穿红裙子的裸女》	175,405,996	纽约佳士得	241
让－米歇尔年巴斯奎特《无题》	164,912,555	纽约佳士得	242
安迪年沃霍尔《马龙》	147,846,010	纽约佳士得	243
罗斯科《黑条纹》	133,182,668	纽约佳士得	244
威廉年杜库宁《抽象》	122,031,500	纽约苏富比	245
彩钻	110,384,538	香港佳士得	246
格哈德年里希特《抽象》	108,143,500	纽约苏富比	247
安迪年沃荷《自杀》	101,199,500	纽约苏富比	248
格哈德年里希特《抽象》	95,476,933	纽约佳士得	249
安迪年沃荷《绿色事故（两次绿色事故）》	94,255,500	纽约苏富比	250
理查德年戴本克《海洋公园》	84,304,863	纽约佳士得	251
8.01克拉方形鲜彩蓝钻镶钻指环	79,376,000	香港苏富比	252
克里夫年斯蒂《1948–H》	61,271,500	纽约苏富比	253
弗朗茨年克莱恩《谢南多厄河》	57,799,500	纽约苏富比	254
弗兰西斯年培根《伊莎贝尔年罗斯松头像》	57,799,500	纽约苏富比	255
朱德群《白色森林之二》（二联作）	48,724,236	香港佳士得	256
张晓刚《血缘——大家庭年全家福2号》	41,744,000	香港苏富比	257
沈尧伊《革命理想高于天》	40,250,000	中国嘉德	258
常玉《蓝菊与玻璃瓶》	38,975,670	香港佳士得	259
杨飞云《静物前的姑娘》	34,500,000	北京保利	260
天然翡翠手镯	33,350,000	北京翰海	261
缅甸天然鸽血红红宝石及钻石项链	32,653,312	香港佳士得	262
曾梵志《飞翔》	32,569,606	香港佳士得	263
朱德群《红肥绿瘦》	32,441,500	香港保利	264

续表

作品名称	成交价（RMB）	拍卖公司	页码
足色全美钻石项链	31,888,000	香港苏富比	265
常玉《粉莲盆景》	31,654,454	香港佳士得	266
裸钻一对	30,746,826	香港佳士得	267
周春芽《石头系列——雅安上里》(三联作)	29,900,000	北京匡时	268
赵无极《15.05.60》	27,812,268	香港佳士得	269
赵半狄《蝴蝶》	27,600,000	北京匡时	270
狮纽素瓶翡翠摆件	27,600,000	上海宝龙	271
李曼峰《年丰人寿》	27,408,000	香港苏富比	272
23.34 克拉及 23.18 克拉梨形天然哥伦比亚祖母绿、珍珠及钻石耳坠	27,148,288	香港佳士得	273
常玉《盆菊》	26,903,052	香港佳士得	274
足色全美钻石	25,616,000	香港苏富比	275
常玉《聚瑞盈香》	24,720,000	香港苏富比	276
18.11 克拉未经镶嵌圆形明亮式切割 D 色完美无瑕白钻	24,720,000	香港苏富比	277
老坑满绿手镯	24,150,000	中贸圣佳	278
8.88 克拉及 8.88 克拉 D/FL Type IIa 圆形钻石一对	23,478,272	香港佳士得	279
红宝石钻戒	23,330,768	香港佳士得	280
约 8.59 克拉长方形彩粉红色 VS2 钻石及蓝宝石戒指	22,560,768	香港佳士得	281
陈逸飞《助妆》	21,275,000	上海朵云轩	282
百达翡丽 18K 金猎式双面表壳怀表	20,725,760	香港佳士得	283
陈丹青《国学研究院》（附 1 件油画稿及 16 件素描稿）	20,700,000	中国嘉德	284
红宝石配钻石戒指	20,688,000	香港苏富比	285
曾梵志 2000 年作《面具系列》	20,672,630	香港佳士得	286
赵无极《23.05.61》	20,538,540	香港佳士得	287
靳尚谊《孙中山》	20,470,000	北京华辰	288
3.28 克拉梨形内部无瑕鲜彩粉红钻镶钻指环	20,240,000	香港苏富比	289
刘小东《青春故事》	20,125,000	北京保利	290
约 5.05 克拉及 5.01 克拉缅甸天然鸽血红红宝石耳坠	19,808,256	香港佳士得	291
彩粉红色钻石配钻石戒指	19,792,000	香港苏富比	292
刘溢《2008 北京》	19,550,000	北京保利	293
赵无极《23.03.68》	19,435,000	北京保利	294
赵无极《25.05.70》	19,344,000	香港苏富比	295
天然缅甸红宝石镶钻项链	19,344,000	香港苏富比	296
天然玻璃种帝王绿翡翠配钻石项链、戒指套装	18,975,000	北京保利	297
陈瑞献《月圆时候》	18,975,000	北京保利	298
崔如琢《妃红俪白》	18,846,938	香港佳士得	299
钻戒	18,747,780	香港佳士得	300

爱德华 · 孟克《呐喊》
79cm×59cm
成交价：RMB 743,519,500
纽约苏富比 2012 年春

马克 · 罗斯科《第 1 号作品（红与蓝）》

288.9cm×171.5cm

成交价：RMB 465,759,500

纽约苏富比 2012 年秋

拉斐尔《青年使徒头像》

37.5cm×27.8cm

成交价：RMB 294,240,375

伦敦苏富比 2012 年秋

克劳德 · 莫奈《睡莲》
成交价：RMB 273,344,785
纽约佳士得 2012 年秋

安迪 · 沃霍尔《自由女神像》
197cm×205cm
成交价：RMB 273,344,785
纽约佳士得 2012 年秋

巴布罗 · 毕加索《静物与郁金香》

130cm×97cm

成交价：RMB 259,353,529

纽约苏富比 2012 年秋

弗朗茨 · 克莱恩《无题》
200cm×280cm
成交价：RMB 252,357,901
纽约佳士得 2012 年秋

杰克森 · 波拉克《1951 年，第 4 号》

76.5cm×63.5cm

成交价：RMB 250,495,500

纽约苏富比 2012 年秋

杰夫 · 昆斯《郁金香》
203cm×457cm×520cm
成交价：RMB 210,384,135
纽约佳士得 2012 年秋

弗兰西斯 · 培根《无题（教宗）》

152cm×94cm

成交价：RMB 184,527,500

纽约苏富比 2012 年秋

罗伊 · 利奇腾斯坦《穿红裙子的裸女》
成交价：RMB 175,405,996
纽约佳士得 2012 年秋

让－米歇尔 · 巴斯奎特《无题》

成交价：RMB 164,912,555

纽约佳士得 2012 年秋

安迪 · 沃霍尔《马龙》
成交价：RMB 147,846,010
纽约佳士得 2012 年秋

罗斯科《黑条纹》

成交价：RMB 133,182,668

纽约佳士得 2012 年秋

威廉 · 杜库宁《抽象》

61.9cm×82.6cm

成交价：RMB 122,031,500

纽约苏富比 2012 年秋

彩钻
成交价：RMB 110,384,538
香港佳士得 2012 年春

格哈德 · 里希特《抽象》
260cm×200cm
成交价：RMB 108,143,500
纽约苏富比 2012 年秋

安迪 · 沃荷《自杀》

101.6cm×76.2cm

成交价：RMB 101,199,500

纽约苏富比 2012 年秋

格哈德 · 里希特《抽象》
成交价：RMB 95,476,933
纽约佳士得 2012 年秋

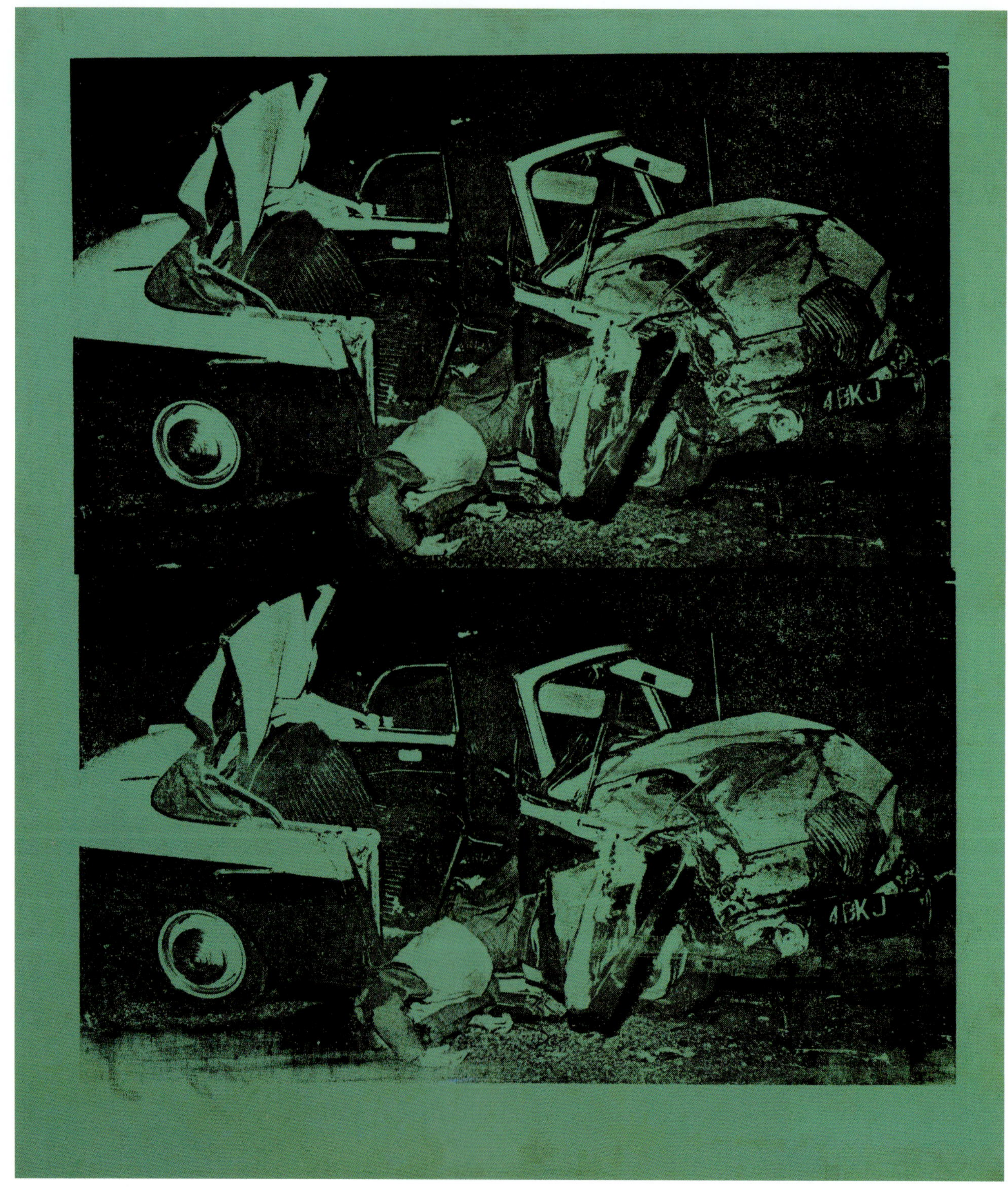

安迪 · 沃荷《绿色事故（两次绿色事故）》

121.9cm×106cm

成交价：RMB 94,255,500

纽约苏富比 2012 年秋

理查德 · 戴本克《海洋公园》
成交价：RMB 84,304,863
纽约佳士得 2012 年秋

8.01 克拉方形鲜彩蓝钻镶钻指环
成交价：RMB 79,376,000
香港苏富比 2012 年春

克里夫 · 斯蒂《1948-H》
190.5cm×176.8cm
成交价：RMB 61,271,500
纽约苏富比 2012 年秋

弗朗茨 · 克莱恩《谢南多厄河》

144.8cm×205.7cm

成交价：RMB 57,799,500

纽约苏富比 2012 年秋

弗兰西斯 · 培根《伊莎贝尔 · 罗斯松头像》

35.5cm×30.5cm

成交价：RMB 57,799,500

纽约苏富比 2012 年秋

朱德群《白色森林之二》（二联作）

130cm×195cm；130cm×390cm

成交价：RMB 48,724,236

香港佳士得 2012 年秋

张晓刚《血缘——大家庭 · 全家福 2 号》

110cm×130cm

成交价：RMB 41,744,000

香港苏富比 2012 年春

沈尧伊《革命理想高于天》

184cm×368cm

成交价：RMB 40,250,000

中国嘉德 2012 年春

常玉《蓝菊与玻璃瓶》

124.5cm×68.4cm

成交价：RMB 38,975,670

香港佳士得 2012 年春

杨飞云《静物前的姑娘》

100cm×80cm

成交价：RMB 34,500,000

北京保利 2012 年春

天然翡翠手镯

成交价：RMB 33,350,000

北京翰海 2012 年秋

缅甸天然鸽血红红宝石及钻石项链

成交价：RMB 32,653,312

香港佳士得 2012 年秋

曾梵志《飞翔》
200cm×179.4cm
成交价：RMB 32,569,606
香港佳士得 2012 年春

朱德群《红肥绿瘦》

87cm×116cm

成交价：RMB 32,441,500

香港保利 2012 年秋

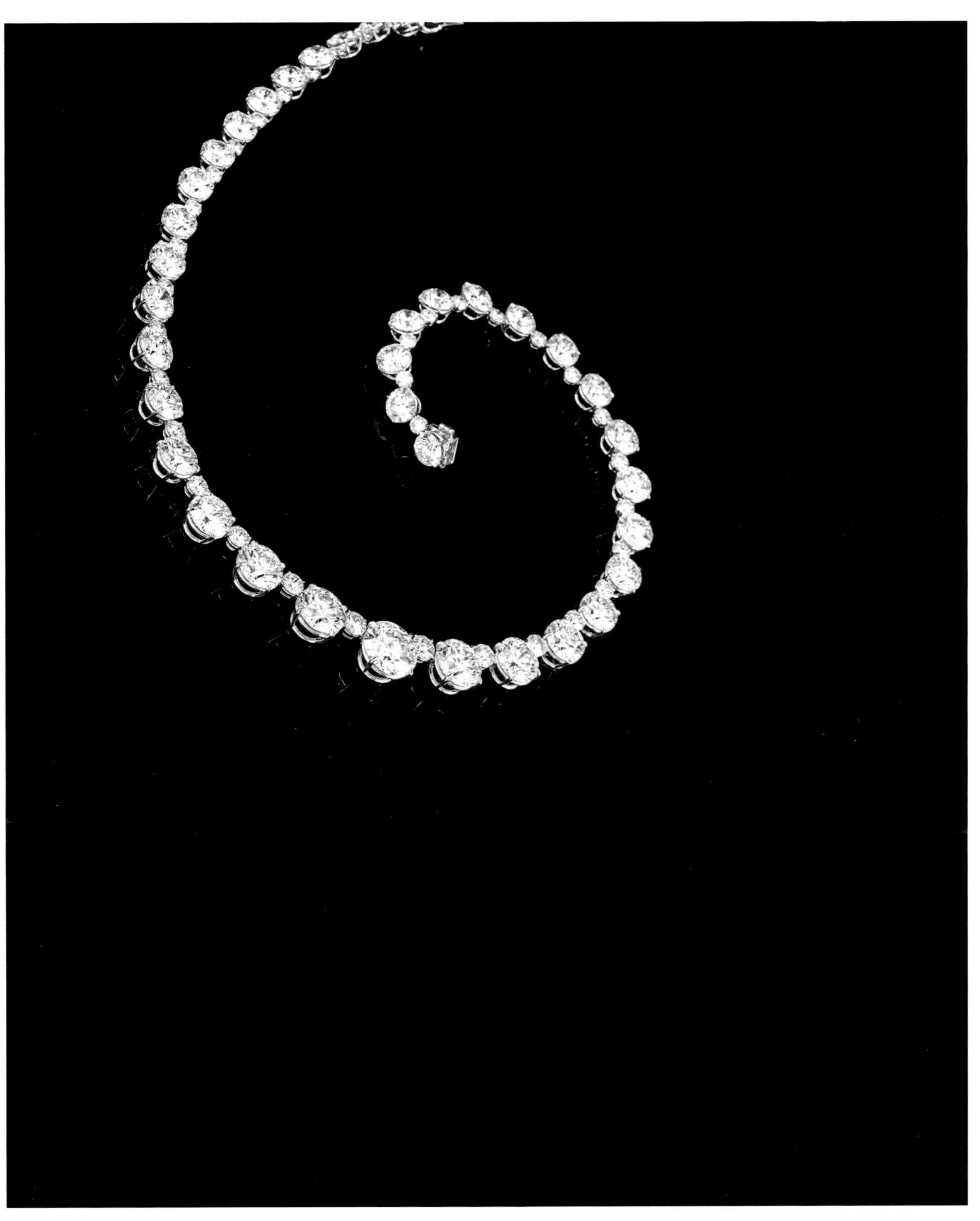

足色全美钻石项链
成交价：RMB 31,888,000
香港苏富比 2012 年秋

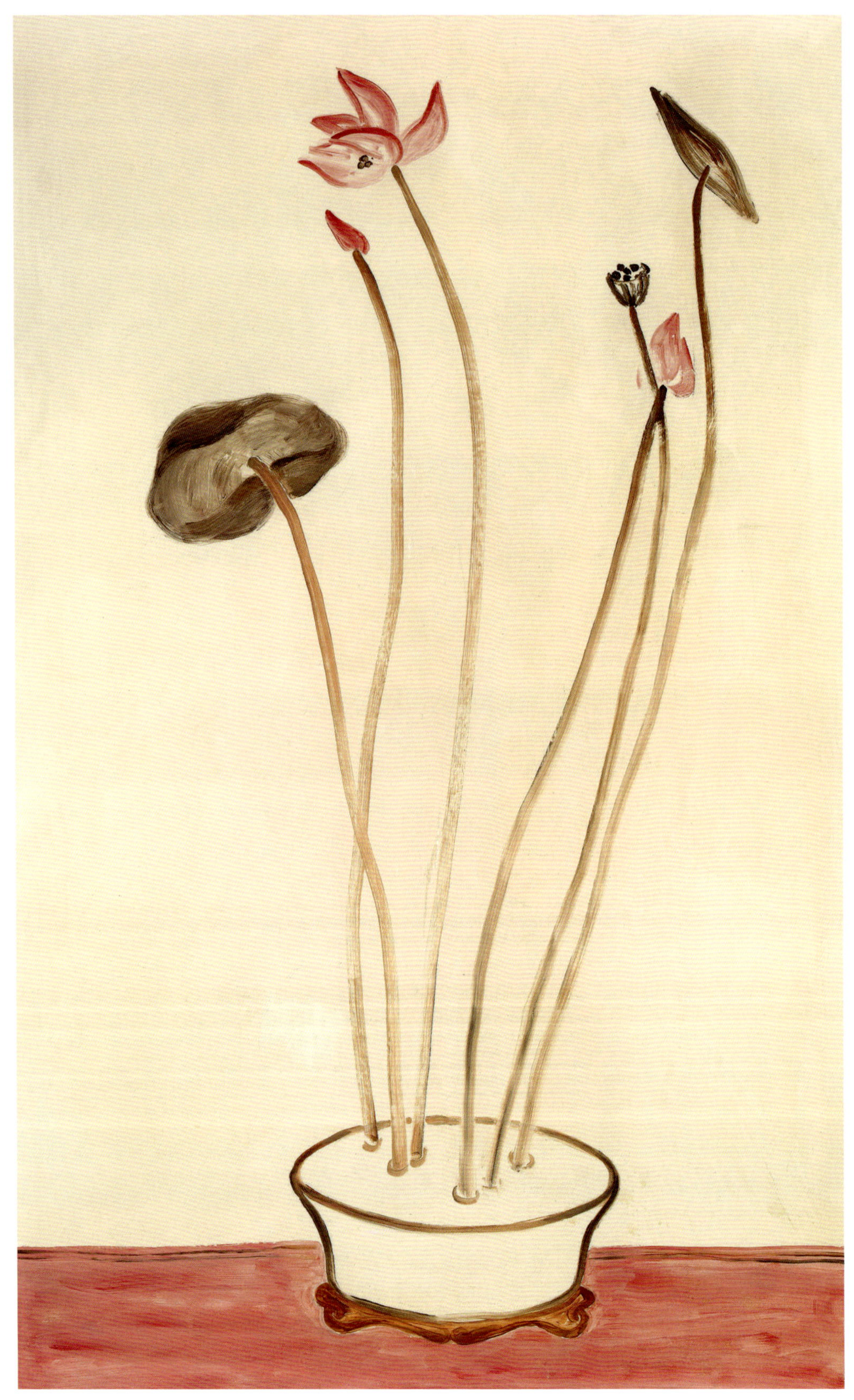

常玉《粉莲盆景》

128cm×80cm

成交价：RMB 31,654,454

香港佳士得 2012 年春

裸钻一对

成交价：RMB 30,746,826

香港佳士得 2012 年春

周春芽《石头系列——雅安上里》（三联作）

150cm×120cm×3

成交价：RMB 29,900,000

北京匡时 2012 年秋

狮纽素瓶翡翠摆件
成交价：RMB 27,600,000
上海宝龙 2012 年春

李曼峰《年丰人寿》

86cm×260cm

成交价：RMB 27,408,000

香港苏富比 2012 年秋

23.34 克拉及 23.18 克拉梨形天然哥伦比亚祖母绿、珍珠及钻石耳坠
成交价：RMB 27,148,288
香港佳士得 2012 年秋

常玉《盆菊》

100.5cm×81cm

成交价：RMB 26,903,052

香港佳士得 2012 年秋

足色全美钻石
成交价：RMB 25,616,000
香港苏富比 2012 年秋

常玉《聚瑞盈香》

64cm×53cm

成交价：RMB 24,720,000

香港苏富比 2012 年秋

18.11 克拉未经镶嵌圆形明亮式切割 D 色完美无瑕白钻
成交价：RMB 24,720,000
香港苏富比 2012 年春

老坑满绿手镯

成交价：RMB 24,150,000

中贸圣佳 2012 年秋

8.88 克拉及 8.88 克拉 D/FL Type IIa 圆形钻石一对

成交价：RMB 23,478,272

香港佳士得 2012 年秋

红宝石钻戒
成交价：RMB 23,330,768
香港佳士得 2012 年春

约 8.59 克拉长方形彩粉红色 VS2 钻石及蓝宝石戒指
成交价：RMB 22,560,768
香港佳士得 2012 年秋

陈逸飞《助妆》

180cm×125cm

成交价：RMB 21,275,000

上海朵云轩 2012 年秋

百达翡丽 18K 金猎式双面表壳怀表

成交价：RMB 20,725,760

香港佳士得 2012 年秋

陈丹青《国学研究院》（附 1 件油画稿及 16 件素描稿）

182cm×227cm

成交价：RMB 20,700,000

中国嘉德 2012 年秋

红宝石配钻石戒指

成交价：RMB 20,688,000

香港苏富比 2012 年秋

曾梵志 2000 年作《面具系列》

180cm×162cm

成交价：RMB 20,672,630

香港佳士得 2012 年春

赵无极《23.05.61》

116cm×89cm

成交价：RMB 20,538,540

香港佳士得 2012 年秋

靳尚谊《孙中山》

79.5cm×65cm

成交价：RMB 20,470,000

北京华辰 2012 年春

3.28克拉梨形内部无瑕鲜彩粉红钻镶钻指环

成交价：RMB 20,240,000

香港苏富比 2012年春

刘小东《青春故事》

157cm×180cm

成交价：RMB 20,125,000

北京保利 2012 年秋

约 5.05 克拉及 5.01 克拉缅甸天然鸽血红红宝石耳坠

成交价：RMB 19,808,256

香港佳士得 2012 年秋

彩粉红色钻石配钻石戒指
成交价：RMB 19,792,000
香港苏富比 2012 年秋

刘溢《2008 北京》
121cm×182cm
成交价：RMB 19,550,000
北京保利 2012 年秋

赵无极《23. 03. 68》

89cm×130cm

成交价：RMB 19,435,000

北京保利 2012 年春

赵无极《25.05.70》

150cm×162cm

成交价：RMB 19,344,000

香港苏富比 2012 年春

天然缅甸红宝石镶钻项链

成交价：RMB 19,344,000

香港苏富比 2012 年春

天然玻璃种帝王绿翡翠配钻石项链、戒指套装

成交价：RMB 18,975,000

北京保利 2012 年春

陈瑞献《月圆时候》

140cm×206cm

成交价：RMB 18,975,000

北京保利 2012 年秋

崔如琢《妃红俪白》
144cm×370cm，约 48.0 平方尺
成交价：RMB 18,846,938
香港佳士得 2012 年春

钻戒
成交价：RMB 18,747,780
香港佳士得 2012 年春

古董杂项

作品名称	成交价（RMB）	拍卖公司	页码
北宋 汝窑天青釉葵花洗	166,288,000	香港苏富比	303
明宣德 青花暗花“海水游龙”图高足碗	90,128,000	香港苏富比	304
清乾隆 黄地洋彩“福寿连绵”图绶带葫芦扁瓶 （一对）	85,648,000	香港苏富比	305
清乾隆 白玉交龙纽“八徵耄念之宝”玺	69,000,000	北京保利	306
元 青花鱼藻纹折沿盘	68,885,000	北京华辰	307
明 周制鱼龙海兽紫檀笔筒	55,200,000	中国嘉德	308
清乾隆 御制翡翠雕辟邪水丞	49,450,000	北京保利	309
清乾隆 御制金桃皮鞘“天字十七号”“宝腾”腰刀	48,300,000	中国嘉德	310
清乾隆 料胎画珐琅四老图小笔筒	39,993,344	香港佳士得	311
清乾隆 御题官窑贯耳方壶	36,225,000	北京保利	312
清雍正 五彩山水人物笔筒	34,500,000	北京翰海	313
清雍正 青花矾红“水波云龙”图折沿大盘	32,784,000	香港苏富比	314
王琦、汪野亭 民国重要人物选制粉彩人物山水瓷板（六件）	32,775,000	北京保利	315
明末清初 黄花梨独板大翘头案	32,200,000	中国嘉德	316
清雍正／乾隆 珐琅彩题诗“寻隐者不遇”摇铃尊	28,983,296	香港佳士得	317
清乾隆 粉彩螭龙耳福禄尊	28,750,000	北京传是	318
清乾隆 炉钧釉地金酱彩浮雕“夔龙拱福”图仿古铜式双耳瓶	28,304,000	香港苏富比	319
清雍正 天蓝釉弦纹盘口瓶（一对）	28,065,792	香港佳士得	320
清雍正／乾隆 珐琅彩题诗尧山观景图摇铃尊	28,065,792	香港佳士得	321
清乾隆 青花八仙贺寿双耳尊	25,867,609	香港保利	322
明宣德 青花镂空花卉海浪纹花熏	25,300,000	北京保利	323
元 青花莲池鸳鸯纹折沿盘	23,890,272	香港佳士得	324
清乾隆 粉青釉刻古铜器纹尊	23,432,416	香港佳士得	325
何许人《粉彩四季山水长条瓷板挂屏》（四屏）	22,425,000	北京保利	326
明宣德 黄釉撇口仰钟式碗	21,584,000	香港苏富比	327
清乾隆 沉香雕仙山楼阁嵌西洋镜座屏	20,700,000	北京保利	328
清早期 紫檀三屏风攒接围子罗汉床	20,700,000	中国嘉德	329
清初 黄花梨圈口栏杆亮格柜（一对）	18,890,752	香港佳士得	330
清乾隆 松石绿釉浮雕缠枝莲纹石榴尊（一对）	18,448,000	香港苏富比	331
清乾隆 青花缠枝花卉纹抱月瓶	17,825,000	上海道明	332
清乾隆 青花缠枝花卉贯耳尊（二件）	17,250,000	北京翰海	333
清嘉庆 紫地粉彩海屋添筹双耳瓶	17,250,000	北京翰海	334
清 铜鎏金南吕镈钟	17,250,000	北京翰海	335

续表

作品名称	成交价（RMB）	拍卖公司	页码
紫檀雕山水纹宝座、紫檀雕拐子纹脚踏、紫檀雕拐子纹香几成对、紫檀雕海屋添筹图屏风	17,250,000	中国嘉德	336
明嘉靖 紫檀嵌玉石人物图长方盖盒	16,656,000	香港苏富比	337
清乾隆 粉彩过枝“福寿双全”图盘	15,760,000	香港苏富比	338
明永乐 御制鎏金宝瓶瑞象尊	15,525,000	中国嘉德	339
海兽葡萄镜	14,950,000	北京翰海	340
明嘉靖 五彩鱼藻纹大罐	14,950,000	中国嘉德	341
明宣德 青花“穿花游龙”图盘	14,864,000	香港苏富比	342
晚清 翠玉饕餮纹狮纽活环耳方鼎	13,817,440	香港佳士得	343
清乾隆 紫檀三镶古玉御题诗如意	13,800,000	北京保利	344
元／明　钧窑天蓝釉葵口花盆及奁（一套两件）	13,359,584	香港佳士得	345
清嘉庆 黄地洋彩缠枝花卉暗八仙象耳盖罐　（一对）	13,225,000	北京保利	346
清乾隆 青花八吉祥大扁瓶	13,225,000	北京保利	347
元 青花云龙纹牡丹铺首罐	13,225,000	北京保利	348
清乾隆 海水螭龙钮青白玉玺	13,072,000	香港苏富比	349
清乾隆 粉彩花卉大天球瓶	12,650,000	北京保利	350
清乾隆 白玉山水人物圆插屏	12,650,000	北京保利	351
清乾隆 白玉七佛八宝莲瓣奁盒	12,650,000	北京保利	352
清乾隆 黄玉仿古夔龙纹象耳盖瓶	12,443,872	香港佳士得	353
清乾隆　白玉雕庆丰收图砚屏（一对）	12,443,872	香港佳士得	354
清雍正 斗彩松鼠葡萄纹葫芦瓶	12,176,000	香港苏富比	355
清乾隆 粉彩百鹿尊	11,986,016	香港佳士得	356
清雍正 黄地青花束莲大盘	11,500,000	中国嘉德	357
清康熙 黑漆嵌螺钿“鹿鹤庆寿”彩蝶花果纹香几	11,280,000	香港苏富比	358

北宋　汝窑天青釉葵花洗

成交价：RMB 166,288,000

香港苏富比　2012 年春

明宣德 青花暗花“海水游龙”图高足碗
成交价：RMB 90,128,000
香港苏富比 2012 年春

清乾隆 黄地洋彩“福寿连绵”图绶带葫芦扁瓶（一对）
成交价：RMB 85,648,000
香港苏富比 2012 年秋

清乾隆 白玉交龙纽“八徵耄念之宝”玺
成交价：RMB 69,000,000
北京保利 2012 年春

元 青花鱼藻纹折沿盘
成交价：RMB 68,885,000
北京华辰 2012 年春

明 周制鱼龙海兽紫檀笔筒

成交价：RMB 55,200,000

中国嘉德 2012 年春

清乾隆 御制翡翠雕辟邪水丞
成交价：RMB 49,450,000
北京保利 2012 年秋

清乾隆 御制金桃皮鞘“天字十七号”“宝腾”腰刀

成交价：RMB 48,300,000

中国嘉德 2012 年秋

清乾隆 料胎画珐琅四老图小笔筒
成交价：RMB 39,993,344
香港佳士得 2012 年秋

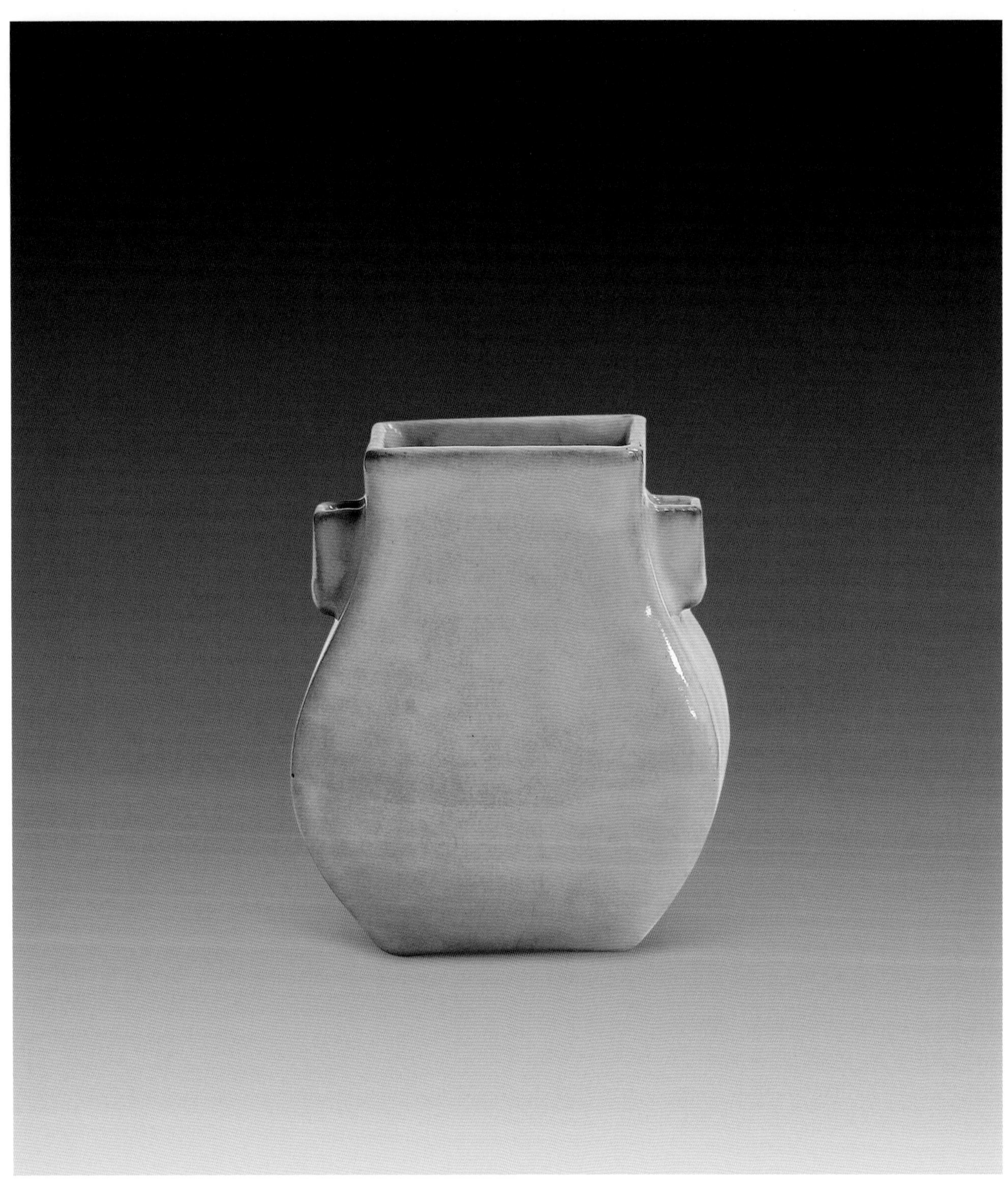

清乾隆 御题官窑贯耳方壶
成交价：RMB 36,225,000
北京保利 2012 年春

清雍正 五彩山水人物笔筒
成交价：RMB 34,500,000
北京翰海 2012 年春

清雍正 青花矾红“水波云龙”图折沿大盘
成交价：RMB 32,784,000
香港苏富比 2012 年秋

王琦、汪野亭　民国重要人物选制粉彩人物山水瓷板（六件）

74cm×43cm×2；47cm×33cm×4

成交价：RMB 32,775,000

北京保利 2012 年秋

明末清初 黄花梨独板大翘头案
成交价：RMB 32,200,000
中国嘉德 2012 年春

清雍正／乾隆 珐琅彩题诗“寻隐者不遇”摇铃尊

成交价：RMB 28,983,296

香港佳士得 2012 年秋

清乾隆 粉彩螭龙耳福禄尊

成交价：RMB 28,750,000

北京传是 2012 年春

清乾隆 炉钧釉地金酱彩浮雕“夔龙拱福”图仿古铜式双耳瓶

成交价：RMB 28,304,000

香港苏富比 2012 年秋

清雍正 天蓝釉弦纹盘口瓶（一对）

成交价：RMB 28,065,792

香港佳士得 2012 年秋

清雍正／乾隆 珐琅彩题诗尧山观景图摇铃尊

成交价：RMB 28,065,792

香港佳士得 2012 年秋

清乾隆 青花八仙贺寿双耳尊

成交价：RMB 25,867,609

香港保利 2012 年秋

明宣德 青花镂空花卉海浪纹花熏

成交价：RMB 25,300,000

北京保利 2012 年秋

元 青花莲池鸳鸯纹折沿盘
成交价：RMB 23,890,272
香港佳士得 2012 年春

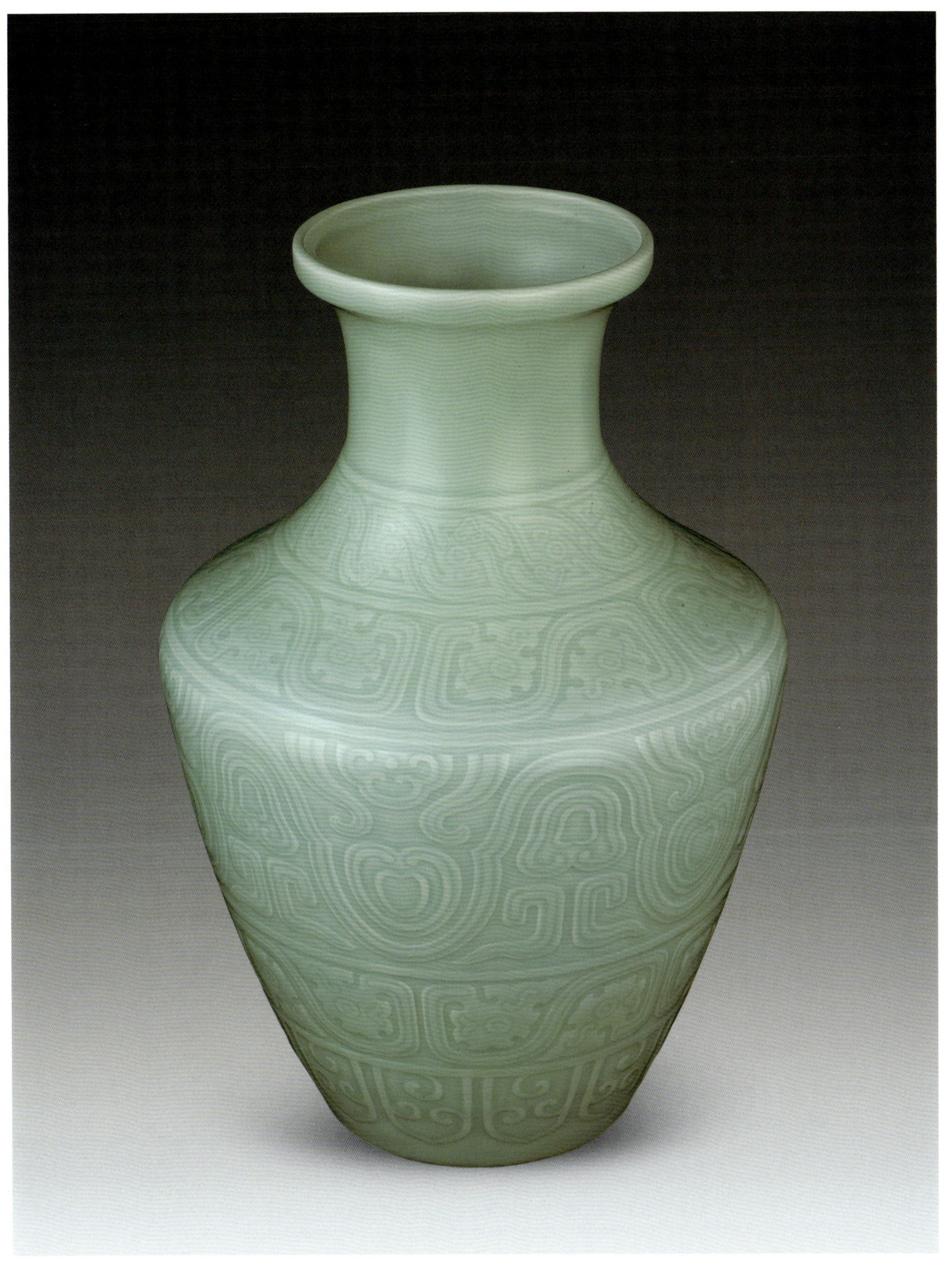

清乾隆 粉青釉刻古铜器纹尊
成交价：RMB 23,432,416
香港佳士得 2012 年春

何许人《粉彩四季山水长条瓷板挂屏》（四屏）

81cm×22cm×4

成交价：RMB 22,425,000

北京保利 2012 年春

明宣德 黄釉撇口仰钟式碗

成交价：RMB 21,584,000

香港苏富比 2012 年春

清乾隆 沉香雕仙山楼阁嵌西洋镜座屏

成交价：RMB 20,700,000

北京保利 2012 年春

清早期　紫檀三屏风攒接围子罗汉床
成交价：RMB 20,700,000
中国嘉德 2012 年春

清初 黄花梨圈口栏杆亮格柜（一对）
成交价：RMB 18,890,752
香港佳士得 2012 年秋

清乾隆 松石绿釉浮雕缠枝莲纹石榴尊（一对）

成交价：RMB 18,448,000

香港苏富比 2012 年秋

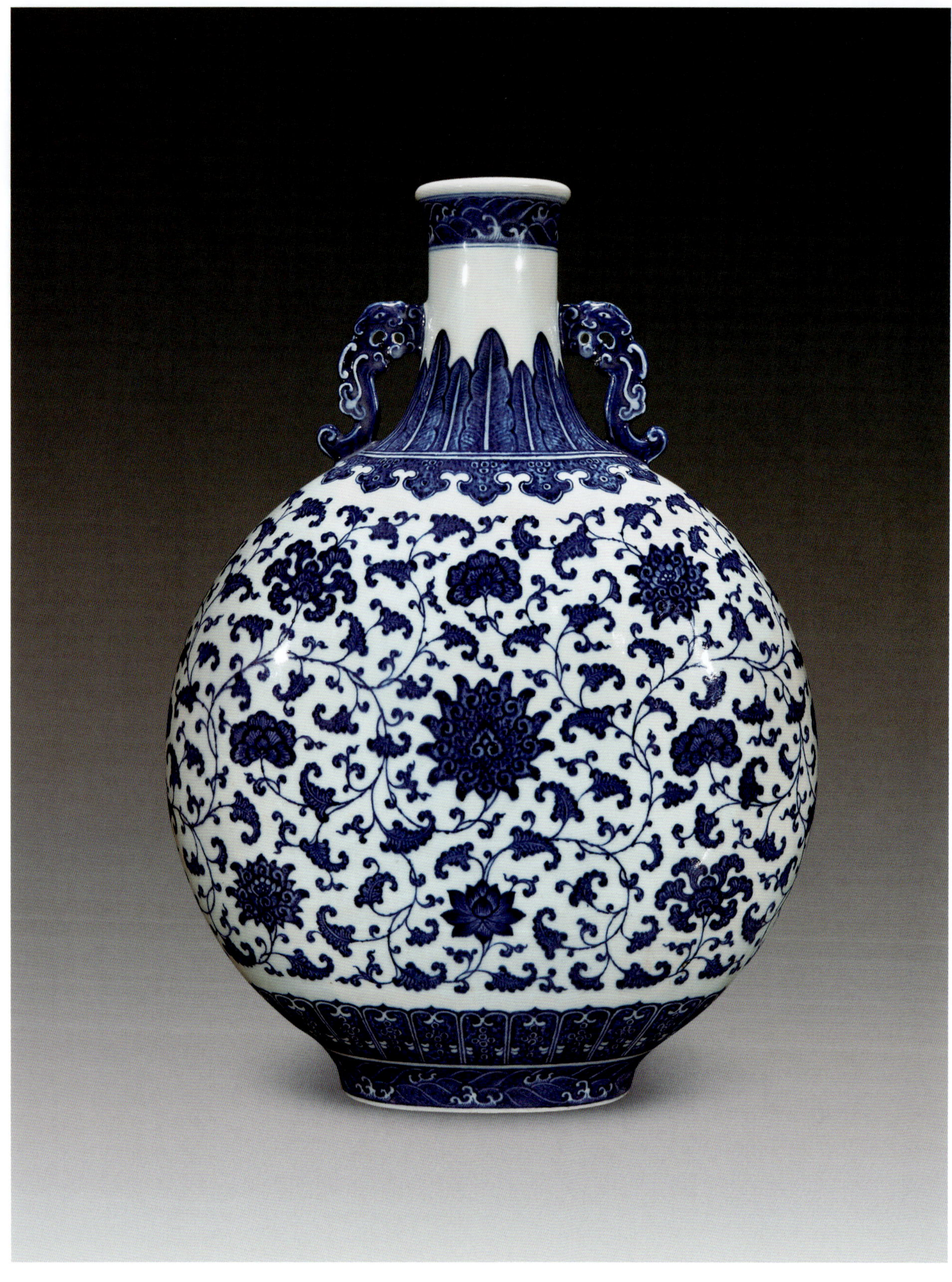

清乾隆 青花缠枝花卉纹抱月瓶
成交价：RMB 17,825,000
上海道明 2012 年秋

清乾隆 青花缠枝花卉贯耳尊（二件）

成交价：RMB 17,250,000

北京翰海 2012 年春

清嘉庆 紫地粉彩海屋添筹双耳瓶

成交价：RMB 17,250,000

北京翰海 2012 年春

清 铜鎏金南吕镈钟
成交价：RMB 17,250,000
北京翰海 2012 年秋

紫檀雕山水纹宝座、紫檀雕拐子纹脚踏、紫檀雕拐子纹香几成对、紫檀雕海屋添筹图屏风
成交价：RMB 17,250,000
中国嘉德 2012 年秋

明嘉靖 紫檀嵌玉石人物图长方盖盒

成交价：RMB 16,656,000

香港苏富比 2012 年春

清乾隆 粉彩过枝“福寿双全”图盘
成交价：RMB 15,760,000
香港苏富比 2012年春

明永乐 御制鎏金宝瓶瑞象尊

成交价：RMB 15,525,000

中国嘉德 2012 年春

海兽葡萄镜

成交价：RMB 14,950,000

北京翰海 2012 年春

明嘉靖 五彩鱼藻纹大罐

成交价：RMB 14,950,000

中国嘉德 2012 年春

明宣德 青花“穿花游龙”图盘

成交价：RMB 14,864,000

香港苏富比 2012 年春

晚清 翠玉饕餮纹狮纽活环耳方鼎

成交价：RMB 13,817,440

香港佳士得 2012 年春

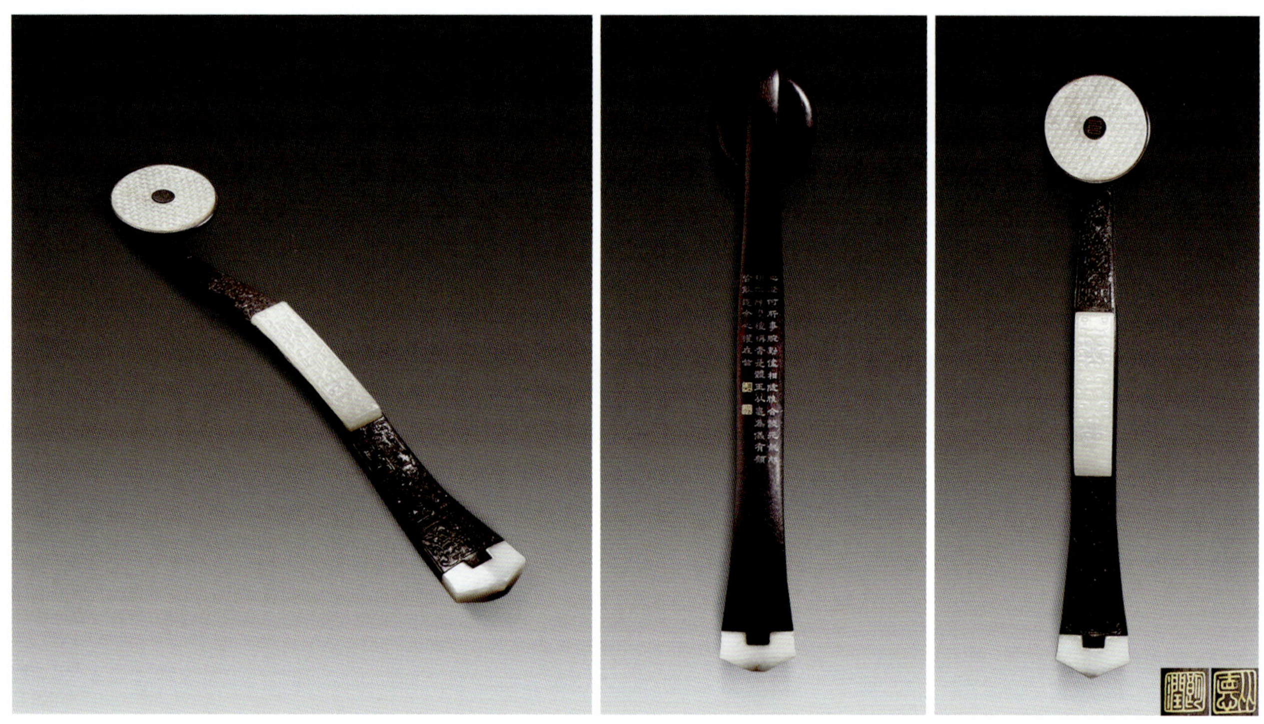

清乾隆 紫檀三镶古玉御题诗如意
成交价：RMB 13,800,000
北京保利 2012 年秋

元／明 钧窑天蓝釉葵口花盆及奁（一套两件）
成交价：RMB 13,359,584
香港佳士得 2012 年春

清嘉庆 黄地洋彩缠枝花卉暗八仙象耳盖罐（一对）

成交价：RMB 13,225,000

北京保利 2012 年秋

清乾隆　青花八吉祥大扁瓶
成交价：RMB 13,225,000
北京保利 2012 年秋

元 青花云龙纹牡丹铺首罐
成交价：RMB 13,225,000
北京保利 2012 年秋

清乾隆 海水螭龙钮青白玉玺
成交价：RMB 13,072,000
香港苏富比 2012 年秋

清乾隆 粉彩花卉大天球瓶

成交价：RMB 12,650,000

北京保利 2012 年春

清乾隆 白玉山水人物圆插屏

成交价：RMB 12,650,000

北京保利 2012 年秋

清乾隆 白玉七佛八宝莲瓣奁盒

成交价：RMB 12,650,000

北京保利 2012 年秋

清乾隆 黄玉仿古夔龙纹象耳盖瓶
成交价：RMB 12,443,872
香港佳士得 2012 年春

清乾隆 白玉雕庆丰收图砚屏（一对）
成交价：RMB 12,443,872
香港佳士得 2012 年春

清雍正　斗彩松鼠葡萄纹葫芦瓶
成交价：RMB 12,176,000
香港苏富比 2012 年春

清乾隆 粉彩百鹿尊

成交价：RMB 11,986,016

香港佳士得 2012 年春

清雍正 黄地青花束莲大盘

成交价：RMB 11,500,000

中国嘉德 2012 年春

清康熙 黑漆嵌螺钿“鹿鹤庆寿”彩蝶花果纹香几

成交价：RMB 11,280,000

香港苏富比 2012 年秋

2012 年度中国艺术品拍卖信息

编号	拍卖公司	拍卖会名称	总成交额（万元）	总成交率（%）	拍卖专场名称	专场成交额（万元）	专场成交率（%）	地点及时间
1	秦宝斋	2012 迎春艺术品拍卖会	8,926.40	90.50%	中国书画（一）	4,247.26	91.07%	西安 2012-01-02
					画语三境	936.32	96.77%	
					中国书画（二）	3,742.82	83.66%	
2	中投嘉艺	首届艺术品拍卖会	24,885.96	83.40%	四海撷珍——文物商店旧藏中国书画专场	2,170.63	82.35%	北京 2012-01-03
					存古流芳——存古堂藏中国书画专场	5,368.66	98.77%	
					散金集成——中国近现代书画专场	3,823.29	78.70%	
					翰墨铭心——历代书法专场	1,558.83	86.43%	
					先贤遗珍——中国古代书画专场	953.64	78.64%	
					艺苑英华——当代水墨专场	2,254.46	91.55%	
					紫韵溢彩——紫砂器专场	7,262.02	95.21%	
					清赏雅玩——文玩杂项专场	924.37	67.48%	
					珍酿久香——年份名酒专场	570.06	71.43%	
3	北京保利	第 17 期精品拍卖会	8,450.44	76.21%	文房清玩印章专场	743.59	76.56%	北京 2012-01-07
					中国书画（一）	748.42	57.30%	
					中国书画（二）	1,526.17	95.45%	
					中国书画（三）——海外回流专场	2,336.57	77.52%	
					中国书画（四）	2,734.36	56.86%	
					历久弥香——中国陈年美酒珍品选粹	361.33	93.59%	
4	澳门龙禧	2012 新年艺术品拍卖会	59,500.32	39.96%	书画	24,309.12	48.35%	澳门 2012-01-08
					瓷器、杂项	35,191.20	31.56%	
5	辽宁中正	2011 春季艺术品拍卖会	3,613.66	47.33%	宫廷御制艺术珍品	1,199.82	62.00%	沈阳 2012-01-08
					明清和田玉器精品	14.95	45.83%	
					古今艺术珍品	268.91	31.08%	
					名家书画珍品	1,010.82	58.33%	
					赵华胜国画专场	809.76	60.00%	
					书画精品专场	309.40	26.71%	
6	书画艺拍	2012 年迎春拍卖会（368 期）	704.44	77.22%	中国书画私人珍藏	544.31	98.67%	香港 2012-01-14
					中国书画	160.13	55.77%	

编号	拍卖公司	拍卖会名称	总成交额（万元）	总成交率（%）	拍卖专场名称	专场成交额（万元）	专场成交率（%）	地点及时间
7	宁波富邦	2012 年迎春拍卖会	8,855.22	70.66%	古董珍玩	332.12	77.12%	宁波 2012-02-11
					典藏家具	2,982.14	66.87%	
					中国书画一	4,875.57	72.28%	
					中国书画二	665.39	66.36%	
8	上海驰翰	第四届书画文玩专场拍卖会	560.59	92.42%	书画文玩	560.59	92.42%	上海 2012-02-18
9	中贸圣佳	2012 年迎春精品拍卖会	8,539.80	49.86%	中国书画（一）（二）	5,974.48	35.75%	北京 2012-03-03
					古董珍玩	2,565.32	63.96%	
10	上海工美	2012 年迎春拍卖会	1,382.75	75.47%	中国书画	1,382.75	75.47%	上海 2012-03-04
11	广东衡益	2012 春季艺术品拍卖会	7,246.90	85.35%	珍瓷雅器	902.23	59.49%	广州 2012-03-04
					净名斋藏书画	1,613.45	100.00%	
					中国书画·油画·雕塑	4,731.22	96.55%	
12	北京荣宝	2012 迎春拍卖会（第 72 期）	15,165.73	78.60%	名贵腕表及珠宝首饰专场	747.94	76.00%	北京 2012-03-10
					古董文玩专场	4,541.43	78.54%	
					西画名家及当代新锐专场	2,022.16	81.65%	
					滴泉集珍——李桦及版画名家专场	892.08	99.52%	
					中国书画（一）——当代书画专场	3,246.99	75.36%	
					中国书画（二）——名家小品专场	814.33	71.31%	
					中国书画（三）——近现代书画及艺术图书专场	2,900.80	67.79%	
13	上海嘉泰	2012 迎春艺术品拍卖会	1,188.65	70.46%	中国书画	565.35	75.53%	上海 2012-03-10
					古董珍玩	623.30	65.38%	
14	广州皇玛	四季拍卖会第一期	3,524.22	92.51%	海日书画专场	199.32	93.75%	广州 2012-03-11
					石乐斋藏品专场	628.02	100.00%	
					中国书画专场	2,696.88	83.79%	
15	香港拍得高	2012 春季拍卖会（一）	759.34	35.82%	名贵钟表	302.80	40.94%	香港 2012-03-17
					翡翠珠宝	456.54	30.69%	
16	中鸿信	2012 年春季艺术品拍卖会	9,259.34	62.61%	瓷器·玉器·骨董珍玩	3,151.83	56.30%	北京 2012-03-18
					中国近现代书画·中国古代书画	6,107.51	68.91%	
17	北京翰海	翰海四季（第 75 期）拍卖会	8,368.79	81.93%	管窥流传——重要古美术文献专场	230.73	100.00%	北京 2012-03-22
					近现代书画精品专场	1,444.13	85.53%	
					中国书画专场	667.84	73.80%	
					中国书画当代专场	893.44	85.91%	
					家具杂项专场	800.65	95.93%	
					翰海关爱 2012“中国艺术”拍卖专场	4,332.00	50.38%	
18	印千山	第 16 期精品拍卖会	935.32	86.18%	保真书画专场	106.34	72.65%	北京 2012-03-22
					齐鲁翰墨——山东籍名家书画专场	20.64	85.19%	

编号	拍卖公司	拍卖会名称	总成交额（万元）	总成交率（%）	拍卖专场名称	专场成交额（万元）	专场成交率（%）	地点及时间
					岭南风范——新岭南画派书画专场	14.71	87.23%	
					艺海集珍——名家书画书画专场	152.11	81.76%	
					海上画派名家书画专场	36.73	79.41%	
					楹联书法专场	59.77	74.85%	
					笔砚精良——文房清供专场	99.60	92.59%	
					美石无言——文人雅藏观赏石专场	98.67	98.78%	
					沉木浮香——沉香专场	114.69	100.00%	
					古董珍玩专场	232.06	89.29%	
19	中国嘉德	嘉德四季第二十九期拍卖会	29,001.03	75.38%	中国书画（一）	2,709.06	77.62%	北京 2012-03-24
					中国书画（二）	2,255.50	98.99%	
					中国书画（三）	2,136.70	71.43%	
					中国书画（四）	2,517.93	87.86%	
					中国书画（五）	1,936.95	59.32%	
					中国书画（六）	703.00	91.86%	
					中国书画（七）	2,804.51	68.51%	
					中国书画（八）	2,801.17	83.40%	
					中国书画（九）	1,730.87	88.26%	
					中国书画（十）	1,155.98	97.50%	
					中国书画（十一）	2,260.67	62.14%	
					古籍善本	1,364.42	62.92%	
					案上云烟——明清古典家具	1,055.24	98.21%	
					工艺品	992.91	68.51%	
					瓷器	1,027.18	55.02%	
					掌玩心悦	1,241.54	43.11%	
					玉器	307.40	66.76%	
20	卓德国际	2012年迎春拍卖会	10,545.33	68.68%	中国书画（一）——现代书画、书法专场	1,886.17	74.82%	北京 2012-03-25
					中国书画（二）——近现代书画专场	5,186.39	70.05%	
					鸡血石专场	3,472.77	61.17%	
21	北京容海	2012春季艺术品拍卖会	12,564.79	76.49%	北京工艺品进出口公司旧藏	1,209.57	100.00%	北京 2012-03-26
					中国近现代书画专场	5,619.59	91.55%	
					悟德堂书画专场	1,210.95	87.74%	
					中国当代名家水墨专场	2,990.69	86.64%	
					中国当代工笔画专场	249.09	27.89%	
						815.35	83.33%	
					臻赏雅集·紫砂壶专场	469.55	58.25%	
22	北京中汉	犹珍10——中国古代瓷珍暨工艺品残器专场	891.37	54.37%	中国古代瓷珍暨工艺品残器专场	891.37	54.37%	北京 2012-03-27
23	上海泓盛	2012年江南初春中国纸币拍卖会	2,001.30	79.89%	江南新韵——中国纸币（一）	1,100.26	84.75%	上海 2012-03-29
					中国纸币（二）	901.04	75.03%	
24	香港淳浩	2012春季拍卖会	2,945.81	75.52%	中国近现代书画	1,992.29	88.79%	香港 2012-03-30
					瓷器、工艺品	953.52	62.24%	

编号	拍卖公司	拍卖会名称	总成交额（万元）	总成交率（%）	拍卖专场名称	专场成交额（万元）	专场成交率（%）	地点及时间
25	书画艺拍	2012年春季拍卖会（第378期）	590.92	56.62%	中国书画私人珍藏	100.12	54.00%	香港 2012-03-31
					中国书画海外珍藏	437.36	53.61%	
					中国书画及艺术品	53.44	62.24%	
26	香港苏富比	2012年春季拍卖会	246,485.61	82.44%	尊酩芳醇——重要美国藏家珍稀佳酿（第九部分）	2,027.44	100.00%	香港 2012-03-31
					珍稀佳酿——特别呈献	4,363.82	100.00%	
					现代及当代东南亚艺术	9,591.03	78.57%	
					20世纪中国艺术	25,478.28	90.07%	
					当代亚洲艺术	21,127.35	72.85%	
					中国书画	46,741.48	92.11%	
					瑰丽珠宝及翡翠首饰	49,993.93	79.05%	
					天青宝色——日本珍藏北宋汝瓷	20,786.00	100.00%	
					玫茵堂珍藏——重要中国御瓷选萃之三	30,698.00	75.00%	
					珍贵名表	9,993.30	84.70%	
					儒雅清蕴（二）——水松石山房藏珍玩专场	6,737.28	83.95%	
					格物怡情——私人雅藏珍玩御器	2,069.95	63.51%	
					重要中国瓷器及工艺品	16,877.75	51.96%	
27	浙江世贸	2012春季艺术品拍卖会	833.27	83.20%	翰承艺术藏名家书画专场	521.13	80.23%	杭州 2012-03-31
					松轩藏紫檀、黄花梨文房专场	251.03	79.17%	
					尚墨轩藏名家书画专场	61.11	90.20%	
28	香港普艺	第325次拍卖会中国书画及艺术品	554.47	64.35%	中国书画	273.32	61.57%	香港 2012-03-31
					玲珑集趣	67.09	54.98%	
					博古寻韵	214.06	76.49%	
30	河南金帝	2012春季中国书画拍卖会	16,371.86	78.81%	艺苑集珍——小品专场	1,951.76	79.07%	郑州 2012-04-08
					集墨斋珍藏书画专场	2,289.79	85.71%	
					墨苑菁华——书法专场	898.96	57.61%	
					水墨新锐——书画专场	901.99	98.57%	
					翰墨彩韵——当代专场	7,488.32	84.44%	
					浑厚华滋——近现代专场	2,841.04	67.46%	
31	华艺国际	2012年华艺淘珍拍卖会一期	3,597.02	71.43%	瓷器　玉器　工艺品	252.77	74.33%	广州 2012-04-08
					中国油画	1,133.85	66.99%	
					中国书画	2,210.40	72.97%	
32	朵云轩	第43届艺术品拍卖交易会	2,392.61	88.93%	中国书画（一）	1,358.91	88.72%	上海 2012-04-12
					中国书画（二）	1,033.70	89.13%	
33	华夏国际	2012春季艺术品拍卖会	3,210.31	73.51%	中国书画（一）	2,593.53	88.41%	西安 2012-04-14
					中国书画（二）	616.78	58.60%	
34	东方求实	2012迎春书画精品拍卖会	4,568.37	85.07%	保真作品专题	155.21	84.62%	北京 2012-04-20
					中国现代书画	74.94	76.39%	
					长安画派专场	30.54	47.83%	
					大德堂专题	77.28	100.00%	
					日本回流专场	35.09	89.13%	

编号	拍卖公司	拍卖会名称	总成交额（万元）	总成交率（%）	拍卖专场名称	专场成交额（万元）	专场成交率（%）	地点及时间
					古代书画	326.97	89.76%	
					近现代书画	372.05	85.13%	
					艺术大师刘海粟	3,298.40	100.00%	
					小品　成扇	76.21	92.36%	
					大众收藏淘宝专场	121.68	85.44%	
35	亚洲宏大	2012 春季中小型书画专场拍卖会	1,332.01	82.85%	保真作品专题	503.27	84.49%	北京 2012-04-20
					名家书法专题	269.30	79.31%	
					魏启后作品专题	11.93	84.62%	
					黄胄作品专题	243.82	100.00%	
					现当代国画作品专题	303.69	65.83%	
36	北京保利	第 18 期精品拍卖会	23,867.71	72.90%	萤窗长物——文房清供及成扇专场	1,253.27	77.24%	北京 2012-04-21
					瓷器	1,323.88	58.36%	
					镂冰锁云——私家藏玉器、鼻烟壶专场	4,645.08	91.82%	
					工艺品	1,971.10	68.49%	
					中国书画（一）	3,185.39	77.47%	
					中国书画（二）	3,384.68	71.57%	
					中国书画（三）	2,679.62	68.85%	
					中国书画（四）	1,643.60	77.03%	
					中国书画（五）	3,781.09	65.30%	
37	上海春秋堂	2012 春季拍卖会	3,038.08	77.85%	紫妮古韵——宜兴紫砂专场	757.28	79.00%	上海 2012-04-22
					宜陶珍玩——紫砂杂件专场	835.02	79.07%	
					紫妮新华——当代名家专场	1,445.78	75.49%	
38	广东保利	2012 春季艺术品拍卖会	3,312.02	82.24%	中国书画	3,312.02	82.24%	广州 2012-04-22
39	辽宁中正	2012 春季艺术品拍卖会	1,067.96	35.35%	古董珍玩	823.12	45.59%	沈阳 2012-04-22
					中国书画	244.84	25.10%	
40	上海驰翰	2012 年春季大型艺术品拍卖会	8,829.87	87.21%	紫玉金砂——杂项专场	1,249.30	84.50%	上海 2012-04-27
					中国书画专场	7,580.57	89.92%	
41	博古斋	2012 春季拍卖会	6,635.89	49.18%	景德镇名家陶瓷专场	2,005.14	45.65%	上海 2012-04-28
					书画文房专场	785.28	54.26%	
					珠宝珍玩专场	1,055.70	57.14%	
					茶事紫砂专场	105.80	21.74%	
					日本铁壶专场	419.06	22.58%	
					古籍专场（一）	221.34	72.67%	
					古籍专场（二）	2,043.57	70.23%	
42	瑞平国际	2012 春季艺术精品（第 12 期）拍卖会	1,184.09	67.95%	中国书画	945.54	73.95%	北京 2012-04-28
					博古珍玩	238.55	61.94%	
43	秦宝斋	2012 年春季艺术品拍卖会	5,643.49	84.26%	中国书画	4,403.47	86.20%	西安 2012-04-28
					芷园饭店藏画专场	1,240.02	82.32%	
44	上海恒利	2012 春季拍卖会	22,054.47	64.38%	中国书画（一）	7,584.48	67.00%	上海 2012-04-29
					傅抱石作品专场	6,014.50	68.75%	
					中国书画（二）	8,455.49	57.38%	

编号	拍卖公司	拍卖会名称	总成交额（万元）	总成交率（%）	拍卖专场名称	专场成交额（万元）	专场成交率（%）	地点及时间
45	上海崇源	2012 年春季书画拍卖会	4,294.17	50.92%	中国书画	4,294.17	50.92%	上海 2012-05-04
46	华夏传承	2012 年春季艺术品拍卖会	23,248.77	79.92%	长安之风	4,026.04	90.32%	北京 2012-05-10
					小品 · 扇画专辑	1,279.38	80.00%	
					风骨犹存 · 艺海生辉	1,023.39	74.63%	
					中国当代水墨人物四大家	4,075.49	91.89%	
					炎黄之子——黄胄专辑	2,593.25	80.00%	
					翰墨留香	9,388.14	77.21%	
					书法专辑	863.08	65.38%	
47	青岛中艺	2012 春季艺术品拍卖会	1,485.25	71.70%	中国古近代书画古玩专场	558.14	64.79%	青岛 2012-05-10
					中国现当代书画专场	927.11	78.61%	
48	北京东正	2012 春季艺术品拍卖会	16,827.38	61.08%	中国古董珍玩专场	7,536.30	59.23%	北京 2012-05-11
					皇家长物——宫廷艺术专场	8,948.15	95.00%	
					匠心雅趣——中国古代艺术品专场	342.93	29.00%	
49	北京华辰	2012 年春季拍卖会	24,998.12	71.19%	百年启功——纪念启功先生诞辰一百周年专场拍卖暨启功文物特展	868.25	93.75%	北京 2012-05-11
					心画——20 世纪书法十大家	595.93	88.46%	
					名人手迹暨古美术文献	718.12	69.83%	
					美益楼藏中国书画	2,241.24	94.34%	
					中国书画	8,314.50	57.31%	
					影像	643.06	63.67%	
					中国油画及雕塑	3,228.35	63.64%	
					瓷器玉器工艺品	8,388.67	38.52%	
50	都市联盟	2012 年春季拍卖会	15,760.99	96.61%	中国近现代书画（一）	1,864.38	93.55%	北京 2012-05-11
					中国四大家书画专场——吴昌硕、齐白石、黄宾虹、潘天寿	6,431.95	94.74%	
					中国近现代书画（二）	4,233.50	97.66%	
					中国当代书画专场	2,925.60	97.10%	
					中国陈年老宣纸专场	305.56	100.00%	
51	中国嘉德	2012 春季拍卖会	214,155.18	75.37%	中国近现代书画（一）	24,726.38	87.12%	北京 2012-05-12
					大观——中国书画珍品之夜	32,004.50	88.46%	
					文心磊落——中国近当代文人书画集韵	4,662.56	97.73%	
					大地之上——中国近现代水墨人物画创作之路	6,517.51	81.25%	
					中国近现代书画（二）	15,089.27	82.91%	
					中国当代书画	8,474.24	88.17%	
					水墨新世界	1,380.44	92.45%	
					扬州画派	5,560.25	75.68%	
					中国古代书画	14,339.01	66.67%	
					中国古代书法	6,126.86	80.56%	

编号	拍卖公司	拍卖会名称	总成交额（万元）	总成交率（%）	拍卖专场名称	专场成交额（万元）	专场成交率（%）	地点及时间
					翦淞阁文房宝玩	12,671.85	100.00%	
					大地之上——中国近现代水墨人物画创作之路	6,517.51	81.25%	
					中国近现代书画（二）	15,089.27	82.91%	
					中国当代书画	8,474.24	88.17%	
					水墨新世界	1,380.44	92.45%	
					扬州画派	5,560.25	75.68%	
					中国古代书画	14,339.01	66.67%	
					中国古代书法	6,126.86	80.56%	
					翦淞阁文房宝玩	12,671.85	100.00%	
					古瓷萃珍	11,717.47	60.73%	
					盛世佛缘——金铜佛造像精品	2,772.08	76.67%	
					紫泥琢玉——宜陶古器遗珍	1,748.58	85.32%	
					紫泥春华——近现代紫砂臻品	2,799.79	69.62%	
					胜日芳华——明清古典家具集珍（一）	6,162.85	96.88%	
					胜日芳华——明清古典家具集珍（二）	5,111.75	100.00%	
					胜日芳华——明清古典家具集珍（三）	6,187.00	75.00%	
					屏间雅赏——文房及雅玩	2,516.43	77.06%	
					良玉美研——工艺品珍赏	2,015.95	57.07%	
					盈寸盛妍——鼻烟壶集萃	286.12	17.70%	
					清宁——金石篆刻艺术	2,141.88	76.52%	
					可石怡情——现代国石臻品	1,586.54	66.12%	
					近现代陶瓷	4,782.05	58.79%	
					八友遗珠——二義草堂民国瓷画	1,375.40	53.85%	
					文人情怀	1,112.40	80.52%	
					古籍善本	2,313.11	67.66%	
					钟表　珠宝　翡翠	3,954.28	55.17%	
					中国油画及雕塑	16,025.37	69.19%	
					王士平收藏纸钞（一）	1,513.21	77.39%	
					纸钞（二）	855.80	71.92%	
					妙观逸想——铜镜、金银器专场	1,452.85	58.39%	
					神与物游——金银锭　古钱　平尾赞平收藏	1,536.96	87.64%	
					近现代机制币	965.81	78.79%	
					邮品	1,668.63	79.05%	
52	上海驰翰	2012春季艺术沙龙拍卖会	337.21	96.77%	虹桥嘉年华国际新玻璃艺术品专场	337.21	96.77%	上海 2012-05-13
53	北京诚轩	2012年春季拍卖会	21,885.33	79.42%	中国油画雕塑	1,664.28	67.71%	北京 2012-05-13
					瓷器工艺品	2,545.41	71.21%	
					艺术图书	578.91	99.05%	
					中国书画（一）	6,955.55	90.83%	
					中国书画（二）	5,429.73	85.55%	

编号	拍卖公司	拍卖会名称	总成交额（万元）	总成交率（%）	拍卖专场名称	专场成交额（万元）	专场成交率（%）	地点及时间
					古钱　银锭　机制币	2,256.32	77.32%	
					纸币	1,633.04	70.31%	
					邮品	822.09	73.36%	
54	北京中汉	2012 年春季拍卖会	4,389.45	46.81%	中国油画	191.71	50.00%	北京 2012-05-14
					犹珍 11——中国古代瓷珍暨工艺品残器专场	527.28	57.89%	
					瓷器工艺品	2,703.31	46.62%	
					中国书画	967.15	32.72%	
55	雍和嘉诚	2012 年春季邮品钱币专场	789.56	33.23%	古钱银锭	183.74	27.72%	北京 2012-05-17
					铜银杂件	38.06	30.04%	
					纸币	51.13	27.56%	
					新中国币	57.34	30.83%	
					机制币	358.02	46.83%	
					邮品	101.27	36.37%	
56	东方大观	2012 春季拍卖会	12,311.80	43.48%	民国风	2,651.60	55.29%	北京 2012-05-17
					当代水墨艺术	1,717.30	35.29%	
					齐白石与吴昌硕	1,364.00	40.00%	
					中国近现代书画	3,396.50	50.67%	
					明清墨迹	1,002.30	36.17%	
					中国古代书画	2,180.10	43.48%	
57	中拍国际	2012 年春季拍卖会	4,371.38	64.13%	大美为真——书画专场	688.51	74.03%	北京 2012-05-19
					油画·唐卡专场	1,404.96	61.54%	
					瓷器专场	1,274.89	61.39%	
					妙臻百艺——珠宝·玉器·杂项专场	1,003.02	59.57%	
58	深圳城投	2012 年“文物人文之魂”首届拍卖会	4,178.34	13.83%	中国书画	4,178.34	13.83%	深圳 2012-05-20
59	北京艺融	2012 年春季艺术品拍卖会	8,221.28	81.09%	中国写实油画	4,423.71	86.36%	北京 2012-05-20
					中国现当代艺术	3,797.57	75.81%	
60	北京翰海	2012 春季拍卖会	94,395.99	69.59%	近现代书画（一）	4,765.60	73.11%	北京 2012-05-25
					近现代书画（二）	5,137.60	57.87%	
					中国现当代美术	4,832.65	72.32%	
					古代书画	4,745.48	69.12%	
					北京工美集团珍藏书画	2,416.38	92.31%	
					古籍善本	863.73	71.88%	
					翰海重要古董书画夜场	17,443.20	63.46%	
					庆云大观——近现代书画	8,333.48	97.22%	
					北京工美集团及重要藏家珍藏工艺品	1,970.76	60.47%	
					当代书画	8,128.89	87.56%	
					璀璨雅蕴——珠宝翡翠	3,093.85	12.98%	
					温故知新——“荆澜砂流”集藏珍品紫砂	8,357.05	87.22%	
					鉴道明神——铜镜	1,900.95	65.93%	
					中国玉器	1,743.86	65.50%	
					佛殇——金铜佛像	4,013.50	91.30%	
					慧眼——天珠	6,640.10	65.79%	
					瑰宝堂藏珍	2,209.15	60.87%	

编号	拍卖公司	拍卖会名称	总成交额（万元）	总成交率（%）	拍卖专场名称	专场成交额（万元）	专场成交率（%）	地点及时间
61	香港佳士得	2012年春季拍卖会（二）	273,294.79	82.39%	古董珍玩	7,799.76	57.63%	香港 2012-05-25
					佳士得名酿：雅士窖藏单一私人珍藏系列 II	2,028.76	99.52%	
					亚洲20世纪及当代艺术（晚间拍卖）	36,176.00	89.13%	
					亚洲20世纪艺术（日间拍卖）	17,049.53	84.86%	
					亚洲当代艺术（日间拍卖）	9,722.35	72.01%	
					中国古代书画	20,511.13	85.28%	
					中国近现代画	45,417.28	90.95%	
					崔如琢精品	12,300.00	92.86%	
					瑰丽珠宝及翡翠首饰	62,336.48	78.41%	
					精致名表	16,790.60	86.48%	
					华彩熠然——文德尔伉俪珍藏掐丝珐瑯器	6,527.00	83.33%	
					中国宫廷御制艺术精品	21,917.13	62.79%	
					重要中国瓷器及工艺精品	22,518.53	63.00%	
62	书画艺拍	2012年春季拍卖会（第385期）	360.65	66.95%	中国书画及油画	307.63	73.08%	香港 2012-05-26
					瓷器　玉器　工艺品	53.02	60.82%	
63	香港普艺	第330次拍卖会中国书画及艺术品	346.61	62.97%	中国书画	188.45	67.82%	香港 2012-05-26
					博古寻韵	102.75	66.53%	
					玲珑集趣	55.41	54.55%	
64	香港邦瀚斯	2012春季拍卖会	27,708.72	82.05%	中国书画及当代亚洲艺术	5,485.58	71.18%	香港 2012-05-26
					玛丽及庄智博鼻烟壶珍藏：第五部分	4,242.30	100.00%	
					纯惠贵妃半身朝服像专场	3,986.00	100.00%	
					中国古董瓷器及工艺精品	2,274.63	66.84%	
					私人珍藏宜兴紫砂及文人雅玩专场	2,608.96	57.97%	
					寻古探新——对话：葡萄牙私人藏赵无极与朱德群作品收藏“慈永祜”葡萄牙私人藏宫廷御器	9,111.25	96.30%	
65	云南典藏	2012春季文物艺术品拍卖会	4,258.08	57.18%	古董珍玩夜场	100.99	60.99%	云南 2012-05-26
					墨华烟云——中国书画专场	842.70	42.86%	
					木韵春华——黄花梨金丝楠木家具专场	1,669.92	100.00%	
					尚物心悦——古董珍玩专场	1,308.27	36.62%	
					瓷器·玉器·工艺	336.20	45.45%	
66	辽宁建投	2012春季艺术品拍卖会	5,922.18	80.49%	中国书画（一）	4,549.78	80.00%	沈阳 2012-05-27
					中国书画（二）	866.94	73.03%	
					中国书画（三）——书法楹联	505.46	88.44%	

编号	拍卖公司	拍卖会名称	总成交额（万元）	总成交率（%）	拍卖专场名称	专场成交额（万元）	专场成交率（%）	地点及时间
67	琴岛荣德	2012 春季拍卖会	4,172.01	53.08%	中国书画（一）——古代·近现代书画专场	2,658.68	71.88%	济南 2012-05-27
					中国书画（二）——当代书画·齐鲁名家书画专场	965.65	59.35%	
					文房、翠玉、紫砂壶专场	547.68	28.02%	
68	罗芙奥	香港 2012 春季拍卖会	10,620.30	72.22%	现代与当代艺术	10,620.30	72.22%	香港 2012-05-28
69	华夏传承	2012 春季艺术品拍卖会	9,564.56	84.11%	刘文西、王子武、王西京专辑	2,781.19	98.68%	西安 2012-05-28
					长安画派创始人专辑	1,378.90	100.00%	
					翰墨春秋	2,128.91	75.00%	
					玉说东方	2,614.97	82.89%	
					紫玉金砂	660.59	64.00%	
70	雍和嘉诚	2012 年春季艺术品拍卖会	9,954.12	77.25%	瓷器、玉器、杂项、家具专场	1,493.72	54.90%	北京 2012-05-31
					名酒专场	449.01	83.14%	
					等观——古美术文献专场	197.40	96.74%	
					中国书画专场	7,087.33	66.61%	
					中国现代版画专场	726.66	84.88%	
71	文津阁	2012 春季艺术品拍卖会	17,414.91	75.64%	启功的书画艺术	888.49	100.00%	北京 2012-06-01
					中国书画	12,819.74	62.07%	
					书斋乐事·嘉和居长物	3,706.68	64.86%	
72	北京歌德	2012 春季艺术品拍卖会	42,137.08	83.38%	华彩奇珍——珠宝工艺品专场	1,295.51	48.70%	北京 2012-06-02
					艺林新韵——中国当代水墨专场	1,786.07	100.00%	
					澄怀观道——中国近现代书画专场	6,168.37	99.40%	
					造化心源——重要中国书画专场	11,625.35	100.00%	
					绝世臻品——法国著名藏家私人珍藏专场	383.25	74.65%	
					樽享酩酿——世界著名葡萄酒及烈酒专场	2,348.80	84.19%	
					神州佳酿——各地名酒及养生酒专场	1,052.37	100.00%	
					砚田汲古——古代砚品专场	330.05	68.47%	
					艺林拾翠——古董珍玩专场	387.55	43.06%	
					方寸凝烟——海外回流鼻烟壶专场	1,103.08	82.11%	
					传世酒魂——1981 年千斤原封原坛原浆董酒专场	609.50	100.00%	
					历久弥香——陈年茅台酒专场	15,047.18	100.00%	
73	北京保利	2012 春季拍卖会	303,355.39	64.27%	中国当代水墨（一）	6,715.77	89.38%	北京 2012-06-02
					中国当代水墨（二）	3,910.00	81.82%	
					古籍文献名家翰墨	2,279.42	64.90%	
					现当代中国艺术日场	4,577.69	63.51%	

编号	拍卖公司	拍卖会名称	总成交额（万元）	总成交率（%）	拍卖专场名称	专场成交额（万元）	专场成交率（%）	地点及时间
					中国写实新疆行重要作品专场	5,822.44	85.53%	
					20 世纪早期中国油画专场	2,781.28	60.87%	
					八八人体大展重要作品专场	4,502.83	86.67%	
					吴冠中重要作品专场	8,280.00	86.67%	
					现当代中国艺术夜场	17,325.75	85.71%	
					中国当代高端工艺品	3,464.26	61.34%	
					中国近现代书画（一）	6,533.61	57.28%	
					现当代中国艺术之国际知名设计师作品专场	941.08	60.38%	
					法国红酒	4.14	14.29%	
					中国白酒	1,550.55	77.78%	
					中国近现代书画（二）	6,342.37	71.21%	
					紫光霞蔚——古代书画夜场	18,403.45	77.36%	
					中国近现代书画夜场	81,250.95	85.06%	
					二仪有像——百年书法专场	2,356.81	65.54%	
					方圆乾坤——古钱 银锭 机制币	277.06	22.48%	
					精时流金——名贵腕表及古董钟表专场	2,938.48	51.85%	
					中国近现代书画（三）	7,018.45	62.96%	
					刘金涛藏画 · 王雪涛书画旷世精品专场	3,576.50	73.68%	
					现当代中国水墨回望三十年夜场	18,876.10	77.86%	
					名贵西洋乐器专场	1,357.00	75.00%	
					中国古代书画日场	4,489.72	54.55%	
					方寸之间——纸钞、邮品、金银币	377.99	41.19%	
					朝华凝露——名贵珠宝与翡翠专场	12,363.42	54.13%	
					大明 · 格古	11,939.30	90.77%	
					耄念八徵——乾隆帝八旬圣寿宝玺与御赏珍玩	15,306.50	87.50%	
					宫廷艺术与重要瓷器工艺品	23,731.40	77.02%	
					精金月华　光耀昭明——铜镜专场	307.17	13.43%	
					雅印聚珍——当代国石专场	1,742.48	39.55%	
					新月雅集——民国文人瓷绘与现当代艺术陶瓷专场	8,389.94	65.25%	
					私家藏文房精品	2,913.41	67.26%	
					中国鼻烟壶	1,055.31	59.69%	
					茶熟香温——紫砂茗具与东瀛汤沸	353.51	50.00%	
					中国玉器专场	3,560.75	54.34%	
					中国古董珍玩日场	5,738.50	48.26%	
74	上海中福	2012 年雅石、紫砂、茶道具专场拍卖会	1,135.61	61.31%	天赐珍玩	677.25	70.08%	上海 2012-06-03
					紫玉金砂	458.36	52.53%	

编号	拍卖公司	拍卖会名称	总成交额（万元）	总成交率（%）	拍卖专场名称	专场成交额（万元）	专场成交率（%）	地点及时间
75	广东省拍	2012 春季艺术品拍卖会	2,833.20	97.66%	名家画廊收藏专场	272.06	100.00%	广州 2012-06-03
					中国书画	2,561.14	95.32%	
76	北京匡时	2012 年春季艺术品拍卖会	126,468.34	72.57%	油画雕塑专场	8,661.36	76.61%	北京 2012-06-03
					古代及近现代紫砂专场	2,590.38	59.84%	
					翠墨撷英——善本碑帖专场	675.05	56.71%	
					明清书法专场	9,982.64	90.77%	
					古代绘画专场	7,821.38	61.04%	
					故国情怀——“明遗民”书画作品专场	21,669.45	100.00%	
					“过云楼”藏古籍善本专场	21,620.00	100.00%	
					古美术文献专场	360.18	93.61%	
					可以清心——茶道具专场	1,686.25	71.52%	
					瓷玉工艺品专场（一）	5,072.15	52.00%	
					瓷玉工艺品专场（二）	1,968.69	33.00%	
					坚净无尘——纪念启功先生诞辰一百周年作品专场	1,454.18	73.33%	
					天生意趣——齐白石作品专场	8,303.23	88.00%	
					近现代书画专场（一）	11,974.15	88.35%	
					近现代书画专场（二）	9,766.49	81.44%	
					近现代及当代瓷专场	5,238.60	61.29%	
					当代玉雕大师作品专场	7,624.16	46.15%	
77	罗芙奥	台北 2012 春季拍卖会	8,577.97	76.55%	亚洲现代与当代艺术	8,577.97	76.55%	台北 2012-06-03
78	未来四方	2012 春（北京）文物艺术品拍卖会	2,531.68	74.95%	中国书画专场	1,625.96	71.57%	北京 2012-06-05
					当代书法作品精萃专场	78.58	75.64%	
					当代绘画精萃专场	349.05	100.00%	
					瓷杂珍玩专场	478.09	52.60%	
79	北京永乐	2012 春季拍卖会	5,231.82	39.31%	精美明清瓷器、工艺品及古美术文献善本	1,549.63	39.08%	北京 2012-06-05
					中国 20 世纪及当代艺术	1,244.42	59.34%	
					中国古代书画	298.66	20.00%	
					中国近现代书画	2,139.11	38.80%	
80	宜石国际	2012 年春季拍卖会	5,170.86	82.07%	盈握烟霞——鼻烟壶专场之海外归珍	890.33	89.31%	北京 2012-06-06
					长物养正——文房雅玩专场	1,519.61	73.30%	
					长物养正之怀珠韫玉专场	1,573.66	83.67%	
					彤管流辉——中国书画专场	1,187.26	82.01%	
81	东方艺都	2012 年春季艺术品拍卖会	6,655.39	85.63%	烟云翰墨——中国书画（一）	4,046.35	86.08%	北京 2012-06-06
					濡古怡心——中国书画（二）	873.84	80.18%	
					落纸烟云——书法楹联	1,529.60	84.89%	
					京师砚语——古砚专场	205.60	91.38%	

编号	拍卖公司	拍卖会名称	总成交额（万元）	总成交率（%）	拍卖专场名称	专场成交额（万元）	专场成交率（%）	地点及时间
82	安华白云	2012 年春季拍卖会	5,782.61	34.20%	瓷器　杂项	473.23	31.62%	广州 2012-06-08
					端溪古砚	200.33	15.46%	
					中国书画	5,109.05	55.51%	
83	金仕发	2012 台北春季拍卖会	460.00	73.47%	现代与当代艺术	460.00	73.47%	台北 2012-06-09
84	广州皇玛	2012 夏季拍卖会	21,673.60	98.80%	澄怀观化——2012 当代岭南名家中国画专场	2,587.04	100.00%	广州 2012-06-09
					云桂斋藏品专场	2,166.49	100.00%	
					八大山人山水作品专场	11,615.00	100.00%	
					中国书画专场	5,305.07	95.18%	
85	十竹斋	2012 春季艺术品拍卖会	3,280.15	58.02%	瓷器、玉器、工艺品专场	730.69	51.55%	南京 2012-06-10
					中国书画专场	2,549.46	64.49%	
86	华艺国际	2012 夏季拍卖会	23,012.32	65.51%	中国油画、版画、雕塑	3,749.81	73.21%	广州 2012-06-10
					稀世真藏——极品名酿	862.04	61.88%	
					古董珍玩——瓷器·玉器·工艺品	1,477.98	50.97%	
					紫砂佳器	849.97	70.10%	
					岭南名家书画	6,861.36	70.85%	
					名人法书	1,259.83	63.76%	
					中国书画	7,951.33	67.77%	
87	香港拍得高	2012 春季拍卖会（二）	954.48	47.57%	名贵钟表及欧洲家具	386.86	43.40%	香港 2012-06-16
					翡翠珠宝	567.62	51.74%	
88	中宝拍卖	2012 春季艺术品拍卖会	3,176.45	82.59%	虚心纳善·鼻烟壶专场	628.03	100.00%	北京 2012-06-16
					物熙春妍·古董珍玩专场	997.70	66.67%	
					庄严香聚·金铜佛像铜炉专场	672.52	79.28%	
					物熙芳绚·古董珍玩专场	878.20	84.39%	
89	上海泓盛	2012 年春季拍卖会	16,180.73	74.70%	江南藏韵——中国纸币（一）	774.56	85.20%	上海 2012-06-16
					钞史钩沉——中国纸币（二）	751.87	72.08%	
					邮品	872.78	79.34%	
					英国 BAHR 家族暨海外名家珍藏 文物商店旧藏纸杂文献	918.54	95.37%	
					艺珍别集——渡台名人书画墨迹暨民国政要文献遗存	257.72	84.52%	
					古币　金银锭　机制币	982.19	77.63%	
					新中国金银币	741.44	80.51%	
					中国书画	1,693.38	61.76%	
					油画雕塑	1,776.29	63.79%	
					当代艺术	3,426.98	71.76%	
					澄质朝神——铜镜专场	1,424.16	83.05%	
					闻香候缘——日本精品茶具专场	419.06	75.00%	
					应物澄怀——瓷器工艺品专场	2,141.76	41.09%	

编号	拍卖公司	拍卖会名称	总成交额（万元）	总成交率（%）	拍卖专场名称	专场成交额（万元）	专场成交率（%）	地点及时间
90	太平洋	2012 第二季艺术品拍卖会	3,233.54	53.07%	中国书画专场	1,995.34	68.73%	北京 2012-06-16
					朝花夕拾——朝鲜艺术精品专场	36.00	38.36%	
					怀古论今——重要明清杂项及工艺品专场	375.19	73.74%	
					德艺·传承·发展——第六届中国工艺美术大师参评者作品专场	368.48	19.00%	
					瓷器杂项工艺品专场	458.53	65.51%	
91	荣宝斋（上海）	2012 年春季大型艺术品拍卖会	32,293.51	68.04%	中国书画（一）——当代中国画风貌	3,021.86	73.74%	上海 2012-06-16
					中国书画（二）——近现代暨古代书画	16,541.72	79.90%	
					中国油画雕塑	6,177.11	70.09%	
					中国书画（三）——法院委托书画专场	832.60	44.44%	
					艺文馆藏印章、印石	790.97	86.07%	
					清玩雅集——古董珍玩（一）	2,179.14	69.95%	
					北京荣宝玉堂佳器——古董珍玩专场上海异地拍卖会	2,750.11	52.10%	
92	中国嘉德	嘉德四季第三十期拍卖会	29,504.14	71.24%	中国书画（一）	4,062.38	90.39%	北京 2012-06-16
					中国书画（二）	1,506.50	91.67%	
					中国书画（三）	9,839.24	90.00%	
					中国书画（四）	2,365.21	82.64%	
					中国书画（五）	2,824.52	75.95%	
					中国书画（六）	1,766.17	77.78%	
					中国书画（七）	3,354.21	64.90%	
					瓷器	677.12	42.48%	
					掌玩心悦	715.07	45.36%	
					玉器　工艺品　家具构件	1,941.09	59.42%	
					承古容今——古典家具	283.02	86.67%	
					大学时代——2012 中国艺术院校优秀作品专场（一）	169.61	47.62%	
93	四川嘉诚	2012 春季艺术品拍卖会	803.71	67.23%	中国书画	803.71	67.23%	四川 2012-06-17
94	北京万隆	2012 春季艺术品拍卖会	12,399.20	79.26%	书画专场	12,399.20	79.26%	北京 2012-06-17
95	卓德国际	2012 年周年庆艺术拍卖会	12,892.45	60.64%	中国书画（一）	1,398.98	77.46%	北京 2012-06-17
					中国书画（二）	10,511.92	66.78%	
					鸡血石专场	677.31	39.62%	
					油画、版画专场	164.31	73.60%	
					美术文献专场	139.93	45.73%	
96	上海嘉泰	2012 春季艺术品拍卖会	9,836.91	65.12%	中国书画　古籍善本	5,091.66	69.27%	上海 2012-06-22
					艺道华珍	1,081.92	58.87%	
					御瓷雅玩	3,663.33	67.21%	
97	北京荣宝	2012 春季艺术品拍卖会	25,620.68	70.63%	中国书画（一）——当代书画专场	5,621.10	71.97%	北京 2012-06-23
					新人新水墨专场	418.43	69.75%	
					中国书画（二）——名家小品专场	738.40	53.95%	

编号	拍卖公司	拍卖会名称	总成交额（万元）	总成交率（%）	拍卖专场名称	专场成交额（万元）	专场成交率（%）	地点及时间
					中国书画（三）——近现代书画专场	9,311.23	61.38%	
					中国油画及雕塑专场	1,882.60	71.75%	
					珠宝、钟表及烟斗专场	3,076.53	68.26%	
					古董文玩专场	3,316.99	78.52%	
					江苏工艺和田籽玉精品专场	1,255.40	89.47%	
98	福建运通	2012 春季艺术品拍卖会	1,132.98	89.84%	建国后福建十位代表性书画家作品专场	302.05	93.18%	厦门 2012-06-24
					清代进士及民国政要书画专场	137.02	97.22%	
					中国书画专场（含历代闽籍）	693.91	79.12%	
99	天津鼎天	2012 年春艺术品拍卖会	16,359.55	92.13%	当代水墨	4,570.94	91.91%	天津 2012-06-24
					百年藏珍	3,286.47	88.14%	
					津派书画	8,502.14	96.33%	
100	八益拍卖	2012 春季艺术品拍卖会	3,332.94	81.48%	望蜀堂藏画专场	726.66	93.51%	成都 2012-06-24
					书画专场	2,606.28	69.45%	
101	上海驰翰	第五届书画文玩专场拍卖会	546.48	89.84%	书画文玩	546.48	89.84%	上海 2012-06-24
102	南京嘉信	2012 春季艺术品拍卖会	3,175.33	70.26%	中国书画专场	2,909.68	67.01%	南京 2012-06-24
					古玩 玉器 工艺品专场	265.65	73.50%	
103	上海嘉禾	2012 年春季艺术品拍卖会	27,222.24	85.18%	禾风曳竹——名家成扇专场	1,355.62	100.00%	上海 2012-06-24
					臻微入妙——名家书法专场	2,094.61	85.32%	
					梅景风承——吴湖帆及其弟子作品专场	781.08	88.57%	
					风流今见——陆俨少大师作品专场	9386.88	100.00%	
					四海集珍——近现代书画专场	10,610.48	86.27%	
					明清遗韵——古代书画专场	715.65	49.06%	
					艺苑拾萃——名家书画专场	2,277.92	87.05%	
104	上海宝龙	2012 年春季艺术品拍卖会	63,141.33	85.62%	中国古代书画	11,859.61	95.38%	上海 2012-06-25
					近现代书画	11,854.20	98.06%	
					现当代书画	983.71	89.81%	
					近现代油画	16,287.45	96.77%	
					当代油画、雕塑	1,455.44	89.55%	
					玉器 翡翠	10,856.00	47.23%	
					当代、古代紫砂壶	7,715.01	87.06%	
					金壶 银壶 铁壶 杂件	1,162.99	70.00%	
					中国首届两岸十大名酒	966.92	96.69%	
105	河南原田	2012 年春季拍卖会	2,571.55	65.64%	中国近现代书画	2,571.55	65.64%	郑州 2012-06-27
106	北京翰海	翰海四季（第 77 期）拍卖会	4,929.97	66.69%	中国书画（一）——北京《国学网》专场	71.08	67.47%	北京 2012-06-28
					中国书画（二）——扇画专场	225.80	72.82%	

编号	拍卖公司	拍卖会名称	总成交额（万元）	总成交率（%）	拍卖专场名称	专场成交额（万元）	专场成交率（%）	地点及时间
					中国书画（三）——司法委托书画、首饰、腕表专场	80.27	38.81%	
					中国书画（四）——近现代书画专场	1,029.03	71.43%	
					中国书画（五）——古代书画专场	437.92	69.67%	
					中国书画（六）——当代书画专场	1,187.08	84.71%	
					古董珍玩(一)——家具、杂项专场	941.38	84.26%	
					古董珍玩(二)——玉器、古董专场	957.41	44.34%	
107	北京九歌	2012 年春季拍卖会	99,062.57	65.90%	澄怀观道——中国书画（一）	9,971.31	48.31%	北京 2012-06-28
					花开淡墨——中国书画（二）	3,449.54	52.72%	
					圆觉藏画	2,152.69	66.30%	
					盛世华光——书画珍品	16,252.95	100.00%	
					经典传承——油画	940.13	34.81%	
					古音今韵——中国书画（三）	16,477.89	61.11%	
					玲珑珍玩——北美新加坡藏鼻烟壶专场	299.00	100.00%	
					镌永留香——印章紫砂壶专场	564.13	56.98%	
					翠然拾趣——珠宝翡翠专场	44,855.52	100.00%	
					物外求真——明清精品瓷器专场	2,950.90	49.06%	
					雅玩清赏——瓷器杂项工艺品专场	1,148.51	55.56%	
108	蓝天国拍	2012 春季艺术品拍卖会	791.84	17.50%	中国书画专场	768.88	22.06%	天津 2012-06-29
					瓷器 · 玉器 · 工艺品	22.96	12.94%	
109	上海道明	2012 春季拍卖会	13,900.64	70.25%	当代书画	806.04	86.42%	上海 2012-06-29
					盛世精粹	3,950.25	70.00%	
					古董珍玩	1,695.68	43.28%	
					古代书画	1,101.93	77.69%	
					近现代书画（一）	2,929.40	72.87%	
					近现代书画（二）	3,417.34	71.26%	
110	北京容海	2012 春季精品书画拍卖会	5,553.12	87.32%	近现代书画专场	3,348.11	84.15%	北京 2012-06-30
					当代名家水墨专场	1,988.12	81.78%	
					新加坡资深藏家专场	216.89	96.03%	
111	上海驰翰	第六届书画文玩专场拍卖会	599.91	90.79%	书画文玩	599.91	90.79%	上海 2012-06-30
112	陕西秦商	2012 年春季艺术品拍卖会	458.06	63.33%	中国书画	458.06	63.33%	西安 2012-07-01
113	福建静轩	2012 春季艺术品拍卖会	6,992.63	70.22%	闽籍书画	651.28	75.53%	福州 2012-07-05
					中国书画	1,490.17	61.90%	
					中国书法	318.68	70.20%	
					寿山石雕	4,532.50	73.24%	

编号	拍卖公司	拍卖会名称	总成交额（万元）	总成交率（%）	拍卖专场名称	专场成交额（万元）	专场成交率（%）	地点及时间
114	中都国际	2012 夏季大型艺术品拍卖会	2,124.91	48.69%	中国书画	1,027.38	47.97%	北京 2012-07-07
					瓷器杂项	1,097.53	49.40%	
115	西泠拍卖	2012 年春季拍卖会	77,220.65	88.02%	中国书画近现代名家作品专场（一）	5,652.71	90.54%	杭州 2012-07-07
					岭南画派书画作品专场	1,657.15	85.71%	
					中国书画古代作品专场	11,275.18	88.27%	
					任伯年遗珍专场	2,021.93	100.00%	
					文房清玩 · 田黄石专场	4,967.20	83.56%	
					文房清玩 · 近现代名家篆刻专场	3,361.57	82.72%	
					近现代名人手迹暨纪念对日抗战七十五周年专场	2,703.88	91.33%	
					中国书画海上画派作品专场	5,445.60	92.03%	
					西泠印社部分社员作品专场	5,745.75	92.78%	
					中国书画近现代名家作品专场（二）	6,238.18	88.15%	
					中国现当代油画雕塑专场	7,507.66	86.58%	
					中国当代玉雕大师作品专场	6,130.65	84.46%	
					中国历代庭园艺术 · 石雕专场	2,111.52	97.50%	
					中国首届明清御窑金砖专场	958.87	100.00%	
					西泠印社首届历代钱币专场	824.95	75.26%	
					春江雅集 · 香具专场	2,337.72	73.24%	
					文房清玩 · 古玩杂件专场	3,066.71	81.01%	
					文房清玩 · 历代名砚专场	1,151.90	86.54%	
					中国历代紫砂盆专场	1,351.94	91.38%	
					古籍善本专场	1,215.61	79.85%	
					中国陈年名酒专场	1,493.97	97.42%	
116	汉秦国际	2012 春季书画大型拍卖会	1,089.50	81.28%	京城春来早——京津画派作品专场	117.13	90.16%	北京 2012-07-08
					扶桑探骊珠——日本回流作品专场	119.33	89.71%	
					秦淮呈锦绣——“开心目斋”藏金陵画派作品专场	94.18	81.48%	
					海上竞风流——海派名家作品专场	43.97	84.21%	
					图版显真微——出版著录作品专场	43.30	72.41%	
					当代华艺风——当代实力派艺术家作品专场	671.59	69.70%	
117	北京传是	古董珍玩专场拍卖会	3,971.93	66.67%	古董珍玩专场	3,971.93	66.67%	北京 2012-07-08
118	上海宏大	2012 年春季艺术品拍卖会	289.83	16.27%	瓷杂、书画拍卖	289.83	16.27%	上海 2012-07-08

编号	拍卖公司	拍卖会名称	总成交额（万元）	总成交率（%）	拍卖专场名称	专场成交额（万元）	专场成交率（%）	地点及时间
119	江苏嘉恒	2012年春季艺术品拍卖会	3,748.27	70.96%	江苏当代书画	1,231.09	87.38%	南京 2012-07-08
					文心万象——新文人画作品	604.73	93.55%	
					新金陵画派	1,246.14	57.04%	
					中国书画	666.31	45.87%	
120	朵云轩	2012春季艺术品拍卖会	40,556.70	77.22%	近现代书画专场（一）	11,946.09	94.79%	上海 2012-07-10
					海派精品专场	2,644.66	88.24%	
					名家小品专场	861.93	84.69%	
					精品成扇专场	895.05	95.18%	
					近现代书画专场（二）	8,108.77	81.78%	
					古代书画专场	7,803.33	85.23%	
					金石缘书画专场	843.87	72.41%	
					名家篆刻印谱专场	1,047.19	73.08%	
					当代海派名家篆刻专场	366.79	93.90%	
					瓷器杂项专场	412.59	57.80%	
					双雅楼藏铜墨盒专场	18.40	15.38%	
					名家翰墨图册专场	106.09	80.49%	
					当代艺术和油画雕塑专场	4,137.93	70.83%	
					古籍善本专场	336.94	76.64%	
					当代海派书画专场	1,027.07	87.85%	
121	上海天衡	2012春季艺术品拍卖	26,329.81	90.67%	袖海楼藏书画专场	1,983.86	100.00%	上海 2012-07-11
					中国当代书画专场	2,244.49	92.62%	
					旧时明月——海派绘画精品专场	5,443.33	93.02%	
					中国书画专场	13,538.52	83.16%	
					油画暨雕塑专场	3,119.61	84.56%	
122	上海东方	2012年春季艺术品拍卖会	3,422.39	77.83%	中国书画（一）	1,360.90	82.64%	上海 2012-07-12
					中国书画（二）	2,061.49	73.02%	
123	青莲阁	2012春季书画拍卖会	859.22	86.27%	中国书画	859.22	86.27%	上海 2012-07-13
124	南京经典	2012春季拍卖会	21,109.19	81.22%	一代草圣——林散之书画	1,790.62	84.85%	南京 2012-07-14
					大匠之道——陈大羽书画	439.67	65.85%	
					江山多娇——新金陵画派	4,262.11	87.88%	
					中国近现代书画	2,902.15	60.66%	
					艺术南京——南京顶级画家	3,357.09	95.08%	
					云水襟怀——张友宪书画	373.27	96.67%	
					当代水墨	360.21	85.19%	
					匠心天工——中国古典家具专场	989.28	60.87%	
					传世国酒	781.71	87.90%	
					中国现当代艺术	5,853.08	87.21%	
125	广东古今	2012夏季古今艺术品拍卖会	3,186.48	51.64%	瓷器·杂项·翡翠·家具	846.23	40.32%	广州 2012-07-15
					中国书画·油画	2,340.25	62.95%	

编号	拍卖公司	拍卖会名称	总成交额（万元）	总成交率（%）	拍卖专场名称	专场成交额（万元）	专场成交率（%）	地点及时间
126	河南鸿远	2012 春季大型艺术品拍卖会	3,285.19	31.65%	《文盛轩藏中国书画作品选》（第四辑）著录专场（夜场）	1,745.86	42.21%	郑州 2012-07-16
					艺术中原——河南省画廊收藏书画精品展展览作品专场	359.07	29.95%	
					中国书法专场	230.55	23.44%	
					当代中国画专场	846.74	46.59%	
					近现代绘画专场	102.97	16.04%	
127	中贸圣佳	2012 春季艺术品拍卖会	44,468.80	56.96%	中国书法楹联专场	2,870.86	55.38%	北京 2012-07-21
					盛世华章　富丽吉祥（二）——中国当代画家郑百重专场	495.08	100.00%	
					中国近现代书画专场（一）	9,036.58	55.34%	
					中国近现代书画专场（二）	4,258.56	49.17%	
					中国当代书画专场	8,032.18	68.63%	
					中国书画小品专场	1,554.00	53.61%	
					世界名酒专场	174.80	35.56%	
					中国古代书画专场	11,605.46	58.27%	
					臻品绽放 · 珠宝翡翠专场	1,282.14	16.15%	
					紫玉金砂 · 紫砂壶专场	678.16	91.80%	
					古典家具专场	385.83	47.22%	
					天禄月华——恩承阁藏古董珍玩专场	1,405.30	80.65%	
					般若慈源——古代佛教文物专场	1,351.25	61.22%	
					古董珍玩 · 工艺品专场	1,338.60	24.48%	
128	天麒阁	2012 青岛之夏艺术品拍卖会	1,824.24	79.41%	爱莲堂藏书法专场	494.76	94.00%	青岛 2012-07-21
					中国书画	829.14	82.72%	
					中国书画暨文房雅玩	500.34	61.52%	
129	朵云轩	2012 年非物质文化遗产及动漫专场拍卖会	889.49	81.96%	非物质文化遗产精品	774.50	87.72%	上海 2012-07-22
					动漫专场	114.99	76.19%	
130	远方拍卖	2012 年春季书画拍卖会	904.96	83.18%	中国书画	904.96	83.18%	北京 2012-07-22
131	维塔维登	2012 年春季艺术品拍卖会	1,869.10	56.80%	中国书画	1,869.10	56.80%	北京 2012-07-25
132	隆荣国际	2012 春季拍卖会	54,941.68	57.60%	竹木生辉（历代杂项珍宝）	2,853.98	70.40%	北京 2012-07-27
					浮梁彩韵（当代陶瓷）	419.70	64.00%	
					阳羡遗风（历代紫砂）	683.90	43.20%	
					耆英雅汇	42,907.70	61.47%	
					怡红快绿（当代翠玉）	8,076.40	48.95%	
133	香港淳浩	2012 夏季艺术品拍卖会	2,000.52	73.45%	中国近现代书画	1,286.13	85.10%	香港 2012-07-27
					瓷器工艺品	714.39	61.80%	
134	书画艺拍	2012 年夏季拍卖会（第 394 期）	325.47	55.83%	中国书画	251.85	51.33%	香港 2012-07-28
					艺术品	73.62	60.32%	
135	重庆恒升	2012 年文物艺术品拍卖会	398.47	44.05%	书画杂项	398.47	44.05%	重庆 2012-07-29

编号	拍卖公司	拍卖会名称	总成交额（万元）	总成交率（%）	拍卖专场名称	专场成交额（万元）	专场成交率（%）	地点及时间
136	香港拍得高	2012 春季拍卖会（四）	502.52	27.50%	中国书画	293.02	23.92%	香港 2012-07-29
					中国陶瓷及艺术珍玩	209.50	31.07%	
137	上海大众	新海上雅集 2012 大型艺术品拍卖会	17,719.92	71.55%	退思慎独——首届文人书斋及江南旧藏专场	2,397.18	77.27%	上海 2012-08-04
					刀笔仙工——首届明清竹刻专场	1,732.94	61.54%	
					盈握乾坤——首届鼻烟壶专场（加拿大 Gurevich 旧藏）	1,209.22	100.00%	
					皇室长物——第二届宫庭艺术及重要工艺品专场	3,396.99	75.86%	
					禅茶一味——首届湘妃竹及茶道具专场	923.68	51.52%	
					海上集珍——瓷玉工艺品专场	2,743.56	54.15%	
					华光宝气——首届翡翠、珠宝、名表、古董首饰专场	935.64	49.09%	
					苏州云栖山房——文房四宝及书画专场	396.87	79.05%	
					扇骨　成扇　小品——书画专场	331.09	75.00%	
					近现代名家书画精品专场	1,142.76	81.82%	
					海外回流书画专场	2,509.99	81.76%	
138	香港普艺	第 337 期拍卖会	258.24	73.23%	省港澳书画	124.08	76.65%	香港 2012-08-04
					玲珑集趣	49.13	68.75%	
					博古寻韵	85.03	74.29%	
139	鼎时国际	2012 春季艺术品大型拍卖会	1,145.03	44.78%	雅器凝珍——杂项专场	64.40	36.55%	北京 2012-08-05
					翰墨风华——书画专场	1,080.63	53.00%	
140	北京鼎周	2012 年“十全十美”大型艺术品拍卖会	15,961.84	99.02%	中国书画（一）——小品及扇画专场	404.00	100.00%	北京 2012-08-05
					中国书画（二）——名人上款专场	297.05	100.00%	
					中国书画（三）——媒体及出版机构藏品专场	270.25	95.40%	
					中国书画（四）——名家四屏专场	1,634.61	99.08%	
					中国书画（五）——当代名家专场	1,892.90	100.00%	
					中国书画（六）——近现代专场	1,139.01	100.00%	
					中国书画（七）——历代书法专场	520.15	100.00%	
					中国书画（八）——当代新锐专场	378.81	100.00%	
					巧夺天工——珠宝玉器专场	2,093.92	98.08%	
					中国书画（九）——大观中国书画（夜场）	7,331.14	97.67%	
141	广州银通	2012 年夏季艺术品拍卖会	3,947.22	76.63%	油画、雕塑专场	417.76	52.63%	广州 2012-08-05
					宜雅集专场	783.22	91.89%	

编号	拍卖公司	拍卖会名称	总成交额（万元）	总成交率（%）	拍卖专场名称	专场成交额(万元)	专场成交率（%）	地点及时间
					中国书画专场	2,746.24	85.36%	
142	北京保利	第 19 期精品拍卖会	19,214.09	74.34%	瓷器	920.75	62.15%	北京 2012-08-10
					工艺品	2,472.65	66.21%	
					归流——同一藏家旧藏	993.72	74.55%	
					小雅——近现代书画名家小品	1,247.06	79.87%	
					游艺——近现代书画(一)	3,196.31	66.67%	
					象神——当代水墨	1,426.46	64.14%	
					风骚——三百年翰墨	1,315.95	94.48%	
					茗心——近现代书画(二)	949.10	67.76%	
					攻玉——四海集珍中国书画	2,065.05	53.50%	
					追远——古代书画(一)	1,435.66	100.00%	
					畅怀——古代书画(二)	2,611.42	69.64%	
					法天——现当代中国艺术	570.64	67.48%	
					救助患病青年画家周一斌捐赠作品义拍专场	9.32	100.00%	
143	上海驰翰	第七届书画文玩专场拍卖会	538.34	89.48%	书画文玩	538.34	89.48%	上海 2012-08-12
144	浙江骏成	2012 春季艺术品拍卖会	12,100.08	94.81%	中国书画专场（一）	4,868.87	91.77%	杭州 2012-08-12
					中国书画专场（二）	3,592.95	90.63%	
					沙孟海书法专场	692.88	100.00%	
					康德楼藏清及民国书法专场	704.03	98.57%	
					当代浙派名家作品专场	2,241.35	93.10%	
145	厦门特拍	2012 年仲夏艺术品拍卖会	2,305.53	60.16%	闽籍书画专场	593.00	74.36%	厦门 2012-08-18
					中国书画（一）	802.36	63.69%	
					书法楹联专场	322.12	57.36%	
					中国书画（二）	588.05	45.21%	
146	上海工美	2012 夏季大型艺术品拍卖会	16,512.23	56.56%	古籍文献	808.97	77.17%	上海 2012-08-18
					大石斋之友藏珍	7,811.38	77.00%	
					中国书画	4,580.34	75.50%	
					紫砂文玩	244.55	40.95%	
					贞珉同寿　印石	868.19	26.83%	
					珠宝首饰	2,198.80	41.88%	
147	北京荣宝	2012 清凉一夏艺术品拍卖会（第 73 期）	7,927.09	82.32%	中国书画（一）——当代书画专场	1,413.44	82.76%	北京 2012-08-25
					中国书画（二）——名家小品及近现代书画专场	2,597.06	79.25%	
					白玉酒茶专场	697.65	86.61%	
					珠宝钟表专场	654.14	70.62%	
					西画名家及当代新锐专场	2,249.41	82.21%	
					滴泉集珍——中国现当代版画名家专场	315.39	92.47%	
148	广东衡益	2012 年夏季艺术品拍卖会	2,768.67	89.12%	兰室藏书画保真专场	354.32	85.71%	广州 2012-08-26
					中国书画专场	2,414.35	92.53%	

编号	拍卖公司	拍卖会名称	总成交额（万元）	总成交率（%）	拍卖专场名称	专场成交额（万元）	专场成交率（%）	地点及时间
149	江苏九德	2012 秋季大型艺术品拍卖会	12,044.76	98.72%	名家墨韵——金陵当代水墨专场	1,961.35	98.16%	南京 2012-08-26
					中国书画——近现代名家作品专场	4,940.08	97.52%	
					我有我法——中国名家书法专场	1,102.73	99.30%	
					左笔春秋——傅小石没骨人物画专场	1,040.97	100.00%	
					翰墨飘香——中国当代水墨专场	2,999.63	98.61%	
150	广州皇玛	2012 四季拍卖(第二期)	914.05	87.98%	广州振兴粤剧基金会藏品专场	227.36	99.00%	广州 2012-09-02
					云桂斋藏品专场	51.27	91.82%	
					中国书画专场	635.42	73.12%	
151	江苏聚德	2012 金秋精品拍卖会	6,172.00	86.76%	散翁　桃李	881.14	96.15%	南京 2012-09-02
					水墨金陵——中国典藏级书画家	2,450.27	94.31%	
					中国书画	2,840.59	69.81%	
152	青岛中艺	2012 秋季艺术品拍卖会	1,639.32	72.78%	古近代中国书画	778.48	70.27%	青岛 2012-09-06
					现当代中国书画	337.89	71.74%	
					山东地区书画名家作品	202.19	72.22%	
					青岛建置百年大型书画展暨作品集部分作品	43.34	65.71%	
					艺海三星书画墨跡	40.20	79.49%	
					青岛地区书画名家作品	237.22	77.22%	
153	香港佳士得	2012 秋季拍卖会（一）	4,231.66	97.92%	佳士得名釀：珍罕窖藏精品	1,345.94	100.00%	香港 2012-09-08
					佳士得名釀：传世欧洲珍藏	2,885.72	95.83%	
154	迦南国拍	2012 年首届艺术品拍卖会	15,862.41	82.23%	中国当代书画专场	1,309.73	81.51%	青岛 2012-09-08
					中国名家书画专场	12,426.33	75.51%	
					玉器专场	2,126.35	89.66%	
155	沧海拍卖	沧海明珠——2012 夏季艺术品拍卖会	2,624.12	58.22%	中国书画（一）	651.39	61.38%	常州 2012-09-08
					中国书画（二）	1,972.73	55.05%	
156	荣宝斋（上海）	四季拍卖会 2012 之夏	15,290.07	55.37%	中国书画（一）	4,672.34	70.04%	上海 2012-09-08
					中国书画（二）	2,069.20	56.06%	
					中国书画（三）	6,790.29	75.68%	
					文房清供——名砚雅石	444.94	62.31%	
					域外遗珍——欧洲古董家具	259.90	10.10%	
					清玩雅集——古董珍玩	1,053.40	58.04%	
157	香港富得	2012 年第 107 期拍卖会	655.30	35.40%	翡翠珠宝	411.21	34.55%	香港 2012-09-14
					中国陶瓷及艺术珍品	244.09	36.25%	
158	香港拍得高	2012 金秋拍卖会	1,175.36	51.43%	名贵钟表及欧洲家具	464.03	53.80%	香港 2012-09-15
					翡翠珠宝	711.33	49.06%	
159	中拍国际	“惟真”首期拍卖会	690.82	68.00%	瓷器专场	395.59	49.84%	北京 2012-09-15
					铜杂专场	82.69	64.96%	
					玉器专场	212.54	89.21%	

编号	拍卖公司	拍卖会名称	总成交额（万元）	总成交率（%）	拍卖专场名称	专场成交额（万元）	专场成交率（%）	地点及时间
160	品盛国际	2012年首届艺术品拍卖会	1,867.50	48.88%	素纸倾心——中国书画专场	1,648.30	72.70%	北京 2012-09-15
					紫玉品臻——当代紫砂专场	15.79	22.50%	
					君子之风——当代玉石专场	151.7	46.58%	
					室雅兰香——文玩杂项专场	51.71	53.75%	
161	中国嘉德	嘉德四季第三十一期拍卖会	23,037.00	75.17%	中国书画（一）	3,458.17	91.19%	北京 2012-09-15
					中国书画（二）	1,299.50	81.82%	
					中国书画（三）	1,906.93	72.53%	
					中国书画（四）	1,749.73	80.11%	
					中国书画（五）	2,875.92	78.60%	
					中国书画（六）	1,150.35	80.68%	
					中国书画（七）	2,280.68	100.00%	
					中国书画（八）	2,739.53	67.29%	
					古籍善本	1,681.59	59.43%	
					承古容今——明清古典家具	452.87	89.38%	
					玉器 工艺品	1,248.10	69.19%	
					瓷器	856.06	52.05%	
					掌玩心悦	1,337.57	54.89%	
162	北京恒盛鼎	2012首届大型艺术品拍卖会	48,244.91	90.32%	成扇·小品·金秋和风专场	2,142.66	100.00%	北京 2012-09-17
					中国近现代书画专场	12,191.50	100.00%	
					中国书法·中国古代书画专场	14,588.65	86.30%	
					红色经典书画专场	2,225.94	100.00%	
					中国当代书画专场	15,624.66	91.77%	
					中国油画·翡翠·鸡血石专场	1,471.50	63.87%	
163	长风拍卖	北京长风2012秋季拍卖会	13,398.71	60.71%	荆邑之光（第五辑）古今紫砂艺术专场	2,162.11	69.17%	北京 2012-09-17
					中外名酒陈酿专场	356.73	92.45%	
					世家元气（第六辑）华人重要藏家藏中国书画及美术文献专场	7,789.30	87.89%	
					中国书画专场	3,002.42	42.37%	
					文人瓷绘及瓷杂文玩专场	88.15	11.68%	
164	东方大观	第一期艺术品交易会	977.64	66.58%	中国书画（一）	371.57	65.23%	北京 2012-09-18
					中国书画（二）	606.07	67.93%	
165	北京中汉	犹珍12——中国古代瓷珍暨工艺品残器专场拍卖会	1,139.88	75.47%	中国古代瓷珍暨工艺品残器专场	1,139.88	75.47%	北京 2012-09-18
166	朵云轩	第44届艺术品拍卖交易会	2,276.05	79.29%	中国书画（一）	1,287.97	89.72%	上海 2012-09-20
					中国书画（二）	909.88	83.04%	
					紫泥雅韵——海上名家书画紫砂壶	78.20	65.12%	
167	河南鸿远	鸿远四季（第一期）艺术品拍卖会	1,623.43	22.05%	书画专场	1,623.43	22.05%	郑州 2012-09-24

编号	拍卖公司	拍卖会名称	总成交额（万元）	总成交率（%）	拍卖专场名称	专场成交额（万元）	专场成交率（%）	地点及时间
168	卓德国际	2012年夏季古籍专场拍卖会	350.70	55.06%	古籍善本专场	350.70	55.06%	北京 2012-09-25
169	北京翰海	翰海四季（第78期）拍卖会	6,164.84	71.67%	中国书画（一）——懋隆书画专场	381.02	87.50%	北京 2012-09-27
					中国书画（二）——中国近现代书画专场	1,452.90	63.99%	
					中国书画（三）——北京工美集团藏中国书画专场	506.69	86.36%	
					中国书画（四）——当代书画专场	1,522.72	80.90%	
					古董珍玩(一)——玉器、家具专场	678.13	57.58%	
					古董珍玩（二）——佛说四季——金铜佛像专场	1,158.49	63.83%	
					古董珍玩（三）——古董珍玩专场	464.89	61.50%	
170	宁波富邦	2012秋季拍卖会	13,362.75	62.15%	皇家御贡清代茶叶紫砂茶具专场	9,771.89	69.15%	宁波 2012-09-27
					文玩家具庭园赏石专场	1,704.75	64.60%	
					中国书画	1,886.11	52.70%	
171	亚洲宏大	2012年中秋书画专场拍卖会	1,869.33	91.10%	保真作品专题	580.61	91.35%	北京 2012-09-28
					翰墨人生书法专题	50.51	100.00%	
					现当代书法专题	142.07	88.89%	
					国学五祖专题	431.14	100.00%	
					中国书画	315.17	93.33%	
					黄胄作品专题	176.96	100.00%	
					俞致贞等现当代国画作品专题	172.87	64.13%	
172	浙江世贸	2012秋季中国书画拍卖会	416.97	67.65%	中国书画	416.97	67.65%	杭州 2012-09-29
173	中联国际	香港中联2012大型艺术品拍卖会	17,487.59	13.77%	字画　杂项　玉器	4,790.44	10.86%	香港 2012-10-02
					瓷器专场	12,697.15	16.67%	
174	浙江世贸	长物江南——2012年艺术品拍卖会	2,373.69	74.60%	杂项专场（一）	1,819.19	73.30%	杭州 2012-10-03
					杂项专场（二）	554.50	75.90%	
175	香港苏富比	2012秋季拍卖会	204,530.96	82.73%	尊酩芳醇——重要美国藏家珍稀佳酿（第九部分）	2,600.06	100.00%	香港 2012-10-05
					佳酿荟萃——重要藏家之精炼窖藏	1,736.44	84.08%	
					珍稀佳酿	3,007.13	97.02%	
					现代及当代东南亚艺术	12,107.55	89.17%	
					20世纪中国艺术	19,171.20	90.00%	
					当代亚洲艺术	11,718.90	72.55%	
					中国书画	41,484.45	96.92%	
					珍贵名表	12,057.30	87.89%	
					敦朴涵芳：胡惠春旧藏清代单色御瓷	8,445.60	100.00%	
					妍泽凝辉：张永珍博士雅藏清瓷选萃	6,130.00	60.00%	
					玫茵堂珍藏——重要中国御瓷选萃之四	9,480.00	60.78%	
					瑰丽珠宝及翡翠首饰	38,844.38	73.20%	
					重要中国瓷器及工艺品	37,747.95	63.82%	

编号	拍卖公司	拍卖会名称	总成交额（万元）	总成交率（%）	拍卖专场名称	专场成交额（万元）	专场成交率（%）	地点及时间
176	书画艺拍	2012 年秋季拍卖会第 404 期	328.87	64.83%	中国书画	270.52	68.42%	香港 2012-10-06
					艺术品	58.35	61.23%	
177	香港普艺	第 343 次拍卖会	430.13	56.49%	中国书画	210.87	62.02%	香港 2012-10-06
					玲珑集趣	66.05	37.89%	
					博古寻韵	153.21	69.55%	
178	香港敦煌	2012 年首届大型艺术品拍卖会	1,139.52	58.14%	中国书画	658.61	74.32%	香港 2012-10-06
					瓷器杂项	480.91	41.95%	
179	中国嘉德	香港 2012 秋季拍卖会	45,453.53	89.60%	观想——中国书画四海集珍	35,341.92	84.33%	香港 2012-10-07
					观华——明清古典家具及庭院陈设精品	10,111.61	94.87%	
180	上海驰翰	2012 年金秋大型艺术品拍卖会	10,166.60	86.24%	文玩杂项专场	2,100.50	72.97%	上海 2012-10-10
					范扬书画专场	367.40	100.00%	
					中国书画专场	7,698.70	85.76%	
181	华艺国际	2012 年秋季拍卖会	26,660.66	61.67%	经典永恒——翡翠及瑰丽珠宝	761.32	41.48%	广州 2012-10-11
					稀世真藏——极品名酿	1,507.49	75.20%	
					当代学院精神	5,483.20	77.55%	
					晋文斋——清瓷珍赏私人收藏集萃	1,663.59	41.51%	
					古董珍玩——瓷器 玉器 工艺品	1,722.70	55.48%	
					岭南名家书画	6,557.99	65.26%	
					中国书画	8,964.37	75.21%	
182	广州皇玛	2012 秋季拍卖会	9,238.76	95.51%	中国书画专场	3,998.78	94.47%	广州 2012-10-13
					岭南书画专场	3,413.32	87.55%	
					聚贤居藏百年百家名人翰墨专场	172.50	100.00%	
					墨尚静观——2012 当代岭南名家中国画精品专场	1,654.16	100.00%	
183	上海崇源	2012 年秋季暨十周年庆大型艺术品拍卖会	27,416.07	62.70%	华人西画	4,078.36	75.76%	上海 2012-10-18
					方圆乾坤 银锭机制币	1,193.24	64.24%	
					建业文房藏画	2,563.70	65.65%	
					问花精舍藏画	3,420.45	56.80%	
					中国古董	4,761.92	63.09%	
					中国绘画	9,311.21	50.39%	
					中国书法	2,087.19	62.94%	
184	北京保利	第 20 期精品拍卖会	22,177.83	77.03%	清韵民风——近代及民国瓷器专场	1,081.92	89.81%	北京 2012-10-23
					瓷器	2,240.14	64.90%	
					镂冰锁云——山水堂藏玉及私家藏玉器烟壶专场	3,638.60	83.01%	
					工艺品	2,384.30	72.54%	
					来仪——古代书画	2,817.96	84.90%	
					合璧——同一藏家	1,871.17	81.56%	
					观心——近现代名家小品	879.98	81.38%	

编号	拍卖公司	拍卖会名称	总成交额（万元）	总成交率（%）	拍卖专场名称	专场成交额（万元）	专场成交率（%）	地点及时间
					萃珍——近现代书画(一)	2,366.36	80.55%	
					怡情——当代水墨、艺术图书	922.76	80.14%	
					赐邕——近现代书画(二)	2,281.03	89.24%	
					品藻——近现代书画(三)	888.84	61.94%	
					现当代艺术	804.77	54.41%	
185	上海鸿生	2012 年秋季艺术品拍卖会	1,401.81	75.50%	勇坚胡玉琴夫妇藏品专场	815.60	82.67%	上海 2012-10-24
					中国书画、西画、杂件专场	586.21	68.33%	
186	南京经典	2012 年秋天艺术品拍卖会	5,427.73	90.75%	超凡入圣——圆霖大师书画	402.21	90.12%	南京 2012-10-25
					艺术南京——南京顶级画家	1,958.29	90.25%	
					溪山清远——方骏	488.29	89.66%	
					世界三——周京新、张友宪、范扬	1,078.70	89.53%	
					幻声空色——朱新建	479.61	91.36%	
					一代草圣——林散之书画	1,020.63	93.55%	
187	上海道明	2012 秋季艺术品拍卖会	19,662.48	72.74%	当代书画	795.23	86.08%	上海 2012-10-25
					近现代书画（一）	2,949.29	81.58%	
					近现代书画（二）	5,388.90	77.68%	
					古代书画	1,350.33	84.21%	
					现当代油画雕塑	3,497.73	81.03%	
					盛世精粹	4,995.60	65.00%	
					古董珍玩	685.40	33.61%	
188	上海嘉泰	2012 秋季艺术品拍卖会	15,548.95	79.88%	中国近现代书画专场	4,883.42	87.43%	上海 2012-10-25
					中国古代书画专场	7,033.52	84.21%	
					灵脉栖珍专场	2,944.81	73.53%	
					文房雅具专场	309.47	73.98%	
					艺道乘物专场	377.73	80.24%	
189	上海驰翰	第八届书画文玩专场拍卖会	636.97	90.74%	书画文玩	636.97	90.74%	上海 2012-10-27
190	北京诚轩	2012 秋季艺术品拍卖会	22,642.93	78.57%	瓷器工艺品	2,257.45	84.68%	北京 2012-10-28
					中国油画雕塑	3,599.16	80.41%	
					中国书画（一）	6,200.46	89.07%	
					中国书画（二）	6,293.03	82.29%	
					纸币	1,090.82	63.25%	
					古钱　银锭　机制币	2,234.12	73.41%	
					邮品	967.89	76.86%	
191	中国嘉德	2012 秋季拍卖会	174,503.56	70.42%	中国近现代书画（一）	23,346.27	76.55%	北京 2012-10-28
					大观——中国书画珍品之夜（近代）	25,451.80	73.81%	
					大观——中国书画珍品之夜（古代）	18,837.00	83.33%	
					艺苑风景	7,711.44	72.36%	
					中国近现代书画（二）	10,072.39	79.72%	
					中国当代书画	8,133.26	86.36%	

编号	拍卖公司	拍卖会名称	总成交额（万元）	总成交率（%）	拍卖专场名称	专场成交额（万元）	专场成交率（%）	地点及时间
					水墨新世界	1,736.85	88.64%	
					中国古代书画	11,470.91	69.57%	
					中国古代书法	4,369.43	67.82%	
					盛世佛缘——金铜佛造像精品	4,845.98	81.88%	
					元雨轩藏珍	1,914.75	66.67%	
					古芳——玉器及文房雅玩（一）	1,156.21	55.83%	
					古芳——玉器及文房雅玩（二）	1,138.85	56.69%	
					赋彩徽祥——清代瓷器精选	2,962.06	61.76%	
					天字十七号——乾隆御制宝腾腰刀	4,830.00	100.00%	
					瓷器　工艺品	2,627.64	55.71%	
					澄怀观物——明清古典家具	6,842.73	75.61%	
					丽质华堂——陈丽华女士捐赠珠宝及复制清代宫廷家具	2,794.50	15.38%	
					近现代陶瓷	3,261.06	67.52%	
					紫泥攻玉——宜陶古器遗珍	1,555.03	60.15%	
					紫泥春华——近现代紫砂臻品	2,415.57	71.91%	
					可石怡情——现代国石臻品	1,643.12	81.67%	
					清宁——金石篆刻艺术	2,375.55	75.38%	
					忆梅庵长物——罗寄梅夫妇七十年珍藏	4,232.69	97.53%	
					古籍善本	4,537.67	68.48%	
					名表　珠宝翡翠	1,889.34	53.13%	
					20世纪中国早期油画家专场	2,840.04	73.17%	
					人体造型艺术专场	1,498.91	75.00%	
					灵感——艺术设计专场	1,199.91	57.58%	
					中国油画及雕塑	6,812.60	63.49%	
192	北京盈时	2012秋季拍卖会	41,840.46	79.55%	奇珍风华——玉器杂项	2,099.79	83.33%	北京 2012-10-30
					木之舍利——沉香专场	920.46	71.88%	
					精芯载时——世界腕表	767.97	70.97%	
					近现代书画	3,050.03	71.81%	
					游赏无穷——古代精品书画	6,229.67	80.43%	
					四王吴恽气势撼人——“四王吴恽”专场	12,558.00	100.00%	
					古韵齐赏——古董珍玩	6,439.54	58.01%	
					龙威燕颔——锐不可当清乾隆　青花海水祥云应龙纹梅瓶	9,775.00	100.00%	
193	北京中汉	2012年秋季拍卖会	5,035.05	61.42%	古美术文献撷英	197.11	90.43%	北京 2012-10-30
					瓷器工艺品	2,355.09	58.93%	
					中国书画	2,482.85	34.91%	

编号	拍卖公司	拍卖会名称	总成交额（万元）	总成交率（%）	拍卖专场名称	专场成交额（万元）	专场成交率（%）	地点及时间
194	北京华辰	2012 年秋季拍卖会	13,945.90	72.74%	袖里乾坤——亚洲重要私人收藏鼻烟壶专场	317.75	76.29%	北京 2012-10-30
					瓷器 玉器 工艺品	1,210.84	58.82%	
					新视界——青年艺术家新锐作品专场	222.76	49.02%	
					中国油画及雕塑	1,858.29	65.22%	
					古美术文献专场	153.07	100.00%	
					百年启功——纪念启功先生诞辰一百周年专场	1,285.82	100.00%	
					心画——中国书法专场	762.34	69.77%	
					中国书画	8,135.03	62.81%	
195	北京东正	2012 秋季艺术品拍卖会	17,751.87	68.06%	寄闲楼珍藏——中国古代动物玉雕专场	2,071.96	62.26%	北京 2012-10-31
					皇家长物——宫廷艺术专场	8,596.25	80.00%	
					中国古董珍玩专场	7,083.66	61.92%	
196	都市联盟	2012 年秋季拍卖会	14,167.37	91.87%	中国当代书画专场	2,108.99	92.59%	北京 2012-10-31
					中国陈年老宣纸专场	382.49	98.20%	
					中国近现代书画专场	11,675.89	84.81%	
197	东方大观	2012 年秋季拍卖会	8,055.66	73.96%	民国风	1,603.22	76.19%	北京 2012-10-31
					中国近现代书画	2,749.68	84.40%	
					明清墨迹暨中国古代书画	3,632.61	72.27%	
					石道	70.15	62.96%	
198	天津文物	2012 年秋季竞买会	6,824.47	82.26%	中国扇画	690.28	89.29%	天津 2012-11-09
					中国书画	2,585.78	89.23%	
					中国瓷器	1,330.63	86.78%	
					中国玉器、鼻烟壶	1,202.89	72.34%	
					金铜佛像 文房清供 工艺品杂项	1,014.89	73.65%	
199	四川德轩	2012 首届书画艺术精品拍卖会	6,018.73	83.85%	文人情怀——状元、翰林、先贤书法、历代政要、名流、学者手迹	2,383.74	87.00%	成都 2012-11-11
					丹青因缘——当代学院派实力名家书画	2,238.42	80.00%	
					藏家掬爱——重要私人藏书画	1,396.57	84.55%	
200	南京嘉信	2012 年秋季艺术品拍卖会	2,329.39	76.52%	笔墨新时代——金陵当代水墨专场	932.29	81.64%	南京 2012-11-11
					源远流长——近现代名家作品专场	683.09	65.35%	
					大名之份——纪念陈大羽先生百年诞辰书画专场	238.00	81.48%	
					法近自然——中国名家书法专场	476.01	77.59%	
201	华夏国际	2012 年秋季书画艺术品拍卖会	5,594.21	65.37%	中国书画	2,750.48	56.58%	西安 2012-11-14
					西风南格——长安·岭南当代大家中国画专场	2,843.73	74.16%	

编号	拍卖公司	拍卖会名称	总成交额（万元）	总成交率（%）	拍卖专场名称	专场成交额（万元）	专场成交率（%）	地点及时间
202	上海道明	第十七届联谊拍卖会	759.06	90.68%	中国书画	759.06	90.68%	上海 2012-11-16
203	河南金帝	2012 秋季中国书画拍卖会	14,288.73	73.79%	艺海集珍——小品专场	1,555.08	65.87%	郑州 2012-11-17
					翰墨彩韵——当代专场	7,227.03	80.95%	
					集墨斋珍藏——中国书画专场	1,078.18	64.62%	
					墨苑菁华——近现代书画专场	2,704.77	55.74%	
					笔歌墨舞——书法专场	974.73	75.58%	
					水墨新锐——当代水墨专场	748.94	100.00%	
204	北京艺融	2012 年秋季拍卖会	21,640.82	60.93%	私人藏品之经典雅藏——设计与装饰艺术	1,262.59	35.19%	北京 2012-11-19
					私人藏品之经典雅藏——珠宝翡翠	7,616.45	46.67%	
					中国写实油画	5,445.25	72.09%	
					1978 年以来的中国新艺术	4,196.81	82.19%	
					私人藏品之绮思慕赏——欧洲珠宝腕表	2,429.72	29.45%	
					私人藏品之绮思慕赏——宾利欧陆飞驰	690.00	100.00%	
205	香港邦瀚斯	2012 年秋季拍卖会	23,619.20	73.51%	稀有葡萄酒、陈年干邑及单一麦芽威士忌	1,404.48	86.79%	香港 2012-11-21
					中国书画及当代亚洲艺术	3,322.75	53.49%	
					璀璨八琼——私人珠宝珍藏	3,385.65	87.50%	
					瑰丽珠宝及翡翠首饰	2,495.05	50.32%	
					精密高级腕表	800.18	62.50%	
					徕卡相机珍藏	1,420.32	91.16%	
					Paul Braga 珍藏鼻烟壶	2,301.46	100.00%	
					恒光彻耀——Harold E. Stack 珍藏玉器	4,446.80	90.63%	
					朴韵素心——北美私人珍藏竹雕与清玩	1,085.97	56.92%	
					中国古董瓷器及工艺精品	2,956.54	55.81%	
206	元亨利贞	2012 中国新绘画拍卖会	3,101.21	91.76%	中国新绘画	3,101.21	91.76%	上海 2012-11-21
207	香港华辉	2012秋季精品拍卖会(二)	1,687.92	72.67%	雅翫典藏专场	562.27	72.01%	香港 2012-11-23
					海隅存珍专场	1,125.65	73.33%	
208	香港拍得高	2012 年中国书画艺术品珠宝名表拍卖会	2,155.58	47.89%	中国陶瓷及艺术珍玩	472.48	38.30%	香港 2012-11-23
					名贵钟表	301.88	50.34%	
					翡翠珠宝	751.71	47.81%	
					中国书画	629.51	55.12%	
209	香港佳士得	2012 秋季拍卖会（二）	252,591.08	81.04%	名窖珍罕醇酿	2,937.64	86.83%	香港 2012-11-23
					亚洲 20 世纪及当代艺术（晚间拍卖）	42,040.00	86.67%	
					佳士得名酿：欧洲窖藏勃艮第陈酿	3,217.25	75.10%	
					亚洲 20 世纪艺术（日间拍卖）	14,975.10	83.46%	

编号	拍卖公司	拍卖会名称	总成交额（万元）	总成交率（%）	拍卖专场名称	专场成交额（万元）	专场成交率（%）	地点及时间
					亚洲当代艺术（日间拍卖）	10,442.40	76.06%	
					中国古代书画	8,486.58	81.77%	
					中国近现代画	41,566.88	82.81%	
					瑰丽珠宝及翡翠首饰	58,023.83	79.93%	
					重要中国瓷器及工艺精品	38,463.21	69.97%	
					千文万华——李氏家族重要漆器珍藏(III)	3,492.85	72.41%	
					精凝简练——美国私人收藏家珍藏中国家具	10,400.23	86.79%	
					精致名表	18,545.11	90.69%	
210	银座国际	2012 秋季首届拍卖会	54,563.02	95.30%	现当代五大名家书画专场——王雪涛 范曾 董寿平 李苦禅 黄胄	14,251.95	100.00%	北京 2012-11-23
					中国近现代书画（一）	16,998.04	94.91%	
					中国近现代书画（二）	16,620.95	91.95%	
					洞精唯美——十八、九世纪欧洲雕塑	1,174.15	96.77%	
					中国当代书画（一）	1,218.20	95.08%	
					中国当代书画（二）	4,299.73	93.10%	
211	香港淳浩	2012 秋季艺术品拍卖会	2,767.28	74.33%	中国近现代书画	1,415.45	84.77%	香港 2012-11-23
					瓷器工艺品	1,351.83	63.88%	
212	书画艺拍	2012 年秋季拍卖会第 411 期	243.37	61.79%	中国书画	198.25	58.21%	香港 2012-11-24
					艺术品	45.12	65.36%	
213	保利香港	2012 首届拍卖会	51,901.75	72.80%	珠宝　钟表	1,723.85	72.73%	香港 2012-11-24
					现当代中国艺术	15,219.10	83.67%	
					中国书画	18,732.87	64.20%	
					中国古董珍玩	16,225.93	70.59%	
214	香港富得	2012 年第 108 期拍卖会	4,808.53	58.92%	中国书画	1,503.58	83.71%	香港 2012-11-24
					翡翠珠宝	896.83	44.50%	
					名贵钟表	601.54	50.00%	
					中国陶瓷及艺术珍玩	1,806.58	57.45%	
215	香港普艺	第 348 次拍卖会	620.56	61.72%	中国书画	433.57	75.11%	香港 2012-11-24
					玲珑集趣	51.94	58.17%	
					博古寻韵	135.05	51.87%	
216	北京荣宝	2012 秋季艺术品拍卖会	21,966.98	72.57%	当代书画专场	4,576.32	74.73%	北京 2012-11-24
					新水墨专场	702.46	84.21%	
					近现代书画专场	7,190.06	54.04%	
					“云萍集胜”专场	1,632.96	78.57%	
					丹鹤楼收藏专场	828.24	97.07%	
					中国油画专场	729.18	64.23%	
					古董文玩专场	3,794.11	82.95%	
					珠宝、钟表及烟斗专场	1,270.23	55.80%	
					江苏工艺和田籽玉精品专场	1,243.42	61.54%	

编号	拍卖公司	拍卖会名称	总成交额（万元）	总成交率（%）	拍卖专场名称	专场成交额（万元）	专场成交率（%）	地点及时间
217	罗芙奥	香港 2012 秋季拍卖会	11,394.20	68.09%	现代与当代艺术晚间专场	11,394.20	68.09%	香港 2012-11-25
218	辽宁建投	2012 秋季艺术品拍卖会	3,350.41	77.20%	中国书画（一）	2,870.66	78.02%	沈阳 2012-11-25
					中国书画（二）—— 书法楹联专场	479.75	76.38%	
219	雍和嘉诚	2012 年秋季艺术品拍卖会	4,762.81	44.55%	邮品杂项专场	81.91	34.60%	北京 2012-11-25
					铜银杂项专场	22.33	19.67%	
					钱币勋章专场	232.84	31.14%	
					瓷器、玉器、杂项、家具专场	1,197.77	25.11%	
					古美术文献古籍文献碑帖专场	311.28	66.41%	
					中国名酒专场	278.87	56.17%	
					中国书画专场	2,201.46	50.14%	
					中国现代版画专场	436.35	73.12%	
220	中都国际	2012 年秋季艺术精品厦门专场拍卖会第一场	2,201.57	29.23%	中国书画专场	410.90	37.97%	厦门 2012-11-25
					瓷玉古董珍玩专场	1,790.67	20.49%	
221	中国嘉德	2012 秋季邮品钱币拍卖会	5,141.53	83.18%	徐风收藏纸钞	615.61	98.75%	北京 2012-11-26
					纸钞	983.19	81.40%	
					邮品	1,262.53	78.27%	
					古钱　金银锭	1,501.37	83.87%	
					近现代机制币	778.83	73.60%	
222	福建静轩	2012 秋季拍卖会	1,797.59	83.76%	闽籍书画专场	717.51	94.97%	福州 2012-11-29
					中国书画专场	715.68	76.86%	
					中国书法专场	364.40	79.45%	
223	华夏传承	2012 秋季艺术品拍卖会	10,149.87	71.31%	长安之风	1,378.00	68.18%	北京 2012-12-01
					中国当代水墨人物四大家	2,021.13	74.07%	
					岭南风采	959.68	80.00%	
					中国近现代书画专辑	4,223.38	62.67%	
					中国现当代名家荟萃	1,567.68	71.64%	
224	北京歌德	2012 秋季艺术品拍卖会	48,055.49	82.01%	盛世佳椠——古籍文献专场	610.94	45.04%	北京 2012-12-01
					金玉溢彩——珠宝工艺品专场	5,825.04	79.59%	
					耀世璀璨——稀有钻石专场	351.90	18.75%	
					艺林拾萃 Ⅱ——古董珍玩专场	1,362.23	74.45%	
					臻品盈香——世界著名酒庄直递专场	167.84	69.70%	
					佳酿尊享——欧洲著名藏家私藏及全球顶级佳酿精选专场	1,051.45	88.00%	
					生命之水——世界著名烈酒专场	329.71	82.81%	
					神州佳酿——各地名酒及养生酒专场	1,550.38	95.00%	
					气韵烟霞——中国古代书画专场	2,828.08	93.86%	

编号	拍卖公司	拍卖会名称	总成交额（万元）	总成交率（%）	拍卖专场名称	专场成交额（万元）	专场成交率（%）	地点及时间
					炎黄痴子——黄胄精品专场	2,481.70	95.24%	
					鱼饮高华——谢稚柳、陈佩秋精品专场	1,950.40	100.00%	
					翰墨风华——近现代书画专场	4,648.07	91.72%	
					斗转乾坤——世界著名烟斗专场	315.10	96.00%	
					荣耀六十年浓香酒王——泸州老窖五届金奖年	6,120.30	100.00%	
					历久弥香——陈年茅台酒专场	18,462.35	100.00%	
225	世界华商	2012 年秋季当代书画保真返收购专场拍卖会	442.06	91.74%	当代书画保真返收购专场	442.06	91.74%	北京 2012-12-01
226	北京保利	2012 秋季拍卖会	232,921.88	63.08%	“和你在一起”——保利之夜慈善拍卖	586.50	24.07%	北京 2012-12-01
					中国当代水墨	5,748.97	75.12%	
					物华天宝——邮品钱币铜镜专场	752.88	38.10%	
					现当代中国艺术	3,982.22	53.37%	
					早年收藏的中国油画专场	2,954.70	88.89%	
					理想的青春——回望杨飞云二十年重要作品专场	4,404.50	100.00%	
					现当代中国艺术夜场	12,208.40	59.62%	
					中国当代水墨的中坚力量（夜场）	3,386.52	89.80%	
					中国当代高端工艺品——紫砂壶	4,342.29	58.55%	
					中国近现代书画（一）	7,294.22	46.29%	
					现当代中国艺术之国际知名设计师作品	1,976.19	32.00%	
					可染家藏——重要李可染作品	5,594.75	90.91%	
					水宕云闲——重要陆俨少作品	2,173.50	80.00%	
					祖国颂——重要齐白石作品	16,767.00	100.00%	
					中国近现代书画夜场	30,886.70	67.07%	
					二仪有像——百年书法	1,188.76	48.26%	
					中国白酒	949.79	78.02%	
					文芯雕珑——名贵腕表、古董时计专场	1,852.29	45.87%	
					贵胄钟鸣——珍贵西洋古董钟及乐器专场	1,004.18	48.51%	
					中国近现代书画（二）	4,742.14	70.41%	
					中国古代书画（夜场）	23,745.20	66.67%	
					现当代中国水墨回望三十年（夜场）	14,605.58	61.33%	
					科技古董	551.31	58.88%	
					中国古代书画	4,319.98	48.13%	
					石色天享——名贵珠宝与翡翠	11,480.72	43.36%	

编号	拍卖公司	拍卖会名称	总成交额（万元）	总成交率（%）	拍卖专场名称	专场成交额（万元）	专场成交率（%）	地点及时间
					“一色，一切色”——清瓷颜色釉别裁	3,131.45	84.21%	
					大明·格古	8,531.85	76.60%	
					“有感于斯文”——宫廷逸趣与诗、书、画、印	3,716.80	83.33%	
					乾隆御制翡翠雕辟邪水丞，宫廷艺术与重要瓷器工艺品	19,854.75	79.55%	
					古籍文献名家翰墨、西文经典、影像及艺术品图书	1,874.96	74.89%	
					新月雅集——晚清民国文人瓷绘与现当代艺术陶瓷	5,908.47	64.04%	
					“放鹤居”藏文房四事紫案焚香——私家藏文房精品	2,714.23	69.43%	
					茶熟香温——紫砂茗具与金银汤沸	1,068.01	49.63%	
					中国鼻烟壶	1,151.72	79.45%	
					中国金铜佛造像	1,911.88	28.89%	
					中国古典家具	2,250.32	44.26%	
					中国古董珍玩	5,404.77	41.77%	
					“广韵楼”藏珍贵古籍善本	7,903.38	47.87%	
227	古天一	2012 秋季拍卖会	4,181.18	71.67%	清玩聚珍	3,546.83	75.52%	北京 2012-12-02
					书带流香	500.60	91.67%	
					松烹清流	133.75	47.83%	
228	北京匡时	2012 年秋季艺术品拍卖会	94,371.31	72.09%	可以清心——茶道具专场	1,755.13	72.50%	北京 2012-12-05
					修梅草堂藏画专场	4,847.25	100.00%	
					染于苍——吴昌硕作品专场	2,649.60	73.81%	
					雕镂方直——香道具专场	1,671.09	40.48%	
					近现代书画专场（一）	16,483.41	69.49%	
					坤宁清漪——官造珍玩专场	2,499.41	68.06%	
					瓷玉工艺品专场	3,780.51	35.22%	
					当代书画专场	3,293.83	66.39%	
					近现代书画专场（二）	8,909.86	70.53%	
					油画雕塑专场	7,698.27	66.67%	
					“南长街 54 号”藏梁氏重要档案专场	6,709.22	100.00%	
					历代书法专场	5,345.66	67.48%	
					古美术文献专场	392.40	86.38%	
					明遗民书画作品专场	7,894.75	100.00%	
					萃臻瓷韵——近现代及当代瓷专场	3,087.87	70.90%	
					明代“吴门画派”作品专场	8,120.15	95.65%	
					古代绘画专场	6,168.26	61.90%	

编号	拍卖公司	拍卖会名称	总成交额（万元）	总成交率（%）	拍卖专场名称	专场成交额（万元）	专场成交率（%）	地点及时间
					茗注秋香——古代及近现代紫砂专场	3,064.64	52.15%	
229	中拍国际	2012 年秋季拍卖会	6,431.84	71.82%	艺宴雅集古艺术专场	33.12	75.93%	北京 2012-12-05
					水木居藏文玩雅集专场	298.43	46.46%	
					妙臻百艺——杂项·玉器专场	665.55	56.55%	
					翰墨流芳——当代书法专场	241.52	100.00%	
					并皆佳妙——云在堂藏中国书画专场	259.06	60.47%	
					巨匠之门——陈大羽、黄养辉书画专场	489.29	84.62%	
					涂培友绘画艺术专场	134.55	100.00%	
					大美为真——中国书画专场	496.80	78.57%	
					澄怀味象——中国书画专场	1,892.09	66.17%	
					近现代文人瓷专场	553.36	61.48%	
					元明清瓷器专场	555.02	43.56%	
					当代艺术名家书画专场	813.05	88.04%	
230	远方拍卖	2012 年秋季拍卖会	10,298.29	64.05%	古韵清香——古代紫砂专场	1,188.18	68.15%	北京 2012-12-06
					盈握烟霞——鼻烟壶专场	1,099.69	80.54%	
					长物养正——怀珠愠玉专场	2,056.66	78.67%	
					长物养正——古董珍玩专场	2,365.90	61.99%	
					和南圣众——古代唐卡专场	1,568.26	51.22%	
					翰墨飞虹——中国书画专场	2,019.60	43.73%	
231	亨申世纪	2012 年秋季书画艺术品拍卖会	4,497.65	73.09%	艺术图书专场	151.34	96.67%	北京 2012-12-06
					四海集珍——中国近现代书画（一）	1,636.45	64.89%	
					集萃聚英——中国近现代书画（二）	1,807.34	65.73%	
					旧梦遗痕——中国古代书画	902.52	65.05%	
232	北京翰海	2012 秋季拍卖会	54,797.16	62.30%	近现代书画（一）	2,935.95	47.17%	北京 2012-12-07
					近现代书画（二）	6,919.78	81.15%	
					古代书画	5,466.87	72.66%	
					当代书画（一）	5,041.37	86.25%	
					当代书画（二）	3,316.37	92.81%	
					中国现当代美术——油画雕塑	3,362.72	60.00%	
					小雅观心	377.66	76.47%	
					璀璨雅蕴——珠宝翡翠	4,114.24	8.67%	
					天赐巧琢——石艺术	1,494.31	59.42%	
					中国玉器	1,665.78	51.01%	
					紫瓯凝香——紫砂艺术	2,047.58	64.81%	
					古籍善本	877.72	45.27%	
					美术文献	35.43	54.10%	
					澄空鉴水——铜镜	214.99	43.48%	

编号	拍卖公司	拍卖会名称	总成交额（万元）	总成交率（%）	拍卖专场名称	专场成交额（万元）	专场成交率（%）	地点及时间
					金粟神光Ⅱ——比利时私人珍藏佛造像	3,381.92	100.00%	
					明点——金铜佛像	1,878.64	63.92%	
					古董珍玩	11,665.83	51.91%	
233	上海国拍	2012年秋季艺术品拍卖会	1,122.39	46.60%	瓷玉器　工艺品　家具专场	151.79	26.40%	上海 2012-12-07
					中国书画专场	970.60	66.80%	
234	八益拍卖	2012秋季艺术品拍卖会	3,460.17	88.52%	吕林旧藏专场	777.50	96.67%	成都 2012-12-08
					九舫书画专场	620.47	93.48%	
					精品书画专场	2,062.20	75.40%	
235	北京旷深	2012江西第一期艺术品拍卖会	2,359.02	67.26%	中国书画	2,359.02	67.26%	南昌 2012-12-09
236	浙江佳宝	2012秋季艺术品拍卖会	3,658.60	37.50%	越风——中国古典家具专场	3,658.60	37.50%	杭州 2012-12-09
237	上海驰翰	第九届书画文玩专场拍卖会	443.23	84.64%	书画文玩	443.23	84.64%	上海 2012-12-09
238	瑞平国际	2012秋季艺术品拍卖会	6,296.12	53.42%	中国书画	3,955.21	66.56%	北京 2012-12-10
					古董珍玩	2,340.91	40.27%	
239	汉秦国际	2012秋季书画大型拍卖会	1,155.49	84.13%	南北异彩——京津、海上画派专场	242.28	84.69%	北京 2012-12-12
					京苑名家——黄胄、王雪涛、李苦禅作品专场	30.17	82.86%	
					浑厚华滋——黄宾虹出版山水专场	10.95	100.00%	
					四海集珍——近现代名家书画专场	15.65	74.19%	
					小中见大——名家小品书画专场	41.07	75.41%	
					南林北启——林散之、启功出版书法专场	33.68	100.00%	
					书痕心迹——名家书法作品专场	72.05	80.80%	
					当代艺苑——当代名家国画专场	38.16	70.67%	
					墨韵心声——当代书画保真专场	671.48	88.54%	
240	北京永乐	2012年秋季拍卖会	3,328.33	45.42%	中国书画	1,483.73	26.91%	北京 2012-12-14
					中国20世纪及当代艺术	393.30	61.36%	
					逸居长物	192.74	50.00%	
					茶——明清瓷器、工艺精品及古美术文献	1,258.56	43.41%	
241	未来四方	2012秋（北京）文物艺术品拍卖会	2,564.91	80.63%	中国书画专场	816.04	77.46%	北京 2012-12-14
					当代著名画家刘称奇作品专场	191.74	97.50%	
					当代海派名家作品专场	350.02	100.00%	
					当代著名书法家马永安作品专场	115.98	100.00%	
					瓷杂珍玩	781.83	69.43%	
					名人篆刻专场	207.02	57.50%	
					珠宝首饰专场	102.28	62.50%	

编号	拍卖公司	拍卖会名称	总成交额（万元）	总成交率（%）	拍卖专场名称	专场成交额（万元）	专场成交率（%）	地点及时间
242	上海泓盛	2012 秋季文献邮品钱币拍卖会	6,693.42	82.61%	玉胜金石——中国之老股票与债券	330.83	78.90%	上海 2012-12-15
					江南藏韵——中国纸币(一)	586.11	84.30%	
					江南印象——中国纸币(二)	639.25	73.30%	
					古币、金银锭、机制币	671.27	79.70%	
					新中国金银币	1,431.10	87.88%	
					邮品	1,055.68	74.38%	
					悟馨斋旧藏——明清宫廷遗珍、古美术文献陈暨年故纸专场	1,039.19	94.45%	
					纸杂文献——文物商店海外分店旧藏	939.99	88.00%	
243	中都国际	2012 年秋季艺术精品拍卖会	1,513.02	34.45%	中国书画专场	713.29	47.48%	北京 2012-12-15
					油画专场	68.99	13.00%	
					瓷玉古董珍玩专场	730.74	42.86%	
244	凤凰拍卖	2012 秋季艺术品拍卖会	29,694.63	77.61%	大道存真——陈大羽精品专场	1,912.45	100.00%	南京 2012-12-15
					百年南艺——南艺专场	1,180.47	94.59%	
					凤凰盛筵——近现代大师专场	8,644.55	100.00%	
					金陵流韵——新金陵画派专场（一）	2,283.67	84.16%	
					金陵流韵——新金陵画派专场（二）	2,653.49	92.58%	
					砚边点滴——钱松喦专场	1,451.30	100.00%	
					畅怀游艺——近现代名家专场	4,010.26	58.46%	
					风流今见——当代名家专场	2,267.57	77.61%	
					历史穿越——古代书画专场	1,979.50	46.51%	
					籍古迻心——古籍善本专场	667.94	38.67%	
					屏间雅赏——杂项专场	1,122.73	41.29%	
					琼浆玉液——茅台酒专场	494.27	98.48%	
					紫玉金砂——紫砂专场	1,026.43	76.52%	
245	广东保利	2012 冬季拍卖会	168,063.15	60.46%	中国书画	3,179.06	70.74%	广州 2012-12-15
					翡翠尚品	164,884.09	50.17%	
246	中贸圣佳	2012 秋季艺术品拍卖会	34,404.79	61.90%	中国古代书画专场	2,586.47	42.96%	北京 2012-12-15
					中国书法楹联专场	2,193.28	37.23%	
					中国近现代书画专场（一）	4,233.84	43.06%	
					中国近现代书画专场（二）	4,114.81	63.10%	
					中国油画专场	1,539.33	37.90%	
					中国当代书画专场	5,049.42	70.67%	
					范扬专场	730.37	100.00%	
					李孝萱专场	459.66	100.00%	
					紫玉梵音・紫砂壶专场	876.88	100.00%	

编号	拍卖公司	拍卖会名称	总成交额（万元）	总成交率（%）	拍卖专场名称	专场成交额（万元）	专场成交率（%）	地点及时间
					古董珍玩·工艺品专场	5,442.20	55.21%	
					臻品绽放·珠宝专场	7,178.53	30.77%	
247	中国嘉德	嘉德四季第三十二期拍卖会	12,090.64	65.93%	中国书画（一）	2,135.32	83.17%	北京 2012-12-15
					中国书画（二）	1,090.43	66.39%	
					中国书画（三）	1,489.02	84.85%	
					中国书画（四）	1,773.99	71.21%	
					中国书画（五）	2,139.80	66.60%	
					玉器 工艺品	1,281.79	63.25%	
					瓷器 工艺品	888.49	57.27%	
					掌玩心悦	793.73	50.67%	
					和悦良工——名家金银汤沸臻品	498.07	50.00%	
248	云南典藏	2012 秋季艺术品拍卖会	2,237.50	32.99%	中国书画	743.99	36.56%	云南 2012-12-16
					古董珍玩（一）	1,493.51	29.41%	
249	四川嘉诚	2012 秋季艺术品拍卖会	2,221.98	67.17%	中国书画	2,221.98	67.17%	成都 2012-12-16
250	东方国际	2012 年秋季“金融与收藏”拍卖会	12,692.00	82.00%	瓷器专场	12,692.00	82.00%	北京 2012-12-16
251	北京传是	2012 秋季拍卖会	16,938.91	73.25%	中国现当代艺术	2,812.90	73.86%	北京 2012-12-16
					紫玉金砂——宜兴紫砂专场	351.21	63.83%	
					古董珍玩	2,488.77	56.80%	
					纸上云烟——近现代文化名人墨迹（第一部分）	1,824.06	77.45%	
					墨舞飞腾——沙孟海书法专场	721.05	100.00%	
					生命之流——吴冠中《长江万里图》	8,740.92	67.57%	
252	天津鼎天	2012 年秋季艺术品拍卖会	11,119.81	91.05%	当代水墨	3,586.58	90.74%	天津 2012-12-16
					百年藏珍	3,136.45	88.08%	
					津派书画	4,396.78	94.33%	
253	台北中诚	2012 年秋季拍卖	13,591.24	80.00%	华人当代艺术与雕塑	13,591.24	80.00%	台北 2012-12-16
254	江苏景宏	2012 年秋季艺术品拍卖会	3,549.32	68.21%	紫瓯清芬——宜兴当代工艺大师紫砂壶专场	1,404.93	93.75%	苏州 2012-12-16
					翰墨流韵——中国书画专场	1,585.79	49.35%	
					羊脂美玉——现代和田玉精品专场	558.60	61.54%	
255	琴岛荣德	2012 秋季拍卖会	5,840.60	50.54%	中国书画（一）——古代·近现代书画专场	2,055.59	45.09%	北京 2012-12-16
					中国书画（二）——当代书画专场	1,017.19	49.73%	
					中国书画（三）——佛缘禅心·云居寺慈善拍卖专场	88.89	76.32%	
					文房杂项·珠宝翠玉专场	2,678.93	31.02%	
256	盛天泰	2012 年秋季艺术品拍卖会	27,763.17	51.42%	文玩雅趣专场	1.50	7.89%	北京 2012-12-16
					王培东作品专场	531.30	100.00%	
					同一藏家书画专场	370.59	39.02%	

编号	拍卖公司	拍卖会名称	总成交额（万元）	总成交率（%）	拍卖专场名称	专场成交额（万元）	专场成交率（%）	地点及时间
					王恽春作品专场	224.25	100.00%	
					艺海雅趣专场（一）	542.28	25.15%	
					徐悲鸿专场	2,633.50	75.00%	
					艺海雅趣专场（二）	21,989.82	41.98%	
					中国青年书画院	14.03	100.00%	
					艺海雅趣专场（三）	1,398.40	18.68%	
					慈善夜场	57.50	6.45%	
257	北京中汉	犹珍 13——中国古代瓷珍暨工艺品残器专场拍卖会	1,003.55	85.07%	瓷器工艺品	1,003.55	85.07%	北京 2012-12-17
258	北京中汉	2012 年秋季拍卖会（二）	3,317.18	78.79%	瓷器工艺品	3,317.18	78.79%	北京 2012-12-17
259	北京翰海	翰海四季（第 79 期）拍卖会	8,195.13	58.83%	艺苑明珠——中国书画	2,437.08	78.68%	北京 2012-12-20
					古董珍玩（一）——紫器东来——砂壶专场	12.43	17.99%	
					中国书画（二）——扇画专场	114.54	80.43%	
					古董珍玩(二)——玉器、家具专场	423.71	61.07%	
					中国书画（三）	2,494.90	68.90%	
					中国书画（四）——当代专场	931.16	74.42%	
					古董珍玩（三）——嘉渊堂——玉器专场	356.50	19.77%	
					古董珍玩（四）——佛说四季——金铜佛像专场	593.23	82.26%	
					古董珍玩（五）	831.58	45.91%	
260	沧海拍卖	沧海明珠·2012 秋季艺术品拍卖会（宜兴专场）	3,117.00	68.40%	中国书画（一）	816.14	66.01%	宜兴 2012-12-20
					中国书画（二）	1,887.61	73.14%	
					茗壶雅玩	413.25	66.06%	
261	上海泓盛	2012 秋季拍卖会	11,110.54	65.78%	澄空鉴水——铜镜专场	815.12	73.91%	上海 2012-12-22
					腾上春台——宫廷瓷器精品专场	657.69	60.00%	
					嘤鸣和秋——瓷器工艺品专场	271.86	36.56%	
					清韵羽格——现当代瓷艺专场	1,144.14	65.97%	
					当代艺术	3,612.46	65.38%	
					油画雕塑	1,515.93	58.33%	
					中国书画（一）	680.46	88.70%	
					中国书画（二）	2,412.88	77.40%	
262	云南典藏	2012 秋季文物艺术品拍卖会	3,286.58	46.92%	淡悦专场	3,286.58	46.92%	成都 2012-12-23
263	海南泰达	2012 秋季艺术品拍卖会	9,949.47	42.34%	书画瓷杂	9,949.47	42.34%	海口 2012-12-23
264	四川东方	2012 秋季艺术品拍卖会	1,021.56	38.10%	中国书画	1,021.56	38.10%	成都 2012-12-23
265	十竹斋	2012 秋季艺术品拍卖会	2,356.01	55.20%	瓷器玉器工艺品专场	738.7	57.75%	南京 2012-12-23

编号	拍卖公司	拍卖会名称	总成交额（万元）	总成交率（%）	拍卖专场名称	专场成交额（万元）	专场成交率（%）	地点及时间
					中国书画专场	1,617.31	52.64%	
266	上海离原	2012 秋季艺术品拍卖会	3,812.31	73.93%	中国近现代书画	2,816.18	69.43%	上海 2012-12-23
					中国现当代油画	996.13	78.43%	
267	广东省拍	2012 年秋季艺术品拍卖会	2,651.14	79.93%	中国书画	2,651.14	79.93%	广州 2012-12-23
268	上海工美	2012 秋季拍卖会	4,985.73	73.10%	古籍文献	955.04	66.06%	上海 2012-12-24
					中国书画（一）	3,025.19	77.96%	
					中国书画（二）	1,005.50	75.29%	
269	天麒阁	2012 青岛之秋艺术品拍卖会	1,510.61	62.14%	艺坛大隐——张朋绘画专场	225.23	100.00%	青岛 2012-12-24
					翰墨风华——书法专场	285.68	70.00%	
					岛城集萃——青岛书画名家专场	101.25	48.65%	
					旧梦遗痕——近现代书画专场	797.18	64.96%	
					艺海聚珍——当代书画专场	57.55	50.00%	
					明窗净几——文房雅玩专场	43.72	39.22%	
270	上海嘉禾	2012 年秋季艺术品拍卖会	27,676.09	93.41%	赏心悦木——问木堂文人家具专场	210.57	88.46%	上海 2012-12-25
					生烟开韵——周乃空藏陈年宣纸专场	34.62	86.96%	
					四海集珍——中国近现代书画专场（一）	10,452.81	97.44%	
					梅景风承——吴湖帆及其弟子作品专场（二）	787.87	94.74%	
					烟江秋兰——谢稚柳陈佩秋作品专场（一）	2,544.95	93.94%	
					风流今见——陆俨少大师作品专场（三）	10,473.05	98.00%	
					四海集珍——中国近现代书画专场（二）	2,439.04	90.85%	
					禾风曳竹——名家成扇专场（三）	733.18	96.85%	
271	上海泛华	2012 首届秋季艺术品拍卖会	5,515.75	65.57%	当代艺术——油画专场	5,515.75	65.57%	上海 2012-12-26
272	上海宝龙	2012 年秋季拍卖会	18,026.25	86.41%	近现代书画	8,242.28	86.70%	上海 2012-12-26
					古代书画	7,022.82	85.58%	
					当代书画、美术书籍	2,761.15	86.96%	
273	朵云轩	2012 秋季艺术品拍卖会	74,579.47	82.59%	近现代书画专场（一）	10,430.27	81.33%	上海 2012-12-27
					海纳百川 繁花竞艳——海派精品专场	3,234.61	85.44%	
					江寒汀百鸟百卉图册专场	1,403.00	100.00%	
					博古斋藏书画专场	8,262.52	80.00%	
					亦孚藏品专场	2,672.14	100.00%	
					惠风逸韵 一箑万象——精品成扇专场	585.01	77.50%	
					妙笔生华　臻于至善——“蓝天下的至爱”慈善专场	165.54	50.88%	

编号	拍卖公司	拍卖会名称	总成交额（万元）	总成交率（%）	拍卖专场名称	专场成交额（万元）	专场成交率（%）	地点及时间
					朵云轩藏书画专场	5,179.02	93.52%	
					晚香斋藏书画专场	2,506.77	88.57%	
					近现代书画专场（二）	7,217.29	75.46%	
					古代书画专场	16,895.92	83.82%	
					笔墨性情　小中见大——名家小品专场	1,187.03	83.33%	
					金石缘——金石家书画专场	1,220.15	68.60%	
					借古开今　丹青风流——当代海派书画专场	836.74	82.86%	
					金石贤达　铁笔争妍——当代海派名家篆刻专场	265.48	85.88%	
					朵云轩藏碑帖专场	196.94	94.74%	
					古籍善本专场	434.90	77.02%	
					金石永年——名家篆刻专场	715.01	56.12%	
					古今印谱专场	413.63	96.30%	
					瓷器杂项专场	4,006.95	72.03%	
					当代艺术和油画雕塑专场	4,960.30	87.38%	
					邮品钱币专场	1,790.25	96.23%	
274	西泠拍卖	2012 秋季拍卖会	71,603.19	86.00%	古籍善本专场	1,282.37	76.22%	杭州 2012-12-28
					中国历代钱币专场	648.49	72.19%	
					清心逸远——文房古玩专场	924.49	76.67%	
					文房清玩 · 古玩杂件专场	2,445.71	71.50%	
					文房清玩 · 田黄石专场	3,150.89	80.36%	
					文房清玩 · 近现代名家篆刻专场	3,393.19	86.23%	
					中国明清御窑金砖专场	731.98	97.73%	
					中国历代庭园艺术 · 石雕专场	2,910.31	91.74%	
					中国当代玉雕大师作品专场	8,589.12	69.77%	
					文房清玩 · 历代名砚专场	1,017.52	87.50%	
					中国历代紫砂器物专场	879.52	82.22%	
					中国陈年名酒专场	2,495.61	99.02%	
					中国书画近现代名家作品专场（一）	4,030.29	89.07%	
					隐墅居藏中国书画作品专场	1,352.75	100.00%	
					岭南画派书画作品专场	2,255.61	89.07%	
					中国书画古代作品专场	8,939.64	93.52%	
					中国名家漫画作品专场	1,443.25	93.53%	
					中国现当代油画雕塑专场	5,480.21	83.25%	
					中国书画成扇专场	452.53	88.89%	
					近现代名人手迹暨纪念对日抗战七十五周年专场	2,446.86	91.95%	

编号	拍卖公司	拍卖会名称	总成交额（万元）	总成交率（%）	拍卖专场名称	专场成交额（万元）	专场成交率（%）	地点及时间
					西泠印社部分社员作品专场	8,459.17	90.91%	
					中国书画海上画派作品专场	4,349.42	82.11%	
					中国书画近现代名家作品专场（二）	3,924.26	84.52%	
275	河南鸿远	2012 秋季大型艺术品拍卖会	5,121.77	32.26%	《文盛轩藏中国书画作品选》（第五辑）著录专场	2,651.93	40.31%	郑州 2012-12-29
					当代绘画专场	1,622.21	45.73%	
					中国书法专场	282.87	27.93%	
					近现代中国画专场	564.76	15.08%	
276	上海驰翰	第十届书画文玩专场拍卖会	432.24	76.83%	书画文玩	432.24	76.83%	上海 2012-12-29
277	江苏嘉恒	2012 年秋季艺术品拍卖会	3,458.05	65.12%	似兰斯馨——江苏当代书画专场	723.16	72.86%	南京 2012-12-30
					瓷言雅绘——当代名家绘瓷专场	59.57	65.38%	
					艺象万千——中国书画专场	2,431.92	56.60%	
					佛缘心画——佛教题材书画与名家书法专场	243.4	65.63%	

第四部分

艺苑撷英

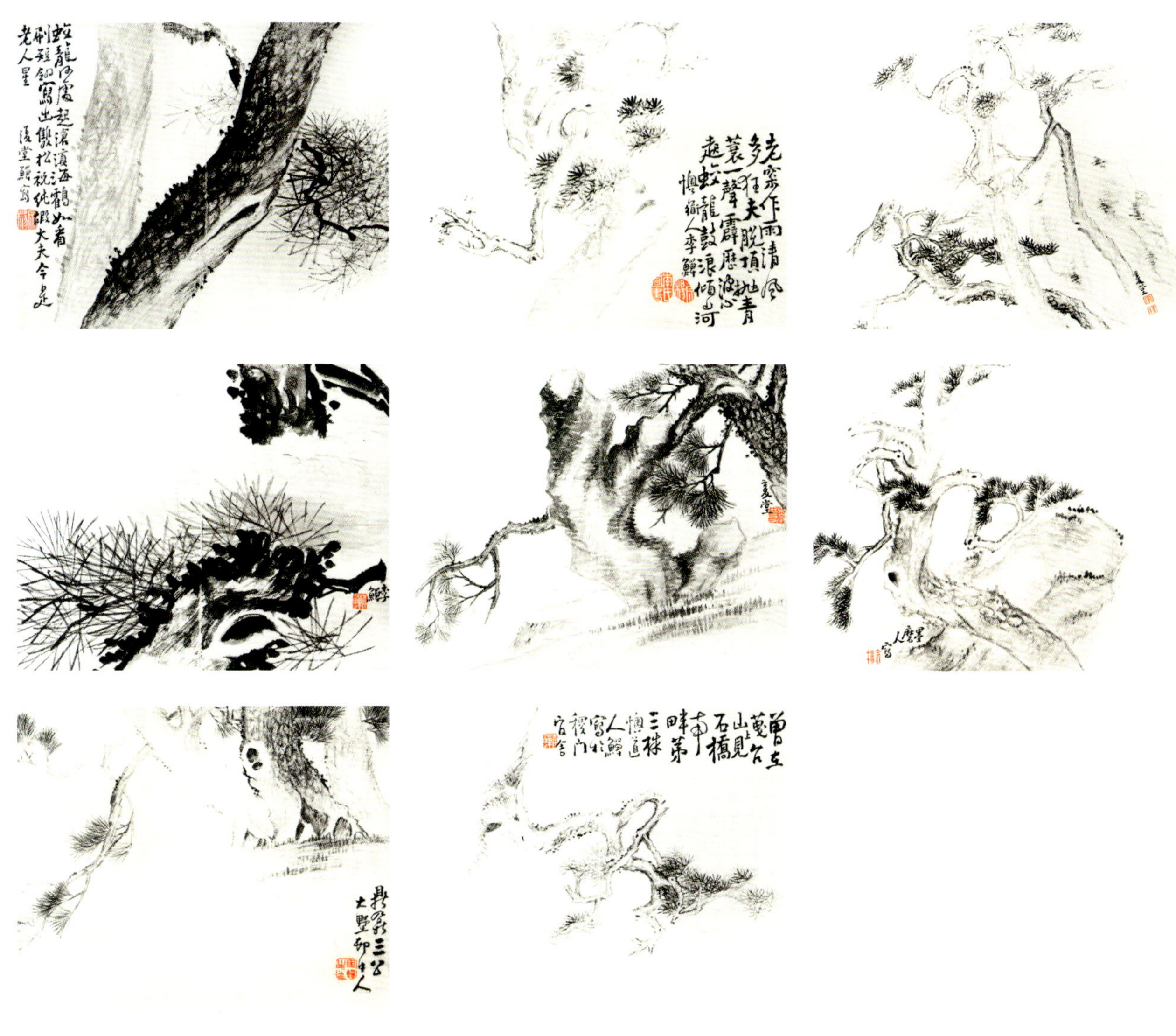

李复堂 《松册八开》

纸本 册页

24.5cm × 30.5cm × 8

说明：李鱓(1686—1762年)，明代状元宰相李春芳的第六代嫡孙，“扬州八怪”之一。李鱓作画大都“逸笔草草”，写胸中臆气，未免失之于粗犷。此八开册页抒写极其精妙，严谨端正，气格纯清。纯用干笔皴擦，一气呵成，具有强烈的金石气息，层次分明。书法古朴，行笔随意，功力深厚，另有别致。所钤印章均十分讲究，每方印章的大小、形状、印文都与画面形成完美呼应。

此册页曾为故宫博物院所收藏，也曾是文化部原副部长、鉴藏家徐平羽旧藏，并附1959年初夏重装题签。徐平羽鉴赏水平极高，名家收藏实为锦上添花，可谓物得其所。

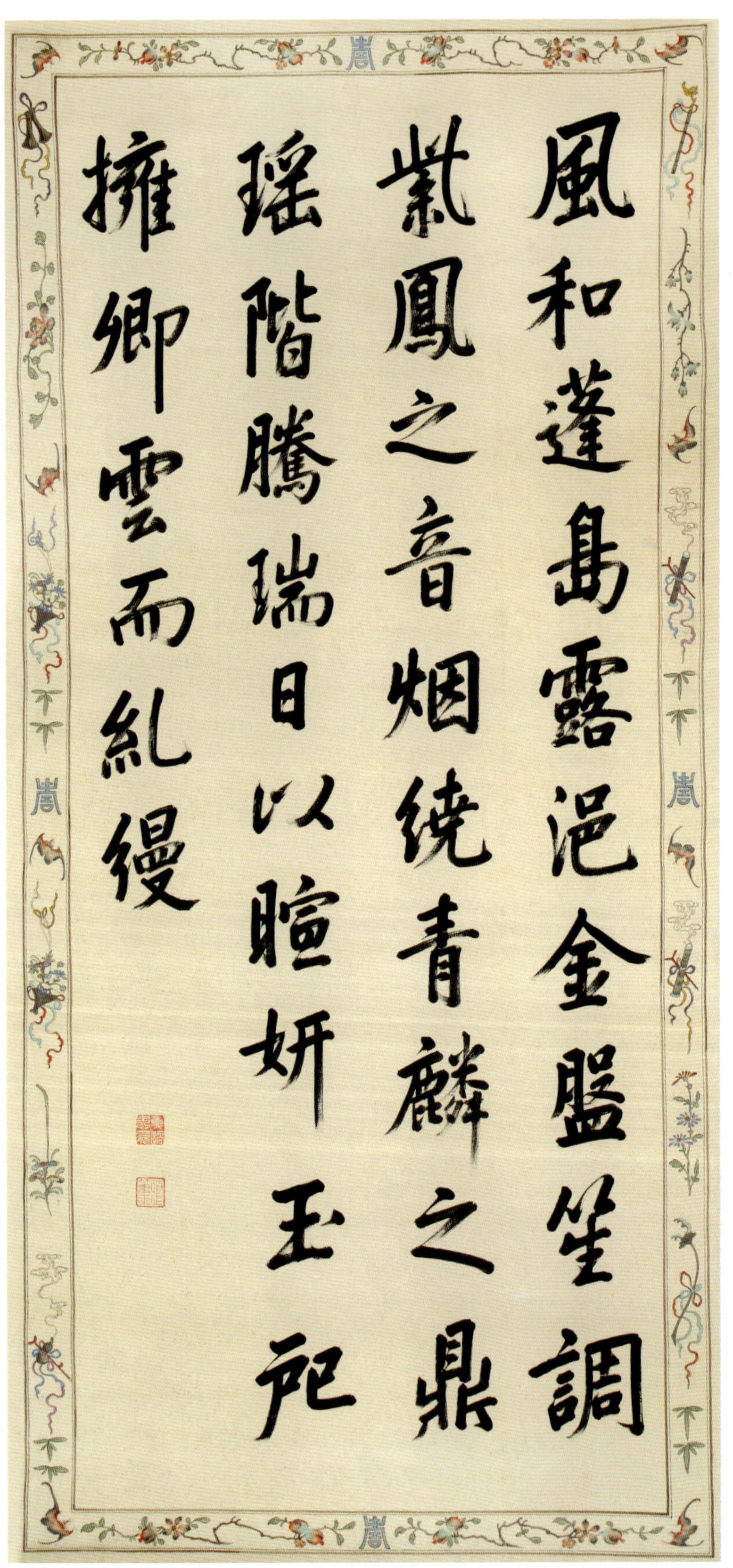

雍正帝 楷书

绢本 立轴

154.5cm×73.2cm

释文：风和蓬岛，露浥金盘。笙调紫凤之音，烟绕青麟之鼎。瑶阶腾瑞日以暄妍，玉戺拥卿云而纠缦。

钤印：寡过未能（白文）、心正笔正（朱文）

说明：雍正帝的书法文雅遒劲，追随其父，走董其昌流畅和美一路，尤其行楷写得很好，平和规矩。纵观雍正帝的存世墨迹，其书取法赵孟頫和董其昌，畅朗娴熟、文雅遒劲，行笔疾迟有序，气脉贯通，是历代皇帝御笔书法中不可多得的。

田忠彦在《浅说清代盛世帝王书法》中写道："雍正书法与康熙、乾隆相比，康熙的字逸美，雍正的字放达，乾隆的字甜丽。相比之下，雍正的字个性更为舒展，意趣表达更为自然。"

清 翡翠雕折枝花果兽耳衔环瓶

高 31.0cm

说明：该瓶以三色翡翠为原材，经精雕细琢而成双兽首环扁瓶。瓶身敞口束颈，颈饰铺首，下衔活环为耳，折肩，腹下渐收，颈饰弦纹，高圈足外放，器形挺拔曼妙。瓶身镂空高浮雕荔枝秋虫纹饰，荔枝枝叶茂盛，硕果累累，枝叶向上一直攀附过瓶口。在枝叶果实之间又以阳绿俏色点缀，雕刻了秋蝉、蚂蚱等昆虫，跃然欲动，甚为传神。在同一块翡翠原料中三色并存则被称为“福禄寿”，本瓶即是如此。所用材质介于冰种和糯米种之间，质地匀称，种、水、色三者兼备，更难得在于所用材料体量巨大，甚为少见。通观此翡翠瓶，色泽温润，碾琢精细，俏色巧妙，充分体现了清代宫廷翡翠的高超加工水准。

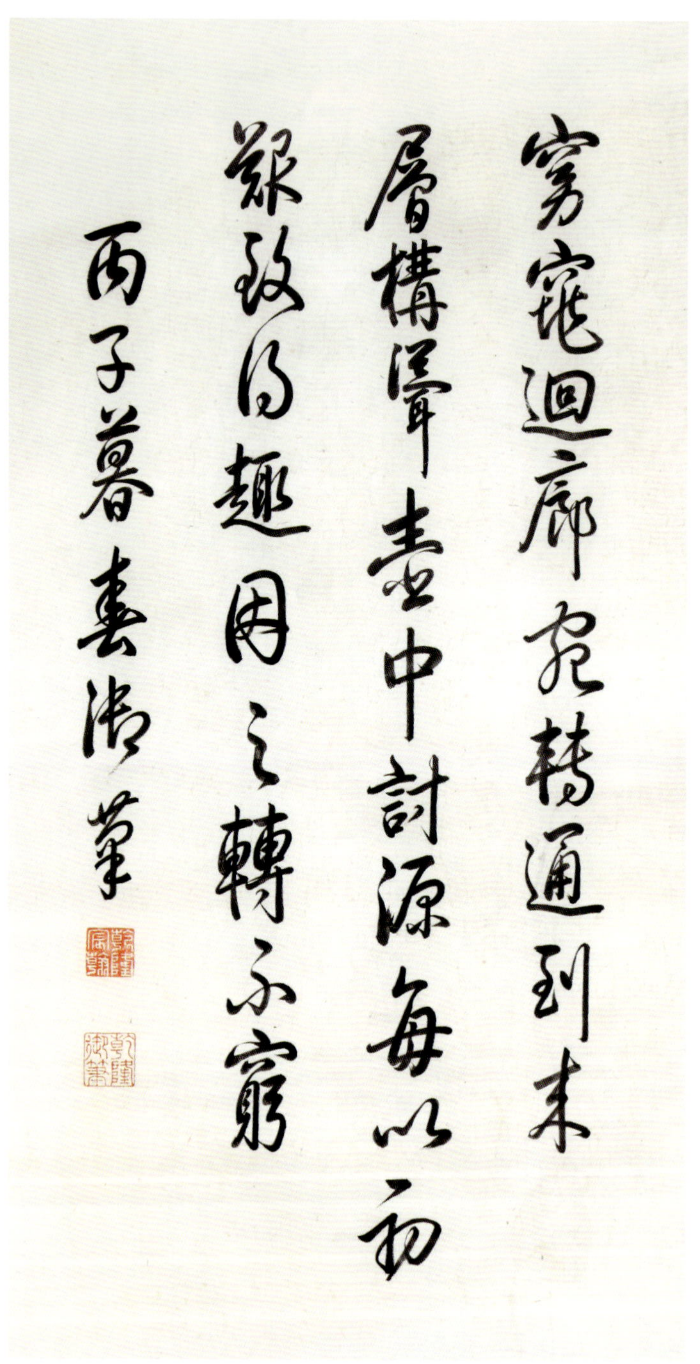

乾隆帝 行书七言诗

100.5cm × 54cm

释文：窈窕迴廊宛转通，到来层构耸壶中。讨源每以初艰致，得趣因之转不穷。丙子暮春御笔。此幅作品书于乾隆丙子（1756 年）暮春，乾隆帝时年 46 岁，正是年富力强时期，故写出一幅佳作。

说明：清高宗书仿松雪、香光，取赵之丰韵、董之方长，并将二家特征极尽完善，构成平正、庄严、丰圆、长方书法，书风格律。此乾隆帝御笔书法摘句，在乾隆帝所书的许多墨迹中较为精致，笔画端庄。在他的众多书法墨迹中，此幅可说充分显示了自家个性风貌。全幅布局行气飘忽得大无碍。可贵的是，局部结字虽时时倾左侧右，却都贯穿一条中轴线上，从而收到了一种荡逸中见平顺、稳贴中寓流动的艺术效果。加之美而韵、秀而挺、灵而清的笔致，在乾隆帝书中是上品。

第五部分
政策法规

文物安全与行政执法信息上报及公告办法

发文单位：国家文物局
发文时间：2012 年 2 月 15 日
生效时间：2012 年 2 月 15 日

第一条 为加强文物安全监管，推进文物行政执法，及时汇总和公告全国文物安全与行政执法工作以及文物案件情况，依据《中华人民共和国文物保护法》等法律、法规和文件，制订本办法。

第二条 本办法所称文物案件包括文物安全案件和文物行政违法案件。

国家文物局按本办法规定对文物案件进行公告。

第三条 县级以上文物行政部门按本办法规定上报文物安全与行政执法工作情况和文物案件信息，确保报送信息及时准确。

第四条 文物、博物馆单位应当在知道文物案件发生后 2 小时内，向主管的文物行政部门报告已掌握的案件情况。

有下列情形之一的，县级以上文物行政部门应当在接到报告 2 小时内，向同级人民政府和上级文物行政部门报告。省级文物行政部门应当在接到报告 2 小时内通过电话或者传真形式报告国家文物局督察司，并在 3 日内正式行文报国家文物局：

（一）世界文化遗产地、全国重点文物保护单位和省级文物保护单位发生的文物案件；

（二）核定、公布为三级以上风险单位的博物馆、纪念馆等文物收藏单位发生的文物案件；

（三）尚未核定公布为三级以上风险单位的博物馆、纪念馆和其他文物收藏单位发生的一级文物丢失或者损毁案件；

（四）其他重大文物案件。

第五条 文物安全案件报告主要包括以下内容：

（一）涉案文物、博物馆单位名称、级别、保护机构和保护管理现状；

（二）发案时间、地点、经过，文物损失和人员伤亡情况；

（三）涉案可移动文物名称、数量、级别和受损情况；

（四）案件原因分析及处理结果；

（五）案发现场和文物受损等图片资料；

（六）其他情况。

第六条 文物行政违法案件报告主要包括以下内容：

（一）涉案文物、博物馆单位名称、级别、保护机构和保护管理现状；

（二）违法相对人名称、违法性质；

（三）违法行为发生的时间、地点和违法事实；

（四）违法行为对文物造成的损失；

（五）违法行为的调查处理情况；

（六）案发现场、文物受损等图片资料；

（七）其他情况。

第七条 省级文物行政部门每半年向国家文物局报送《文物安全与行政执法工作情况统计表》、《文物安全案件统计表》和《文物行政违法案件统计表》。上半年于当年6月15日前报送，下半年于当年12月15日前报送。

省级文物行政部门同时报送各项报表的书面和电子文本，电子文本通过国家文物局"文物安全与行政执法管理信息系统"报送。

第八条 国家文物局按以下形式实施公告：

（一）专项通报：不定期对重大文物案件处理情况进行通报。

（二）年中通报：每年6月30日前，通报上半年全国文物安全与行政执法工作情况。

（三）年度通报：每年12月31日前，通报本年度全国文物安全与行政执法工作情况。

第九条 国家文物局实施的专项通报、年中通报和年度通报印发各省级文物行政部门，印送全国文物安全工作部际联席会议各成员单位，并按有关规定进行信息公开。

第十条 对于下列行为，国家文物局进行通报批评，情节严重的，向当地人民政府通报或者提出行政处理建议：

（一）不按本办法规定的时限、内容、形式和要求，报送文物案件和各项统计报表的；

（二）对国家文物局通报的文物案件负有调查处理责任的文物行政部门或者文物、博物馆单位，不按通报要求认真调查处理，不按时限要求报送调查处理结果的。

（三）对国家文物局督察、督办的文物安全与行政执法工作事项，无正当理由不予落实或者不及时报告落实结果的。

第十一条 省级文物行政部门根据本办法，制定本省行政区域内的文物安全与行政执法信息上报与公告办法。

第十二条 本办法自印发之日起施行。

关于规范文物出入境展览审批工作的通知

发文单位：国家文物局
发文时间：2012年3月12日
生效时间：2012年3月12日

各省、自治区、直辖市文物局（文化厅）：

近年来，各地积极贯彻落实国家文物局发布的《文物出国（境）展览管理规定》和《文物入境展览管理暂行规定》，文物出入境展览水平和质量不断提高。为进一步加强文物出入境展览管理，促进文物出入境展览交流的专业化、科学化，现就规范文物出入境展览审批有关事项通知如下：

一、加强策划展览能力建设，制订科学的展览大纲。博物馆等文物出入境展览举办单位，要坚持“以我为主、为我所用”的原则，加强与境外合作博物馆沟通协作，充分做好展览前期准备，特别是展览大纲研究编制，强调展览的思想性、学术性。要积极组织我方专家主动参与展览选题、内容设计、形式设计和图录编制，以及有关学术研讨、宣传推广各项活动的方案拟订及论证，充分体现我方最新研究成果，科学、准确地传播中华文化和人类优秀文明成果，更好地满足公众多元化的精神文化需求。

二、科学遴选文物展品，确保文物展品安全。博物馆等文物出入境展览举办单位，要坚持文物安全第一的原则，从符合博物馆标准的角度，加强评估论证，强化安全措施，确保文物展品安全。一级文物中的孤品和易损品，未定级文物，未在国内正式展出过或未在国内报刊公开发表的文物和其他保存状况差、不适宜出境展览的文物，以及处于休眠养护期的文物，一律不得出境展览。要避免选用博物馆基本陈列（含原状陈列）中的文物特别是核心文物出境展览，切实维护基本陈列（含原状陈列）的完整性。

三、完善交流机制，确定合适的合作办展主体。博物馆等文物出入境展览举办单位，要加强境外合作办展博物馆资格和条件的评估论证，鼓励深化与境外知名博物馆直接合作办展，积极创造条件逐步实现互换展览。加强出境展览中拟同场展出除我方文物之外的中国文物展品，以及入境展览中拟包含的非文博机构或私人的文物展品的真实性和来源合法性的评估论证，确保展览符合博物馆标准。

四、完善申报材料，严格按规定履行审批手续。博物馆等文物出入境展览举办单位，要编制严谨规范的展览项目申报文本，并附展览方案和展览大纲。省级文物行政部门要严把文物出入境展览项目初审关，对拟举办的文物出入境展览组织专家评估论证，重点针对展览方案和展览大纲、文物清单、安全保障、境外合作单位资质、展览协议草案、文物保险估价等提出明确意见，上报文件中应附专家评估论证意见。要严格遵循展览审批时限，确保做到出境展览项目实施前6个月、入境展览项目实施前3个月上报我局审批。今后凡不按规定时限申请许可的出入境展览项目，我局原则上不予受理。

五、加强资料收集，及时建立完善的档案。博物馆等文物出入境展览举办单位应加强展览全过程相关资料的系统收集，建立完备的展览档案，展览结束后要及时全面总结，并于展览结束之日起2个月内，将展览结项备案表、结项报告及相关音像资料报省级文物行政部门审核后报我局备案。今后凡不按规定及时办理文物出入境展览结项备案的，我局将暂停审批其新的文物出入境展览项目。

国家非物质文化遗产保护专项资金管理办法

发文单位：中华人民共和国财政部、文化部
发文时间：2012 年 5 月 4 日
生效时间：2012 年 5 月 4 日

第一章　总则

第一条　为了规范和加强国家非物质文化遗产保护专项资金（以下简称专项资金）的管理，提高资金使用效益，根据《中华人民共和国预算法》、《中华人民共和国非物质文化遗产法》和国家有关法律、行政法规的规定，结合我国非物质文化遗产保护工作实际，制定本办法。

第二条　专项资金由中央财政设立，专项用于国家非物质文化遗产管理和保护。专项资金的年度预算根据国家非物质文化遗产保护工作总体规划、年度工作计划及国家财力情况核定。

第三条　专项资金的管理和使用坚持统一管理、分级负责、合理安排、专款专用的原则。专项资金用于补助地方的，适当向民族地区、边远地区、贫困地区倾斜。

第四条　专项资金的管理和使用严格执行国家有关法律法规和财务规章制度，并接受财政、审计和文化等相关部门的监督检查。

第二章　专项资金的分类和开支范围

第五条　专项资金分为中央本级专项资金和中央对地方专项转移支付资金，按照开支范围分为组织管理费和保护补助费。

中央本级专项资金包括文化部本级组织管理费和中央部门所属单位保护补助费，中央对地方专项转移支付资金为中央财政对各省（区、市）保护补助费。

第六条　组织管理费是指组织开展非物质文化遗产保护工作和管理工作所发生的支出，具体包括：规划编制、调查研究、宣传出版、培训、数据库建设、咨询支出等。

第七条　保护补助费是指补助国家级非物质文化遗产代表性项目、国家级代表性传承人、国家级文化生态保护区开展调查、记录、保存、研究、传承、传播等保护性活动发生的支出。具体包括：

（一）国家级非物质文化遗产代表性项目补助费，主要补助国家级非物质文化遗产代表性项目相关的调查研究、抢救性记录和保存、传承活动、理论及技艺研究、出版、展示推广、民俗活动支出等。

（二）国家级代表性传承人补助费，用于补助国家级代表性传承人开展传习活动的支出。

（三）国家级文化生态保护区补助费，主要补助国家级文化生态保护区相关的调查研究、规划编制、传习设施租借或修缮、普及教育、宣传支出等。

第三章　专项资金的申报、审批和拨付

第八条　中央本级专项资金申报审批程序：

文化部本级组织管理费由文化部按照部门预算管理的有关规定报财政部审核，经法定程序批准后纳入文化部部门预算。

中央部门所属单位申请保护补助费，由中央部门按照部门预算管理的有关规定列入本部门预算并按规定时间报财政部，同时还应当于每年6月30日前向文化部报送申请材料。文化部对申请材料进行审核，提出专项资金补助建议方案报财政部，财政部按照部门预算管理的有关规定审核后下达中央部门。

第九条　中央对地方专项转移支付资金申报审批程序：

各省（区、市）申请保护补助费，应当由申报单位提出申请，经地方各级财政和文化主管部门逐级申报。省级财政和文化主管部门进行审核汇总后，于每年10月31日前联合向财政部和文化部提出下一年度资金申请。凡越级上报或单方面上报的均不受理。其中，国家级代表性传承人补助费由省级财政和文化主管部门直接上报财政部和文化部。

文化部对申请材料进行审核后，提出专项资金补助建议方案报财政部，财政部审核后会同文化部下达省级财政和文化主管部门。

第十条　专项资金预算下达后，按照国库集中支付有关规定拨付。

第四章　专项资金的管理、使用和监督

第十一条 保护补助费的申报单位必须具备以下条件：

（一）具有独立法人资格；

（二）具有固定的工作场所；

（三）具有专门从事非物质文化遗产保护的工作人员；

（四）具有科学的工作计划和合理的资金需求。

第十二条　专项资金预算一经批准，必须严格执行，一般不做调整。如遇特殊情况确需调整的，应当按本办法规定的申报程序报财政部审批。

第十三条　用专项资金购置的固定资产应当按照国家国有资产管理的有关规定，纳入单位的固定资产账户进行核算与管理。

第十四条　纳入政府采购的项目应当按照国家政府采购的有关规定执行。

第十五条　项目结转结余按照财政部有关规定使用。

第十六条　项目实施完毕，省级文化和财政主管部门负责组织对项目进行验收，并将验收结果报文化部和财政部备案。财政部和文化部可视情况组织复查。

第十七条　建立健全专项资金使用的监督检查机制和绩效评价制度。财政部和文化部可根据项目实施情况，组织或委托有关机构进行监督检查和绩效评价。

第十八条　有下列情形之一的，财政部和文化部根据国家法律和行政法规的有关规定给予暂停核批新项目、停止拨款、收回专项资金等处理，并依法追究有关人员的责任：

（一）弄虚作假申报专项资金的；

（二）擅自变更项目实施内容的；

（三）截留、挪用和挤占专项资金的；

（四）因管理不善，给国家财产造成损失和浪费的。

第十九条　接受国家级代表性传承人补助费的个人未按规定开展相应的传习活动，或者将补助资金用于传习活动无关的其他事项的，财政部和文化部可以视其情形，作出核减、停拨补助费或者收回已拨补助费的处理。

第五章　附则

第二十条　本办法自发布之日起施行。财政部、文化部2006年7月13日印发的《国家非物质文化遗产保护专项资金管理暂行办法》（财教[2006]71号）同时废止。

商务部办公厅关于做好司法拍卖改革相关工作的通知

发文单位：中华人民共和国商务部
发文时间：2012 年 6 月 7 日
生效时间：2012 年 6 月 7 日

近期，最高人民法院先后发布了《关于人民法院委托评估、拍卖工作若干规定》（法释[2011]21 号，以下简称《规定》）和《关于实施〈最高人民法院关于人民法院委托评估、拍卖工作的若干规定〉有关问题的通知》（法[2011]30 号，以下简称《通知》），对推进司法拍卖改革、规范司法委托拍卖工作作出了具体规定。为配合做好司法拍卖改革工作，引导拍卖企业积极落实最高人民法院有关文件要求，促进行业健康可持续发展，现将有关事项通知如下：

一、进一步提高对司法拍卖改革的认识

深化司法拍卖改革是完善人民法院工作机制的重要内容，是强化监督制约、维护司法廉洁、提升司法公信力的有效途径，也是规范交易秩序，最大限度地实现诉讼资产价值和当事人合法权益的有效手段。各地商务主管部门要充分认识司法拍卖制度改革的重要意义，积极配合司法部门推进司法拍卖改革，主动与各地高级人民法院加强沟通，指导拍卖企业规范经营，构建科学、规范、公开、透明的司法拍卖机制。

二、指导企业进一步做好司法委托拍卖工作

引导拍卖企业进一步提高服务水平，做好司法委托拍卖资产潜在购买者的组织竞拍工作。加大工作力度，创新拍卖组织方式，充分发挥市场机制的作用，通过现场拍卖与网络拍卖结合等方式，提高司法委托拍卖成交率，促进涉诉资产保值增值。做到公开、公平、公正，以诚信为本，严格按照有关程序操作，杜绝假拍、串通等违法行为。

三、积极做好司法拍卖改革的衔接工作

认真做好拍卖信息发布工作，尽快实现涉诉拍卖信息在指定网站上的发布。积极研究推进在各级商务部门网站和有关协会网站发布司法委托拍卖资产的信息，扩大司法委托拍卖资产信息的传播范围。加快做好拍卖机构资质等级评估工作，有关行业协会要认真按照《拍卖企业的等级评估与等级划分》(GB/T 27968-2011)国家标准，为人民法院的司法委托拍卖工作筛选合格的拍卖企业。对评选出的具备资质等级的企业实行动态管理，提高拍卖企业的竞争能力和为司法委托服务的水平。

四、积极开展公共资源拍卖平台建设

各地商务主管部门要适应司法拍卖改革的

要求，结合本地实际，积极组织开展公共资源拍卖平台建设，包括公共拍卖交易场所和网络拍卖平台的各项软硬件设施建设。研究制定公共资源平台的相关制度、标准及运行规则。在推动公共平台建设过程中，要注意现有平台资源的改造、利用，充分发挥各地拍卖行业协会作用，鼓励骨干拍卖企业参与建设，积极争取当地法院、国资、海关、公安和工商等部门的支持。在做好司法委托拍卖的基础上，逐步将平台的服务范围从司法委托拍卖领域向其他公共资源拍卖领域延伸。目前，北京、上海、广西等地在公共资源拍卖平台建设方面取得了初步成效，各地应互相学习借鉴并积极探索适合本地特点的建设方式。

五、进一步做好涉国有和上市证券类资产司法委托拍卖工作

根据《通知》第五条规定，司法委托拍卖标的为国有控股企业的资产及其权益，人民法院委托商务部门批准设立的合格拍卖机构后，拍卖机构要按照有关法律法规的规定，选择合适的公共资源交易平台，做好发布司法拍卖公告、组织竞买者参与、收取竞买保证金、举办拍卖会、出具成交确认书、收取拍卖佣金等拍卖工作，确保司法拍卖活动规范有序开展。涉及上市证券类资产的，相关拍卖企业要认真做好有关工作。各地商务主管部门要积极会同人民法院研究出台关于司法拍卖的具体操作程序，在最高人民法院规范司法委托拍卖一系列文件的基础上，进一步指导企业做好司法拍卖业务，特别是涉国有资产的司法委托拍卖工作。

六、建立健全司法委托拍卖监督管理机制

各地商务主管部门要会同有关部门进一步加强对司法委托拍卖活动的监督管理，建立多部门联合监管的长效机制。各地现行司法委托拍卖做法，与最高人民法院《规定》和《通知》不符的，应积极商法院等部门进行纠正。会同工商部门进一步加强对拍卖主体的监管，对于不具备拍卖经营资质却又直接或变相从事拍卖业务的企业、实体，按相关法律法规进行处罚，依法维护拍卖法规的严肃性。会同法院、工商、纪检、国资等部门，加强对司法委托拍卖活动的现场监督，对司法拍卖过程中出现的违法违规行为依据相关规定严厉查处。指导各级拍卖协会认真落实行业自律的有关规定，协助有关职能部门做好行业监管工作。

关于进一步做好文物拍卖标的审核工作的意见

发文单位：国家文物局
发文时间：2012年7月2日
生效时间：2012年7月2日

各省、自治区、直辖市文物局（文化厅）：

为切实加强对文物拍卖经营活动的管理，促进文物拍卖市场健康发展，针对当前文物拍卖中存在的知假拍假、虚假宣传、超范围经营等突出问题，现就进一步做好文物拍卖标的（以下简称标的）审核工作通知如下：

一、进一步提高对标的审核管理工作的认识

标的审核工作既是文物拍卖管理工作的关键环节，又是法律赋予文物行政部门的一项执法职能。加强标的审核工作，对落实文物保护责任，规范文物流通秩序，满足人民群众收藏鉴赏需要，促进文化产业健康发展具有十分重要的意义。各级文物行政部门要高度重视拍卖标的审核工作，进一步提高认识，健全工作机制，充实管理队伍，落实审核责任，切实把标的审核管理工作抓实抓好。

二、加强文物拍卖经营资质查验工作

文物拍卖经营资质的合法、有效是开展标的审核工作的前提。省级文物行政主管部门在受理标的审核申报时，应依据拍卖经营资质年审情况，及时开展对文物拍卖企业（以下简称企业）拍卖经营资质的查验。各级文物行政部门积极配合工商、公安部门，对未经许可擅自从事文物拍卖经营等违法活动的企业进行查处。

三、根据有关规定，下列标的不得上拍

（一）出土（水）文物、以出土（水）文物名义进行宣传的；

（二）被盗窃、盗掘、走私的文物或明确属于历史上被非法掠夺的中国流失文物；

（三）依照法律应当移交文物行政部门的文物，包括国家各级执法部门在查处违法犯罪活动中依法没收、追缴的文物；

（四）国有文物收藏单位及其他国家机关、部队和国有企业、事业单位等收藏、保管的文物；

（五）国有不可移动文物的附属构件；

（六）国有文物商店收存的珍贵文物；

（七）涉嫌损害国家利益或有可能产生不良社会影响的；

（八）其他法律法规规定不得流通的文物。

四、强化拍卖专业人员征集鉴定责任

标的的报审材料中，须有本企业文物拍卖专业人员（含已考取《文物拍卖企业专业人员资格证书》的人员）标的的征集鉴定意见。对出具虚假

征集鉴定意见、造成不良社会影响的，取消其专业人员资格。

五、健全标的审核制度

省级文物行政部门作为文物拍卖标的的审核主体，应完善审核工作制度，建立标的审核专家库并报国家文物局备案。每类标的须经两名以上专家审核并意见一致的，方可报审。报送国家文物局的备案材料中，须包括审核意见及审核专家名单。

六、严格标的报审管理

企业须整场报审文物拍卖会标的，包括含有文物的拍卖会标的，不得少报、假报或以艺术品名义报审含有文物的拍卖会标的。企业应配合文物行政部门开展实物审核（或复核）工作。

省级文物行政部门受理企业标的审核申请后，须于20个工作日内将审核意见报国家文物局备案。国家文物局网站将即时公告备案收文确认信息。如有不同意见，国家文物局将于5个工作日内以书面形式反馈。国家文物局同意备案材料后，省级文物行政部门方可办理批复文件。

七、规范拍卖图录管理

企业须在所有拍卖图录显著位置刊登相关批复文件。拍卖图录文字严禁使用“罕见”、“仅存”、“国宝”等诱导性词语。不得擅自更改标的定名。

八、建立企业诚信档案

企业违反上述规定，国家文物局将视情节轻重，给予责令整改、暂停直至撤销其文物拍卖经营资质的处罚，并记入企业诚信档案。国家文物局结合行业管理，将企业诚信档案作为企业年审和增加文物经营范围的考评依据。

本意见自发布之日起实施。

国家广播电影电视总局、国家文物局关于加强对文物鉴定类广播电视节目管理的通知

发文单位：国家广播电影电视总局、国家文物局
发文时间：2012 年 7 月 4 日
生效时间：2012 年 7 月 4 日

各省、自治区、直辖市广播影视局，文物局（文化厅），新疆生产建设兵团广播电视局，中央三台、中国教育电视台：

近年来，各地电台电视台开办了一批文物鉴定类广播电视节目，为弘扬传承我国优秀传统文化发挥了积极作用。但也有个别节目过分关注文物经济价值，宣扬错误投资收藏理念，存在过度娱乐化现象。为确保广播电视节目更好地传播文物知识、树立文物保护观念、正确引导文物收藏，根据《中华人民共和国文物保护法》、《广播电视管理条例》等相关规定，现就进一步加强文物鉴定类广播电视节目的规范和管理提出如下要求：

一、各级广播影视行政部门、文物行政部门及各广播电视播出机构，要坚持以社会主义核心价值体系引领文物鉴定类广播电视节目的制作和播出，把社会效益放在首位，重点宣传文物的历史价值、科学价值和艺术价值，宣传文物保护法律法规，引导广大民众树立正确的收藏观，为弘扬我国优秀传统文化、保护文物资源、促进文物市场健康有序发展营造良好的舆论氛围。

二、文物鉴定类广播电视节目的内容必须符合《中华人民共和国文物保护法》及相关法规的规定。节目中出现的用于鉴定的文物必须为文物收藏单位收藏的以及公民、法人和其他组织以合法方式取得的文物；节目中出现的用于鉴定的文物必须为法律规定允许买卖的文物；文物鉴定类广播电视节目不得从事文物的商业经营活动，不得利用文物鉴定类广播电视节目开展模拟交易、广告推销等文物商业经营活动。

三、文物鉴定类广播电视节目要坚持正确导向，科学展示文物鉴定的复杂过程，明确提示投资文物收藏的风险，文物估价要提供市场依据。

四、文物鉴定类广播电视节目中的专家必须是省级文物部门审核通过的专家库成员。各省级文物行政部门要建立适应文物类电视节目需求的专家库。节目中出现的文物需提前由专家审核，对文物的鉴定须由专家作出，提高文物鉴定类广播电视节目的权威性，确保节目中出现的文物合法合规、文物鉴定程序严谨科学。

五、文物鉴定类广播电视节目要内容真实。不得编造文物流传故事、诱导“持宝人”杜撰虚假收藏故事，不得在节目中由演员扮演“持宝人”，不得暗示或要求专家修改文物评估结果、高估文物市场价格。节目制作机构要提前对节目中出现的文物持有者、嘉宾的身份信息进行审核，确保节目中所展示相关信息的真实性。

六、各文物收藏单位要充分发挥馆藏文物

资源优势，积极参与电视节目制作。各文博单位、文物商店、拍卖公司等具有合法文物收藏和交易资质的机构，要为文物鉴定类广播电视节目在文物遴选、估价、文物法律法规和专业知识等方面提供帮助。

七、自本通知发布之日起，各级广播电视机构要对照相关规定，对已开办的文物鉴定类广播电视节目进行全面检查。各省级广播电视行政管理部门要加强对文物鉴定类广播电视节目的管理，同省级文物行政部门建立沟通协调工作机制，加强交流合作，互通管理信息，共同规范管理好文物鉴定类广播电视节目。

国家文物局、公安部、海关总署、国家工商总局关于进一步加强文物经营活动管理工作的通知

发文单位：国家文物局、公安部、海关总署、国家工商总局
发文时间：2012 年 7 月 31 日
生效时间：2012 年 7 月 31 日

各省、自治区、直辖市文物局(文化厅)，公安厅(局)，海关总署广东分署、各直属海关，工商行政管理局：

《中华人民共和国文物保护法》及《中华人民共和国文物保护法实施条例》明确规定，文物属于限制流通的特殊商品，文物流通实行归口管理、许可经营的制度，符合《中华人民共和国文物保护法》第五十条规定的文物可以依法流通，国务院文物行政部门或省、自治区、直辖市人民政府文物行政部门批准设立的文物拍卖企业、文物商店可以依法从事文物的商业经营活动。近年来，各地不断出现古玩城、古董店、艺术品市场、收藏市场等古玩旧货市场，其中夹带文物经营活动。这些市场在满足群众日益增长、多样化的收藏需求方面发挥了一定的积极作用，但也存在着未取得文物经营许可、买卖出土文物等违法违规问题，引起了社会各界的广泛关注。为进一步加强古玩旧货市场中文物经营活动的管理工作，促进文物市场的健康发展，国家文物局、公安部、海关总署、国家工商总局现就有关事项通知如下：

一、充分认识加强古玩旧货市场中文物经营活动管理工作的重要意义

文物是不可再生的文化资源，保护文物是全社会的共同责任。加强古玩旧货市场中文物经营活动的管理工作，对于遏制文物违法犯罪活动、确保国有文物安全、保护消费者合法权益、促进文物市场的健康发展都具有十分重要的意义。各地文物、公安、海关、工商等部门要统一认识，从保护我国文化遗产、建设文化强国、维护市场秩序和群众利益的大局出发，高度重视古玩旧货市场中文物经营活动存在的问题，切实依法加强管理。要坚持严格管理与积极引导并举，规范秩序和促进发展并重，努力营造主体合法、经营有序、守信自律、健康繁荣的文物经营活动秩序。

二、加强古玩旧货市场中文物经营活动管理工作的主要任务和目标

(一)开展对古玩旧货市场中有关商户的文物经营资质审批工作。文物行政部门依照相关法律法规确立的文物商店审批条件和程序，对古玩旧货市场中经营文物的商户进行审批。

(二)建立古玩旧货市场中文物经营活动日常监管制度。文物、工商等部门依法对古玩旧货市场中文物经营活动进行检查，对其中未经许可开展的文物经营行为进行查处。文物行政部门依法对经批准设立的文物商店销售的文物进行审核，并对买卖国家禁止买卖的文物的行

为进行处罚。

（三）加强对古玩旧货市场中文物经营活动的引导。文物行政部门督促市场主办单位组织其中的文物商店，按照有关规定对珍贵文物的购买销售作出如实记录，并集中报文物行政部门备案。

（四）建立多部门联合执法机制。整顿、规范古玩旧货市场中的文物经营活动。发现在古玩旧货市场中买卖盗窃、盗掘和走私文物等违法犯罪线索，移交公安或海关部门立案侦查。

（五）加强人员培训和法律宣传。文物行政部门有计划地开展针对古玩旧货市场管理人员和经营人员的培训，进一步提高其专业知识和法律意识。同时，联合相关部门在全社会深入宣传文物保护及相关法律法规，营造健康的文物市场整体环境。

通过上述规范引导措施，切实达到加强古玩旧货市场中文物经营活动管理、促进文物市场健康发展的目的，使古玩旧货市场真正成为推动文化产业发展和社会主义文化大发展大繁荣的积极力量。

三、加强古玩旧货市场中文物经营活动管理有关工作的时间安排

今明两年，加强古玩旧货市场中文物经营活动管理工作大致分为两个阶段：第一阶段，自本通知下发之日起至2012年12月底，重点推进古玩旧货市场中从事文物经营商户的资质审批工作；第二阶段，从2013年1月至2013年6月，全面完成本通知提出的各项任务。各地区要按照本通知的要求，分阶段认真做好检查总结工作，并向省、自治区、直辖市政府和国家文物局及有关部局汇报加强古玩旧货市场中文物经营活动管理工作的有关情况。

四、加强古玩旧货市场中文物经营活动管理工作的组织领导

加强古玩旧货市场中文物经营活动管理工作时间紧、任务重，各地文物、公安、海关、工商等部门要切实加强领导，建立起分工明确、密切协作的联合工作机制，认真制定工作方案，落实工作责任，明确时间要求，统一步调，协调动作，积极稳妥地推进本地区加强古玩旧货市场中文物经营活动管理的各项工作任务。

关于加强和改进文物安全工作的指导意见

发文单位：国家文物局
发文时间：2012年9月24日
生效时间：2012年9月24日

各省、自治区、直辖市外事、发展改革、科技、公安、财政、国土资源、环境保护、住房城乡建设、文化、工商行政管理、旅游、宗教、法制、气象、文物主管部门，海关广东分署、各直属海关：

文物安全关系文化遗产事业科学发展全局，关系国家文化安全大局，关系人民群众基本文化权益。在党中央、国务院高度重视和全社会关心支持下，经过各地区、各部门的长期共同努力，文物安全工作取得一定成效。但是，当前一些地区盗窃、盗掘、盗捞、走私文物的犯罪活动突出，文物保护单位火灾事故多发，博物馆安全案件出现反弹，破坏不可移动文物的违法案件时有发生，文物安全形势依然严峻，总体处于案件、事故多发期。为全面贯彻落实全国文物工作会议精神，进一步加强和改进文物安全工作，提出以下意见：

一、指导思想和主要目标

（一）指导思想。坚持以邓小平理论、“三个代表”重要思想和科学发展观为指导，严格执行《中华人民共和国文物保护法》等法律法规，坚持“安全第一、预防为主；属地管理，单位负责；打防结合、综合治理”，健全文物安全责任体系，夯实文物安全基础条件，解决文物安全突出问题，坚决遏制文物安全事故和违法犯罪案件多发势头，促进文物安全形势稳定向好发展，为推动社会主义文化大发展大繁荣、建设社会主义文化强国提供坚强保障。

（二）主要目标。到2015年，“政府主导、部门协作、单位负责、社会参与、打防结合、综合治理”的文物安全工作格局基本形成，文物安全法规与标准规范体系初步构建，风险突出的文物、博物馆单位安全防范设施基本达标，重大文物违法犯罪案件与火灾事故得到有效遏制，人民群众满意度显著提高。

二、健全文物安全责任体系

（三）坚持“属地管理”，将地方各级人民政府依法落实文物保护管理职责作为确保文物安全的立足点，夯实安全基础。推动地方政府加强对文物安全工作的组织领导，依法设置文物保护机构，充实文物执法力量，建设安全防范设施，保障文物安全投入。在文物资源丰富的地区，推动各级人民政府将文物安全纳入政府绩效评估指标体系，建立管理目标责任制。

（四）坚持“谁主管、谁负责”，将各部门依法落实文物保护法定职责作为文物安全的重要保障，形成长效机制。公安、国土、环境保护、住房城乡建设、海关、工商、旅游、宗教部门和其他有关国家机关，要依法认真履行所承担的文物保护职责，维护文物管理秩序。各级文物行政部门要严格履行文物安全监管职责，加强安全检查和行政执法督察，对辖区内文物、博物馆单位实施严格的监督管理。

（五）坚持“单位负责”，将文物、博物馆单位依法落实文物安全主体责任作为促进文物安全形势好转的着力点，实现重心下移。文物收藏单位、不可移动文物使用单位（或使用人、所有人）是文物安全责任主体，其法定代表人或者使用人、所有人是本单位文物安全第一责任人。各单位要全面落实治安、消防等各项安全管理要求，全员实施安全岗位责任制，逐级签订安全目标责任书。

（六）坚持“责任追究”，落实《国务院关于加强文化遗产保护的通知》（国发 [2005]42 号）要求，建立文物安全责任追究制度。严厉追究因决策失误、玩忽职守、失职渎职造成文物破坏、被盗或流失的责任人的法律责任；因执法不力造成文物受到破坏的，要追究有关执法机关和责任人的责任。

三、完善文物安全防控体系

（七）健全机构队伍。各级文物行政部门应建立健全安全监管与执法机构，配置专职人员，完善执法装备与设施。公安机关应根据需要，在重要文物、博物馆单位设立派出所、警务室。文物、博物馆单位应依法设置安全保卫部门，按比例配备专职安全保卫人员，配置防卫器械，技防、消防控制室操作人员必须持证上岗。距离公安消防队较远、被列为全国重点文物保护单位的古建筑群的管理单位，应建立单位专职消防队；其他文物、博物馆单位应根据需要，建立志愿消防队等多种形式的消防组织。

（八）加强源头管控。行政审批部门要严格按照文物保护法律法规办事，涉及文物保护事项的基本建设项目，须依法在项目批准前征求文物部门意见。文物部门要严格执行安全管理相关法律法规，博物馆安防、消防、防雷设施未经公安机关、气象部门依法审核验收的，省级文物行政部门不得核准设立；博物馆安全条件不达标的，一律不得对外开放。

（九）强化末端守护。完善对不可移动文物特别是尚未核定公布为文物保护单位的不可移动文物的安全管理，加强对基层和农村地区文物安全工作的组织领导，建立文物安全末端守护机制。各级文物行政部门要通过签订文物安全责任书等形式，逐处落实不可移动文物的保护机构或保护管理责任人，明确具体保护措施，并公告施行。积极发挥乡镇综合文化站作用，大力发展群众文物保护员队伍，完善“县”、“乡”、“村”三级文物安全保护网络。

（十）增强防范能力。在文物资源富集地区，试点创建“文物安全综合管理实验区”，加强示范引领。开展“文物、博物馆单位安全管理综合达标”，实施量化考核，全面提升文物、博物馆单位安全管理水平。持续完善文物保护单位安全防范设施，重点建设全国重点文物保护单位中古墓葬、古遗址等防盗设施和文物建筑的消防、防雷设施，试点开展重点海域水下文物安全防范工作。各地要制定、实施本地区文物安全防范设施建设规划，切实提升防范能力和水平。

（十一）治理安全隐患。各级文物行政部门要坚持预防为主，以隐患排查整治为重点，认真开展安全检查与巡查，建立文物安全隐患挂牌督办、跟踪治理和逐项整改销号制度，重大隐患及时向当地政府报告。文物、公安、旅游、宗教、气象等部门要建立联合安全检查工作机制，大力推进综合治理。国土、气象、文物部门要建立文物防灾减灾预警联动机制，提升重大地质、气象灾害预警与应急处置能力。公安机关要加强重要文物、博物馆单位周边巡逻防控，必要时开展专项整治，维护文物单位周边治安秩序。

四、严厉打击文物违法犯罪

（十二）坚决查处违法案件。各级文物行政部门要常态化开展执法巡查，督察各地落实文物保护法和相关法规情况，督促整改违法违规行为。充分发挥各部门的职能作用，集中力量联合处置文物行政违法突发事件，查处违法行为。对涉及多行业、多部门或跨区域破坏文物的违法行为，由牵头部门组织联合专项执法督察。

（十三）严肃处理安全事故。各级文物行政部门要督促文物、博物馆单位严格落实突发事件报告制度，按照“原因不查清不放过、责任者得不到处理不放过、整改措施不落实不放过、教训不吸取不放过”的原则，依法调查处理文物安全责任事故，及时查明原因，弥补漏洞，完善措施，举一反三改进安全工作。

（十四）严厉打击文物犯罪。公安、海关、工商、文物等部门要加强协调配合，始终保持对盗窃、盗掘、倒卖、走私文物违法犯罪活动的高压态势，建立严打、严防、严管、严治的长效工作机制，适时开展打击文物犯罪专项行动。公安部、海关总署、国家文物局建立“联合防范和打击文物犯罪工作机制”，对重大文物犯罪案件和重大走私文物案件进行联合督办；各级公安机关要建立“重大文物案件快侦快破机制”，坚决避免案件积压和文物流失。公安、海洋、文物部门要严厉打击盗捞、破坏水下文物违法犯罪活动，确保水下文物安全。

五、组织协调与监督保障

（十五）加强统筹协调。进一步发挥全国文物安全工作部际联席会议制度作用，统筹协调指导文物安全工作，研究解决重大问题，提出政策建议和工作思路。有关部门要按照职能分工，加强协调，密切配合，共同推进。各地要逐级建立相应的工作协调机制，各级文物部门要充分发挥职能作用，确保联席会议制度取得实效。

（十六）完善管理制度。在文物保护法律法规框架下，制订完善文物保护单位、博物馆安全管理与文物建筑消防安全管理规章，配套出台监督检查制度、隐患整改制度、应急处置制度、责任追究制度等专门规定。制订完善文物、博物馆安全技术防范和消防、防雷技术标准，完善文物安全管理标准，形成较为完备的文物安全标准规范体系。

（十七）加大投入力度。探索建立中央、地方、单位共同承担的文物安全多渠道投入机制。中央财政进一步加大对全国重点文物保护单位安全防范设施投入和免费开放博物馆经费的支持和保障力度。地方各级政府要在文物保护经费中，保障文物安全与行政执法合理支出。国有文物、博物馆单位要依法使用事业收入，留足用好安全巡查、设备运行、安全检测、演练培训等安全经费。

（十八）提高科技应用。坚持技术适用、经济合理、切实可行的原则，积极推进科技手段在文物安全防范领域的应用，提升防盗、防火、防雷、防破坏技术能力。试点建设文物安全与行政执法监控预警系统。充分发挥“全国文物安全工作部际联席会议办公室文物犯罪信息中心”职能作用，建好、用好“全国文物犯罪信息管理系统”，推进信息共享，为防范和打击文物犯罪提供信息和技术支持。

（十九）注重宣传培训。深入开展文物行业职业道德教育和典型案例警示教育，加强“心防”。积极开展文物行政执法人员培训，提高执法能力和执法水平。积极开展文物、博物馆单位全员安全培训，确保一线人员熟练掌握安全知识和技能。面向公安、海关等部门一线执法人员培训文物知识，提高执法监管能力。多种形式宣传文物保护法律法规和先进典型，宣传打击文物违法犯罪成果，提高全社会文物保护意识，引导群众关心支持和积极参与文物保护工作。

（二十）主动接受监督。坚持信息公开，深入推行文物安全公示公告制度，对重大文物案件和安全事故进行通报，对文物行政执法和安全监管情况进行公示，主动接受社会、舆论和公众监督。建立、完善舆情收集机制和举报奖励制度，及时核查处置媒体曝光和群众举报的文物安全案件、事故、隐患，督促落实整改，推进群防群治。

国务院关于开展第一次全国可移动文物普查的通知

发文单位：中华人民共和国国务院
发文时间：2012 年 10 月 1 日
生效时间：2012 年 10 月 1 日

各省、自治区、直辖市人民政府，国务院各部委、各直属机构：

为提高我国文化遗产保护管理水平，促进社会主义文化大发展大繁荣，建设社会主义文化强国，根据《国家“十二五”时期文化改革发展规划纲要》，国务院决定从 2012 年开始开展第一次全国可移动文物普查。现将有关事项通知如下：

一、目的和意义

种类丰富、数量庞大、价值突出的可移动文物是中华民族文化的实物见证。可移动文物普查是继第三次全国文物普查（不可移动文物部分）之后在文化遗产领域开展的国情国力调查，是确保国家文化安全、保障人民群众基本文化权益的重要措施，是健全国家文物保护体系的重要基础工作。可移动文物普查是通过国家统一组织、由专业部门采用现代信息手段集中调查统计的方式，对可移动文物进行调查、认定和登记，掌握可移动文物现状等基本信息，为科学制定保护政策和规划提供依据。开展可移动文物普查，将有利于掌握和科学评价我国文物资源情况和价值，健全文物登录备案机制和文物保护体系，加大文物保护力度、扩大保护范围，保障文物安全，并将进一步促进文物资源整合利用，丰富公共文化服务内容，有效发挥文物在国民经济和社会发展总体布局中的积极作用。

二、范围和内容

此次普查的范围是我国境内（不包括港澳台地区，下同）各级国家机关、事业单位、国有企业和国有控股企业、中国人民解放军和武警部队等各类国有单位所收藏保管的国有可移动文物，包括普查前已经认定和在普查中新认定的国有可移动文物。普查统计国有可移动文物数量、类型、分布和收藏保管等基本信息。县级以上地方各级人民政府要根据普查结果，编制普查报告，建立普查档案和本行政区域内的国有可移动文物名录，并进一步加大保护管理力度。

三、时间和安排

此次普查从 2012 年 10 月开始，到 2016 年 12 月结束，分三个阶段进行。普查标准时点为 2013 年 12 月 31 日。2012 年 9 月至 12 月为普查第一阶段，主要任务是制定标准和规范，开发软件，开展培训、试点工作；2013 年 1 月至 2015 年 12 月为普查第二阶段，主要任务是以县域为基本单元，开展调查、文物认定、信息采集和审核；2016年1月至2016年12月为普查第三阶段，主要任务是进行调查资料的整理、汇总、数据库建设和公布普查成果。

四、组织和实施

为加强对普查工作的组织领导，国务院决定成立第一次全国可移动文物普查领导小组，负责普查工作的组织和领导，协调解决重大问题。领导小组办公室设在文物局，负责普查工作的日常组织和具体协调。各有关部门要各司其职、通力协作，广泛动员和组织本系统国有单位积极参加并认真配合地方政府普查工作。县级以上地方各级人民政府要按照国务院的统一部署，设立相应的普查领导小组及其办公室，认真做好本行政区域文物普查的组织实施工作。各国有单位要按照属地管理原则，在单位所在地的县级普查机构完成本单位可移动文物的普查登记。

五、经费保障

此次普查所需经费由中央和地方分别负担，并分别列入中央和地方相应年度的财政预算。

六、资料填报和管理

凡在我国境内收藏保管国有可移动文物的单位，都必须按照《中华人民共和国文物保护法》、《中华人民共和国统计法》的有关规定和此次普查的具体要求，按时、如实、完整地填报普查信息，配合普查机构开展普查工作。任何地方、部门、单位和个人都不得虚报、瞒报、拒报、迟报，不得伪造、篡改普查资料。各级普查机构要通过实物调查认真核查普查信息，确保普查质量。普查机构及其工作人员要妥善保存普查数据和资料，对普查中涉及的国家秘密，必须履行保密义务。

中国人民解放军、武警部队可移动文物普查由总政治部按照本通知精神自行组织开展，普查成果统一汇总后报送国务院第一次全国可移动文物普查领导小组办公室。

国务院关于进一步做好旅游等开发建设活动中文物保护工作的意见

发文单位：中华人民共和国国务院
发文时间：2012 年 12 月 19 日
生效时间：2012 年 12 月 19 日

各省、自治区、直辖市人民政府，国务院各部委、各直属机构：

我国是历史悠久的文明古国，拥有极其丰富的文物资源。各类文物既是中华民族优秀传统文化的重要载体，也是旅游业可持续发展的重要基础。国家高度重视在旅游等开发建设活动中的文物保护工作，采取了一系列措施，既确保了文物安全，又有效利用了文物资源。但是也存在有的地方违法转让、抵押国有不可移动文物，将国有不可移动文物作为企业资产经营，过度开发利用文物资源、导致文物破坏或损毁，甚至擅自拆除文物古迹和历史文化街区、村镇以及历史建筑等问题。为进一步做好旅游等开发建设活动中的文物保护工作，现提出以下意见：

一、严格执行文物保护法律法规。国有不可移动文物不得转让、抵押，不得作为企业资产经营。文物古迹和历史建筑应当尽可能实施原址保护，不得擅自拆除、迁移。对于历史文化街区、村镇，要逐步改善基础设施、公共服务设施和居住环境，不得擅自拆除。国有不可移动文物已经全部毁坏的，不得擅自在原址重建、复建。辟为参观游览场所的国有文物保护单位，所在地人民政府应当依法设立专门机构负责管理，不得将文物保护单位管理机构作为企业的下属机构或交由企业管理。国有其他文物也要按照文物保护法律法规严格管理，不得赠与、出租或者出售给其他单位、个人，也不得抵押或作为企业资产经营。

二、严格履行涉及文物的旅游等开发建设活动审批。要加强各级文物保护单位的规划编制工作，提高规划的科学性。各地编制旅游等开发建设规划要符合城乡规划，并与文物保护单位的规划相衔接，坚持文物保护优先，把文物安全放在首位。旅游等开发建设项目要严格履行基本建设审批程序。在文物保护单位和历史文化街区、村镇以及历史建筑的保护范围和建设控制地带内实施建设工程的，要事先依法征得文物行政部门同意，报城乡规划部门批准；未经文物行政部门同意的，不得立项，更不得开工建设。

三、合理确定文物景区游客承载标准。文物、旅游等部门要立足文物安全、科学评估文物资源状况和游客流量，合理确定文物旅游景区的游客承载标准，并向社会公布。对于古遗址、古建筑、石窟寺等易受损害的文物资源，要通过预约参观、错峰参观等方式调节旅游旺季的游客人数，防止背离文物旅游景区实际、片面追求游客规模。要定期对利用古遗址、古建筑、石窟寺等易受损害的文物资源开展旅游等开发情况进行安全评估，对可能造成文物资源破坏的要及时采取保护措施，确保文物安全。

四、加大对文物保护的投入。各级人民政府要将文物保护经费列入本级财政预算，保证财政拨款随着财政收入增长而增加。要切实保障文物保护单位的日常维护经费和文物保护的抢救性投入。要加大基础建设投入，改善文物本体及其环境状况，加强文物保护基础设施和安全设施建设。国有文物保护单位的事业性收入应当专门用于文物保护。鼓励社会力量采取捐赠、设立文物保护社会基金等方式参与文物保护。文物旅游景区经营性收入要优先用于文物保护，具体比例由地方人民政府确定。文物保护单位管理机构要加强资金管理，严格遵守财务制度，提高资金使用效益。

五、加强文物旅游的指导和监管。旅游、文物等部门要把依法保护文物、确保文物安全列入旅游景区质量标准管理体系。对文物保护与安全管理规定不落实，造成文物破坏、损毁的，要依照相关规定处理并通报批评，涉嫌违法的要依法追究相关单位和人员责任。要建立文物旅游突发事件应急预警机制、巡视检查制度、专家咨询制度，定期组织评估文物保护与旅游发展状况并向社会公布，促进文物保护和文物资源的合理利用。

六、切实落实文物保护责任。县级以上地方人民政府及其文物行政部门是文物保护的第一责任人。地方各级人民政府要切实加强对文物保护工作的领导，把文物保护事业纳入本级国民经济和社会发展规划，加强文物保护机构队伍建设，定期解决文物保护面临的问题。国务院每两年组织开展一次文物保护法律法规落实情况检查，对领导不力、玩忽职守、决策失误，造成文物破坏损毁的，要严肃追究责任。

七、认真履行文物保护职责。进一步发挥全国文物安全工作部际联席会议制度的作用，对各地在旅游等开发建设活动中文物保护情况进行督导。文物行政部门要加强对文物保护的监督管理，统筹协调和指导文物保护工作，履行文物行政执法督察职责；旅游部门要在发展旅游中切实落实文物保护的相关规定；发展改革部门要加大对文物保护设施的投入，把好文物旅游基本建设项目立项审批关；财政部门要加大文物保护经费的投入，加强经费使用的监督管理；国土资源部门要加强对国有不可移动文物、考古遗址等重点文物保护用地及规划的监管；城乡规划、文物部门要加强对历史文化名城和历史文化街区、村镇以及历史建筑的保护；公安部门要加强对损毁文物特别是国家保护的珍贵文物或损毁全国重点文物保护单位、省级文物保护单位的违法犯罪活动的查处力度。

八、依法纠正违法违规行为。各地要对本行政区域内旅游等开发建设活动中涉及文物古迹和历史文化街区、村镇以及历史建筑等的保护情况进行一次检查，全面摸清有关情况，依法纠正违法违规行为。

（一）对于将国有不可移动文物转让、抵押的，要限期改正，予以回购、终止抵押。对于将国有不可移动文物作为企业资产经营的，要限期将其从企业资产中剥离；暂不具备剥离条件的，可以设定过渡期，并由省级人民政府向国务院报告。

（二）对于游客接待量超过承载量，造成文物破坏或可能造成文物安全隐患的，要限期改正。

（三）对于擅自拆除文物古迹和历史文化街区、村镇以及历史建筑的，由县级以上地方人民政府或其城乡规划、文物等部门依法定职权责令停止违法行为、限期恢复原状或者采取其他补救措施。历史文化街区、村镇遭到严重破坏的，由批准机关撤销历史文化街区、村镇称号。

（四）对于将文物保护单位管理机构作为企业的下属机构或交由企业管理的，要从企业中分离，恢复文物保护单位管理机构的事业单位性质，交由文物行政部门管理。

（五）对于把历史文化街区、村镇整体出让

给企业管理经营的，要予以纠正。暂不具备条件的，应当由省级人民政府向国务院说明情况。

在检查工作中，对涉嫌违法的行为，要依法追究相关单位和人员的法律责任。检查结束后，各省、自治区、直辖市人民政府要在2013年5月底前将检查情况上报国务院。国务院将组织督查组对各地检查情况进行督导。

第六部分

业界动态

【金川刘家寨遗址成果论证会在成都召开】

2012年1月5日，四川省文物局会同四川省文物考古研究院在成都组织召开了金川刘家寨遗址成果论证会。

刘家寨遗址位于四川省金川县，是为配合绰斯甲水电站建设而发现的一处新石器遗址，四川省文物考古研究院于2011年9月至11月对该遗址进行了第一次抢救性考古发掘。

此次会议对于全面了解该遗址的文化面貌、加深刘家寨遗址出土文物和遗迹现象的认识、积极推动下一阶段考古发掘工作起到了重要作用。

【“丹崖霜红——傅山书画精品展”在江苏省常州博物馆开幕】

2012年1月10日，由山西博物院和常州博物馆联合举办的“丹崖霜红——傅山书画精品展”在常州博物馆开幕。

傅山是中国书法历史上一位由帖学一统书坛到碑学传统确立过程中承前启后的标志性人物，被誉为“清初第一写家”。此次展览展出了山西博物院精心准备的傅山先生及傅眉、傅莲苏的作品66件组，皆为精品之作。

【“中国社会科学院考古研究所60年成果展”在浙江省博物馆开幕】

2012年1月13日，“考古中华——中国社会科学院考古研究所60年成果展”在浙江省博物馆武林馆区开幕。展览分“史前考古”、“商周考古”、“帝都考古”、“王陵考古”、“佛教考古”、“窑业考古”、“冶金考古”、“科技考古”八个部分。

60年来，在以夏鼐为代表的几代考古学家的带领下，队员们涉足全国32个省、自治区、直辖市、特别行政区开展田野考古工作，勘探上万处古代遗址，并重点发掘了数百处涉及中国历史重大课题的历代都城址和其他各类遗址以及大型墓地与王陵，获得千余项发掘研究成果，勾画出中华文明形成与发展的历史轨迹。

【“金玉满堂——南京出土金银玉器珍品展”亮相常熟】

2012年1月18日，“金玉满堂——南京出土金银玉器珍品展”在常熟博物馆展出。

展览以展现明代贵族首饰特色及金器、玉器艺术成就为主题，遴选展出了南京市博物馆收藏的百余件珍贵文物，其中一级文物3件，二级文物30件，多出土于南京宋代及明代开国功臣与贵族的墓葬中，不仅体现了宋代、明代贵族典雅精致的日常生活，也向我们展示了宋代与大明王朝奢华、兴盛的繁荣风貌。

【“天趣逸情——馆藏明清花鸟画精品展”在浙江省博物馆展出】

2012年1月8日，“天趣逸情——馆藏明清花鸟画精品展”在浙江省博物馆开幕。展览汇集了70余件精品，涵盖了宫廷院体、浙派、常州画派、扬州画派、海上画派等明清重要的花鸟画家及绘画流派，其中不乏绘画史上的大师佳作，以此勾勒出这一时期花鸟画发展的大致轨迹，并呈现传统花鸟画艺术亲近自然而又超越自然的天趣与逸情。

【全国公共资源拍卖中心或网络拍卖平台建设快速推进，掌握行业稳定发展的主动权】

2012年1月，中国拍卖行业协会发布《关于推进公共资源拍卖中心或平台建设的决定》，要求各地方要有效整合资源，充分利用行业协会网络拍卖平台，加快各地公共资源拍卖中心或平台建设。现已有北京、上海、山东、广西、黑龙江、甘肃、天津、广东、福建、湖南等省区市先后完成40多个公共资源拍卖中心建设，并按照法院、国有资产管理等部门的要求陆续开展各类拍卖业务，初步形成全国公共资源拍卖网络。

公共资源拍卖中心或平台依托互联网的发展，以中拍协网络拍卖平台或各省自身网络拍卖平台为基础，以各级协会为管理主体，是一个面向市场、面向社会的行业性平台。推进公共资源拍卖中心或平台的建设，是拍卖企业生存和拍卖行业持续稳定发展的必然趋势，有利于拍卖行业诚信体系建设以及提高企业服务水平和拍卖质量，增强拍卖企业核心竞争力。

【“中国非物质文化遗产生产性保护成果大展”亮相中国农业展览馆】

2012年2月6日，“中国非物质文化遗产生产性保护成果大展” 在北京全国农业展览馆新馆开幕。

此次大展以41个第一批国家级非物质文化遗产生产性保护示范基地为主，从全国精心选取了188项在非物质文化遗产生产性保护方面取得显著成效的传统技艺、传统美术、传统医药类项目参加展览，邀请了近170名国家级非物质文化遗产项目代表性传承人和中国工艺美术大师现场展示精湛技艺，展出的珍贵实物近2000件，是迄今为止由文化部等部门组织的规模最大、展示门类最为齐全、技艺最为精湛、作品最为丰富的一次非物质文化遗产大型展览展示活动。

【2012年龟兹石窟保护项目工程全面启动】

2012年春节过后，新疆龟兹研究院石窟保护项目工程全面启动。新疆龟兹研究院与中国文化遗产研究院合作开展的库木吐拉石窟保护修复项目二期工程和克孜尔石窟壁画保护修复项目一期工程实施方案已顺利编制完成，并进入前期组织施工准备阶段。2012年2月9日，新疆龟兹研究院组织自治区水利水电勘察设计院克孜尔项目组成员对目前所实施的克孜尔石窟千泪泉防洪工程和今年将要实施的克孜尔石窟沿河防洪工程，以及库木吐喇石窟二期防洪工程进行了现场查验。这些防洪工程的相续开工实施，将对龟兹石窟预防每年夏秋季洪水浸泡冲刷起到积极的防护作用，使千年的佛寺石窟遗址得到有效保护，从而揭开了新疆龟兹研究院2012年龟兹石窟保护工程的序幕。

【最高人民法院召开“全国法院系统深化司法拍卖改革工作会议”】

2012年2月8日至9日，全国法院深化司法拍卖改革工作会议在重庆召开。此次会议是在拍卖行业面临着发展危机的紧要关头下召开的，对拍卖行业下一步司法拍卖的稳定性起决定性作用。会议研究部署司法拍卖改革工作任务，着力构建符合司法规律、切合工作实际、体现公平公正的司法拍卖工作机制，把建立统一的交易场所和网络平台作为继续推进司法拍卖改革的重大措施。

【全军国有可移动文物普查培训班在北京举行】

2012年2月13日，全军国有可移动文物普查培训开班仪式在北京首都师范大学举行。

2011年，国家文物局将军队确定为普查试点范围后，中国人民解放军积极推进试点工作，成立了普查组织机构，制定了普查实施方案，并印发了《关于开展军队国有可移动文物普查工作的通知》，对中国人民解放军、武警部队的国有可移动文物普查工作作出具体部署。全军国有可移动文物普查作为全国国有可移动文物普查的试点，从2012年1月至12月，面向全军和武警部队所有单位，计划用一年左右的时间，一次性完成中国人民解放军和武警部队各单位收藏的可移动文物普查。

本次培训班作为普查实施的重要基础性工作，以文物认定、保管与登录为主要内容，将理论教学与现场演练、实地参观相结合，重点提高学员文物的认知水平和普查技能。

【国家南海博物馆选址海南陵水县黎安港片区】

2012年2月14日，从“2012年海南省文化广电出版体育工作会议”上获悉，国家南海博物馆将和国家水下文化遗产保护南海基地将毗邻建设，选址在海南陵水县黎安港片区。

据悉，国家南海博物馆规划建设成为国家级大型海洋、历史文化景区，侧重展示海上丝绸之路、南海历史和文化遗产、南海沿岸国家的历史和人文及海洋生态、海洋资源等。国家水下文化遗产保护南海基地主要方向为针对南海水下文化遗产保护的研究和整理，占地约100亩，将在2012年内完成基础设施建设的前期工作。

【“中意文物保护学术研讨会”在京举办】

2012年2月22日至23日，中国文化遗产研究院与意大利高级文物保护修复研究院联合举办的“中意文物保护学术研讨会”在北京举行。

研讨会设立遗迹(遗址)风险监测与防范、水下遗产保护与修复、露天石质文物的保护及人才培养等4个主题。围绕主题，中意双方20余位专家先后做了专题演讲。120余名相关专业的科研人员参加了研讨。研讨会上，双方签署了长期合作的框架协议。

【“博物馆与新媒体学术研讨会”在山西大同举行】

2012年2月24至25日，由中国博物馆协会传媒专业委员会和数字化专业委员会联合召开的“博物馆与新媒体学术研讨会”在山西省大同市举行。来自全国20多个省市的50余家博物馆的百余名博物馆人员参加了会议，提交论文近60篇。

研讨会设“博物馆与新媒体”、“博物馆数字化”两个分论坛。与会代表从新媒体技术在博物馆中的应用，博物馆如何在新媒体时代为观众提供更具感染力、互动性更强的参观体验，如何通过新媒体的传播力量构建良好的社会形象，如何抓住发展新技术带来的机遇，更加主动地应对新形势带来的挑战等方面进行了热烈的研讨和案例展示。

【“故宫博物馆清代新疆文物珍藏展”在新疆博物馆隆重开幕】

2012年2月27日，《故宫博物院清代新疆文物珍藏展》开幕仪式在新疆维吾尔自治区博物馆隆重举行。

“故宫博物院清代新疆文物珍藏展”汇集了北京故宫博物院、国家图书馆、新疆博物馆的134件(套)清代珍贵文物，其中50%以上为一级文物。在102件(套)故宫展品中，有些书画、服饰布料等珍贵文物为首次展出。

本次展览通过大量珍贵文物将观众的视线引入清代新疆社会发展的历史之中，并对大一统背景下的整个清代新疆社会的政治、经济、文化发展脉络做了客观清晰的展示。

【“妙境梵音——青海藏传佛教艺术展”在广西博物馆开展】

2012年3月1日，“妙境梵音——青海藏传佛教艺术展”在广西壮族自治区博物馆隆重开幕。本次展览由广西壮族自治区博物馆与青海省博物馆联合举办，精选了青海省博物馆藏的185件具有代表性的藏传佛教艺术珍品，从书刻经典、铸刻雕塑、织锦绣艺、彩绘佛画以及乐舞法供五大部分，展现出大美青海的独特魅力。展览内容涵盖藏传佛教背景下青海社会生活的方方面面，反映了青海多姿多彩的历史文化，体现了青海人民高超的艺术水准和非凡的创造力。

【河北2012年对重点文物建筑全面抢

修】

为保护历史文化遗产，2012年起河北省将实施历史文化名城、名镇、名村中的重点文物建筑抢救保护工程。

河北省经国务院、省政府批准公布的历史文化名城、名镇、名村有40多个，总数居全国前列。由于年久失修和疏于保护，许多文物建筑老化损坏严重，名城名镇名村建设性破坏行为时有发生，急需抢救保护。

此次抢救保护工程主要依据"不改变文物原状"的原则，保存价值，排除隐患，同时加强有关安防、消防等设施的配备。主要包括承德、正定、山海关、蔚州、宣化、鸡鸣驿、暖泉镇等历史文化名城、名镇名村内的重点文物建筑修缮，以及文物保护单位周边地带的环境整治。

【"秦汉唐精品文物展"在美国休斯敦开幕】

2012年3月28日，由陕西省文物局主办、陕西省文物交流中心承办的"秦汉唐精品文物展"在美国休斯敦自然科学博物馆隆重开幕。

此次在休斯敦自然科学博物馆的展览为该巡展的第二站，展品共计121件(套)，其中文物展品120件(套)，分别来自秦始皇兵马俑博物馆、陕西省考古研究院、汉阳陵博物馆、西安市博物院、法门寺博物院等省内9家文博单位。通过合作举办文物展览促进了中美文化交流。

【"神秘北纬30度线·古蜀文明秘宝展"台湾台中展隆重开幕】

2012年3月15日，由四川省文物局和台湾新光三越文教基金会联合主办、广汉三星堆博物馆和成都金沙遗址博物馆共同承办的"神秘北纬30度线 · 古蜀文明秘宝展"圆满完成了在台北市的展出任务后，移师台中市新光三越中港展馆。

此次台中展是四川文物赴台巡展的第二站，也是四川文物首次在台中展出。展览在台湾顺利举行，将进一步扩大古蜀文明在台湾中部地区的影响力，以进一步增进这一区域民众对四川古蜀文明的了解。

【"史前文明——甘肃彩陶艺术展"在扬州双博馆举办】

2012年3月23日，甘肃省博物馆"史前文明——甘肃彩陶艺术展"南下巡展在扬州双博馆（扬州中国雕版印刷博物馆、扬州博物馆）首展。

甘肃是我国彩陶起源最早、发展时间最长、分布范围最广、艺术成就最高的地区之一，素有"彩陶之乡"的美称。此次展览共展出彩陶精品125件。通过举办展览，普及弘扬了独具特色的甘肃彩陶文化，进一步扩大了甘肃彩陶的社会影响。为进一步深化"馆藏特色文物展览走出去"战略，甘肃省博物馆对"史前文明——甘肃彩陶艺术展"进行了调整、充实和完善，并与江苏、安徽等省部分博物馆达成了巡展协议。

【《著作权法》修改草案第一次写入"追续权"】

2012年3月31日，国家版权局公布了《著作权法》修改草案第一稿，第一次将"追续权"写入；7月6日，国家版权局又公布了第二稿。并进一步规定："美术、摄影作品的原件或者文字、音乐作品的手稿首次转让后，作者或者其继承人、受遗赠人对原件或者手稿的所有人通过拍卖方式转售该原件或者手稿享有分享收益的权利，该权利不得转让或者放弃，其保护办法由国务院另行规定。"

该草案一出，立刻引起了拍卖界、艺术界、收藏界等相关方面的热议。《著作权法》草案第二稿规定的追续权，仅涉及通过拍卖方式转售的艺术品，给包括拍卖从业者、艺术品投资收藏者等在内的艺术市场参与者提出了一系列新的课题：如何认识这项新的权利，追续权的法律和市场依据在哪里，在艺术市场通过拍卖转售艺术品的情形如何，中国艺术家从拍卖市场上获利的情形如何，追续权制度对刚刚起步的中国艺术市场利弊如何等问题仍需政府和业界认真研究和论证。

【第七届“中国文化遗产保护无锡论坛”召开】

2012年4月10日，第七届“中国文化遗产保护无锡论坛”在江苏无锡开幕。

今年适逢《保护世界文化和自然遗产公约》(以下简称《世界遗产公约》)诞生40周年，联合国教科文组织在全球发起了主题为“世界遗产与可持续发展”的纪念活动。作为中国开展《世界遗产公约》纪念活动之一，本次论坛与联合国教科文组织纪念活动相呼应，以“世界遗产：可持续发展”为主题，并同时举办中国世界文化遗产图片展，系统回顾展示我国世界遗产事业取得的成绩，深入探讨世界文化遗产可持续发展之路，努力推动我国世界文化遗产与经济社会全面协调可持续发展。

【中国陕西历史博物馆文物精品在韩国展出】

2012年4月16日，由陕西历史博物馆与韩国国立庆州博物馆联合举办的“纪念友好交流10周年——中国陕西历史博物馆文物精品展”在韩国国立庆州博物馆隆重开幕。

此次展品共计80件(套)，均为陕西历史博物馆藏唐代文物精品。展览不仅向韩国观众展示了陕西盛唐文化，同时也极大促进了陕西的文物旅游发展。很多韩国观众被迤逦多彩的唐代文物所吸引，在看完展览后，表示对中国历史文化非常感兴趣，希望能到陕西进行历史文化观光之旅。

【“全国可移动文物保护工作会议”在长沙召开】

2012年4月17日，国家文物局在湖南长沙召开“全国可移动文物保护工作会议”。

会议确定了“十二五”期间可移动文物保护工作的思路，即坚持科学化管理，坚持人才为先，坚持突出重点、统筹发展，坚持科技的支撑和引领作用。结合当前面临的新形势和新要求，会议要求下一阶段各地在完善组织管理体系、加强人才培养、强化特色机构建设、促进科技成果推广、深化开放合作机制等方面继续加大工作力度。

【四川博物院藏张大千艺术精品亮相辽宁省博物馆】

2012年4月19日，“大千与敦煌——四川博物院藏张大千绘画精品展”新闻发布会在沈阳辽宁省博物馆举行。

此次展出张大千绘画精品和用印共64件(套)。其中包括临摹敦煌壁画及水墨书画作品53件，印章10枚，砚台1方。这些精品画作中，大千临摹敦煌壁画所摹对象时代最早在北魏，最晚在元代，时代跨越千年。

本次展览是四川博物院建院70年以来第一次将馆藏精品与辽宁观众见面，也是四川博物院和辽宁省博物馆首次合作举办展览。

【“浙江省第三次全国文物普查成果展”隆重开幕】

2012年5月3日，“浙江省第三次全国文物普查成果展”在浙江自然博物馆隆重开幕。

展览采用图片、图表、宣传片、实物等多种形式，生动地展示了浙江省第三次全国文物普查的工作历程和丰硕成果。其中从3000余张照片中遴选出的600余张，浓缩成130余块图版，记录普查队员艰苦工作、社会各界热情参与的各种场景。许多新类型文物第一次向公众展示。展览还展示了普查队员工作用具、文物普查野外调查记录手册、培训材料、汇编资料、普查档案、成果出版物等大批实物，充分展示了浙江省文物普查所取得的成果及工作历程。

【浙江省博物馆“明代浙派绘画国际学术研讨会”成功举行】

2012年5月12日，由浙江省博物馆精心筹备的“明代浙派绘画国际学术研讨会”隆重开幕。来自美国、日本、韩国及中国台湾等国家和地区的代表、嘉宾，以及大专院校的师生等130多人参加了研讨会。

研讨会围绕浙派的宏观研究、个案探讨、笔墨技法、真伪鉴定、传播影响等5个专题展开研讨，取得了良好的反响。

研讨会前，集聚了国内15家博物馆藏品的“浙派集英——明代浙派绘画珍品特展”成功展出，为研讨会的顺利举行奠定了良好基础，受到与会者的高度评价和称赞。

【首博联盟推出“北京明清文物精品展”】

2012年5月18日，“阅古赏珍——北京明清文物精品展”在首都博物馆开幕。展览由北京地区博物馆共同组成的首都博物馆联盟倡议举办，选取故宫博物院、北京艺术博物馆、首都博物馆等众多联盟成员所藏最具有艺术观赏价值、最富有北京文化特色、最能体现中华民族历史文化的艺术精品，共计展出作品约300件，有陶瓷、佛造像、玉器、金银器、竹木牙角丝织品、书画、家具等。

【文化部、中拍协等联合举办首届全国艺术品市场法制宣传周】

2012年5月24日，由文化部、湖北省文化厅、中国拍卖行业协会联合主办的首届全国艺术品市场法制宣传周启动大会在湖北武汉市举行，全面拉开艺术品市场法制宣传周活动。首届全国艺术品市场法制宣传周活动以“文化——艺术品经营的核心价值、诚信——经营者的市场准则、理性——鉴藏者的行为智慧”为主题，以宣传政策法规为主线，以面向社会为基础，以行业资源为支撑，以媒体参与为依托，将通过一系列丰富的活动，宣传艺术品市场的法规制度，介绍欣赏鉴别艺术品的知识与方法，引导消费者理性购藏和依法维权，促进艺术品市场的繁荣与规范。

文化宣传周还编制了《艺术品市场法规制度汇编及鉴藏投资指引》作为宣传册向经营单位及民众发放，并在文化部政府网站、中国文化市场网、雅昌艺术网开设专栏，集中报道此次宣传周活动。

【“中国博协城市专业委员会学术年会”召开】

2012年5月25日，为期三天的“中国博物馆协会城市博物馆专业委员会第四届学术年会”在西安开幕。

这次年会的主题是“免费开放后的城市博物馆”。与会者围绕“免费开放后城市博物馆的创新意识”和“新的激励机制、新的管理机制、新的社会服务”等论题进行了激烈讨论。本次年会产生了新一届中国博物馆协会城市博物馆专业委员会组织机构。

中国博物馆协会城市博物馆专业委员成立于2007年7月，主要致力于建立以研究城市博物馆为目标的业务交流网络，组织课题研究和学术交流活动，促进中国城市博物馆健康有序发展。

【山东省率先颁布《山东省高级人民法院司法委托评估、拍卖工作实施细则》】

2012年5月30日，在山东省拍卖行业协会的积极主动协助配合下，山东省高级人民法院在全国率先推出《委托评估、拍卖工作实施细则》。该《细则》具有较强的可操作性，深受各级人民法院和拍卖企业欢迎。《细则》不仅完全巩固了山东省的司法委托拍卖阵地，继承和发扬了十几年这项工作的成功经验，而且在全国各级法院和拍卖行业中，产生了积极强烈的影响，被誉为“山东模式”。

在《细则》的规范下，2012年山东省司法委托拍卖成交额达137.24亿元，同比增加43.87亿元，增长47.02%，佣金收入大幅提高，社会效益、经济效益明显。

【《中国收藏拍卖年鉴》(2012年版)发布仪式暨“中国收藏拍卖文化高层论坛•收藏拍卖与文化强国”在京举行】

继2011年首卷《中国收藏拍卖年鉴》出版后，2012年5月31日，《中国收藏拍卖年鉴》(2012年版)在梅地亚中心举行发布仪式，与此同时为配合《中国收藏拍卖年鉴》(2012年版)和雅昌艺术网艺术市场研究报告的出版发布，《中国收藏拍卖年鉴》与雅昌艺术网联合主办的“中国收藏拍卖文化高层论坛·收藏拍卖与文化强国”也同期举行。

文化艺术、收藏拍卖界和媒体的百余名嘉宾出席活动。与会嘉宾就“如何正确看待当前中国艺术品市场”、“艺术品鉴定的困局和出路”、“拍卖行业的自律与可持续发展”、“新闻媒体的责任”等焦点问题进行了深入剖析和探讨。

《中国收藏拍卖年鉴》(2012年版)在首卷的基础上，广泛听取了各方意见，力图求变、求新、求全，无论是在内容设置还是印刷质量上都做了调整和改进。

【非洲雕刻艺术精品亮相国博】

2012年5月31日，“中国国家博物馆馆藏非洲雕刻艺术精品展”在中国国家博物馆开幕。

此次展览从馆藏非洲艺术品中遴选了近600件面具、雕像和生活用品等进行展览。这些展品主要来自中西非的科特迪瓦、马里、尼日利亚、加纳、多哥、喀麦隆、刚果等十余个国家的百余个部族，以木雕为主，兼有陶雕和铜雕，类型多样，风格各异。

该展览是国博举办的首个国外专题艺术展。举办这个展览，旨在加深中国人民对这一独特艺术形式的认识，也是为了引导更多的人参与到非洲艺术的研究中来。

【“青莹之韵——南京六朝青瓷展”在江苏仪征博物馆隆重开幕】

2012年6月8日，“青莹之韵——南京六朝青瓷展”在仪征博物馆开幕。

作为江苏省馆藏文物巡展之一的该展览共展出了南京市博物馆和江宁区博物馆馆藏六朝青瓷精品100件，其中一级文物3件、二级文物24件、三级文物67件，具有极高的历史价值和欣赏价值。展品从“釉与彩”、“装饰之美”、“造型之美”三个方面入手，依用途分为起居陈设、饮食用具、文房用具、仓储明器四个类别，为观众全面展示出璀璨的六朝青瓷艺术。

【“首届中国工业版画三年展”在湖北美术馆隆重开幕】

2012年6月9日，由湖北美术馆、中国工业版画研究院主办的“工业叙事——首届中国工业版画三年展”在湖北美术馆精彩亮相，当日下午举办了全国性的学术研讨会。

本次展览是国内首次专门针对工业版画这一艺术形式进行总结性、制度性的展览，展出了全国20个创作群体、140余位作者的200件优秀作品，均是从全国创作群体中遴选出的佳作。创作者们深入工业建设的现场，用画笔和刻刀见证并记录着中国工业兴盛之路，通过对钢铁结构和工业力量的呈现，全面展现了“工业叙事”的独特魅力。

【“沈阳故宫——粉黛丽影宫廷生活珍品展”在新疆博物馆开展】

2012年6月12日，由新疆博物馆、沈阳故宫博物院共同举办的“沈阳故宫——粉黛丽影宫廷生活珍品展”在新疆博物馆正式展出。

本次展览共展出121件(套)珍宝，展览内容分“冠服华彩帝后威仪”、“宫廷珍宝典章乐礼”、“丹青画笔歌赋诗律”、“典雅生活华丽器具”四大部分，从气派十足的皇家御用器物到后宫佳丽华丽典雅的服饰，从巧夺天工的餐饮器皿到富丽堂皇的家具陈设等方面，展示出清朝时期帝王宫廷生活的各个方面。

【“瓷之韵——大英博物馆、英国国立维多利亚与艾伯特博物馆藏瓷器精品展”在国家博物馆开幕】

2012年6月22日，“瓷之韵——大英博物馆、英国国立维多利亚与艾伯特博物馆藏瓷器精品展”在国家博物馆开幕。这是大英博物馆和英国国立维多利亚与艾伯特博物馆第一次在中国联袂展出其收藏的中国和欧洲瓷器珍品。

展览精选148件(套)精美瓷器，从明代早期外销瓷，到西方在中国定制瓷器，再到清代中期欧洲仿制的瓷器，充分展示了那段鲜为人知的瓷器贸易带来的中西文化交流与碰撞。

【“惠世天工——中国古代发明创造文物展”在杭州开幕】

2012年7月5日，“惠世天工——中国古代发明创造文物展”在浙江省博物馆开展。

展览分为“百情重觞”、“芳茶远播”、“丹漆随梦”、“以铜为鉴”四个单元，较全面地介绍了酒、茶、漆器、铜镜的起源、发展、文化、传播等，共展出精品文物312件(组)。本次展览以信息定位的形式进行设计、布置，诠释与世人生活紧密相关的酒、茶、漆器、铜镜的生产技术和各方面的信息。文化遗产和文化记忆是对于个人和民族极为重要的创造力源泉，既具有传统的丰富性，也将对现代文化做出新的贡献。

【“海外回流西藏文物展”在西藏博物馆开幕】

2012年7月25日，“海外回流西藏文物展”在西藏博物馆开幕，101件曾在海外流失数十年的西藏文物得以返回西藏，与故乡的公众见面。

此次展览共展出39件金铜佛像、39件(套)佛教法器以及23幅唐卡。展出的文物件件精美，其中四臂观音、无量寿佛、法轮、释迦牟尼唐卡等展品精美绝伦。这些珍品均为从海外回流，多来自英国、美国及印度等国。这些展品极具宗教价值和艺术价值，同时也见证了西藏与中央政府的紧密联系。

【“纪念启功诞辰100周年——启功遗墨展”在京开幕】

2012年7月26日是启功先生百年诞辰。当日，“纪念启功诞辰100周年——启功遗墨展”在中国国家博物馆隆重开幕，展览则同时在国家博物馆和中华世纪坛两个分场展出，共展览启功先生各个时期的书法、绘画作品两百余件，全面反映了启功先生的书画成就。开幕式当天同时还举行了《启功全集》首发式。

在国家博物馆展出的启功先生作品全部为官藏。而在中华世纪坛世界艺术馆展出的作品均为民间收藏，经过面向社会广泛征集、专家委员会认真筛选，共展出启功各个时期的书法、绘画作品数百件，同时包括信札、手稿、便签、生活用品等遗珍墨宝，许多展品均是首次出现。此次展览不仅全面反映了启功先生的书画成就，更是一次融展示、教育和交流于一体的艺术盛宴，得到了社会各界的欢迎和好评。

【中国拍卖行业首次关注“流程规范”评选】

2012年8月15日，中拍协在雅昌艺术网上发布“中国艺术品拍卖企业达标评定”结果，44家拍卖企业榜上有名。

此次评选是中国拍卖行业首次关注企业流程规范的评选，专注于对拍卖企业业务规范度的评价和对企业管理制度、业务流程的审核，力图引导行业持续健康发展，为社会、公众评价拍卖企业提供一个不同以往的全新视角，得到了国内众多拍卖公司的集体重视。中国拍卖行业到今天已走过20年，正逐步迈向标准化时代。

【中拍协艺委会与雅昌集团战略合作协议】

2012年8月17日，中国拍卖行业协会文化艺术品拍卖专业委员会（以下简称艺委会）与雅昌集团战略合作协议。

本次双方合作的内容将主要涉及七大方面，包括行业自律政策法规及相关活动的宣传报道，中国艺术品拍卖市场研究方面的合作，中国文物艺术品拍卖市场规范性建设，中国艺术品拍卖数据的存储与管理，文物艺术品拍卖文献资料版权方面研究和合作，中国艺术品拍卖市场新产品、行业新服务的研究与开发等。

在合作中，艺委会将运用雅昌在新闻传播、艺术品数据库、艺术品市场信息化服务等方面积累的丰富资源与经验，扩展艺委会在艺术品拍卖行业研究、发挥自律职能等方面的手段，加强行业与市场间的交流；而雅昌集团也将受益于艺委会在艺术品拍卖市场中的专业、权威优势。

【文化部（恭王府）中国玉文化研究中心成立】

经文化部正式批准，文化部(恭王府)中国玉文化研究中心于2012年8月18日在北京恭王府成立。中心将致力于弘扬传承和发展中国玉文化研究事业。

由于历史传统，现今社会对玉器的鉴赏与研究具有一定的群众基础，但社会资源和研究力量相对分散。中国玉文化研究中心成立后将聚合文博单位、大专院校、有关研究所的专家学者和民间收藏界的力量，共同开展玉文化的研讨，扎实工作并取得成果。中国玉文化研究中心将为研究和弘扬中国玉文化提供全新的权威性平台，展示玉文化资源和研究成果，普及玉文化知识。

【首次依据国家标准开展的拍卖企业等级评估工作顺利完成】

从2012年8月中旬起开展的全国拍卖企业等级评估工作，历时近半年顺利结束。本次全国拍卖企业等级评估共评出AAA级拍卖企业103家、AA级拍卖企业577家、A级拍卖企业946家，获得资质的企业数量比上一次评定增加287家。

本次评估工作是首次以国家标准《拍卖企业的等级评估与等级划分》为依据开展的，受到全国拍卖企业的高度重视和广泛参与。评估结果将成为司法委托拍卖工作中遴选优秀拍卖企业的重要依据，其意义和影响深远。

【“古蜀王国——三星堆与金沙出土文物精华展”在宁夏博物馆隆重开幕】

2012年9月6日，“古蜀王国——三星堆与金沙出土文物精华展”在宁夏博物馆隆重开幕。宁夏博物馆特别邀请了三星堆博物馆学术研究部部长邱登成和金沙遗址博物馆副馆长朱章义，为公众进行了“四川三星堆和金沙遗址的考古发现和研究”的讲座。

本次展览集结三星堆、金沙精品文物共计137件，其中一级文物近60件。展品以青铜器(青铜制品)、玉石器为主，兼及金器、陶器，包括人物与动物造像、眼睛形器、玉石礼器及金饰等种类。诸文物不仅彰显出古蜀技术文化与审美文化的特色，也是古代蜀国宗教文化之缩影。

【“胡适文物图片展”在清华展出】

2012年9月10日，“胡适文物图片展”在清华大学人文社科图书馆展出。

展览汇集了北京新文化运动纪念馆、北京大学图书馆、社科院近代史所、台北胡适纪念馆等胡适藏书、档案及相关资料收藏重镇的珍贵藏品，展出原件及复制品120余件，包括手稿、书信、书刊、照片、证书、条幅、剪报、文具等。展览分为早年求学、文学革命、学界领袖、学者大使、北大校长、晚年岁月和亲情友情七部分，概括介绍了胡适的生平和在学术、思想、文化方面的主要贡献，以及与近现代名人的交往。置身展览之中，使观众对这位近现代学术大师的梦想追求、学术理念、政治主张、人生情趣等都留下了全面深刻的印象。

【“丹青之华——近现代十二家绘画大展”在四川博物馆开幕】

2012年9月21日，“丹青之华——近现代十二家绘画大展”在四川博物院开幕。

此次展览是辽宁省区域性馆际合作展的一次有益尝试，参展的作品是从辽宁省博物馆、沈阳故宫博物院、旅顺博物馆三家博物馆的近现代书画珍品中精选出来的十二位书画大家的名作。这批艺术珍品是艺术大师们在各自艺术道路上不断开拓新领域的心血结晶，也是传承中华民族优秀传统文化的不朽杰作。“丹青之华——近现代十二家绘画大展”基本反映了辽宁地区博物馆对近现代绘画艺术品的收藏状况，也体现了三家博物馆对近现代名家书画收藏的重视。

【第一届中国文物艺术品拍卖标准化达标企业评定结果公布】

2012年9月25日，中国拍卖行业协会在京召开2012年度中国文物艺术品拍卖标准化达标企业名单发布暨授牌仪式，同时发布《2012中国文物艺术品拍卖标准化现状报告》，推出了达标企业专用的“DB”标志。

文物艺术品拍卖标准化达标企业是依照首个行业标准《文物艺术品拍卖规程》，通过科学、严格、公平程序评选而出的，在行业标准化建设的历程中具有标志性意义。

与此同时，经历了之前的标准化宣传贯彻以及本次的达标评选，文物艺术品拍卖领域规范化、标准化运作水平在短期内提升明显。

【“辉煌时代——罗马帝国文物特展”在湖北省博物馆开幕】

2012年9月28日，由湖北省博物馆、吉林省博物院、秦始皇帝陵博物院联合举办的“辉煌时代——罗马帝国文物特展”在湖北省博物馆隆重开幕。

本次展览共展出文物300件，展品主要来自托斯卡纳地区的意大利佛罗伦萨国家考古博物馆等3家博物馆。展品包括人物雕像、硬币、陶器、玻璃器、青铜器和珠宝等文物。主要展示从公元前1世纪到公元3世纪中叶罗马帝国巅峰时期，与罗马帝国相关的文化遗产。

【“中国‘海上丝绸之路’八城市文化遗产精品联展”开幕】

2012年9月28日，“跨越海洋——中国‘海上丝绸之路’八城市文化遗产精品联展”在福州市博物馆开幕。

本次联展是由蓬莱、扬州、宁波、福州、泉州、漳州、广州、北海八城市文化(文物)局及其博物馆本着“资源共享、合作互惠”精神，共同举办的首个关于“海上丝绸之路”的文化遗产精品展览，共展出217件珍贵文物。全面展示了中国“海上丝绸之路”历史和主要“海丝”城市的突出地位，对提升“海上丝绸之路”城市的社会关注度、加快“海上丝绸之路”联合申遗进程将起到重要的推动作用。

【内地、香港拍卖巨头南北“互访”】

中国嘉德于2012年10月7日在香港举办首场拍卖。苏富比今年也与国有企业北京歌华艺术有限公司签署了10年的合作协议，共同组建苏富比在亚洲的首家合资公司。

中国嘉德此举预示着内地拍卖公司拓展国际业务的重要一步，而之后北京荣宝和北京保利也将进军香港。对于内地拍卖公司而言，香港艺术市场在世界艺术市场中的地位和免税的优势极具吸引力，来到香港地区是寻求新的突破；对于苏富比而言，近几年一直在积极寻求进军内地市场的渠道。两大拍卖巨头的南北“互访”，也预示着北京、香港两地未来艺术品拍卖市场竞争更加激烈。

【“西周文化特展”在台北故宫开幕】

2012年10月8日，由陕西省文物局主办的“赫赫宗周——西周文化特展”在台北故宫博物院开幕。

这次的展品来自陕西省考古研究院、韩城梁带村文管所、宝鸡的青铜器博物院和周原博物馆等陕西9家文博单位。176件(套)文物精品涵盖了陕西出土的青铜器、金器、玉器、陶器、石器、原始瓷器、骨器、蚌器等西周考古发现的所有器类和西周文物中最具代表性的器物，其中一级品高达54件(套)，占展品总数的30%多。

【第四届“国际遥感考古会议”在北京开幕】

由中国科学院和联合国教科文组织主办、中科院对地观测与数字地球科学中心和国际自然与文化遗产空间技术中心承办的第四届“国际遥感考古会议”于2012年10月24日在北京开幕。来自中外遥感专家、遗产研究专家和遗产管理决策者相聚一堂，围绕“自然与文化遗产空间观测新时代”主题展开探讨和交流。

“国际遥感考古”系列会议由中国科学院于2004年发起，此前已先后在中国北京、意大利罗马、印度蒂鲁吉拉伯利成功举办三届。今年的第四届“国际遥感考古会议”为期3天，将结合对地观测技术、地理信息系统技术、全球卫星导航定位技术、地球信息通信技术、网络与高性能计算技术、虚拟现实技术等，深入交流和研讨空间技术应用于自然遗产、自然与文化双遗产历史成因及其变化的理论与方法，展示空间技术在文化遗产探测与保护领域的最新成果，并将探讨全球变化和自然灾害对世界遗产地的影响。

【“宋金瓷话——五馆馆藏瓷器精品展”在南宋官窑博物馆开展】

2012年10月27日，“宋金瓷话——五馆馆藏瓷器精品展”开幕暨中国古窑址博物馆联盟成立仪式在南宋官窑博物馆举行。

本次展览是国内首次窑址博物馆合作打造的瓷器精品展，展出宋金时期的瓷器精品及标本逾200件，其中90%的展品皆是出土文物，种类繁多，品质上乘，集学术性与艺术性于一身。展览以华夏文明最灿烂的大宋(宋金)时代为历史背景，打破以窑址为布局的展陈方式，重点放在对当时文化现象及审美差异的解读上，凸显不同时空、不同生存环境的文化交错与对比。从瓷器的功能用途出发，还原历史的细微末节，从一个侧面展现南北瓷器的地域文化差异以及那一时期的社会时尚及生活点滴。

【第七届文博会“博物馆发展论坛”在京举行】

2012年10月31日，“博物馆发展论坛暨博物馆与文化创意产业发展论坛”在京举行。此次论坛是第七届中国北京国际文化创意产业博览会论坛峰会活动项目之一，也是“文博会”论坛峰会的重要品牌项目，至今已成功举办了七届，旨在推动中国博物馆与文化创意产业相互融合、博物馆发展及综合实力的提升。

论坛邀请了国内外文博专家围绕“博物馆文化创意发展”和“文化融合科技发展”两大核心主题进行了专题演讲，总结了中国博物馆及文化创意产业的经验，指出了目前发展所面临的问题，阐述了未来国家文化发展大背景下中国文化创意和博物馆运行所面临的机遇以及国家政策、科技创新对博物馆可持续发展的影响，提出了许多新思路和具有启发性的新建议。

【国家古代壁画保护工程技术研究中心河北工作站揭牌成立】

2012 年 11 月 1 日，国家古代壁画保护工程技术研究中心河北工作站揭牌仪式在石家庄市隆重举行。

河北古代壁画、砖石建筑和土遗址年代久、数量多、价值高，保护任务非常艰巨，但由于河北省专业技术力量薄弱，许多保护项目难以展开，制约着河北省文物事业的快速发展。工作站的建立为河北省壁画和遗址保护工程搭建了高起点的平台，对河北省文物保护事业具有重要推动作用，标志着河北省古代壁画和遗址的保护研究工作步入了新的阶段。

国家古代壁画保护工程技术研究中心依托于敦煌研究院，是科技部在文化遗产领域设立的第一个工程技术中心。河北工作站是继该中心在新疆、内蒙古、宁夏、河南、西藏工作站之后建立的第六个工作站。

【“海峡两岸文物交流 20 年座谈会”在渝召开】

2012 年 11 月 5 日，“海峡两岸文物交流 20 年座谈会”在重庆中国三峡博物馆隆重召开。

两岸代表从不同角度回顾了海峡两岸文物交流的发展历程，总结了海峡两岸文物交流的成绩与经验，提出了今后加强两岸文物交流的建议与设想。大家表示在新的历史起点上，期望两岸文博界再接再厉，相互支持，共同促进两岸文物事业的发展，共同推动中华文化在海峡两岸的传承与发展，为增强中华文化的国际影响力而不懈努力。

“承前启后 · 温故知新——海峡两岸文物交流 20 年回顾展”同时在重庆中国三峡博物馆开幕。展览按照时间划分为“融冰化雪艰辛起步”、“加强交流扩大共识”、“深化合作蓬勃发展”三个单元，通过 262 幅图片以及 106 件实物与复制资料，较为全面地展示了 20 年来两岸文物交流的发展历程。

【中国文字博物馆“大美汉字”沪上开展】

2012 年 11 月 6 日，第十四届中国上海国际艺术节期间，集中展示和表现中国汉字数千年风雨历程和艺术精华的“大美汉字”展在沪亮相。

展览共分四个部分：第一部分是汉字的起源与演变，主要讲述汉字的起源，从甲骨文、金文到小篆、隶书、楷书的演变轨迹；第二部分是汉字的研究与传播，讲述汉字的研究成果和印刷术；第三部分是汉字的艺术与意趣，讲述汉字的书法、篆刻及使用中的妙趣精华；第四部分是汉字与河南、安阳，讲述汉字的发源地河南、安阳的厚重历史。

“大美汉字”展借第十四届中国上海国际艺术节之东风，向世人传播中国五千年博大精深的优秀民族文化，推动中华文化走向世界，不断增强中国文化的国际影响力和竞争力。

【全国拍卖行业工作会议召开】

2012 年 11 月 8 至 9 日，商务部在广州召开全国拍卖行业工作会议，总结回顾行业发展取得的成绩，研究和部署加强行业管理、促进行业健康发展的任务。商务部副部长姜增伟出席会议并讲话。

【纪念郭沫若诞辰120周年暨郭沫若纪念馆开馆仪式隆重举行】

为纪念郭沫若诞辰120周年，2012年11月16日，乐山市沙湾区隆重举行了纪念活动和郭沫若纪念馆开馆仪式。

郭沫若纪念馆(原“郭沫若故居博物馆”)成立于1992年，因“五一二”地震拆除重建，2010年9月动工修建，2012年10月竣工。展厅面积2200平方米，较原故居博物馆面积扩大近12倍。纪念馆以郭沫若青少年时期为重点，通过大量珍贵的文物史料，以场景雕塑、漆画、多媒体、动漫等展陈方式，充分展示了郭沫若在文学艺术、历史考古、思想文化、科学教育、社会活动等领域的卓越成就及波澜壮阔的一生。

【“全国世界文化遗产工作会议”在京召开】

2012年11月17日，国家文物局在北京召开“全国世界文化遗产工作会议”，学习贯彻党的十八大精神，隆重庆祝《保护世界文化和自然遗产公约》40周年，在全面回顾、总结“十一五”工作的基础上，研究部署“十二五”和今后一段时期我国世界文化遗产工作。来自有关部委，各有关省级文物行政部门，世界文化遗产、世界文化和自然混合遗产保护管理机构和有关专业机构的负责同志150多人参加了会议。

本次会议上，国家文物局公布了更新的《中国世界文化遗产预备名单》,包括文化遗产45项，分布于我国28个省、自治区、直辖市以及香港特别行政区。

【“中国秦兵马俑展”在美国明尼苏达州展出】

2012年11月18日，“中国秦兵马俑展”在美国明尼苏达州明尼阿波利斯艺术博物馆正式开幕。展览由陕西省文物局主办、省文物交流中心承办，是为庆祝中国陕西省和美国明尼苏达州建立友好省州关系三十周年，应美国明尼阿波利斯艺术博物馆的邀请举办的。参展展品共计120件（套），包括秦兵马俑、青铜器、金银器、玉器、陶器等，分别来自秦始皇帝陵博物院、陕西历史博物馆、陕西省考古研究院、西安博物院、咸阳博物馆、宝鸡青铜器博物馆、商洛市博物馆等省内13家文博单位，其中一级文物23件（套）。开幕式结束后，还进行了学术交流活动。

【新疆维吾尔自治区博物馆协会在乌鲁木齐召开成立大会暨第一届会员代表大会】

2012年11月19日至11月21日，新疆维吾尔自治区博物馆协会成立大会暨第一届会员代表大会在乌鲁木齐隆重召开。

新疆博物馆协会由全疆78家博物馆组成，根据工作计划，新疆博物馆协会今后将组织开展博物馆从业人员培训、创办会刊、全区博物馆行业先进示范评比、馆长论坛研讨等工作内容，在馆际交流、人才培养、科学研究、文物保护、陈列展览等方面加强沟通合作。

新疆博物馆协会的成立，对于实现全疆文物资源共享，提高全疆博物馆管理服务、学术科研水平以及公共文化服务能力将起到积极的推动作用。

【“印象敦煌——中国文化大展”在土耳其拉开帷幕】

2012年11月20日，由中国文化部、土耳其文化旅游部和中国驻土耳其大使馆共同举办的“印象敦煌——中国文化大展”在土耳其伊斯坦布尔米玛尔锡南大学拉开帷幕。

此次展览是土耳其“中国文化年”的一个重要项目，是近年来敦煌艺术最大规模的一次海外展览。展览展出了敦煌莫高窟出土文献、彩塑临品、复制壁画、复制洞窟等近百件艺术珍品。其中，北魏莫高窟第257窟九色鹿本生故事、西魏莫高窟第249窟狩猎图等复制作品都是中国美术史上著名的绘画精品。

【中拍协发布《2011年中国文物艺术品拍卖市场统计年报》】

2012年11月，中国拍卖行业协会联合商务部、国家文物局发布《2011中国文物艺术品拍卖市场统计年报》。这是中国拍卖行业协会自2010年以来创建统计年报为主要手段的数据披露制度以来，第二次发布年报，进一步获得了政府和主流企业的支持，并得到国内外有关方面的广泛信任和采用。《统计年报》通过客观的数据信息反映我国文物艺术品拍卖业的实际营业状况，立足以“公开透明”的行业准则，用常态化的数据信息披露制度推动行业的长远健康发展。

【“陶瓷撷英——国家文物局划拨海南省博物馆入藏文物特展”开幕】

“陶瓷撷英——国家文物局划拨海南省博物馆入藏文物特展”于2012年11月20日在海南省博物馆开幕，展出了包括7件一级文物在内的近130件珍贵陶瓷器。

此次国家文物局划拨海南省的这批陶瓷文物源自港英政府移交、从丹麦追索回归以及中国文物总店留存。这批文物时代跨度长、类别丰富、窑口多样，包括史前文物22件、春秋战国时期文物87件、秦汉时期文物151件、三国两晋南北朝时期文物39件、隋唐时期文物136件、宋元时期文物209件、明清时期文物370件、民国时期文物22件，基本反映了中国制陶工艺和瓷器生产的历史脉络，品相之精、数量之大、体系之完整，具有较高的科学、历史和艺术价值。

【中国考古学会第十五次年会在石家庄召开】

由中国考古学会主办、河北省文物局协办、河北省文物研究所承办的中国考古学会第十五次年会，2012年11月22日至23日在河北省石家庄市召开。

本次年会的主题为“环渤海考古学研究”。来自全国各省、自治区、直辖市的考古文博机构、高等院校等团体会员，中国考古学会理事会成员，以及河北省各文博机构列席代表共230余人参会。

分组学术研讨是本次年会的主要内容，根据所收论文的不同研究方向，大会分“史前考古”、“夏商周三代考古”、“战国秦汉考古”、“汉唐考古”，以及部分专题考古（宋元明时期的瓷器考古与古建筑考古以及盐业考古、冶金考古、动植物考古、城市考古、美术考古等）五个研讨组进行讨论。

【《重庆市非物质文化遗产条例》开始实施】

2012年12月1日，历经5年调研起草的《重庆市非物质文化遗产条例》开始施行。该条例共分5章41条，主要在政府责任、名录体系、专家评审、规划保护、整体性保护、生产性保护、展示展演、社会参与等10个方面，对《非物质文化遗产法》进行了细化和制度安排。作为重庆市文化领域第二部重要地方法规，条例的出台标志着重庆市非物质文化遗产工作进入依法保护、依法管理阶段。

条例实施后，重庆市人大将对全市非物质文化遗产保护工作机构、编制、经费落实，非物质文化遗产教育传承体系建设特别是保护传承相关内容进校园、进课堂、进教材，鼓励和支持社会力量参与非物质文化遗产保护，以及政府各部门形成保护合力等方面的情况进行跟踪检查，督促条例有效实施。

【“国门法眼——中国文物进出境管理

60年成果展”开幕】

2012年12月11日，“国门法眼——中国文物进出境管理60年成果展”在中国国家博物馆开幕。

此次展览主要反映自1952年第一批文物进出境审核机构成立至今这60年间，我国文物进出境管理工作走过的光荣历程和取得的累累硕果。展览通过在不同时期文物进出境管理工作中截获的重要涉案文物以及审核文本、照片、火漆印章等实物资料，辅以影像、图表等材料，生动展示了文物进出境管理工作机制、工作流程，系统反映了文物、海关部门守护国门、捍卫祖国文化遗产安全的卓越成就。

【“盛世之风——四川博物院藏汉代画像砖珍品展”在澳门开幕】

2012年12月14日，由澳门民政总署、四川博物院联合举办的“盛世之风——四川博物院藏汉代画像砖珍品展”在民政总署画廊举行。

四川汉代画像砖是巴蜀地区历史、文化、艺术的物质载体，题材广泛、内容丰富。本次展出的71件（套）汉代画像砖及其他汉代文物，汇集了四川博物院馆藏画像砖和汉代陶石艺术的藏品的精髓，极具汉代神韵，弥足珍贵。展出的画像砖内容包括农作、神话传说、交通出行、社会生活等，真实地反映了汉代社会生活的各个方面。

汉代社会安定，人民生活富饶，许多民间艺人“以石为纸、以刀代笔”，在建筑物上创作石刻艺术品，造就了独特的汉画像砖艺术。通过对画像砖精品的展示，同时配以相应陶塑、画像石棺，使澳门观众在体味画像砖独特魅力的同时，了解了四川悠久的文化、艺术传统。

【“2012北京拍卖季”论坛成功举办】

2012年12月20日，以“规范、繁荣、发展”为主题的“2012北京拍卖季”论坛成功举办，论坛邀请海内外业内人士、市场研究人士、法律学者、收藏家、北京拍卖企业代表260余人参加，共同就“拍卖行业的诚信发展与社会责任”、“国际化开拓与价值寻根”、“开放与多元竞争促成中国拍卖的发展与成熟”等专题进行研讨。论坛的成功举办在社会上产生了较大的影响。

拍卖季期间，北京拍卖行业协会与北京电视台联袂打造三集电视专题片《2012北京拍卖季》，也引起广泛关注。专题片围绕北京拍卖业二十年发展、文物艺术品拍卖、资产公物拍卖进行制作，充分展示了改革开放三十年来，拍卖行业对国家经济发展做出的重要贡献，使大众更加了解拍卖、走近拍卖。这是自20世纪90年代恢复拍卖以来，北京拍卖行业首次在媒体上集体亮相。

【“传承与创新——河南省文物复仿制品成果展”洛阳博物馆隆重亮相】

为弘扬中原历史文化，展示河南文物复仿制品研究成果，探索河南文化产业发展路子，增进河南文物复仿制品企业的交流与合作，促进复仿制品行业的繁荣与发展，经河南省文物局研究决定，由河南省文物局主办，洛阳市文物局、洛阳博物馆承办，各省辖市文物局协办，于2012年12月28日至2013年2月20日，在洛阳博物馆举办“传承与创新——河南省文物复仿制品成果展”。

秉承“专业、高端、精品”的办展理念，本次特邀参展的都是河南省文物局命名的第一至四批文物复仿制品企业，展品代表了参展企业复、仿制品的最高水平，尤其是对失传文物制作工艺进行研究的仿制品和文物复仿制品精品，充分展现复仿行业的新科技、新业态和新产品。

【上海公共资源拍卖中心被列为“部市合作重点项目”，上海八部门联合发布《上

海市公共资源拍卖管理办法》】

上海公共资源拍卖中心运行一年来，共举行拍卖会650场，成交额达41.7亿元，全部采用现场与网络同步拍卖方式。2012年，上海法院委托拍卖逆市攀升，总成交额比2011年增长25%。目前，上海公拍中心已被中华人民共和国商务部和上海市人民政府正式列为“部市合作重点项目”。上海市商务委、市工商局、市监察局、市国资委、市公安局、市质监局、市财政局、上海海关八个部门专门联合颁布《上海市公共资源拍卖管理办法》，明确指出上海市公共资源拍卖应进入公拍中心进行，采用现场与网络同步拍卖方式。这是至今为止全国第一个发布公共资源拍卖管理办法的省市，在全国范围内具有示范作用。

【国务院下发文物保护意见纠正五种违法违纪行为】

为进一步做好旅游等开发建设活动中的文物保护工作，2012年12月19日，国务院发布《国务院关于进一步做好旅游等开发建设活动中文物保护工作的意见》。《意见》要求各地要严格执行文物保护法律法规，依法纠正以下五种违法违纪行为：

一是对于将国有不可移动文物转让、抵押的，要限期改正，予以回购、终止抵押。对于将国有不可移动文物作为企业资产经营的，要限期将其从企业资产中剥离；暂不具备剥离条件的，可以设定过渡期，并由省级人民政府向国务院报告。

二是对于游客接待量超过承载量，造成文物破坏或可能造成文物安全隐患的，要限期改正。

三是对于擅自拆除文物古迹和历史文化街区、村镇以及历史建筑的，由县级以上地方人民政府或其城乡规划、文物等部门依法制定职权责令停止违法行为、限期恢复原状或者采取其他补救措施。历史文化街区、村镇遭到严重破坏的，由批准机关撤销历史文化街区、村镇称号。

四是对于将文物保护单位管理机构作为企业的下属机构或交由企业管理的，要从企业中分离，恢复文物保护单位管理机构的事业单位性质，交由文物行政部门管理。

五是对于把历史文化街区、村镇整体出让给企业管理经营的，要予以纠正。暂不具备条件的，应当由省级人民政府向国务院说明情况。

【2012年全国文物艺术品成交额自金融危机后首次下滑】

根据中国拍卖行业协会最新公布的2012年拍卖行业经营状况报告，2012年全国文物艺术品成交额总计279.28亿元，较2011年成交额下滑51.53%。据悉，这是我国文物艺术品拍卖市场自2008年金融危机以来的首次下滑。中拍协相关负责人表示，成交额虽下滑明显，但市场并不是那么悲观：首先，虽然上拍量和成交率普遍降低，但拍品价格水平并未下降；第二，虽然高价位拍品急剧减少，但中低价位拍品成交稳健。收藏性交易的刚性作用凸显，保证了艺术品市场底盘的基本稳定。

第七部分

考古发现

【浙江省萧山蜈蚣山土墩墓群考古发掘阶段性成果公布】

2012年1月5日，杭州市文物考古所萧山工作站首次将萧山蜈蚣山土墩墓群考古发掘阶段性成果向社会公布。

蜈蚣山土墩墓群是杭州地区首次大规模揭露的土墩墓群，清理的31座土墩墓类型丰富多样，时间跨度较大，从商代末期延续到春秋末期。该墓群的发掘对构筑中国南方地区商周文化的发展序列、深入探讨南方地区商周时期的丧葬习俗等具有十分重要的意义，类型多样的墓葬形制为探讨中国南方土墩墓的类型特征、演变序列和族属提供了可靠资料，大批精美器物的出土为研究中国原始瓷的起源、发展和制作工艺提供了十分重要的实物资料。发现的D30M4这座木结构墓属于规格、等级较高的贵族墓葬，为研究越国贵族墓的墓葬制度提供了新资料。

【浙江发现新的恐龙——天台越龙 】

浙江自然博物馆、日本福井县立恐龙博物馆和浙江水文地质工程地质大队合作，在2012年第34卷的《白垩纪研究》(*Cretaceous Research*)发表了题为《中国浙江省天台白垩纪两头塘组一新的鸟臀类恐龙》的论文。论文确认浙江天台产的鸟脚类恐龙一新属种。浙江古时称越国，化石产自天台，特命名为天台越龙(Yueosaurus tiantaiensis)。该标本已于2012年1月12日在浙江自然博物馆开展的“龙行浙江——浙江出土恐龙化石”特别展中首次与公众见面。

越龙化石标本包括颈椎、背椎、尾椎、前肢和后肢等部位，是浙江省发现的保存最好的恐龙化石之一。从发现的材料估计，越龙长约1.5米，是迄今为止浙江省发现的最小恐龙，生活在距今约1亿年前白垩纪的天台。

浙江省境内分布广泛的白垩纪地层，富含恐龙与恐龙蛋等化石。此前，浙江已命名了四种恐龙：浙江吉兰泰龙、礼贤江山龙、丽水浙江龙和中国东阳龙。天台越龙属于基干鸟脚类，这是浙江省，也是中国东南部第一次发现基干鸟脚类恐龙。越龙的发现对浙江白垩纪的恐龙动物群的研究有着重要的意义。

【河北海兴发现汉代铁钱】

汉代勃海郡(沧州一带)是否铸行铁钱，文献并没有记载。海兴小山乡北村村民在小山东北部平整土地时，出土五六公斤汉代废钱。其中发现汉代铁“半两”、“五铢”、“货泉”等，对研究地方货币史极有意义。

据介绍，国内目前发现较早的铁钱是甘肃陇南文县出土的秦“半两”，汉代“五铢”铁钱也在湖南湖北等地发现过，而在沧州，保存至今且比较完整、字迹清晰的汉代铁钱并不多见。在海兴部分遗址和古墓葬中曾发现古铁钱，但因锈蚀严重而无法辨识。这次在小山东北部出土的钱币中，“半两”、“五铢”、“货泉”等汉代铁钱，字迹清楚，尤为难得。

文献记载，汉初，民间有敢以铅铁滥铸钱币的，要处以刑罚，从一个侧面反映出民间存在盗铸现象。西汉平帝时，地方曾铸造“五铢”等铁钱。海兴发现的废钱应为勃海郡国设在小山一带铸行汉代铜铁钱遗址的遗物，为研究中国货币铸行史和地方货币史提供了实物资料。

【四川省邻水县发现一座清代碗墓】

邻水县文物工作者在鼎屏镇灌沟村6组大菜园地里发现一座保存较好的清代碗墓。该墓形制独特，分布面积为4.8平方米，用近千只大小不等的青花瓷碗叠砌而成，墓冢拱形，长约3米，宽1.6米，高1.4米，墓冢大部分被人为损毁。整座墓用黄泥、石灰、糯米浆混合成的三合土及碗相互交叉叠砌，每个碗口径在12厘米左右，都为清代青花瓷碗。碗具相互碰撞时发出清脆的声音。碗具大部分有釉，内外有纹饰。

该墓经省文物考古研究院考古专家初步判定具有较高的历史研究和经济价值，既是广安市内首次发现，又是四川地区极为罕见的一座清代碗墓。由此看来，墓主也绝非一般意义上的平民，对于研究我国古代殡葬习俗、地方丧葬文化、墓碗的来源和生产窑址的发展历史等具有重要价值。该墓已被原地封存。

【四川省江油市贯山乡三教村本觉院发现清代石刻构件】

2012年2月，贯山乡三教村9组本觉院在房基取土过程中，发现多件石刻构件。经过调查，本觉院发现的石刻构件共有16块，青砂石质，雕刻技法分为线描、浮雕、镂空雕，内容包括瑞兽葡萄、鱼跃龙门、喜上眉梢、宝瓶浮尘、宝瓶如意、麒麟、人物等，十分精美。其中一块石刻上存留的铭文表明，该石刻构件为一杨姓僧人于清嘉庆十一年（1806年）修建该寺院一座净室时所造。该石刻构件组合起来平面呈长方形，分为两层。第一层底座长1.92米，宽1.12米；第二层长1.50米，宽1.05米。残高1.05米。其中第一层底座高0.36米，第二层高0.69米。

此次本觉院发现的清代石刻构件由于并不完整，暂时无法准确判断其用途，疑为佛像、神像底座。这些石刻构件的发现对研究清代江油地区的宗教文化以及雕刻工艺有一定价值。江油市文管所已建议本觉院管理方将其移入室内保存。

【南沙发现百年“苍龙教子”壁画】

南沙黄阁镇东里村一宗祠内发现一幅有100多年历史的大型龙题材壁画。壁画《教子朝天图》保存完整、画像清晰，与龙年邮票图案十分相似。据悉，这是广州目前发现面积最大、最原汁原味的飞龙壁画。

《教子朝天图》在辅党麦公祠大门的上方，长约2.5米，高约90厘米，保存完整。《教子朝天图》两侧还有两幅宽约60厘米、高约90厘米的小图，分别为《蓝田种玉图》和《写道德经图》。

以龙为形象的《教子朝天图》是清代岭南民俗工艺中常见的传统题材，较多出现在宗祠建筑上。这一题材体现了岭南重教育、守礼法、讲忠孝的传统美德。

这幅壁画是广州目前唯一有明确纪年的清代以龙为形象的《教子朝天图》，题记此画作于道光丙午年，即1846年。该幅壁画也是今天所存不多未经任何修改、描绘的清代壁画，完整地展示了清代壁画的原貌。清代岭南以龙为形象的壁画《教子朝天图》有多个版本，以这个版本为最佳，整幅画气势磅礴、疏密有致、形象生动，两条活灵活现的苍龙更显画家的功力。

【《江苏省考古调查、勘探、发掘经费预算办法》正式出台】

2012年2月14日，《江苏省考古调查、勘探、发掘经费预算办法》经江苏省文物局、江苏省发改委、江苏省财政厅、江苏省物价局联合会签，正式颁布，于一个月后实施。

《江苏省考古调查、勘探、发掘经费预算办法》的出台，将对今后江苏省考古取费工作提供更加规范、科学的标准和依据，为江苏省考古工作提供强有力的政策支持和经费保障。

【河北省最大规模两汉墓测定初步完成】

河北省文物保护中心目前已初步完成对河北省境内最大规模汉墓群的野外勘测，正式测定这37座位于沧州市献县境内的古墓群为两汉墓。

据介绍，献县境内现存37座汉墓，是两汉魏晋时期分封的河间王刘德陵域所在，埋葬了帝、王、侯等数十人。该墓葬群于20世纪90年代被公布为“国保”级文物保护单位，是河北境内最大规模的汉墓群。

献县正积极申请将该汉墓群打造成国家级

考古遗址公园。对献县汉墓群的保护规划，将再现“献书王”刘德为后世续接中国传统文化之功。

【四川省遂宁市龙凤古镇发现宋代窑场堆积物】

龙凤古镇席氏庄园重建工地施工时，挖掘出一些陶俑、陶器残片。经过初步勘探发现，此次出土的文物既有被扰乱的汉墓陶猪、汉子母砖等文物，又有数量较大的宋代陶器残片和宋代陶窑窑具。据初步判断，此处可能是一个宋代窑场的堆积场。

遂宁市文管所邀请省内专家对现场进行考古调查和发掘，希望以此为线索，寻找到宋代窑址，从而填补遂宁市该项文物空白。

【浙江余杭玉架撒山遗址发现良渚文化完整聚落】

浙江余杭玉架山遗址发现由六个相邻环壕组成的良渚文化完整聚落。

玉架山遗址位于浙江省杭州市余杭区临平街道万陈小区，因“余杭经济开发区”建设，经国家文物局批准，浙江省文物考古研究所与中国江南水乡文化博物馆合作，于2008年10月至今，对该遗址进行了全面钻探调查与发掘，目前工作仍在进行之中。

调查勘探面积总计约1平方公里，共发现了由六个相邻的环壕围沟组成的良渚文化完整的聚落遗址，总面积约15万平方米。目前已发掘面积近1.9万平方米，共清理良渚文化墓葬397座，灰坑21座，建筑遗迹10处，出土陶器、石器、玉器等各类文物4000多件。

【宁波市北仑区发现保存完整的石牌坊】

宁波市北仑区文保办在大碶街道嘉溪村发现了一座青石质石牌坊，据专家初步判断，为宋代文物。这也是北仑境内迄今发现的保存最完善的一座古牌坊，具有较高的文物和历史研究价值。

该石牌坊位于嘉溪村西侧的夏树山南坡，通高3.67米，面全宽4.3米，间宽2.58米，为双柱双枋穿斗式仿木结构。坊下梁的内侧凸雕有两个门碗咀和中间的插锁大门的门登柱碗块。门登柱碗宛如一瓣覆式荷叶，上带一节扭曲叶柄，荷叶呈五曲皱褶状下覆，边沿作三翘弧凸起。坊柱呈直立八边形，风格朴素而雄健。因牌坊上尚未发现确定年代的文字材料，区文物部门的专家只能根据其构件形态及周边出土文物情况，初步判断石牌坊的年代为宋代，有待进一步查阅相关资料后作出确切的鉴定。

【秦始皇陵西侧大墓暂不发掘　墓主或为秦帝子婴】

陕西省文物局《关于抢救性发掘秦始皇陵西侧中字形墓葬的请示》未获批准，国家文物局要求对其加强保护。

国家文物局的批复称：秦始皇陵西侧中字形墓葬位于全国重点文物保护单位秦始皇陵保护范围内，与秦始皇陵有密切联系，暂不同意对该墓葬进行考古发掘。当前应先通过考古调查搞清墓葬性质、陵园范围和布局，再制定考古和文物保护工作方案另行报批；要求陕西省文物部门制定临时性保护方案和有效措施加强保护。

据悉，该中字形大墓于2003年发现，当时考古人员在配合秦始皇陵遗址公园建设进行的考古钻探中，在秦始皇陵园外城西垣外侧约500米的砖房村，探出36座古墓，其中6座初步认定为秦墓。在这些秦墓中，有1座为中字形大墓，南北向，南北长约109米，东西宽26米，深约15.5米。另5座为“甲”字形墓。

【西安发现唐名将郭子仪曾孙墓　壁画仙鹤形态逼真】

西安市文物保护考古研究院在西安城南发现一座晚唐古墓，墓主人为唐朝名将郭子仪的曾孙郭仲文，墓内10只壁画仙鹤形态逼真，十分珍贵。

这处古墓是2010年到2011年的跨年发掘项目。西安市文物考古人员在长安区东兆余村村北发掘了一座规模较大的唐代壁画墓。墓葬遭到严重盗扰，考古人员无法断定其棺具结构。墓主骨架已朽成黄色粉末，仅出土塔式罐、玉剑格、石器盖及墓志等随葬品。

令人惊喜的是，这座古墓虽然被盗，但众多壁画保存较好，壁画不仅有文吏、仕女形象，还有10只仙鹤，形态各异，栩栩如生，显示出晚唐时期，达官贵人流行的“赏鹤”之风。

【广东江门发现“字冢” 体现旧时文化“敬惜字纸”】

江门新会文化局文史研究专家最近在江门市圭峰山发现一处文化古迹——“字冢”，属清代文物。字冢为馒头形坟头，约长1.7米、高1米余。主碑字有0.5米见方。另一块石碑刻“咸丰七年字纸灰七埕”，以石桩形式竖于其东南约1米处。“字冢”埋葬的是字——印在纸上的字。明清以至民国，有一种特有的文化现象——“敬惜字纸”，对写有字的纸张不随便乱扔，不拿来包食物，不和钱放在一起，信奉字是圣人所造，对字纸要好好爱惜。清代此风最盛，还编印《文昌帝君惜字律》、《文昌惜字功过律》、《惜字新编》、《惜字征验录》等书，劝诫人们不但自己要敬惜，还去收集丢弃的字纸。

圭峰山上的“字冢”是“敬惜字纸”的历史文物，可与这段历史互相印证。

【新疆和田发现佛教遗址 位于塔里木盆地南沿】

新疆文物考古研究所对和田地区洛浦县玛坚勒克遗址和阿克斯色伯勒古城进行考古调查和发掘中发现佛教遗址，取得重要收获。

玛坚勒克遗址位于洛浦县杭桂乡沙漠中，考古队员在6平方千米的范围内首次发现窑址9处、佛教遗址2处、墓葬区1处、农田等遗迹多处。

佛寺位于遗址区东北部，塔院遗址为方形，由院墙和佛塔组成。遗址地表散布大量陶器残片，纹饰、器形种类丰富，地表还见马鞍形石磨盘、石球，铜器、玉器残片，料珠，铜钱，铁箭头，铁甲片等遗物。据介绍，根据遗物特征推测，该遗址年代为汉晋至南北朝时期。此次发掘对古城的构筑方法有了新的认识，为新疆城址建筑结构研究提供了新的资料。

【河北省邺城遗址出土大量东魏北齐石造像】

邺城考古队在河北邺城遗址挖掘出土2895件东魏、北齐石造像及残件。有关专家称，此次发现数量之多、规模之大、年代之久，在河北省佛教考古史上尚属首次，为研究佛教文化的传播和发展提供了难得的实物佐证。

经过近半个月昼夜不停发掘，邺城考古队在一个边长3.3米、深三四米的近似正方形的埋藏坑内，共发现2895件石造像，包括佛像和菩萨造像及大量残片。石造像多为汉白玉和青石质地，还有非常少见的贴金和彩绘佛像出土。

此次发现中有一些石造像底座刻有“大魏武定二年（544年）岁次甲子四月八日……”等题记，由此判断，这些石造像多为东魏、北齐时期。

【四川省绵阳市三台县意外发现元代《遗训碑》】

在四川省绵阳市三台县城北琴泉寺，立着一座国家一级文物《大元赵府君墓碑》，该碑是元代潼川（今三台县）籍显宦赵成庆为其父母所立神道碑。该碑碑文作者吴澄是元代著名文学家，碑首篆书和碑身隶书作者郭贯和吴炳都是元朝的大书法家。因该碑集元代三大名家作品于一身，1993年被有关部门评为国家一级文物。

《大元赵府君墓碑》原存三台县涪江东岸石马湾村赵氏祖坟。后在迁移时发现，县志记载的赵成庆墓前另一块《遗训碑》只剩碑座，碑身下落不明。

2012年春节前几天，一位三台籍文化人士在赵氏祖坟侧面刘姓村民屋前的堡坎上，意外发现一块埋在地里、半隐半现的石碑。于是，他刨开表面泥土，只见碑上雕有精美的龙爪。他马上向三台县文管所反映了此事。县文管所工作人员到现场查看后，证实半埋在泥土里的墓碑就是寻找多年未果的《遗训碑》。

根据出土地点及与先前发现的《大元赵府君墓碑》对比，并综合相关史料，可以判定此碑应是已失踪多年的《遗训碑》上半部碑额，该遗存残碑宽1.4米、长70厘米、厚29厘米。该碑碑文蕴含丰富哲理，应是赵成庆立于墓前训育后人之用。

【固镇发现多朝代古墓葬群　最早至西汉】

安徽省蚌埠市固镇县城关镇大楼村已发现至少40座古代墓葬，完成发掘31座，其中最早的可追溯至西汉，已出土文物共计30余件。

从已发掘的墓葬结构和年代判定，该墓葬群包含了从西汉到清代的各时期墓葬。已发掘的墓葬为西汉、宋代各1座，清代3座，唐代5座，其他为两晋南北朝时期墓葬。

据了解，虽然部分墓室已被盗毁破坏，但仍出土了铜镜、鎏金银饰、玉佩、玉坠、陶罐、鼎、坛等各类珍贵文物。其中，一座东汉砖墓出土的多乳丁神兽铜镜，保存完好，直径达18.6厘米，上面刻画出龙、虎、朱雀、玄武、麒麟、鹿、羊等七种动物，制作极其精美。

该墓葬群的发现，表明浍河北岸大楼地区从2000多年前，便为人类居住提供了优越的生存环境。该墓葬群的墓葬形制、精致程度、陪葬品的变化等，对研究淮河地区社会历史文化变迁有着重要意义。

【四川三台县发现萧何后裔原姓“萧”简化为“肖”】

四川省三台县黎曙镇一处老宅的前门口，矗立着一座清道光年间修建的忠孝牌坊。

村里68岁的肖久远老人说，他们原来姓氏为萧，后简化为肖。牌坊上的碑文均出自名家之手，其上面的内容是鼓励宗族子孙好好读书，并给予相应的奖励。而就在这次萧姓子孙认祖归宗整理过程中，发现还有一本保存完好、清朝同治年间编撰的萧氏族谱。在族谱的序里面，参照南宋中议大夫萧演萧氏源流谱序，可以认定萧何为萧氏宗族的延续。据史料记载，萧何为殷商时期商纣王同父异母弟弟、微子的子孙。

萧氏族谱的发现，不但证实了三台黎曙萧氏为萧何的延续，而且具有珍贵的史学价值。

【河南老奶奶庙遗址考证获成果与“许昌人”一脉相承】

“老奶奶庙旧石器时代遗址”项目取得了新的成果，文物考古者在该遗址发现了大量的古人类居住活动场面，专家称这些新发现与“许昌人”一脉相承，为研究中国现代人类起源提供了重要的新视角。

关于人类起源问题，目前国际学术界最著名的包括“非洲起源说”和“多地区起源论”。其中，中国专家推断中国人类并非来自非洲，而是一个完整的进化体系，即“巫山人”（200万年前）、“蓝田人”（100万年前）、“北京人”（50万年前）、“许昌人”（10万年前）等。

“许昌人”作为中国现代人类起源的重要组成部分，并被众多专家给予了“有望打破人类‘非洲起源说’”的高度评价。老奶奶庙遗址与“许昌人”一脉相承，但现有的出土物等不足以颠覆“非洲起源论”，却很清楚地展示了人类进化论的“连续性”特点。

河南老奶奶庙遗址考证取得的新成果填补了中国以及东亚大陆这一阶段旧石器文化发现的空白，为认识中国境内及东亚地区现代人类及其文化起源与发展等一系列重要史前考古的关键课题，提供了非常重要的新资料。

【湖南首次发现古苗文实物】

经湖南文物专家多次鉴定后确认，近年来发现刻在湖南邵阳城步苗族自治县丹口镇陡冲头村三块石碑上的“天书”就是失传已经两个半世纪的古苗文。专家称，这是迄今为止湖南首次发现古苗文实物，内容疑与苗民起义军在某重大宗教活动中的祭祀有关。

通过查阅相关资料，可以肯定“天书”就是真正的古苗文，刻于清代年间。古苗文摩崖石刻群的发现推翻了苗族只有语言没有文字的说法，城步苗文的存在很好地证实了这一点，为整个古苗文界研究苗文提供了唯一实物活证。

【河北省邯郸市发现明代墓葬和龟镇坑】

河北省邯郸市文物研究所对房地产项目工地发现的明代古墓葬进行了考古发掘，共清理19座墓葬和两处龟镇坑穴，出土文物77件(套)。

墓葬形制包括砖室墓、砖框墓和竖穴土坑墓三种。砖室墓由长方形墓道、墓门墙、甬道和墓室组成，有的墓门墙上用砖砌出仿木结构的垂柱、雀替、方椽等，方椽上铺瓦，瓦头处承接兽面瓦当和花草纹滴水；墓室的平面形状有圆形、长方形和八角形；墓顶为券顶或穹窿顶；墓壁上多有小龛和仿木结构的砖雕，砖雕内容包括门、窗、立柱、斗栱、灯台等。

此次多座明代仿木构砖室墓的发现使我们对砖室墓墓葬形制的发展演变有了更多的认识。出土的买地券券文中关于墓主人卒葬年月、地名和埋葬地点的有关记载，不仅为这批墓葬的断代提供了可信的依据，也对邯郸古今村落地望和村名变化等地方志方面的研究增添了新的资料。

【四川遂宁龙凤古镇窑场堆积清理工作取得重要收获】

2012年2月21日至3月5日，四川省遂宁市文管所工作人员与船山区文物管理所一起组成抢救发掘队伍，完成对龙凤古镇宋代窑场堆积的清理工作。此次清理工作收获巨大，成果丰硕，初步证明龙凤古镇在宋代是四川一个非常重要的窑址。

经过12天的抢救发掘，出土本地宋代窑场烧造的大量陶瓷器残片和窑具，其中完整和可复原器物百余件，有瓶、炉、罐、壶、灯、盏、碗、碟、盆、钵等十余种器型，以及支钉、垫饼、支圈、匣钵等多种窑具。清理工作表明，宋代遂宁府是一个商业贸易繁盛的重要城市和繁忙的水陆交通枢纽。

此次清理过程中还发现有东汉时期的砖室墓两座、墓葬排水沟两条，虽然墓室被严重破坏和扰乱，只出土了少量东汉陶器、俑、动物模型残片，但也从一个侧面反映出龙凤古镇悠远的历史和丰厚的文化底蕴。

【河南项城发现一座宋代古墓】

2012年3月10日，周口市文物考古管理所对项城市水利局施工队打井施工中发现的一座古墓进行了义务清理。

该墓葬开为地穴砖室墓，开口于第三层，开口距地表0.55米。墓室为南北砖室墓，由墓道、甬道、主室构成。墓葬全长2.8米，宽1.3米，墓葬深1.5米。墓室结构如下：墓道在南侧，仅1.2米，南深0.4米，北深1.04米，为斜坡形墓道。墓葬封门为二层平砌杂封，封门上发现有仿木结构砌筑物。甬道紧邻封门，长0.29米，内宽0.40米，高0.61米。呈弧形券门，无铺底。主室长1.05米，宽1.05米，四角抹角，砌筑成仿木结构木柱。墓室内葬一人，头向东、曲身葬，年龄约65岁，男性。从墓室结构分析这座古墓为宋代的墓葬。

墓葬未出土随葬器物，这点同宋代的薄葬制度相吻合。这座古墓的出土地点距袁世凯故居仅1.5公里，周围曾出土过战国、汉、宋时期的墓葬。

【四川瀑布沟水库消落区发现珍贵文物】

战国青铜鼎、西汉青铜蒜头壶、1400多枚半两钱……一批珍贵文物在瀑布沟水库消落区被发现。2012年3月2日，在瀑布沟水电站消落区文物保护工作座谈会上，与会专家指出，这些珍贵文物大部分为首次发现，建议应建立起库区消落区文物保护的长效机制。

目前，在三峡库区、黄河小浪底水库、丹江口水库等已经出现消落区文物破坏严重的问题。2011年，我国编制了后三峡文物保护总体规划，专门提出了消落区地下文物抢救保护。而瀑布沟水库消落区落差比三峡库区要多一倍，因此消落区面积要大得多，更应该提早关注该区域的地下文物保护。

【南水北调工程固安段发现辽代墓群】

河北省廊坊市文物管理处在南水北调工程二标段施工过程中抢救性发掘3座辽代墓葬，出土印花白瓷盘等文物。

该墓群位于固安县公主府乡大王村西，南水北调工程二标段施工沟渠内，墓顶距地表5.5米。为不影响南水北调工程进度，市文物管理处和固安县文管所工作人员抓紧时间对墓葬进行了抢救性发掘清理，出土一件印花白瓷盘、一把木椅、三十多件陶器，陶罐里仍保留有稻种、高粱、小米等。根据墓葬形制和出土器物特征，应为辽代墓群，为研究固安地区辽代民居、生活方式、饮食习惯等，提供了重要的实物资料。

【四川周家坝战国船棺墓地考古发掘取得重要成果】

周家坝战国船棺墓地位于四川省德阳市罗江县万安镇南塔村，四周为浅丘，凯江从该墓地东南边缘经过。

2012年2月8日，四川省文物考古研究院、德阳市考古研究所、罗江县文物管理所组成联合发掘工作队开始对凤凰大道中段进行抢救性考古发掘，截至2012年3月10日，发掘船棺墓共39座。

上述两次共发掘清理船棺墓60座，保存较好的船棺有5具，其中最大的一具船棺长5.6米、宽1.4米。出土有釜、器盖、罐等陶器，鍪、钺、戈、矛、剑、镦、弯刀、箭镞、锯、斤、凿、削、带钩、印章等铜器以及铁斧、磨石等120余件，取得了重要阶段性成果。

【中澳学者在滇桂境内发现古人类化石或是新人种】

一支由中国和澳大利亚科学家组成的考古队宣布，在中国云南和广西境内发现了一支很可能是新的古代人类种群。

据对云南和广西的两处山洞中发现的四具石器时代的人类化石的研究，这些化石体现出“高度独特”的、混合了现代人和古代人的特性。

这一种群生活在距今14500年到11500年前之间，以猎食马鹿为生并因此而得名“马鹿洞人”。

【四川米仓道考古调查初战告捷】

为深入贯彻落实党的十七届六中全会、四川省委九届九次全会和巴中市第三次党代会精神，加快文化强市建设步伐，进一步加大文化遗产保护力度，2012年3月6日至17日，兵分两路对米仓道进行了为期12天的考古调查。考古调查队从巴州区开始，经平昌、通江后，再绕线广元，到达汉中，经南郑进入南江境内，全面完成了米仓道考古调查工作任务。

此次米仓道考古调查在平昌县境内发现了规模宏大、保存十分完好的南宋淳佑时期小宁城抗元军事战斗城址，同时详细调查了经过米仓道线路传播的大量佛教石窟造像艺术和米仓道路沿河的村落、古镇等。

此次米仓道考古调查，是四川省巴中市规模最大、参加人员最多、参加专家档次最高的一次文化线路考古调查。

【河北省邺城遗址出土大量东魏北齐石造像】

中国社科院考古研究所与河北省文物研究所联合组成考古队，对临漳县邺城遗址东部北吴庄佛造像埋藏坑进行考古发掘，取得重大发现，出土佛教造像2895件(块)，佛造像数量众多，级别史无前例，是新中国建国以来出土数量最多的佛造像埋藏坑。根据粗略统计，有题记的超过百件，绝大多数是汉白玉造像，少数为青石造像。根据造像特征、题记年代等初步确认，佛造像时代主要是东魏北齐时期的。

【遥感考古联合实验室河北遥感考古工作站挂牌成立】

中国科学院、教育部、国家文物局遥感考古联合实验室河北遥感考古工作站在河北省文物保护中心正式挂牌成立。

作为文物大省，河北历史遗存十分丰富，随着考古勘探工作量的不断增加和先进科学技术在考古工作中的应用，传统考古方法和技术已很难满足日益发展的文物保护事业的需求。省文物保护中心将积极利用遥感考古技术，进一步开展文物保护技术研究，不断扩展和提升文物科技保护水平，积极为河北文物保护事业的发展奠定坚实的基础。

【安徽固镇发现大型墓葬群】

2012年初，安徽省蚌埠市固镇县城关镇大楼村一项目工地发现古代墓葬，经考古专家抢救性发掘后发现，这是一个涵盖两汉至唐宋古墓近60座的大型古墓葬群，最早的墓葬距今已有2000多年的历史。

随着考古发掘走向深入，发掘出一座处于两晋南北朝时期的墓葬，该墓葬形制精美，规格较高，出土了不少珍贵文物。相继发现了多件陶器、瓷器、铁器、钱币以及玉石器。从这个墓葬的出土器物综合来看，这个墓葬最早到东汉晚期，通过瓷器来看，应该确定是两晋南北朝时期。在清理耳室时，在耳室的三个角三块青蛙造型的席镇也被发现。除了三个青蛙席镇，考古人员在耳室里还清理出一只铁矛、一个带柄的缶以及陶灶、陶罐、钱币等随葬品，其中最为珍贵的是两件精美的青瓷。

据悉，这座两晋南北朝时期的墓葬是目前在大楼墓葬群中发现的墓葬中规模最大、墓主身份最高的一座古墓，对于研究当时这一区域的文化、经济、风俗等都有重要价值。

【中国佛教考古获重大发现邺城遗址出土数千佛像】

2012年3月19日，中国社会科学院考古研究所于在北京宣布，该所与河北省文物研究所联合组成的邺城考古队，在河北省临漳县邺城遗址东部北吴庄抢救发掘了一处佛教造像埋藏坑遗迹，共出土编号佛教造像2895件(块)，未编号造像碎片有78个自封袋达数千件。

此次发掘出土佛教造像数量众多，根据发掘过程中的粗略统计，有题记的超过百件，绝大多数是汉白玉造像，少数为青石造像。根据造像特征、题记年代等初步判断，这批佛教造像时代主要是东魏北齐时期，另有个别北魏时期青石造像，亦见到个别唐代风格造像。

据悉，由于出土佛教造像表面的色彩保护、金箔装饰加固、碎块拼接缀合等工作非常艰巨，中国社科院考古所文化遗产保护中心正在针对这批文物的特性，制订详细保护方案。

【陕西宝鸡市渭滨区首次发现带銴庚父丁铜尊】

2012年3月20日，陕西省宝鸡市渭滨区村民在处理地基时发现青铜器，出土器物共8件，其中青铜鼎、簋、尊、卣、罍各1件，陶灶1件，陶罐2件。经初步鉴定，5件青铜器时代为西周早期，3件陶器时代为汉代。铜尊、卣、罍保存完好，造型纹饰精美。铜尊通高26.5厘米，口径20厘米，底径11厘米，腹部饰夔纹，尊身下部有一兽首鋬，圈足内侧铸有“亞”字形边框的族徽和“庚父丁”铭文。带鋬铜尊在宝鸡地区尚属首次发现，在全国也不多见。铜卣通高22厘米，直径17.5厘米，底径11厘米，索形提梁，纽饰六蝉纹，盖与颈部饰夔龙纹，内底和盖内顶部铸有“守”字形族徽。铜罍通高43.5厘米，口径18.5厘米，腹径38厘米，底径14厘米，器形较大，牛首双耳，肩部饰涡纹。铜鼎、簋已残，饰乳丁纹，云雷纹衬底。

铜罍、父丁尊和守卣保存完好，器物线条流畅，造型规整，纹饰异常精美。庚父丁尊带有手把，这在全国范围来说也鲜见。最可贵的是，尊和卣经过清理还发现了铭文。这批出土文物是渭滨区30多年来出土规格最高的器物，对研究渭滨区商末周初历史、人类社会活动及生产力水平具有重要意义。

【河北喜峰口长城发现侵华日军罪证“忠魂碑”】

侵华日军的又一罪证“忠魂碑”在河北省唐山市迁西县喜峰口长城被发现。目前，石碑存放在迁西县喜峰口雄关大刀园内。

据介绍，石碑大体呈长方形，顶部拱形，宽约0.6米，长近2米，碑身正面刻着“忠魂碑”三个大字，左下角落款为“喜峰口国境警察队长魁生政五书”字样。在“忠魂碑”正上方刻着一碗口大的标志：一个四角星下为一盾形，四周以稻穗衬托；碑的边缘用石刻花枝修饰。石碑后面用日文刻成，主要宣扬日本军国主义流毒，大意为喜峰口长城抗战过程中，日军死亡的4个将领如何“英勇”作战，因何而死等。

据史料记载，侵华日军于1933年2月进攻长城一线，伺机进占冀东。同年3月9日，日军进犯军事要地喜峰口、冷口、古北口。驻守喜峰口的我方将士组织了500人的大刀队，夜袭敌营，毙敌千人。闻此消息，国人精神大振，在上海从事抗日运动的作曲家麦新创作了著名的《大刀进行曲》。

【四川自贡发现宋代墓葬】

2012年3月19日，四川自贡大安区回龙镇玛瑙村村民廖昌军在自家宅基地打地基时，发现3块刻有花纹、图案的青石。

自贡市文化局工作人员经过简单挖掘后，两座像墓葬一样的古建筑显露了出来。两座墓一高一矮，最上方各有一块刻有花纹的青石压着，下面的门中央各雕着一男一女的塑像，还有凿出的方形图案，以及莲花型围边。两座雕塑一东一西相望，其中刻有男子雕塑的门从外到里共有3层，由大变小。在施工时，男子雕塑的头部和胸部被破坏，已无法见其真容。女子雕塑则保存完整，经过清理后，已露出了笑容可掬的形态，头上盘着长发，怀中还抱着一名幼儿。在确定有挖掘价值后，考古专家向当地派出所以及镇村两级提出保护现场意见。考古专家即将对古墓展开挖掘。

【江西地区发现白垩纪翼龙化石“猎手鬼龙”】

我国科学家与巴西古生物学家合作，在我国辽西地区发现一种奇特的白垩纪翼龙化石。这件被命名为“猎手鬼龙”的化石进一步证实了我国辽西地区产出的翼龙组合与巴西东北部产出的翼龙动物群具有很高的相似性，它们之间存在着十分密切的演化关系。

据介绍，“猎手鬼龙”发现于辽宁西部九佛堂组湖相页岩中，时代距今约1.2亿年的早白垩纪晚期。这件化石有着魔鬼般奇特的头骨形态和吻端异常粗大的牙齿，显示其为捕猎高手，因此得名。这件标本上还保存了多处翼龙的粪化石，主要由鱼类骨骼碎片组成，这也是人们第一次见到翼龙粪化石的形态，也直接证明了鬼龙是食鱼动物。

目前越来越多的化石证据显示，一些重要的翼龙类群如古神翼龙和古魔翼龙类，以及大型的无齿翼龙类等白垩纪翼龙类群都是起源于辽西地区。

【陕西富平县发现唐俑明碑】

近年来，陕西富平县文物旅游局采用多形式、全方位的进行文物保护法律法规宣传取得一定成效。2012年，富平县两村民在建房、修水渠时各发现文物，主动上交至县文物管理部门。经初步鉴定，一件为唐代持笏文官俑，残高1.5米，肩阔0.5米，站立状，无头。双手持笏至胸前，左手在上，右手在下，手微残。身着通肩广袖长袍，袍至膝下，内着窄袖曳地长裙，束腰，腰带下垂至脚面。足外露，足蹬云头履。裙摆自然下垂曳地，在基座上像花瓣一样平铺。造型非常优美，雕工精湛。一件为明代记墓碑，下部残，高1米，宽0.62米。这一发现对研究富平县古墓葬的分布具有重要价值。

【四川泸州合江现战国楠木棺椁古墓部分文物已遗失】

2012年3月20日，四川省泸州合江县汉代画像石棺博物馆迎来了新成员：12块大小不一的楠木棺木、254枚古钱币和1块铜质器皿残件。经合江文管局和当地专家初步勘查，推断这些物品的主人极可能生活在战国末期至秦朝初期。合江历来是通往黔北的交通要冲，同时也是古代巴人与西南少数民族的聚居地，其历史可以追溯到汉朝。

据称，墓葬中原本还有一把青铜长剑和一个小箱子，现在已经遗失。该墓葬形制为竖穴式，墓圹残长5米、宽3米，墓底及四周用楠木铺筑。楠木外表涂着黑漆，但表层已被腐蚀，大小不一，共有12块。

墓葬还出土了一块器皿残片以及254枚大小不一的钱币，最大的钱币直径有3.5厘米，最小的直径2.5厘米。每枚钱币正面篆刻“半两”二字，背为素面，类似五铢钱，但真正的五铢钱无论大小、厚度都是一致的。据推测，这些钱币可能是仿制的冥币，是古人用来祭奠死者用的。

经合江文物局和当地专家初步勘查，推断这些物品的主人，极可能生活在战国末期至秦朝初期。

【贵州遵义海龙囤遗址】

在已有700多年历史的古代土司军事城堡贵州遵义海龙囤遗址，考古工作者新发掘出环“宫”城墙、房屋、道路、池沼、窑址等遗迹，遗迹以石砌台基及其上的房屋基础等为主，并有大量砖块、瓦砾、脊兽和青花碎片等遗物。

贵州遵义海龙囤遗址出土的青花龙纹八仙钵，完整见证了中国少数民族地区政策由唐宋时期的羁縻之治到元明时期土司制度再到明代开始的“改土归流”的变迁。

遗址整体保存较为完整，建筑宏伟，展示了古代筑城技术及施工工艺，对全面研究古代城市防御设施提供实物样板，对研究中国石头建筑施工技术提供可靠的实物例证，对今后的建筑设计具有借鉴作用。

【中国云南发现万年前古人类“少数民族”种群】

中国和澳大利亚古人类研究者联合攻关的关于云南“马鹿洞人”的最新研究认为，这个兼具远古人类和现代人类的某些特征，兼有亚非欧人群交融特征的古人类种群的发现，佐证了东西方文化、人种、基因在早期就已有双向交流融合的说法，说明人类并不是在某一地区单独起源的，而是在不断迁徙、交融中演进的。

“马鹿洞人”最早也被称为“蒙自人”。1989年5月的一天，在云南省红河哈尼族彝族自治州蒙自市郊的文澜镇采石场，镇文化站工作人员偶然发现一处动物骨骼化石遗址。中澳学者测定得出结论：“马鹿洞人”生存于距今14500年至11500年间。采用与各地发现的智人数据比对分析等多种手段，他们认为“马鹿洞人”兼具远古人类和现代人类的某些特征，即早期智人和晚期智人的镶嵌特征，验证了张兴永等学者的观点。“马鹿洞人”为现代人起源研究提供更多依据，特别是目前呈现出迁移与交融方面的证据，这个发现本身很有意义。

【陕西凤翔缴获一批唐石棺床底座墓石】

陕西凤翔县公安局成功破获一起唐墓被盗案件，缴获石棺床底座墓石14块。经陕西省文物局专家鉴定，属国家二级文物。

据悉，14块墓石均为长方形，长80厘米，宽40厘米，厚15厘米，原为石棺床底座。其中8块正面线刻瑞兽纹，6块刻蔓草纹，笔法细腻熟练，线条生动形象，反映了唐代美术所取得的高度成就。由石刻图案判断，可能为一波斯商人墓葬。目前，这批墓石已全部移交文物部门保存。

【陕西汉中西乡县发现清代倒座庙渡桥碑记】

陕西省汉中西乡县发现一通清代倒座庙渡桥碑记，倒座庙位于西乡县柳树镇黄池倒座庙村，因古庙面山而背川，习称“倒座庙”。庙前有小溪沟，昔日有方板吊桥一座，习称渡桥。因桥面年久失修，清乾隆四十九年（1784年）三月，当地士绅倡议捐修，工竣，勒石以铭。

青石质碑，碑呈圆首，长方形，通高151厘米、宽74厘米、厚12.5厘米。碑额楷书题“芳流百代”，款题“乾隆四十九年三月二十四日勒石”。碑石下半部字迹漫漶不清，多不可识。

《西乡县志》及《西乡地名志》等方志中关于“倒座庙”的记述寥寥无几。该碑记的发现，对西乡地方人文、乡约、民情等史料有一定补益。

【足骨化石证实“露西”时代存在其他人科动物】

2012年3月29日，一个国际科学家团队在英国《自然》杂志上报告说，他们在埃塞俄比亚境内发现的足骨化石证实，著名古人类化石“露西”生活的时代还存在其他人科动物，这对研究人类进化具有重要意义。在人类进化过程中，多种人科动物曾并存，但发现与“露西”同时代的其他人科动物化石却尚属首次。

南方古猿阿法种生活在距今370万年至290万年前，其最著名的代表即是“露西”，生活在距今约320万年前。发现与“露西”同时代的其他人科动物表明，古人类的进化比原先认为的要更为复杂。

【陕西三原县出土清《二十四孝图》迎风石】

2012年4月7日，陕西省咸阳三原县城关镇中山街小学内，施工队在进行下水道改造施工中，意外挖掘出一块石碑。民工们出于好奇将石碑用水冲洗干净，却惊奇地发现石碑上的图像雕刻精美，造型逼真，人物栩栩如生。认真勘查后，初步认定为清朝早中期的文物——迎风石。图案为古代《二十四孝图》中的“鹿乳奉母”和“乳姑不怠”，石头高1.66米、宽0.45米、厚0.2米。

经与学校领导商议后，依照《中华人民共和国文物保护法》的有关规定，将迎风石收归国有。2012年4月9日，该迎风石已由三原博物馆收藏保管。

【南宋丞相史嵩之夫妇墓考古发掘获重要发现】

根据浙江省文物局安排，经国家文物局批准，宁波市文物考古研究所于2011年12月开始，对位于余姚市河姆渡镇五联村林夹岙山林中被盗的南宋丞相史嵩之夫妇墓实施抢救性考古发掘。2012 年，田野发掘工作全面结束，考古工作已经转入室内研究与保护阶段。

本次考古发掘共清理古墓葬 4 座，其中 2 座为清代晚期平民墓葬，另 2 座分别为南宋右丞相史嵩之及其继室赵氏墓葬。出土有大量丝织品。经鉴定，该批丝织品数量大、规格高、种类丰富，囊括了当时流行的所有品类，部分织物为浙江省甚或世界首次发现。

史嵩之夫妇墓是宁波地区经过正式考古发掘的官员级别最高的墓葬，具有明确的历史纪年。该墓的发现对于研究南宋时期高等级官员的墓葬结构与形制等具有重要意义。宋代赵氏宗室及明州（庆元）史氏望族、宋代宁波地方史志也有较高的文献价值；墓室内保存尚好的木棺也是宁波首次发现的高等级官员的木棺，对于研究南宋时期的木棺形制结构以及丧葬习俗、漆木工艺等都提供了宝贵的实物资料；木棺内随葬的丝织品填补了浙江省乃至全国南宋服装史的空白，对于南宋浙东经济史、手工业和纺织业技术史具有弥足珍贵的研究价值。

【陕西镇安发现 200 余处明清古山寨】

在 2012 年 4 月结束的第三次全国文物普查中，文物工作者在地处秦岭之中的镇安县境内发现 200 多处明清时期古山寨。专家认为，这是陕西省县域内发现的数量最多的古山寨群，其雄居险峻山巅之势在全国亦属罕见。

镇安地处秦岭腹地的崇山峻岭之中，是古关中向南通往川渝、向东通往湖北的交通要道。镇安山寨对研究秦岭“南山老林”古山寨修筑技术和明清军事防御史、民间防御史提供了实物资料，对了解镇安地区明清时代乃至民国时期的政治、历史、文化和社会治安状况有着重要的参考价值。

【陕西凤翔发现唐代波斯商人墓葬线索】

凤翔县公安局破获一起唐墓被盗案件，追缴被盗文物唐代石棺床一组，墓石共 14 件。经省市文物专家初步判定，这组文物为隋唐时期的石棺床构件，属国家二级文物。而墓石中特殊“火焰纹”图案的出现，也让专家们将墓主人身份锁定为一位波斯商人。

这 14 块墓石属于石棺中的榻板和榻腿构件，均为长方形，在凤翔县境内被盗。其中 8 块墓石上刻有蔓草纹，剩余 6 块正面刻有瑞兽纹和明显的“火焰纹”图案。而“火焰纹”是流行于古代波斯（今伊朗）的“拜火教”的重要象征之一。

在国内考古发掘报道中，有波斯人墓葬的记载只有 7 处，此次追缴回的墓石为研究宝鸡地区的波斯人墓葬提供了重要线索，在一定程度上弥补了宝鸡地区研究波斯人墓葬的空白。

【河南郑州市二处遗址喜获“2009 ～ 2010 年度国家文物局田野考古奖”】

国家文物局在 2012 年全国考古工作会议上公布“2009 ~ 2010 年度国家文物局田野考古奖”获奖名单。由北京大学、郑州市文物考古研究院联合发掘的河南新密李家沟遗址，由郑州市文物考古研究院发掘的河南新郑望京楼遗址分别荣获“2009 ~ 2010 年度国家文物局田野考古奖”二等奖。

望京楼夏代城址和商代城址位于同一地点，对于探讨夏商历史、夏代晚期文化与商代早期文化更替及中国早期城池建设等问题都具有重要意义，是极为重要的考古新发现，再次证明中原地区是中国古代文明的源头和核心区域。

【陕西西安北郊发现大型西汉积沙石椁砖室墓】

2012 年 3 月，西安市文物保护考古研究院在西安北郊配合百花家园地下车库建设工程中发掘了 9 座汉墓，其中编号 M6 的一座西汉墓规模宏大，墓圹内积沙，尤其是在砖砌墓室内砌筑石椁，是西安地区较为少见的汉代墓葬形制。墓葬虽盗扰严重，但出土了大量珍贵文物。

该墓未出土明确纪年或墓主的文字资料，其年代及墓主身份只能根据墓葬形制及出土器物作大体推断。而这次发现的M6则是砖石混合结构，前室砖室，后室内为石椁，外为砖室，且双券并列，这在西安地区是极少见的，为西安地区汉墓的结构与葬俗研究提供了新资料。

【新疆吐鲁番地区胜金口千佛洞考古发掘工作进展顺利】

为配合丝绸之路联合申遗工作的顺利实施，新疆自治区文物局在全疆范围内开展大遗址维修保护项目。胜金口千佛洞考古发掘工作始于2009年，由新疆自治区考古研究所组织实施，主要发掘清理了胜金口千佛洞北寺院遗址和南寺院部分遗址。2012年4月6日，胜金口千佛洞第二期考古发掘工作正式开始，此次发掘工作由自治区考古研究所和吐鲁番学研究院考古研究所联合开展，是2009年工作考古工作的延续。

【四川自贡市高新区板仓街发现明代墓葬】

2012年4月22日，四川自贡高新区板仓街卷子村3组陈家坝沿河公路施工现场发现了一座古墓葬。自贡市文物局接报后赶到现场，对墓葬进行抢救性发掘处理。该墓葬坐北朝南位于一个山坡上，墓室的石顶离地面的泥土不到1尺厚，墓室为长方形石室墓，墓顶由条石垒砌而成。共发现3座墓葬，墓室长约2.3米、宽约1.1米。墓室有酒壶、酒杯、镜子等生活器物的雕刻。共清理出随葬物品5件，其中陶罐3个、陶碗2个，均为民窑产品。在清理发掘过程中，没有发现墓志铭、买地券等文字记载。根据墓室结构和出土器物特征推断，该墓葬为明代墓葬。

【四川罗江县周家坝船棺墓地抢救性考古发掘取得重要成果】

2011年12月30日至2012年4月7日，四川省文物考古研究院、德阳市文物考古研究所、罗江县文物管理所对罗江县周家坝船棺墓地进行了抢救性考古发掘，发掘面积约18000平方米，发现战国至秦汉墓葬81座，出土器物260余件，取得了重要的考古发掘成果。

一、 周家坝船棺墓地是近年来发掘的最大的船棺墓地。

二、周家坝船棺墓地出土器物种类丰富。

三、周家坝船棺墓地是蜀国考古的重大发现，丰富了德阳地区的蜀国文化研究内涵。

目前，船棺墓地在蜀国地区（今四川、重庆）仅发现5处，而德阳辖区就占2处，据此可推断德阳在一段时期内曾经是蜀国文化的腹心地带，极大地丰富了德阳地区的蜀国文化研究内涵。同时，周家坝船棺墓地的发现和发掘，对罗江县的地方历史文化和地方史研究具有里程碑意义。

【三星堆遗址周边流域调查勘探取得重要成果】

根据《三星堆遗址2011～2015年度考古工作规划》，“十二五”期间，四川省文物考古研究院拟以三星堆城址为中心，在广汉、什邡、彭州、金堂、新都、青白江等周边区域大范围开展三星堆遗址群的考古调查、勘探工作，同时结合多学科综合研究，辅以有针对性的、带有课题性质的小规模发掘，力争在对三星堆城址的布局关系、重要分区以及以三星堆城址为中心的遗址群的结构特征和聚落关系等方面的了解上有所突破，从而推动三星堆研究的进一步深入。

截至2012年3月，共发现商代、西周遗址10处（广汉境内6处，什邡境内4处），取得了十分重大的成果。

从此次调查发现的古遗址分布情况来看，均分布于三星堆遗址西北鸭子河流域北岸。三星堆遗址作为商代蜀国都城遗址的存在并非是孤立的，而是和周围众多聚落遗址相互结合而存在的。三星堆城址的出现，应是从这些众多的聚落遗址中诞生的，是这些众多遗址的共同的文明中心。

【宁波渔山沉船遗址水下考古发掘项目正式启动 国家水下文化遗产保护宁波基地象山工作站同时揭牌】

2012年5月11日，渔山沉船遗址水下考古发掘启动暨国家水下文化遗产保护宁波基地象山工作站揭牌仪式在宁波华侨豪生大酒店隆重举行。各相关单位代表以及来自全国各地的水下考古队员约50余人参加了活动仪式。

这些工作的相继实施，必将有力推动宁波乃至浙江水下考古事业的快速发展，有效促进水下文化遗产保护成果的社会共享。

【四川甘孜州炉霍县斯木乡发现春秋战国时期墓葬】

2012年4月20日，四川省甘孜州炉霍县斯木乡瓦尔壁村在自来水引水渠挖掘现场掘出数件青铜器和陶器。4月27日，省考古研究院派出4名专家前往炉霍县斯木乡瓦尔壁村实施抢救性保护发掘。

经省考古队专家历时两天的发掘，挖掘出土文物24件，其中包括青铜马衔4件、铜泡1件、青铜马铃2件、青铜釜1件、骨纺轮2件、骨器2件、青铜饰1件、骨饰1件、单耳罐1件、马头骨5个、马腿骨2副、人骨骺1具、狗骨1具，大部分保存完好，专家初步鉴定为春秋战国时期的墓葬。

炉霍县斯木乡瓦尔壁村石棺葬的发现再次佐证了鲜水河流域在5000年前的文化、生产、生活，其特殊的墓葬形式对于研究鲜水河流域石棺墓葬文化具有重要的意义。

【河北内丘发现隋唐邢窑遗址群】

2012年4月，河北内丘县发现了隋唐时期大规模邢窑遗址群落，已探明有6座相对集中且完整的隋唐时期邢窑窑炉和丰富的瓷片堆积层，并已采集到隋代白瓷碗、带“盈”字款的白瓷玉璧底碗、唐三彩陶片等重要标本。

据考古资料表明，邢窑创烧于南北朝晚期，经过隋朝的发展，到唐朝时已达到鼎盛阶段，其精美的细白瓷作为贡品入主宫廷，还远销海外十几个国家和地区，与当时的南方越窑青瓷并驾齐驱，被后人誉为“南青北白”。

【中国建筑设计研究院建筑历史研究所专家组调研甘肃省丝绸之路申遗工作】

2012年4月20日至27日，中国丝绸之路申报世界文化遗产文本编写负责人、中国建筑设计研究院建筑历史研究所所长陈同滨带领专家组对甘肃省7处丝绸之路申遗备选点进行了调研。

根据国家文物局安排，中国建筑设计研究院建筑历史研究所负责我国丝绸之路各申遗备选点申遗文本的编制工作。按照专家组的指导意见，完成丝绸之路申遗的各项准备工作，并以此为契机进一步推动我省文物事业的可持续发展。

【重庆渝中区老鼓楼衙署遗址】

老鼓楼衙署遗址现位于解放东路原东华馆小学支路旁。2009年底危旧房改造时被发现，从2010年4月以来，分3个阶段开展了抢救性发掘。目前，遗址总体计划发掘面积14000平方米，已发掘共12640平方米，余下1360平方米将在第4阶段完成。

经考证，老鼓楼衙署遗址在南宋时为四川制置司衙署所在，即当时抗蒙名将余玠帅府，也是南宋时期川渝地区山城防御体系的指挥中心。

此外，工作组还发现了一处夯土包砖式高台建筑遗迹。经考证应为南宋时期重庆府衙署的谯楼，所在地域是南宋、明、清、民国4个时期衙署所在。

老鼓楼衙署遗址的相关发现填补了重庆城市考古的重要空白。同时，遗址作为南宋川渝山城防御体系的战略枢纽和指挥核心，也是一处影响世界文明进程的军事遗产。遗址对于研究重庆城市沿革变迁、川渝地区古代建筑及宋蒙战争史有着重要学术价值。按照规划，老鼓楼衙署遗址将建成考古遗址公园向市民开放。

【唐代朱雀大街遗迹“出土”即将进行发掘清理】

唐代朱雀大街在一次改造项目发掘中露出“冰山一角”，一并还发掘出了唐安仁坊以及唐长安城的一条坊间道路。

在大街东侧的中部，发现有密集的南北车辙，在靠近路侧的地方，还发现几道东西车辙。第二个重要发现是唐安仁坊——唐长安城著名的荐福寺塔院所在的里坊。第三个发现是发掘出了一条唐长安城的横街，即安仁坊以北和开化坊以南的坊间道路——唐长安城第七条东西横街。

【湖北发现大量保存完好明清古墓群】

2012 年 5 月 20 日，湖北省长阳土家族自治县都镇湾镇，大量的明清古墓保存完好，这在全国实不多见。

据业内人士介绍，都镇湾镇发现的古墓葬群，对研究土家族丧葬习俗礼仪和石雕技艺，具有宝贵的实物价值。

【河南栾川孙家洞旧石器遗址】

2012 年 5 月到 9 月，洛阳市文物考古研究院对栾川孙家洞遗址进行了考古发掘，取得了重大学术成果。发掘清理出土有动物化石、古人类化石、石制品、河卵石、动物粪便化石等。尤为重要的是发现 6 颗古人类牙齿，其中有 2 颗为幼年个体的牙齿、1 颗门齿和 3 颗臼齿，且包括 2 个残破的牙床。

栾川孙家洞古人类与旧石器考古新发现意义非常重大。首先是人类化石的发现，其时代肯定是中更新世，这对东亚地区人类起源及演化的研究是很重要的一批新材料。同时，孙家洞人化石的发现，为找到栾川旧石器的主人提供了更明确的线索。该地处于中国自然地理的过渡带，它的发现为该地带古环境对古人类活动影响研究提供了重要的信息和证据。

【浙江杭州小横山东晋南朝墓群整理工作进展顺利】

2012 年 2 月，小横山东晋南朝墓群野外发掘基本结束，共发掘墓葬 121 座，出土文物 300 余件，其中 20 座墓葬发现有画像砖，具有重要的文物研究和艺术价值，引起学术界广泛关注。

截至 2012 年 5 月 25 日，共修复文物 100 余件，制作拓片 100 多幅，拍摄照片 200 多张，绘图 80 多件，器物描述基本完成，完成文字稿近 9 万字。随葬器物的形式划分及分期工作正在紧张进行中。期间，浙江大学艺术与考古研究中心的研究员、教授参观考察整理现场并展开学术交流。

【浙江省长兴夏家庙土墩遗存考古发掘进展顺利】

为配合长兴城市开发建设，浙江省文物考古研究所和长兴县博物馆，联合对长兴五峰村夏家庙的土墩遗存进行了抢救性考古发掘。从 2011 年 4 月至 2012 年 5 月，共发掘土墩 10 座，面积约 8000 平方米，清理两周、汉六朝时期、明清时期的墓葬 86 座，出土随葬器物 500 多件。

由于本项目涉及的土墩遗存的数量较多，发掘还将继续。从已发掘的 10 座土墩看，埋葬形式较多样，这对于研究商周时期吴越地区流行的土墩墓在后期的发展演变具有十分重要的资料价值

【黑龙江省讷河市出土猛犸象门齿】

2012年5月29日，黑龙江省讷河市建华村一村民挖污水井时发现一个类似塑料管的东西。经讷河市文物专家鉴定，认为这是一件一万多年前生存在此地的猛犸象门齿。经现场测量，这颗猛犸象门齿全长2.2米左右，直径10厘米，重19公斤，由此推测此象体重在5吨到10吨之间，如此完整的猛犸象门齿化石实属罕见。而且这次挖掘的猛犸象门齿相对完整，光泽度较好。

据了解，讷河境内早就有猛犸象等大型股生物发掘出土的记录。1958年以来，该市境内的拉哈、通南、和盛、孔国等多地，也曾经出土过猛犸象骨骼及门齿化石十余次，此次出土的猛犸象门齿，对研究猛犸象历史同样具有重要价值。

【浙江省杭州市完成余政挂出地块考古勘探与发掘】

经过三个多月的紧张工作，2012年6月3日，杭州市文物考古研究所顺利完成余政挂出（2010）05、06号地块的考古勘探与发掘，共发掘墓葬40座，其中汉墓6座，东晋南朝墓34座。出土各类文物80件（组）。

此次考古勘探与发掘，基本搞清了地块范围内地下文物的分布情况，也为研究当时的墓葬形制和埋葬习俗提供了实物资料。

【四川安岳卧佛窟前佛殿遗址考古发掘成果丰硕】

安岳县卧佛院摩崖造像和石刻佛经，是全国重点文物保护单位。大批盛唐摩崖石刻造像和石刻佛经，有很高的文物、艺术、研究价值。2012年5月10日，四川省文物考古研究院开始对卧佛殿遗址进行发掘。经过四川省考古院专业人员近一个月的精心发掘，发掘面积400平方米，发现房子两座（编号F1、F2），保存较好，出土文物90多件，初步确认为明代建筑遗迹。卧佛殿遗址发掘对卧佛院保护规划及卧佛保护窟檐设计提供了科学依据。

【黑龙江省伊春市南岔区桦阳遗址正式发掘】

2012年6月由黑龙江省文物考古研究所、伊春市文化广电新闻出版局、伊春市文物管理站、南岔区文化广电体育局联合组织的浩南公路考古发掘队，对伊春市南岔区桦阳遗址进行正式发掘。

桦阳遗址是2011年7月浩良河至南岔公路升级改造工作进入筹备阶段，由黑龙江省文物考古研究所主持的浩南公路沿线文物调查中发现的。地表之上采集到一些石器，根据采集到的文物特征，初步确定为旧石器时代遗址。截至2012年5月，已出土600余件石制品，包括石核、石片、双面器等。石制品原料主要为玛瑙、流纹岩、安山岩等。发掘中还发现了少量新石器时代遗物。此次考古发掘工作，填补了黑龙江省东北部及小兴安岭地区旧石器时代遗址科学发掘的空白，同时也对了解和研究东北亚地区旧石器时代古人类分布及生产、生活活动提供了十分宝贵的资料。

【黑龙江省抚远县发现两处古代文化遗存】

由黑龙江省文物考古研究所、佳木斯文物站和抚远县文管所专业技术人员组成的前哨——黑瞎子岛段高速公路工程考古调查勘探工作队在黑龙江省抚远县境内发现两处古代文化遗存。根据文化特征，1号遗址初步认定属于隋唐时期至辽金时期多层遗址。2号遗址结合就近遗址发现的文化遗存分析，初步认定为汉魏至隋唐时期的遗址。

【新疆温泉阿敦乔鲁遗址与墓地】

被称为“石头迷宫”的温泉阿敦乔鲁遗址与墓地，是新疆首次发现早期青铜时代遗址，不久前已被评为中国社会科学院主办的“2012

年中国六大考古新发现”。

阿敦乔鲁遗址与墓地位于新疆温泉县境内，包括11处举行某种仪式的石堆祭祀居址，60余座石板墓，30余座石堆墓，其年代为公元前19世纪至公元前17世纪，是新疆地区首次发现的青铜时代早期的遗址与墓地，也是迄今为止规模最大，设计最工整、复杂的新疆早期青铜时代西天山地区的中心性遗址，对于确认博尔塔拉河流域的古代文化具有非常重要的意义。

阿敦乔鲁考古发掘与研究是中国社会科学院考古研究所创新工程的重点项目，自2010开始进行田野调查与测绘工作，2011年进行了试掘。2012年的6月至9月，阿敦乔鲁项目组对遗址和墓地进行了大面积的发掘工作，共计发掘了3座相互连属的房址（建筑遗迹）、9座石板墓葬，发掘面积近1500平方米，获得了一批陶器、石器以及铜器小件、包金耳环等珍贵遗物。

【河南三门峡市发现金代砖室壁画墓】

河南省三门峡市文物考古研究所在文物考古发掘中，发现了一座金代砖室壁画墓。

该墓坐北朝南，由墓道、甬道、墓室三部分组成。墓室为长方形四角攒尖式券顶，内置一棺床。墓室壁上嵌有多种棂窗、护门以及绽放的花木雕砖，结构布局合理，做工精美逼真。尤其在墓室东壁护门上，可见刀刻字样。右扇门上有三竖行（从左向右），上面刻有“孙百僧二孙瘦，贞祐二年（1214年）十二月，见南李庆二男祥”字样。从墓室脱落的壁面看，墓室顶部原有彩绘壁画，内容无法考究。该墓不仅建造工艺精细、艺术手法细腻，而且是一座金代确有纪年的墓葬。经文物专家鉴定，该墓为金宣宗贞祐二年（1214年）的一座夫妻合葬墓，为三门峡地区宋、金墓葬的断代分期提供了准确的年代学标尺，同时为研究金代时期中原地区社会生活和文化交融提供了重要的实物资料。

【河南南阳考古发现鄂国墓地大批精美文物】

2012年6月，河南南阳市文物考古研究所在配合南水北调中线工程进行考古发掘时，取得了重大成果，发现了春秋早期鄂国贵族墓地，出土了一批青铜器、玉器、漆木器、陶器等重要文物，具有重要的历史、艺术、科学价值。

鄂国是我国历史上的一个重要方国。根据《史记》等文献记载，商代时，鄂国就十分强大。西周时的鄂国，地处汉水以北，淮水以西，是周王朝当时屏藩南土的军事重镇。西周晚期至春秋时期，鄂国史书记载缺失，一度成为史学悬案。

因此，这次考古发现出土的大批鄂国青铜器等文物，为研究鄂国的历史和及周代分封情况提供了重要的实物资料，引起了国内历史、考古学界的关注和重视。

【陕西宝鸡市渭滨区发现大批商周青铜重器】

2012年6月22日，宝鸡市渭滨区石鼓镇石嘴头村村民在修建房屋开挖地基时，发现青铜器后立即主动报告。市、区文物部门和单位当即展开抢救清理，发现商末周初贵族墓葬1座，已暴露青铜重器20多件、车马器和兵器一批。该墓葬长4.3米、宽3.6米，距离地表深2.4米，两椁一棺形制，墓主头南脚北，仅留部分骨骼。椁上部发现1辆马车，出土车軎3件、铜泡17件、銮铃3件、铜鸟2件、车饰2件。其中东壁有窑龛2个，一个窑龛发现铜甗1件、铜鼎1件、铜簋4件、铜戈1件，另一个窑龛发现铜鼎2件、铜簋1件。北壁窑龛发现铜禁1件，禁上有铜彝1件、铜卣2件，其中一卣下有方座，铜禁下有铜斗1件，铜禁东有铜罍1件、铜壶1件、铜卣3件、铜尊1件、铜爵1件。目前暴露出的青铜礼器共计21件。

2012年该地曾两次出土礼器、车马器、工具、兵器等文物129套（组）188件。除3件陶器时代为汉代外，其他文物均为商末周初时期。

特别是铜尊、卣、罍保存完好，造型纹饰精美。铜尊带鋬，铸有族徽和铭文，在宝鸡地区尚属首次发现，在全国也不多见。

【河北丰宁发现清“固伦温宪公主”碑】

丰宁满族自治县沙坨子村在原村老院内挖出一通碑刻。该碑为石灰岩质，长方形，底部残缺，残长58厘米、宽29厘米、厚12厘米，无纹饰。在碑阳正中阴刻楷书为“温憲公主 馬厰交界”。碑阴阴刻楷书“址石”。

据史料记载，碑文中提到的“温宪公主”，即为“和硕温宪公主”，即“固伦温宪公主”（1683—1702），康熙帝之第五女。康熙三十九年（1700年）18岁时受封为“和硕温宪公主”，嫁与佟氏舜安颜。雍正元年（1723年）3月，雍正皇帝将“温宪公主”这个亲妹妹，“和硕温宪公主”追赠为“固伦温宪公主”。

此碑刻的发现意义深远，是康熙帝为温宪公主在现今丰宁满族自治县小坝子乡境内的养马场设立的界石。该碑为丰宁境内记录温宪公主唯一的佐证，对于研究温宪公主御封领地，具有重大的历史意义和文献价值。

【陕西宝鸡出土罕见西周铜禁 系1949年后当地首次发现】

2012年6月22日，陕西宝鸡石嘴头村村民发现西周墓葬，其中一件被称为“禁”的青铜器存世罕见，是1949年后当地首次出土。

经过精心发掘，已出土10余件大型青铜器，其中有酒器、食器、兵器，分为鼎、尊、簋、卣等。其中一件长约1米、高约20厘米，形似茶几、酒桌的长方体青铜器，学术名称为“禁”，目前国内外出土、存世的屈指可数。这件“禁”在陕西省尚属首次发现。

【四川发现4000年前金川制陶业遗址】

在金川刘家寨遗址考古发掘中，225座灰坑和19座陶窑中发现了大量陶片，或许是一个以制陶业为主的聚落。

刘家寨遗址位于阿坝州金川县二嘎里乡二嘎里村，从2011年9月起，省文物考古研究院联合阿坝州文物管理所、金川县文物管理所已在此进行了两次发掘。发掘面积3500平方米，出土了陶质、石质、骨质等各类小件标本逾2000件。初步判断，年代大约为4700年前。

刘家寨遗址为全面认识西北地区的马家窑文化提供了新的资料，是一处重要发现。

【浙江省文物考古研究所专家组考察桐庐小青龙遗址】

2012年7月9日，由浙江省文物考古研究所史前考古专家组成的10人考察组实地考察桐庐小青龙遗址，对浙江省首次发现的新类型遗迹进行论证。

小青龙遗址自2011年9月起进行正式考古发掘，发掘面积达2800平方米，清理墓葬40余座，出土了一批按柲玉钺、镯式琮、玉璧等良渚文化时期重器。遗址自北向南分为墓葬区、生活区房基遗迹、生产区疑似窑址遗迹，功能区域分布清晰，考古发掘取得了重要成果。

【宁波“小白礁Ⅰ号”水下考古2012年度发掘圆满结束】

2012年7月11日，随着最后一批省外水下考古队员撤离宁波，象山“小白礁1号”沉船遗址水下考古2012年度发掘工作圆满结束。

2012年5月11日，“小白礁1号”发掘项目正式启动，6月4日开始进入潜水发掘阶段，7月11日圆满结束年度发掘。期间，发掘面积约160平方米，出水文物134件，其中青花瓷87件、五彩器9件、陶器8件、铜器3件、紫砂壶1件、酱釉器盖1件、青砖1块、石板24块以及植物果核若干，并科学、规范地同步完成水下摄影摄像、测量绘图、检测样品采集和现场文物保护等工作。此外，还完成了对船体的形式结构、规模尺寸、木料用材、船板层数、腐朽程度等基本保存状况的客观评估，为2013

年船体发掘和现场保护提供了客观依据和对策分析。

【河南浚县发现隋唐时期国家大粮仓】

经考古专家半年多的考古发掘，浚县黎阳仓其中两个仓窖终于揭开神秘面纱。这座依山而建的古粮仓，距今1400多年，总储量约3360万斤，可供8万人吃1年。考古专家表示，限于实际条件和民房所压，还有未勘探区域，实际仓窖数量可能会超过这个数量。

黎阳仓是隋唐时期大运河沿岸重要的国家官署粮仓，其遗址长期以来备受史学界和考古学界的关注。2011年12月，河南省文物考古研究所对黎阳仓遗址进行正式考古发掘。已发掘黎阳仓大小探方25个，探沟4条，总面积2200多平方米。清理出大型建筑基址3处、仓储坑2个、墓葬11座、灰坑83个、路1条、灶14个。出土陶、瓷标本残片万余件。其中建筑材料板瓦、筒瓦占90%以上，具有代表性的陶瓷和建筑材料标本500多件，带“官”字款板瓦200余件（片）。

【四川雅江发现唐代白狼国文物 出土大量陶俑】

2012年7月20日，四川雅江县县郭岗顶遗址元代寺院窖藏中出土了大量9世纪的白狼族陶俑。该批白狼国文物是关于白狼国唯一的一批文物，十分珍贵，有重要的学术价值。

这里应是古代白狼（白兰）族一个重要的居住地。陶俑反映了9世纪白狼人的生活状况，他们的发饰有的保持着原来的状态，有的类似吐蕃人的发饰。白狼族是一个古老的民族，早见于《汉书》，专家认为他们起源于青海省的巴彦喀拉山一带，也就是今天的果洛地区，而果洛地区在藏文中的意思与西俄洛的“俄洛”在藏文中的意思是一样的。大约在东汉时他们向南迁移，直到巴塘县一带，白狼族与汉族很早就有接触与交流。东汉使臣拜访过他们，并给他们带去了盐巴和丝绸。白狼国王为此写诗表感谢。这首诗至今保持在《后汉书》中。郭岗顶古遗址有着重要的学术价值和艺术价值 。

【山东定陶灵圣湖发现汉墓】

该墓位于山东省定陶县马集镇大李家村西北约2000米，墓地原有3座大型封土墓葬，早年被平毁。该墓葬属于甲字形大型木椁墓，墓道为斜坡式，两侧带有二层台。墓坑近方形，属于地上墓坑。墓葬的核心部分是墓室，墓室近方形，边长约23米，顶部及四周用青砖垒砌封护。木椁墓室包括“黄肠题凑”、回廊外12个侧室、回廊、前室、中室、后室以及前中后三室的8个耳室、各室间甬道、四个门道，中室内放置有一具漆棺。整个墓室结构南北对称。

定陶汉墓出土有瓷碗、碟、盘、虎枕等瓷器及铜钱、铜镜、铁釜、铁刀等遗物。2012年7月，该墓葬新出土了汉代谷纹玉璧、丝质花结、竹笥和丝袍等一批珍贵文物。目前，国家和省市文物保护部门已经确定对定陶汉墓实行原址保护，并筹建博物馆。

【内蒙古辽上京皇城西山坡佛寺遗址】

西山坡是皇城西南的一处自然高地，上有三组东向的建筑基址群，其中北组有三座圆台形建筑基址。出土大量泥塑佛教造像，大量铜钱，还有石像、石经幢、陶瓷片、铁器、铜镜等，以及大量砖瓦和瓦当、滴水等建筑构件。

本次发掘时新中国建国以来规模最大的一次辽代都城遗址考古。根据考古发现的遗迹和遗物，可以确认西山坡是一处辽代始建的佛家寺院遗址，位置重要、规模庞大，是当时辽上京标志性建筑之一。这次发掘成果无疑对重新认识辽上京皇城遗址的形制布局将产生重要的意义。

【四川金川刘家寨遗址第二次发掘顺利进行】

金川刘家寨遗址是四川新发现的一处新石

器时代晚期遗址，位于青藏高原东麓金川县二嘎里乡刘家寨台地上。2012年5月，四川省文物考古研究院再次联合州、县文物管理所组建10余人专业队伍，准备对该遗址进行第二次考古发掘。

截至目前，刘家寨遗址完成发掘面积1000平方米，正在发掘面积1700平方米，总计清理灰坑92座、陶窑6座（另有4座正在确认中）、房址4座。

出土遗物丰富，已登记入库的小件标本逾600件，主要有陶器、骨器、石器。在去年基础上，新增了骨镖、骨镞、石镞、细石核、炭化植物种子等标本。陶片仍以夹砂褐陶居多，可辨器型有侈口罐、平底器等；另外有一定数量的泥质陶，主要为红褐陶和抹光灰陶等，可辨器型有钵、盆等；也有较多黑彩陶片，主要有弧线纹、三角纹、圆点纹。骨器以锥、笄、匕较为常见。石器除较多磨制石刀外，新增较多打制石器，尤以细石器居多，石质多为水晶、燧石。

此次发掘对所有遗迹的堆积均进行筛选，经筛选收获较多小石器、细石器、果核、鱼骨和小型动物骨骼标本。浮选土样中也发现数十粒植物种子标本。

【河南周口发现三座清代墓】

2012年7月27日至29日，周口市文物考古管理所在配合周口某工地的文物勘探中发现了三座墓葬，并派人进行了清理。

这次发现墓葬均为南北向竖穴土坑墓，开口于第2层，开口距地表一般在0.7~0.9米之间。M1南北长2.8米，东西宽0.95米，深0.9~1.45米。M2南北长3.0米，宽0.9米，深0.8~1.34米。M3南北2.5米，东西0.8米，深0.7~1.25米。这三座墓均内葬一人，葬具为棺，葬式仰身直肢，年龄在40~55岁不等，面向东。所有棺上均发现有一块灰陶布瓦，这与周口市的葬俗有很大关系。这次共出土文物5件，这其中清代铜钱3枚、青砖1块、布瓦1片、红陶双系罐1个。

这次发现的清代墓葬，为研究周口市埋葬习俗的延续和发展提供了实物资料。

【四川宜宾市南溪区长顺坡墓地考古发掘工作顺利推进】

2012年5月下旬在宜宾市南溪区发现两座宋墓，出土数十件陶俑。随即，四川省文物考古研究院组织考古队对该墓地进行抢救性考古发掘，在墓地西部已发现墓葬10座。其中明清墓葬4座，宋代墓葬4座，汉代崖墓2座。明清墓葬中2座为砖室墓，另2座为石室墓。4座宋墓均为石室墓，上部均遭破坏。其中M3与M5、M8与M9相距近且方向、结构相同。M3结构包括墓道、甬道、墓室、后龛及壁龛。墓室长5.5米，宽1.1米，墓道长2.6米。后龛有花卉、果实、神兽等浅浮雕刻，甬道内出土有白釉瓜棱执壶、白釉瓷盏、青白釉瓷碗、饼足碗等。M8后室有仿木斗栱雕刻，后龛有妇人启门雕刻。

汉代崖墓均开凿于断坎上的红色砂岩崖壁上。其中M2墓道中央有砖砌排水沟。墓门有封门砖，残高1.24米。两边门柱上分别雕刻人首蛇身的伏羲、女娲。门楣上雕刻有双蛇交缠纹，额枋上有仿木斗栱。M10墓室东侧有砖砌棺床，石棺棺盖上雕刻有变形柿蒂纹，棺一端面有单阙雕刻，侧面则雕刻有人物、朱雀、鱼、胜纹等。

本次发掘的宋代墓葬两两成组且雕刻精美，出土瓷器较为精致。汉代崖墓中的画像石棺及伏羲女娲雕刻也是难得的墓葬材料，对于研究川南地区的葬俗演变史及古代艺术史具有重要价值。

【新疆精河县发现距今2000年左右古人类居住遗址】

文物专家在赛里克底山前地带发现两处早期人类居住遗址。经过新疆维吾尔自治区文物专家鉴定，初步推断年代应该在公元前后之间。

据称，该遗址距离青河县约100公里的一条南北向季节性冲沟内。遗址轮廓清晰，房址的墙基用黑色或褐色砾石砌制而成，多为长方形。1号遗址南北长17米、东西长14米，用双层较大的砾石砌成，墙基宽0.9米，砾石间距0.4米，高0.5米~0.9米。2号遗址以一个直径14米的圆形和3个大小不一的长方形组成，较小的居室长4.5米、宽3.7米。工作人员在该遗址的地表上采集到了夹砂陶片和纺轮残片等遗物。

该聚落遗址的发现对研究精河地区早期人类活动和生产生活提供了实物资料，也是首次在精河境内发现的保存较好、特征明显的公元前后人类居住的遗址。

【四川南充阆中发现东汉古墓】

2012年8月2日，文物保护部门在阆中市一建筑工地发现两座古墓，据考古专家初步断定该墓葬属于东汉古墓，经过抢救性发掘出土了多件文物，内容丰富，极具考古价值。

据介绍，这两座汉墓南北长5.35米、东西宽3.5米、高2米，整个墓室都是在巨石上开凿而成的。墓道用汉砖与石块堆砌而成，石块与石块之间由凹槽连接，非常稳固。经过发掘，在1号墓出土了一些陶制的陪葬品，其中有陶盘、陶狗等物品。另有少量铜钱，由于年代过久大部分已经发生断裂。其中出土的一枚铁剑长约35厘米、宽3厘米，在剑隔部分包裹着玉石以及银饰。据专家介绍，此剑的装饰在汉代出土的物品中极其罕见，而且保存如此完整，具有极高的文物价值。

此次发掘，出土了部分东汉时期典型的陶器组合，为研究东汉时期的丧葬习俗、墓葬形态提供了宝贵的实物资料。

【陕西凤翔县庄基复垦时出土汉代陶器】

2012年8月9日，陕西省凤翔县南头村发现出土文物。

经凤翔县文物部门初步鉴定，出土文物时代为汉，分别为陶灶1件、陶罐3件。根据现场查看，文物出土点位于长青镇孙家南头村七组旧庄基断崖处（省级文物保护单位“西汉仓储遗址”西100米处）。目前，已将出土文物交予当地文物部门保护。

【陕西南郑龙岗发现新石器时代窑址和房址】

2012年8月13日，陕西南郑县龙岗遗址发现新石器时代窑址和房址等人类活动遗迹，这是继1983年龙岗遗址考古发掘后的又一次重大发现，为龙岗遗址下一步考古发掘工作提供了重要依据。

龙岗遗址位于陕西省南郑县梁山镇，北临汉江，南依梁山，与汉中“一江两岸”区域和滨江新区接壤。龙岗大桥建成后，龙岗遗址距汉中中心城区约1.5公里。龙岗遗址主要包括旧石器时代和新石器时代古人类遗址、汉代墓葬群、千年禅院及陕南特委代表会议旧址等，其文化内涵丰富，分布密集，自成序列，具有极高的历史价值、科学价值、艺术价值，不仅规模宏大，更具有历史文化的连续性，在国内外有较大的影响。

【陕西周至县建筑工地发现一座元墓】

2012年7月17日，陕西省西安市周至县一建筑工地发现一座古墓葬，西安市文物保护考古研究院与周至县文化局联合对该墓进行了抢救性发掘。该墓时代明确，保存较好，出土了一批重要文物。墓葬形制为竖穴墓道土洞墓，坐北朝南，平面呈“甲”字形，全墓由墓道、墓室两部分组成。墓道位于墓室的南部，平面呈梯形，南窄北宽，壁面较直，在墓道底部发现有器物加工痕迹。墓室平面呈长方形，拱顶土洞结构。东、西、北三面有小龛。随葬品主要置于小龛之内及墓室北部。封门为土坯砖封门。葬具为木棺，已朽。葬式为单人仰身直肢葬，头向北，骨架保存较差，已成粉末。出土器物17件，多为陶器，有陶仓4件、陶罐1件、陶俑2件、陶马2件、陶灶1件、陶釜1件、陶盏托1件、陶盏1件、陶狗1件、陶羊1件、买地券1方（件）、镇墓石3块（件）、铜钱2枚。买地券为正方形，边长30.5厘米、厚5.3厘米。朱书文字，共14行，满行27字，简要介绍了墓主及墓地的情况。

从买地券朱书文字可知，该墓的下葬年代为元英宗至治元年（1321年），墓主为奉元路（今西安）周至县西关刘氏。墓葬的北部放置三块东西并列的镇墓石，具有很浓厚的道教色彩。该墓不仅有明确的纪年，且保存完好，出土器物精美、丰富，器物组合完整，为研究周至县元代的丧葬习俗与社会生活提供了重要资料。

【江苏泰东河工程田野考古工作结束】

历时近十个月的泰东河拓浚工程考古工作，共发现了10处古文化遗址。

从2011年10月至2012年6月，10处文物点野外考古工作全部结束，实际发掘面积11878平方米，超出原发掘计划3478平方米。10处文物点考古发现了各个时期的房址、水井、灰坑、墓葬等大量遗迹，出土了陶、瓷、金、铜、玉、石、骨器共约2300多件。大部分遗址的时代集中在唐宋、明清时期，其中蒋庄—五星遗址的时代跨度较长，从新石器时代、商周、春秋、经六朝、唐宋，一直到明清时期，是此次发现的非常重要的遗址。

【四川合江县赤水河沿江路首次出土素面汉棺】

2012年8月23日，合江县文物局接到群众举报，县城赤水河边上沿江路发现汉棺。文物局立即派员赶到现场进行察看，只见棺体已经裸露在外。经过确认，该墓地位于合江县合江镇大同村四社枇杷林，属于赤水河二级台阶上，汉墓特征明显。

通过2天抢救性清理发掘，出土汉棺一具及陶瓷残片若干。棺高0.7米、宽0.7米、长2.05米，素面棺。由于是当时修建沿江路时挖掘到墓门，造成后档及棺盖破损。出土素面棺，在合江县已是第三具，但在赤水河流域还是第一次。

【西安挖出2000年前汉代水管道】

2012年8月，经过近一个月的抢救性发掘，考古人员西安西郊阿房宫遗址区内的公路工地附近意外发掘出20米长的西汉时期的水管道，为研究中国古代建筑规划，尤其是秦汉时期宫殿给排水系统等提供了重要实物资料。

据了解，在440平方米的发掘面积内，考古人员共发掘清理出的38个雉形陶管，其直径近40厘米、长60厘米左右，因管道一头粗一头细，组合十分方便。专家推断其应为西汉时期上林苑的建筑，但具体与什么建筑配套使用已不清楚。

除了2000多年前的水管道让人惊奇之外，考古人员还发现水管道穿越了一段古墙基。专家认为，这处墙基遗址应是此前考古调查与试掘后缺失的一处宫殿建筑遗址的西墙。目前古墙基距离现存的宫殿台基130米左右，这对制订和完善秦汉上林苑遗址的保护规划等，具有重要意义。

【四川向家坝库区骆家沟遗址发掘进展顺利】

骆家沟遗址位于四川省宜宾市屏山县楼东乡田坝村，分布于金沙江北岸的一、二、三、四级台地。2011年调查发现，并于2011年12月进行试掘，确定为一处汉代遗址。2012年3月中旬开始对该遗址进行抢救性发掘。

截至2012年8月10日，已完成发掘面积3500平方米，共清理出汉代陶窑11座、房址6座、灰坑97个、灰沟26条、灶5座。出土遗物包括半两钱、五铢钱、货泉、大布黄千、太平百钱和直百等钱币，罐、钵、碗、豆、盆、盘等陶器，铜剑和箭镞等兵器，铁刀、铁削、梭镖和大量网坠等生产生活工具；带钩、印章和铜环等装饰品以及筒瓦、板瓦、瓦当等建筑构件。

从目前的发掘情况来看，该遗址的年代从西汉中晚期一直延续到东汉时期，以西汉晚期的堆积为主。从遗址的功能上来看，主要包括了居住区和手工业区。遗址中出土的器物以数以千计的陶网坠最引人关注，其来源于本地陶窑的烧造，并有可能供给周边的聚落使用。这为研究金沙江下游地区汉代的经济形态及贸易线路提供了全新的资料。

【四川南溪长顺坡墓地考古发掘顺利结束】

2012 年 5 月，施工单位在进行南溪区北环线建设过程中发现两座宋墓，四川省文物考古研究院、宜宾市博物院、南溪区文管所随后组成考古队进行抢救性发掘。截至 2012 年 8 月底，发掘工作顺利结束，并取得了重要的成果。

本次发掘共清理 25 座墓葬。其中东汉崖墓 4 座，宋代石室墓 8 座，明清墓葬 13 座。从出土器物及 M9 出土墓志分析，这批墓葬的时代应在北宋晚期至南宋初期。

东汉崖墓在宜宾地区常见，本次发现的东汉崖墓有其独特之处。M2 在伏羲女娲雕刻上方有两蛇交缠图像，在其他地区少见。M10 的画像石棺雕刻清晰疏朗，内容和雕刻手法与 1985 年长顺坡砖室墓中出土的四具画像石棺有相似之处，而与其他地区有所差别，具有本地特色。

【河北邯郸市区内发掘唐代水井】

2012 年 8 月，河北省邯郸市文物保护研究所对市区一建设工地内探明的古遗址进行了抢救性考古发掘，共清理出道路、水井、渠沟、大小灰坑等遗迹 28 处，出土小件文物 32 件（套），以及大量陶片、瓦片。

从遗迹、遗物出土情况来看，本区域出土汉代及唐宋时期遗物比较丰富，说明当时这一带是人们不断繁衍、长期定居的生活区域，留下了大量活动遗迹及文化遗物。此次清理出土的唐代水井，以往多见于永年等县区，在邯郸市主城区内尚属首次发现，填补了以往发现的空白。《周易》有“改邑不改井”的说法，此处唐代水井的发现对研究唐代邯郸城的演变具有很高的研究价值。

【河北平泉出土辽代萧太后长女墓志志盖】

河北平泉县文物保护管理所在对县级以上重点文物保护单位巡查过程中，发现被埋藏在深约 0.8 米的土坑内的墓志志盖一方，并及时组织人员将其运回博物馆收藏。

墓志志盖正面篆书，刻“雍隶恭寿仁懿秦晋国大长公主墓志铭”十六字，字体鎏金。志盖方框四周各饰三组宽 5 厘米的变体金刚杵纹饰；斜面四角装饰对称的飞凤纹，四边各饰三个手持笏板、身穿长袍、背靠祥云的官员，每个官员头顶各顶一个十二属相中的动物，排列顺序按照十二属相排列；石刻四边用缠枝纹装饰。志盖上的纹饰皆以线刻手法雕刻，图案生动形象，线条纤细流畅，为不可多得的石刻艺术精品。

据了解，墓志铭由志盖和志石两部分组成。在大长公主墓发掘之初，墓志铭正文碑刻就已经被发现，志石为方形，青砂岩石质，边长 145 厘米。志文基本完整，为柳体阴刻汉文，四十行，计 1608 字，上面详细记载了墓主人的身份为辽景宗与萧太后的长女耶律观音女，在兴宗时被称为大长公主。此次，志盖的发现为大长公主的身份提供了更加有力的佐证，也为进一步研究辽国契丹族的文化艺术提供了实物资料。

【四川渠县青神乡发现四川境内唯一的东汉陵墓前石人像】

2012 年 8 月 29 日，渠县文广局与渠县历史博物馆工作人员在渠县青神乡平碾村七社石人场发现一东汉石人像，该石人像作为东汉陵墓前石翁仲内容之一，是渠县境内发现的第一个汉代石人像。它丰富了渠县汉代石雕的内容，是渠县继渠县汉阙后最重要的汉代考古发现之一。此外，该石人像作为汉代陵墓前石人像，目前在四川境内为首次发现，在全国来说也极为少见。

该石人像为文臣像，无头，站立，高1.97米、宽0.88米，身着右衽长袖宽袍，双手拱于胸前，双脚微露于袍外。石质为当地常见的砂岩，重量在2～3吨间。发现时，平躺于地表，身有苔藓。双手相交处，原应持有一物，现已不存。石人像表面无风化现象，保存较好。该石人像集圆雕、浮雕、线刻于一体，雕刻简朴，但气韵天成，同时又表现出一种静穆的美，实为两汉时期大型圆雕艺术的代表之作。

【陕西西安北郊发现汉代平民墓】

西安市文物保护考古研究院在西安北郊一个基建工程中，发掘了15座汉墓。历经千年虽然也曾被盗扰，但还是出土了170余件文物。其中最珍贵当属11件原始瓷器，这也为西安地区汉代墓葬与汉文化研究提供了重要材料。

本次发掘共出土了各类文物170余件（不含铜钱），以陶器最多，包括鼎、罐、仓等。另有镜、铜钱、车马器饰件等铜器及车马器。还有石砚、玉鼻塞、玉握、贝壳等，以及大小两种五铢钱。考古人员分析，墓主很可能是长安城内居民，并且他们应该具有一定身份地位，故而才能住在长安城内。

汉墓还有一个特点：规格不低，规模却不大。原始瓷器在南方发现的比较多，在北方发现的比较少。而且北方发现的基本都是在规格高、规模大的墓里，像这次在小型汉墓里发现就很少见。因此，这次发现的11件原始瓷器为西安地区汉代原始瓷器的研究提供了重要材料。

【甘肃古浪县一处大型西夏佛教寺院遗址获确认】

2012年9月8日，甘肃省武威市文物考古研究所、武威市博物馆承担的国家社科基金项目《武威地区境内西夏遗址调查与研究》课题组在古浪县调查时，确认一处大型西夏佛教寺院遗址。该遗址位于古浪县古丰乡西山堡村，遗址分布范围东西长约1000米，南北宽约300米，分布面积达30万平方米，文化层厚约40厘米，寺院范围和建筑遗迹尚能辨认。课题组现场采集到白釉瓷碗、褐釉瓷罐等器物残件，素面板瓦、筒瓦、铺地条砖、方砖及绿釉筒瓦、莲花纹瓦当、兽面纹瓦当等随处可见。该遗址在第二次和第三次全国文物普查中定为西夏遗址，本次调查进一步将其确认为西夏佛教寺院遗址。

【陕西秦始皇帝陵新发现的30余件“百戏俑”清理完毕】

2012年9月11日，在秦始皇帝陵百戏俑坑内新发现的30余件“百戏俑”，全部清理完毕，正在实验室接受有序的修复和保护。

早在1999年，考古人员在一个新发现的陪葬坑中试掘出土了11件陶俑。它们既不穿铠甲，也不披战袍，只是下身有裳，多数上身赤裸，肌肉发达。经修复后，发现陶俑举止神态各异，有的像持竿人，有的像角力者，其打扮具有明显的汉代百戏特点，遂被称为“百戏俑”。

“百戏俑”坑位置在秦陵东南部的内外城之间，是与秦兵马俑主题明显不一样的一种陪葬坑。这次发掘是经国家文物局批准的第二次正式考古发掘。其平面呈长方形，东西两端各有斜坡形门道，40米长的坑被两道土梁隔为三个过洞等信息，在此次考古中得到确认。这些“百戏俑”，都出土在第三个过洞之中，其南边的两个过洞因只进行了揭露而未深挖，仍处于性质不明状态。

【河南商丘梁园区产业聚集区清凉路发现一明清时期砖桥】

2012年8月26日，商丘市梁园区产业聚集区清凉路地下管线工地发现一埋藏地下砖桥，经多方协调与初步的勘探后，商丘市文物工作队于2012年9月6日至9日对地下砖桥进行了发掘。

经发掘，该桥为青砖灰口拱桥，桥面东西宽4.6米，砖桥下部四角用石磙铺垫支撑，桥上部砌成拱形，砖桥桥孔宽1.7米、高1.53米，砖桥东西桥孔南北两侧用青砖砌成挡水护墙。根据砖桥地层关系以及筑桥青砖大小情况，初步断定该桥为明清时期所建。此种砖桥为豫东地区首次发现，为研究豫东地区明清时期砖桥结构、使用材料以及建筑方法，提供了珍贵的实物资料。

【甘肃镇原县发现一批宋金时期佛教石造像】

甘肃省镇原县博物馆在屯字镇双河村开展茹河流域石窟调查时发现5身已残缺的佛教石造像。其中，佛像3身，残高0.7 ~ 1.2米，均结跏趺坐于束腰须弥莲花座上；弟子像2身，残高0.8 ~ 1.4米，均双足并立于莲台上。这批造像造型规整，雕刻精细，手法洗练，风格流畅，但头部缺失，整体损坏严重。经初步研究，调查人员认定为宋金时期的造像。

【四川江安发现雕饰精美的清代石鱼缸】

江安县文管所工作人员在该县铁清镇新柳村发现一具雕饰精美的清代石鱼缸。

该石鱼缸通高0.88米，直径1.32米，缸口沿厚0.09米。石鱼缸大致呈圆柱形，下为六个侧面的护栏式的鼓架造型，每个侧面的护栏中央的华板上雕饰着一幅图案。该六幅生动而精美的深浮雕图案为书、画、寿、喜、一鹭连科、童子戏鹤。其鼓架柱的柱身上刻饰有几何图纹，其望柱头饰有形态各异的仙桃。而鼓架上则置一若大的鼓形石鱼缸的缸体。缸体上沿五分之一的部分略外凸，构成一台面，台面上饰一圈规则的凸形鼓钉。

经初步考证，石鱼缸应为清代中后期制作。该石鱼缸保存完整，造型美观，雕刻细腻，装饰得体，做工考究，其精湛的雕饰、别具匠心的构图，是研究清代川南地区石雕艺术不可多得的珍品。

【河北邢台一建筑工地发现唐代墓葬】

位于河北省邢台桥西泉西街道办事处贾庄村村西的建筑工地发现了墓葬文物。清理完毕的墓坑东西呈长方形，四周用青砖砌成，被挖掘上来的都是泥。摆在墓坑东侧的是挖掘出来的随葬品，有镇墓兽、两尊佛像、两匹陶马等，大约有十几件，初步推断应该是初唐到大周（武则天）时期。现场一共7个墓葬，昨天挖出来的陪葬陶冥器相对比较完整。

2012年来邢台不断出土战国、汉、唐时期的文物，从而印证邢台悠久的历史，对邢台地区历史文化的认识提供依据。

【陕西安康发现清代族影作品发布】

安康汉滨区大河镇金少堂民俗博物馆在当地发现一幅陇西“南安姚”的族影作品。这幅作品绘于1804年，距今200余年，但仍保存完整，画面运色鲜艳，色彩对比强烈，人物构图饱满，充满鲜活的生活气息。

族影又称堂谱、悬挂式家谱、族谱，由家谱和影两部分组成，几乎涵括了中国民间年画所有的敬祖祈祥纳福文化内涵，是一件在现在中国各地乃至世界各地的华人文化圈中岁终祭祖依然常备的器物。

“南安姚”，分布在今甘肃一带。先祖从甘肃陇西（南安郡治所）迁入陕西，迁入后的堂号为墩本堂，故应为“南安姚”后裔。据当地文物专家介绍，这张族影画面庄重静穆、富丽堂皇，呈现为平面结构的祠庙式样，对于研究清代族谱文化以及迁徙历史都具有较高的参考价值。

【河南太康龙曲镇发现宋金时期钱币窖藏】

2012年9月10日，太康龙曲镇料城村村民在取土垫宅基地时挖出一些古钱币。周口市文物考古管理所派人进行了清理。

经过5天的清理，共发现宋代窖藏2座。钱币的穿法有两种，一种是同样大小的铜钱为一串，一种是由大到小的铜钱穿为一串。穿钱的绳子为棉线绳，有两股和三股之分。

此次出土的钱币包括汉、唐、宋、南宋、金的钱币，其中宋代钱币最多。初步清点出土铜钱约800斤左右。此批钱币的出土，再一次丰富了周口市的古钱币的馆藏，为研究我国的钱币发展史和宋金时期的政治、经济、商贸提供了丰富的实物资料。

【新疆和静200余座古墓葬进行全面抢救性考古发掘】

新疆文物考古研究所历时3个月，对新疆和静县60多座古民居遗址、200余座古墓葬进行了全面的抢救性考古发掘。从出土的陶器、骨器、铜器等文物看，这片古遗址距今2500年至3000年，属青铜器时代。当时的古人类在这里已经过着半农半牧的定居生活。

这次考古工作，是新疆近年来在考古规模和发掘墓葬数量上最大的一次。从目前考古挖掘的文物情况看，该古民居遗址及古墓葬群在地域上处于"察吾乎文化"分布范围的中心区域，并与当时游牧文化关系比较密切。

【河北邯郸发现近百座罕见"三明治"状三朝叠层古墓群】

河北省邯郸市文物局在该市发现罕见战国、汉、魏晋三朝叠层古墓群，共清理古墓葬97座，出土文物210多件（套）。

此次发现战国墓29座，填埋比较深，最深6.6米，为长方形土坑竖穴墓，斗状和直壁式两种墓壁。其中，夫妇并穴合葬墓14座（7对）。

此次考古发现汉墓最多，达64座，均属西汉中期偏早时代。深的4.4米，浅的1.8米。分为竖穴土坑41座、竖穴土圹8座、竖穴砖圹14座、竖穴石椁1座。葬具均为单棺，并发现骨架1具，出土随葬品多位于墓室一端，小件器物均出土于棺内。其中，并穴墓24座。

6万余平方米考古范围内分布墓葬百余座，密度之大实属罕见，对研究中国丧葬习俗变化有重要价值。

【黑龙江佳木斯市汉魏时期考古工作又有新发现】

2012年8月，黑龙江省佳木斯市文物管理站在该镇长新村西山发现了一处汉魏时期遗址。2012年8月28日至9月13日，佳木斯市文物管理站对西山遗址进行了抢救性发掘工作，清理出一座半地穴式的房址。房址内出土一批陶器，陶器类型有瓮、罐、单把罐钵、碗、杯等。另有石器3件，器型为环状石器和石斧。清理出的陶器大部分损坏，需要修复，石器基本完好。经初步断定，此房址属于汉魏早期滚兔岭文化历史遗存。滚兔岭文化是三江平原地区具有代表性的一种早期铁器时代文化遗存，因双鸭山市滚兔岭遗址的发掘而得名，距今2140年左右。

此次发掘工作取得的成果为研究佳木斯地区汉魏时期居民的分布、生活状况、生产方式提供了实物资料，对研究佳木斯古代民族的发展历史、民族的融合、迁徙等都具有重要的考古研究价值。

【河南邓州发现两通明代宰相李贤墓碑刻】

李贤（1408—1466年），字元德，明朝邓州人。他在1433年考中进士，后一直在朝中任职，曾任内阁首辅（即宰相，正一品）。曾辅佐宣宗、英宗、代宗、英宗、宪宗五朝四位皇帝，人称五朝元老。一生从政三十余年，为官清廉正直，政绩卓著，是明朝文官中难得的治世良臣之一。

目前南阳市博物馆尚存有李贤墓前石马一对，在当地能找到李贤墓前碑刻且基本保存完整已属罕见。

由于两通碑刻被当做桥面石板上面被水泥覆盖，无法测量其具体规格，只能隐约看到部分碑刻文字。其中一通记载了李贤的生平事迹，字数约2000字；另一通记载了当时皇帝诰封李贤的情况，约500字。其内容端庄俊美、刻工精美，均为当时朝中的重臣书写。两通碑刻规格高、内容全，对研究明史和古代书法艺术提供了极为重要的实物资料。

【河北省邯郸市发现战国汉魏晋古墓近百座】

历时3个月，当地文物部门对邯郸市复兴区的建设工程涉及的古墓群进行了抢救性考古发掘，共清理古墓葬97座，出土文物210多件（套）。

此次清理的古墓葬分属战国、汉、魏晋时期。其中汉墓64座，均属西汉中期偏早时期；战国墓29座；魏晋墓4座，皆为砖室墓，由墓道、墓门、墓室组成，墓道狭长，墓门多属洞式砖砌，墓室分单室和双室。墓葬均已盗扰殆尽，仅残存部分墓壁砖墙和铺底砖。

出土的210多件（套）随葬品中，陶器居多。其中战国墓出土的铜器有带钩、洗、灯、镜、印章、布币、箭镞、剑等，玉器多为饰件，陶器有鼎、豆、壶、盘、匜、罐、盆等，漆器仅见腐朽后残迹，器形不详。汉墓出土铜器有镜、带钩、铃、簪、印章、五铢钱、箭镞、车饰件等，玉石器有蛋形器、环、印章、口含玉片等，铁器有环首刀及农具臿、夯锤等，陶器有鼎、罐、壶、盒、俑、车轮等，骨器多为饰件，还出有器形不详的漆器。魏晋墓由于盗扰非常严重，出土器物很少且均已残毁。填土内还出土有罐、案、耳杯等大量的陶器残片。

本次发掘工作，获取了大量的历史信息，进一步掌握了战国、汉、魏晋时期的丧葬习俗的演变和各自的形制特点。出土的随葬品中不乏精美器物，反映了当时高超的技术水平，为赵文化的研究及弘扬邯郸历史文化增添了实物资料。

【黑龙江省黑河市发现清末或民国时期陶瓷碎片】

在黑龙江省黑河市发现了大量瓷器碎片以及个别相对完整的陶瓷器皿。黑河市文物管理委员会对其进行了抢救性发掘。瓷器碎片集中位于距地面1.8米至2.1米的深土层中，依据出土的器物分析应该是当时打碎后集中掩埋，具体原因不明。

经工作人员清洗、整理后，出土的瓷器碎片初步断代为清末或民国，依据花色大体为青花、彩瓷、影青、白瓷、紫砂5类。从装饰图案、风格上还有俄罗斯、日本两个国家装饰图案的瓷器碎片。据史料记载，黑河市与俄罗斯阿穆尔州一江之隔，贸易往来已有一百多年的历史，曾有过两国货币自由流通、人员自由出入、商品百里不纳税的贸易合作，黑河一度被誉为“万国商埠”。此次出土的瓷器碎片与历史吻合，具有一定的研究价值。

【陕西富平县发现一通道教石碑】

2012年9月26日，陕西省渭南市富平县一养殖场内发现一通石碑，石碑系明隆庆三年（1569年）“创建玄帝行祠记”碑。碑高115厘米，宽61.5厘米，厚13厘米。碑首竖式线刻楷书“玄帝行祠记”五字；碑面线刻楷书18行，每行7~38字，边饰线刻卷云和花草纹等。此碑是该县迄今为数不多的一通道教石碑，有一定的文物研究价值。

【四川荥经县安靖乡发现保存完整的茶

马古道】

2012年10月10日，荥经县博物馆得到安靖乡报告，称在其境内发现一段古道。

在听取了安靖乡的汇报后，调查组一行对古道进行了实地调查，发现该古道就是始建于唐、明清反复维修的南路边茶荥经段最重要的大相岭古道。该段古道因年久失修，多年废弃使用，致使荒草覆盖不宜被发现。今被清除淤泥杂草后，古道依旧，保持完整。该段为箭杆坡，是连接汉源（清溪）的必经之路，南北走向，全长约1000米，宽约3米，均由卵石铺就。

荥经县是南路边茶的官道、大道，历史地位非常重要，该段古道的发现为研究南路边茶提供了不可多得的珍贵资料。

【河南新安县厥山发现战国墓群】

新奥燃气调压站位于洛阳新安县产业集聚区厥山东，为配合其建设，新安县文物局对该区域地下文物做了详细的钻探调查，共发现古墓葬64座。

目前，共发掘墓葬35座。这批墓葬多为长方形竖井墓，个别有生土台，台高60～80厘米，其中M42为覆斗状，墓形相对单一，分布有序，多为南北向。从埋葬的习俗看，有仰身直葬，有侧身曲肢，其中侧身曲肢居多，如M39。由于该地域土质吸水性强，尽管经夯，但骨架腐蚀严重，加上早起盗墓频繁，不少骨架经水漫漶，早已散乱朽蚀。从出土的器物看，多为陶鼎、陶壶、陶豆、陶匜。从器形看，略显简洁，其中陶鼎鼎足为马蹄形，造型传神，简洁有力。陶豆豆柄光滑，圆润易于持握。总体看该工地墓葬应为一个战国墓群。

【四川绵阳经开区发现唐代墓志铭】

2012年10月28日，绵阳市文物局在绵阳经开区发现唐代墓葬，墓距地表约2米，随即展开了抢救性清理发掘工作。经过2天的清理，出土了一完整的墓志石铭和墓盖及陶器残片，墓志石铭上有清晰的文字。根据墓志上的文字显示，墓葬的时代为唐代石板墓。由于墓葬形制遭到严重破坏，墓葬内没有发现其他器物。

墓碑上有“唐故天水赵氏之墓志”的篆书文字和大量楷体字，内容为“宣德郎守成都府广都县主簿太原王公故夫人天水赵氏墓志铭并序……”，共576字。墓志铭记载，墓主赵氏一家是甘肃天水望族。其曾祖父曾任散大夫、监察御史、渝州司马，赐绯鱼袋；祖父任太中大夫兼监察御史、眉州司马，赐绯鱼袋；父亲任散大夫兼殿中侍御史、梓州长史，赐绯鱼袋。由此可见，墓主为官家之女。

此次出土的墓志铭文中有“大和三年十月十二日”（829年）的准确纪年，对确定墓葬的具体年代起到了决定性作用。墓志文字中还出现了成都府、广都县、天水、太原、梓州、荣州、巴西县、东度乡安阳里等上至州府下至乡里的行政建置名称及官阶、官职称谓，这对研究古时的行政建置和官员制度具有重要意义。

【四川向家坝水电站（四川）考古工作顺利完成】

四川省文物考古研究院自1991年开始对水电站淹没区（四川）进行了多次科学的大规模文物调查和勘探工作。发现重要文物点共计85处，其中地下文物点分布54处，分布总面积约25万平方米。

经报国家文物局批准，2008年起，四川省文物考古研究院联合市、县相关文物保护部门对水电站淹没区内的文物点进行了为期5年的大规模考古发掘工作。截至10月1日，野外考古工作已顺利完成，发掘总面积6.1万平方米，初步统计出土文物小件和文物标本3万多件。考古发掘工作取得了重大收获。

考古发掘揭露的向家坝水电站淹没区地下文物分布集中而丰富，上至距今约4500年前的新石器时代晚期，下至明清时期都有重要的考古发现。

向家坝水电站淹没区田野考古工作的顺利完成，获取了丰富的考古资料，为川南地区历史文化研究的拓展提供了坚实的物质材料，对构建四川地区考古学文化的时空框架、四川地区的史学研究等具有重要意义。

【河北石家庄市正定新区古墓群有新发现】

经过近半年的保护挖掘工作，正定新区石家庄国际会展中心项目现场文物保护挖掘阶段性工作已结束。共发掘墓葬16座、古井17座；出土器物残件2000余件，小件标本100余件，可复原器物50余件，对研究宋金元时期中原地区的墓葬有着特殊的价值。

本次发掘出土遗物较为丰富，遗存延续时间较长，主要为井和墓葬，时代主要为唐代、宋末至元、明、清末，对研究宋金元时期中原地区的墓葬有特殊的价值，反映了当时民俗文化的发达景况和各门类表演艺术的历史演变状况。

【浙江杭州市考古所对余杭禾丰遗址发掘项目进行验收】

禾丰遗址位于浙江省杭州市余杭区临平街道北部，由杭州市文物考古研究所组织发掘。历时3个多月，发掘总面积1415平方米，发现灰坑、沟、井、柱洞等遗迹现象55处，出土了大量的古文化遗物，包括陶器、石器、瓷器、木质遗物和竹质的编织物。这些遗存的时代可分为马桥文化时期、商周、汉、六朝时期。禾丰遗址出土物中竹、木器是一大特色，木器共计有30余件，保存较好的主要有马桥文化时期的木桨2件、竹篓和竹席各1件；另外在1件西周时期的木器上刻有兽面纹饰。此外遗址还发现有汉代陶质水井2座，均由20多公分的陶制井圈竖立堆叠形成，在杭州地区历年的考古发掘中实属罕见，具有珍贵的历史价值。通过遗迹和遗物判断，该遗址是一处从商周时期延续至汉六朝时期的聚落遗址。

【陕西宝鸡市凤翔县发现汉代将军墓】

2012年11月16日，陕西省雍城考古队进行考古发掘时，在一古墓中清理出铁剑三把，铁铠甲一套，铜镜一面，铁杵一件，甑、釜一套，冥灶一套，陶罐两个，货泉及五株钱币多枚。

该墓葬位于双冢村东南约500米处，其形制为东西走向，由前厅、左侧室、右侧室、后厅及墓道组成。考古人员在主墓室清理出1.13米、0.8米铁剑各一把，铁杵一件，陶甑、铁釜连体一套；在右侧室清理出冥灶一套、陶罐两个；在后厅清理出1.15米铁剑一把，折叠铁铠甲一套，直径为18厘米的铜镜一面，铜镜背面有铭文，铸“长生宜子”四字，并清理出货泉、五株钱币多枚。

此墓葬出土文物较为丰富，特别是铁铠甲为凤翔首次发现。根据出土铜镜及钱币上的文字和器物，专家判定，该墓葬时期为西汉末年，墓主人身份较高，为汉代将军。这座古墓葬的发掘、清理，对研究汉代兵器制造工艺及凤翔在汉代前后的社会军事历史具有重要意义。

【河北内丘窑群遗址发现罕见隋三彩】

2012年11月24日，中国考古学会第十五次年会代表来到内丘。继2012年6月发现8座窑炉遗址群后，又新发现3座窑炉遗址，并且出土了罕见的隋三彩、唐代鸳鸯筒足分格盘等物品。

遗址发掘面积达1200平方米，共出土5种遗迹，其中窑炉11座，灰坑140多座，灰沟6条，水井30多眼，墓葬20多座。

出土的11座窑炉废弃年代除一座为唐代外，其余均在隋代。窑炉特点是多成组分布，埋藏较深，保存相对完整，大小不一，窑前工作坑内废弃堆积较为丰富。从一部分灰坑出土较多的北朝遗物看，一些窑炉的烧制年代上限当在北朝时期，灰坑中以北朝至隋初的最为重要，约有20多个。坑内遗物较为丰富，是目前发现最早的邢窑遗存，也是一些窑炉可上推北朝的重要证据。

【河南在黄河边发现一处北宋铁器作坊遗迹】

河南省三门峡市考古人员发现了一处较为完整的北宋铁器作坊遗迹。这是该地区首次发现此类遗迹。

据介绍，与北宋铁器作坊遗迹同时发现的，还有一批汉、明、清时期的古墓葬约30座，出土金、银、铜、铁、瓷等质地的随葬器物60余件。而北宋铁器作坊的遗迹，就叠压埋藏在上述古墓葬地层的下面。

该遗迹呈南北向长方形，自南向北由前庭、中庭及后室组成，中间墙体以石块和泥巴垒成。前庭为一开放式建筑，中庭宽3米、深1.9米，后室宽3米、深3.85米，中间隔墙厚0.5米。在前庭发现有铁砧、扁担铁钩、铁刀、“崇宁通宝”铜钱、瓷片和多处烧火遗迹。

考古人员初步鉴定认为，“崇宁通宝”铜钱为宋徽宗赵佶崇宁年间所造，且遗迹中的瓷片有明显的宋代艺术风格。遗迹应该为北宋时期的一处铁器作坊，前庭为火炉及锻造场所，中庭和后室为会客及临时休息所在地。

河南省三门峡市地处黄河“几”字弯的拐弯处。北宋铁器作坊遗迹为这一地区考古工作中的首次发现，具有较高的考古价值，为研究北宋时期冶铁技术和生产生活状况提供了实物资料。

【河南洛阳发现“3D版”古墓壁画整体搬迁后将与游客见面】

据介绍，这座壁画古墓位于洛阳市王城大道、310国道北侧。古墓由墓道、甬道、墓室三部分组成。其中墓道为斜坡台阶式，长13.85米，甬道长1.76米、宽1.16米，由于已被破坏，残高仅有0.45米至0.75米，墓室近似圆形，南北直径4.9米，东西直径4.65米，顶部已坍塌。发掘之前，墓内地砖已被揭取，有明显人为盗掘痕迹。除一枚“开元通宝”铜钱、一些陶器和瓷器碎片以及四周墓壁上的立体壁画外，墓葬内未出土其他文物。

墓室内的部分壁画还保存得比较好。整个墓室以砖雕和绘画相结合的方式向后人再现了古人生活的真实场景。其中砖雕的内容有桌椅、灯台、门窗等，壁画的内容则有妇人启门图、宴饮图以及由常用的家具、日用品、装饰品等组成的家居生活图，“3D”立体感极强。

考古人员正在对这座壁画墓进行整体搬迁，待搬迁结束且对壁画进行修复后，将与游客见面。

【河北赵王陵2号陵两座封土或为王陵】

通过深入研究，认为赵王陵2号陵的两座墓应该是两座王墓，但墓主身份有待确定。

赵王陵是战国七雄之一赵国的帝王陵寝，现存陵墓分踞五座山丘之上，五座陵台西南起自邯郸县周窑村东北至永年县温窑村分布排列，气势恢弘。

根据赵王陵出土的文物及陪葬车马坑的情况，专家认为，出土的金牌饰主体为中原华夏民族传统的龙的图案，是考古学上典型的北方草原鄂尔多斯式造型，是男性服饰上的重要饰品之一。

【洛阳发现一座西周晚期贵族墓】

2012年12月洛阳市文物考古研究院工作人员结束了对一座西周墓的考古发掘工作。

据介绍，该墓葬整体考古工作基本结束。该墓葬属于一座西周晚期贵族墓。墓室呈长方形，墓室内有棺和椁。在考古发掘过程中，该墓葬出土有随葬车马器，有轭、饕餮纹铜面饰、辖軎、毂、铜鱼饰、漆器、石磬残件等。另外，在发掘过程中发现车轮和车衡木灰痕迹，椁南壁上部有一具狗骨架。

整个椁室东西宽 3.8 米左右，南北长 4.3 米左右，高 1.8 米。在洛阳市出土的西周墓中，这样大型且保存完好的木椁十分罕见。

【梓潼发现古遗址 疑为 2000 多年前广汉郡】

2012 年 12 月中旬，位于梓潼县县城西北角的县水厂施工时，挖出大量筒瓦、汉砖等古建材残片。经绵阳市文物局现场勘验，初步认为该地可能是古四川最早建立的三郡（巴郡、蜀郡、广汉郡）中的广汉郡遗址。

绵阳市文物局人员现场进行勘验后，发现建筑场地除这些砖瓦外，还有大量的陶罐、陶瓮残片，另有古砖窑遗址和两座古墓。根据出土的文物以及地层里砖瓦残片的堆积情况，可以初步认定，该地可能是古广汉郡遗址。

2012 年 12 月 17 日，绵阳市文物局再次组织人员到该建筑工地进行勘验，发现这个占地约 10 余亩的工地上，已经挖掘出 20 个左右的基坑。在几乎一半的基坑里，发现有大量的砖瓦残片，其中一块保存完整的汉砖上还有钱币图案。绵阳市文物局再次确认，此处是一个古代城郡遗址，极有可能就是《汉书》上有记载的古广汉郡遗址。

绵阳首次发现汉代城郡遗址，对研究古巴蜀文化、历史变迁有着极为重要的意义。

【江苏泗洪顺山集新石器时代遗址】

顺山集遗址位于泗洪县梅花镇赵庄东侧。2008 年夏，泗洪县梅花镇顺山集村民在一个小山包上挖沙时，意外挖出大量远古碎陶片。泗洪县委县政府高度重视，专门请南京博物院考古研究所专家前来鉴定。经过 3 年时间的考古工作，发现了环壕、房址、墓地等，出土了大量的石器、陶器、骨器、陶塑艺术品以及碳化稻等。

顺山集遗址作为江苏省唯一入选项目，其学术价值和重要地位不言而喻。遗址中历史遗存众多，不少发现在国内尚属首次。其中，房址、环壕等都无不清晰展示出先民们聚落生活的生动景象，驯化稻的发现也充分证明了新石器时期在淮河以北广大地区已有稻作种植，这些都填补了淮河中下游广大地区新石器时代中早期居落考古的空白，为多学科研究提供了良好的平台条件。同时，经专家认定，顺山集遗址将江苏文明史至少向前推进了 1600 年。

【陕西神木石峁遗址 2012 年考古工作主要收获】

2012 年，经国家文物局批准，陕西省考古研究院与榆林市文物勘探工作队、神木县文体局联合组队，对石峁遗址重点发掘及复查，取得了重要收获。

作为石峁遗址的主要组成部分，石峁城址是在 2011 年的区域系统考古调查工作中发现并首次确认的。2012 年度石峁考古队对城圈结构和城垣走向展开了细致勘查，确认石峁城址由“皇城台”、内城、外城三座基本完整并相对独立的石构城址组成。

本次调查发现的城墙越沟现象将石峁城址基本闭合起来，形成了一个相对封闭的独立空间，为探讨石峁早期地貌变迁及环境提供了重要资料。

2012 年度对石峁外城东门址的考古发掘，确认了体量巨大、结构复杂、构筑技术先进的门址、石城墙、墩台、“门塾”、内外“瓮城”等重要遗迹，出土了玉器、壁画及大量龙山晚期至夏时期的陶器、石器、骨器等重要遗物。

发掘工作重要的收获是清理出一些层位关系明确的遗迹和一批年代特征明显的陶器和玉器，为确认了石峁城址的年代提供了重要证据。结合地层关系及出土遗物，初步认定石峁城址最早（皇城台）当修建于龙山中期或略晚，兴盛于龙山晚期，夏时期毁弃，属于我国北方地区一个超大型中心聚落。规模宏大的石砌城墙与以往发现的数量庞大的石峁玉器，显示出石峁遗址在北方文化圈中的核心地位。石峁石城面积在400万平方米以上，其规模大于年代相近的良渚遗址、陶寺遗址等已知城址，当是目前所见中国史前时期最大的城址。发掘工作不仅为石峁玉器的年代、文化性质等问题的研究提供了科学的背景，更对进一步理解“古国、方国、帝国”框架下的早期文明格局具有重要意义。

【陕西西安北郊香树花城工地发掘八座古墓】

2012年5月，西安市文物保护考古研究院在配合该项工程的考古发掘工作中清理8座古墓。

8座墓形制均为斜坡墓道洞室墓，墓道与墓室之间有甬道相连，墓室有单室、双室、三室和四室，结构有土洞、砖室和土洞砖室混合结构。土洞墓，1座（M8），单室，墓室平面呈横长方形，四角外凸成棱柱状，土坯封门。砖室墓，7座。M4，单室，墓室平面略呈方形，条砖顺向侧立“人”字形封门。M5，双室，即由主室和侧室组成，主、侧室之间有木板封门。M2、M6，三室，即由前室、后室和单侧室组成。M1、M3、M7四室，由前室、后室和双侧室组成。从墓室结构看，主室均应是穹隆顶，后室或侧室是拱形券顶。8座墓中除M4外均有出土器物，共计120件，其中铜钱50余枚。陶器数量最多，器类有罐、壶、灶、樽、井、砚、盆、甑、案、盘、碗、耳杯等，铜器主要有五铢钱、博局镜、铜釜、小铜环等。

从墓葬形制、出土器物组合及器型特征看，这8座墓的年代可分为两个时期。M1~M7，斜坡墓道单室和多室墓，器物组合有壶、罐、灶、盆、甑、井、樽等生活类明器，有案、盘、碗、耳杯等墓内祭奠器，也有猪、狗、鸡等家禽家畜俑，墓葬形制与器物组合均与西安地区东汉中晚期特征相同，其年代应为东汉中期至东汉晚期。M8，墓室略呈横长方形，出土器物中小泥饼及陶罐残片与北朝时期墓葬的特征相近，推测为北朝时期。

7座东汉墓，方向一致，排列有序，东西三排，西侧两座，自南向北依次为M3、M2，中间一排一座M6，稍偏北，东侧一排四座，自南向北依次为M7、M5、M4、M1，排与排之间相距不过3米，同排之间不过2米，可见这应是一处经过严格规划的家族墓地。从相对年代看，其埋葬顺序应是由西向东、由南向北依次布置。总之，这处家族墓地的发掘为汉代丧葬习俗的研究、汉至北朝时期长安城郊区墓葬的分布提供了重要资料。

【2012年度全国十大考古新发现】

2012年4月9日，2012年度全国十大考古新发现在北京揭晓。国家文物局、中国文物报社、中国考古学会联合召开新闻发布会，宣布河南栾川孙家洞旧石器遗址、江苏泗洪顺山集新石器时代遗址、四川金川刘家寨新石器时代遗址、陕西神木石峁遗址、新疆温泉阿敦乔鲁遗址与墓地、山东定陶灵圣湖汉墓、河北内丘邢窑遗址、内蒙古辽上京皇城西山坡佛寺遗址、重庆渝中区老鼓楼衙署遗址、贵州遵义海龙囤遗址十个项目被评为2012年度全国十大考古新发现。

1. 河南栾川孙家洞旧石器遗址

发掘单位：洛阳市文物考古研究院、栾川县文化广电新闻出版局

发掘领队：史家珍

2. 江苏泗洪顺山集新石器时代遗址

发掘单位：南京博物院考古研究所、泗洪县博物馆

发掘领队：林留根

3. 四川金川刘家寨新石器时代遗址

发掘单位：四川省文物考古研究院、阿坝州文物管理所、金川县文物管理所

发掘领队：孙智彬

4. 陕西神木石峁遗址

发掘单位：陕西省考古研究院、榆林市文物考古勘探工作队、神木县文体局

发掘领队：孙周勇

5. 新疆温泉阿敦乔鲁遗址与墓地

发掘单位：中国社会科学院考古研究所、博尔塔拉蒙古自治州博物馆、温泉县文物局

发掘领队：丛德新

6. 山东定陶灵圣湖汉墓

发掘单位：山东省文物考古研究所、菏泽文物管理处、定陶县文物局

发掘领队：崔圣宽

7. 河北内丘邢窑遗址

发掘单位：河北省文物研究所、邢台市文物处、内丘县文物旅游局

发掘领队：王会民

8. 内蒙古辽上京皇城西山坡佛寺遗址

发掘单位：中国社会科学院考古研究所、蒙古文物考古研究所

发掘领队：董新林

9. 重庆渝中区老鼓楼衙署遗址

发掘单位：重庆市文化遗产研究院

发掘领队：袁东山

10. 贵州遵义海龙囤遗址

发掘单位：贵州省文物考古研究所、遵义市汇川区文广局

发掘领队：李飞

第八部分

文物知识

古陶瓷

学术指导：陈润民

第一章　古代陶器

一、陶器的起源

一般认为，陶器是随着史前人类进入新石器时代的定居生活出现的。迄今发现年代最早的陶器是蛤蟆洞和仙人洞遗址中出土的陶器，经碳十四测定，两地陶器的年代均为公元前 12000 年至公元前 13000 年。

陶器的产生与人类对火的运用及对黏土的认识有密切的关系。制陶是人类最早进行的一项创造性劳动，标志着人类社会的一次飞跃。不断发展的陶器，改善了史前人类的物质生活，使人类文明得以加速前进。东汉之前，陶器一直是人们日常生活的必需品，即使是在青铜器非常普遍的商周时期亦是如此。东汉之后，陶器逐渐被瓷器所取代。在陶瓷艺术价值与经济价值的背后，我们可以了解到不同历史时期生产发展与生活状况。

二、新石器时代的陶器

新石器时代的陶器主要是日用器皿，按用途可分为以下几类：

1. 汲器。2. 炊器，有罐、鼎、鬲、甗、釜、甑、灶等。3. 饮器，斝、鬶、盉、角、爵、觚、杯等。4. 食器，碗、豆、簋、盘等。5. 盛贮器，有壶、罐、瓮、瓶、罍、尊、缸等，其中有些存储粮食谷物等固体物，有些存储酒、水之类的液体物。

以上各器类都只是大体的区分，用途也不限于我们所知。在不同地区、不同文化类型中，细节差别很大，器类组合关系也不相同，反映了不同人群共同体的不同生活方式。

新石器时代文化遗存很多，现将几种有地域代表性的陶器依次介绍如下：

（一）裴李岗、磁山红陶

裴李岗文化因 1977 年在河南新郑裴李岗发现而命名。根据考古发掘资料，距今约 8000 多年的黄河流域裴李岗陶器，以泥质红陶和夹砂红陶为主。裴李岗陶器的烧成温度在 900℃左右。陶质松，表皮易脱落，由于是手工制成，器壁薄厚不均。器物造型简单。泥质陶器多为素面，夹砂陶器表面有简单粗糙的绳纹、划纹、指甲纹、篦点纹等，纹饰较简洁。

磁山文化遗址 1976 年在河北省武安县磁山被发现，其所处时代和出土的陶器与裴李岗文化基本相同。陶器手工制作，内壁凹凸不平，器型不规整，典型器物有陶盂和陶支架。器表多绳纹和篦点纹，并有划纹与波折纹，偶见简单的彩陶，则是我国目前所见到的最早的彩陶。

（二）仰韶、马家窑彩陶

仰韶文化因 1921 年首先在河南渑池县仰韶村发现而得名。仰韶文化陶器是承袭各地新石器时代早期的磁山文化、裴李岗文化和老官台文化陶器发展而来的，但器类和数量明显增多，胎质纯净、细腻。烧成温度在 1000℃左右。陶器颜色有红、黄、灰等。器表以素面、磨光较多，纹饰人面鱼纹及以线纹、绳纹为主，附加堆纹、篮纹、布纹等。

马家窑文化因 1924 年首次在甘肃省临洮县马家窑村古文化遗址发现而得名。马家窑文化陶器形制特征近似仰韶文化，但具有明显地方特征。马家窑文化距今约 5000 余年，陶器以泥质红陶和夹砂陶为主，多以泥条盘筑法制成，焙烧温度在1000℃左右。以彩陶最为发达。彩绘多用黑彩在泥质红陶或橙黄陶的颈部与上腹部，绘制出颜色鲜艳、线条流畅的图案花纹装饰。在砂质红陶器表还有划纹、三角纹、绳纹和堆纹，表明马家窑文化的彩陶已具有较高的艺术水平。

（三）大汶口等其他文化陶器

大汶口是1959年首次在山东宁阳大汶口发现而得名，分布范围主要在山东和江苏北部一带。大汶口文化是承袭当地新石器时代早期北辛文化的陶器发展而来的。据测定，约为公元前4040年至公元前2240年，大体和中原地区的仰韶文化中晚期时代相当。大汶口文化的陶器有泥质陶和夹砂陶两种。早期以红陶为主，晚期灰陶与黑陶的数量明显增多，并出现了白陶器。早期陶器以手制为主，晚期出现了轮制陶器。素面陶较多，大部分经过打磨。大汶口文化装饰的显著特点是出现镂孔。这种技法主要见于豆和高柄杯，有三角形、圆形、菱形、方形等。大汶口文化陶器的彩绘纹饰和仰韶文化的花纹图案极其相近，呈现出大汶口文化和仰韶文化之间密切交融的特点。

（四）龙山文化陶器

龙山文化因1928年首次在山东章丘县龙山镇城子崖发现而得名。继之在河南、陕西、山西、河北、湖北、湖南、安徽等地也发现了许多处相似的龙山式文化遗址。龙山文化的陶器以砂质黑灰陶和泥质黑灰陶的数量最多，还有黑陶、红陶、白陶，彩陶和彩绘陶也偶有发现。陶器的制法虽然还有手制，但陶轮的使用已较为普遍。器表装饰除磨光者外，划纹、弦纹、篮纹、方格纹和绳纹者较多，并有一些附加堆纹、指甲纹、圆圈纹和镂孔。

（五）河姆渡文化陶器

河姆渡文化因1973年首次在浙江余姚河姆渡发现而得名。它是长江下游地区发现的新石器时代的早期遗存，距今有近7000年的历史。出土的陶器数量很多，以夹炭黑陶为主，并有一些砂质灰陶与泥质灰陶，皆为手制，烧成温度较低。器壁粗厚，造型不规整。器表以绳纹为多，多饰在陶釜和陶罐的腹部，布局繁密。

（六）马家浜文化陶器

马家浜文化因1959年首次在浙江嘉兴马家浜发现而得名。据测定，约为公元前3670年至公元前2685年，主要分布在浙江北部、上海和江苏南部一带。马家浜文化陶器以砂质和泥质红陶为主，并有少量灰陶、黑陶和黑衣陶，以手制为主，部分为轮制或慢轮修整。除素面外，纹饰有划纹、弦纹、绳纹、竹节纹等。器型主要为饮食器和盛储器。

（七）良渚文化陶器

良渚文化因1936年首次在浙江杭州良渚发现而得名。据测定，约为公元前2750年至公元前1890年，与龙山文化中晚期相当。良渚文化陶器以泥质黑陶数量最多，也有一些砂质红陶和泥质灰陶。以轮制为多，兼有手制与模制。还有少量彩陶与彩绘陶。彩陶多是在粉红色陶衣上绘制红褐彩或红色陶衣上绘黑彩。彩绘陶有在黄底上绘红色弦纹和黑底上绘金黄色弦纹，并有少量朱绘黑陶。

三、夏、商、周陶器

（一）二里头早期陶器

二里头文化因在今河南偃师二里头发现而得名。根据时间不同，可以划分为二里头文化早期和二里头文化晚期。二里头文化早期陶器的质料以砂质和泥质灰陶为多，并有一些黑陶、棕灰陶、红陶，少量白陶和硬陶。成型技术基本上都是轮制，兼有模制与手制。器表多饰有划纹、弦纹、篮纹、方格纹、绳纹、回纹、云雷纹、叶脉纹、花瓣纹等。器类主要有炊器、饮食器、盛储器等。

（二）商代陶器

商代早期陶器，主要指二里头文化晚期陶器，以砂质和泥质灰陶为主，黑陶、棕灰陶、红陶、白陶、硬陶很少。陶器为轮制兼有模制与手制。陶器以满饰绳纹和划纹、弦纹、附加堆纹为主，并有一些双勾纹、云雷纹等带条状的图案装饰，也有少量刻画的鱼纹、夔纹与蝉纹。

商代中期的陶器，以郑州二里岗遗址出土的为典型。陶制仍以砂质和泥质灰陶为主，并有少量砂质粗红陶和泥质黑皮陶，还有极少数红陶、白陶和硬陶。陶器制法均为轮制，并有一些轮模兼制和手制的附件。器表除素面磨光外，绝大部分陶器的腹部与底部，都是使用比商代早期印痕稍浅的绳纹，加饰一些划纹、附加堆纹和镂刻。胎质细腻，器表光滑，制作精致。

商代晚期遗址以河南安阳殷墟为中心，遍布河南、河北、山东、陕西、山西、湖北、湖南、江西、安徽等地，制陶工艺与范围也不断扩大。商代晚期的陶器仍以泥质灰陶和砂质灰陶为主，兼有少量红陶、白陶、硬陶与黑皮陶。制法以轮制为主，兼有模制与手制。陶器表面主要以绳纹为主，兼施一些划纹、弦纹、附加堆纹与三角纹、云雷纹、方格纹等。

总的来说，商代的陶器特征较豫西地区的夏代陶器特征有较大变化。商代陶器的口沿与器底是以卷沿、圜底和袋足为主，它和豫西龙山文化中晚期陶器的折沿、平底、袋足器很少的状况有明显区别。

（三）周代陶器

西周陶器的品种与形制特征，以平底袋状三足器和圈足器居多。陶质以砂质和泥质灰陶数量较多，兼有砂质红陶、泥质红陶、黑陶。陶器以轮制为主。西周日用陶器的品种较商代有所减少，制作工艺也稍逊一筹，这可能与奴隶主日常生活中使用数量较多的青铜器、原始瓷器和漆器等器皿有关。

四、战国、秦、汉陶器

战国早期的日用陶器形制和春秋晚期的陶器形制极为接近。到了战国中期，陶器的形制才有明显的变化，其中变化最大的是炊器，基本都是陶釜，由陶鬲发展成陶釜，显然是与灶台的普遍使用密切相关。另外，在战国时期的日用陶器上还刻印有文字，一般被称为陶文。

秦代日常使用的陶器，主要以泥质和砂质灰陶为多，也有少量红陶。茧形壶是秦代具有代表性的陶器，器表除饰印绳纹外，还有一些划纹、弦纹与彩绘。均为轮制。秦墓随葬的陶器，多为实用器，也有专为随葬烧制的明器。

汉代陶器以泥质灰陶为主，砂质灰陶较少，兼有少量红陶与黑灰皮陶。汉代创烧的低温铅釉陶器的应用与推广，为我国后来各种不同颜色低温铅釉陶器的出现与发展奠定了基础。

第二章　明以前瓷器

一、商周至两汉的瓷器

随着制陶工具的逐步改善、工艺水平不断提高以及对制陶原料的深入了解，人们渐渐烧制出一些初步达到瓷器标准，但在一些方面又不够完善的器物，这就是原始青瓷。

商周时期是从陶器过渡到瓷器的渐进阶段，也是原始青瓷的产生、发展阶段。商周时期的原始瓷在黄河、长江中下游的广大地区都有发现，尤以江苏、浙江、江西、河南和皖南出土最多。原始青瓷内外壁都施釉，用瓷土作制胎原料，烧结良好，胎体坚硬，已经具备了瓷器的基本条件。但由于当时制作工艺水平较低，胎中还有一定量的铁成分，在略低的温度中烧结，颜色较深，透光性较差。铁含量和烧成气氛不能自如控制，釉色也不好掌握，所以具有一定的原始性。

商周到西汉这一时期的原始青瓷所涂的釉是用石灰石加黏土配制而成的，在氧化气氛中烧成，由于含铁元素，所以呈青绿、黄绿、灰绿、褐绿等颜色。器表多拍印米字纹、方格纹、麻布纹、圆圈纹、曲折纹、叶脉纹、篦纹、水波纹等纹饰。主要器型有：尊、豆、盂、罐、提梁壶、鼎、瓮、簋、杯等。大部分器型是仿照当时的青铜器器型而作的。

我国的原始瓷约自商代出现以后，一直到东汉才完成了由原始瓷向瓷器的过渡。这时的青瓷制作精细，胎体坚硬，瓷质光亮，通体施釉，胎釉紧密结合，声音清脆。胎多为灰白色或淡青灰色，施釉方法已改为浸釉法，生活日用器如碗、盘、罐、盘口壶等成为主流。东汉青瓷在造型和装饰上与原始青瓷很相似，但在胎釉的化学组成以及烧成温度等方面则有本质的不同。瓷化程度较高，釉层均匀，釉面匀净。装饰比较简单，普遍是在器物的口沿、肩部划一道或数道弦纹。尤其引人注目的是在双系罐或盘口壶的腹部满布弦纹，通称"弦纹罐"、"弦纹壶"。此外，还有一种比较普遍的装饰是在罐、盆的腹部贴有铺首。

二、三国两晋南北朝瓷器

三国两晋南北朝时青瓷的烧制水平迅速提高，瓷窑遍布大江南北。由于正值历史大动荡时期，所以南北制瓷业的发展不平衡。南方以浙江早期越窑为中心，窑厂广泛分布在浙江北部、中部和南部地区，继承并发展了东汉青瓷的成就，这些青瓷习惯上被称为"六朝青瓷"。北方则由于连年战乱影响，瓷器生产起步较晚，直到6世纪初期的墓葬中才有随葬青瓷发现。到了北朝晚期，白瓷首先在北方烧造成功，成为中国瓷器史上新的里程碑，为后来彩瓷的出现奠定了基础。

北朝晚期的青瓷与南方相比差别很大，主要表现在以下几方面：首先，北方青瓷胎料中氧化铝的含量高，因此往往有因温度不足而瓷化程度稍低的现象，但瓷胎的颜色比南方稍淡，多为灰白色或白色；其次，北方青瓷釉的光泽性好，玻璃质强，釉面常有开片，流动性较大，没有南方青瓷那种失透的感觉；第三，北方青瓷胎体厚重，与六朝青瓷相比显得形体硕大；第四，北方青瓷的装饰方法较多，有堆贴、模印、雕镂、刻划等，纹饰中受佛教影响的纹样，如莲花纹、忍冬纹等较为常见。

三、隋代瓷器

在陶瓷史上，隋代是一个新时代的开端。隋代瓷器仍以青瓷为主，也有一定数量的白瓷。胎体普遍较厚，胎质坚硬，釉无论青绿、青黄还是黄褐，均为玻璃质，施釉不到底，大多数都有垂流现象。多光素无纹，部分带纹饰的主要以印、划贴为主。常见纹饰有团花、草叶、莲瓣、卷叶、波浪和弦纹等，个别的也有加饰黑褐彩的。

白瓷虽然在北朝时期已开始出现，但真正烧制成功是在隋代。隋代白瓷是从青瓷转化而来的，最早的白瓷是由北朝的制瓷工匠创烧的，但这时的白瓷釉不是真正白色的，而是透明的玻璃釉罩在白胎上。器物胎质较白，釉面光润，已基本上看不到如南北朝白瓷中白中泛青或闪黄的痕迹。隋代制瓷技术的重要成就之一，是成功地在瓷胎上采用白色化妆土。上釉之前，精选含铁成分少的白瓷土细密地挂在坯上，可以避免瓷器烧成后胎体表面粗糙、坯面出现孔隙及胎体颜色不好等弊病，增强釉色透明莹润的质感，特别是对白瓷釉色透明度的提高和呈色的稳定，起着重要作用。

隋代瓷器器型主要有四系或六系盘口壶和罐、龙柄鸡首壶、唾壶、多格盘、五盅盘、高足盘，瓶、砚、盘和碗等。这时的壶、罐造型比南北朝时更加瘦高，讲究曲线美，肩部大多塑成"U"字形系，也有桥形系。除了鸡首壶，还有数量极少的其他动物形壶。这一时期还出现了双龙柄盘口壶。碗多为直口深腹，假圈足稍高。盘有大有小，有深有浅。高足盘的足上小下大呈喇叭状。

四、唐、五代瓷器

瓷器的使用在唐代更为普及，瓷器烧造迅速发展。最引人注目的是创烧出中外闻名的唐三彩和釉下彩。

瓷质的各种器皿种类多样，制作精细，远远超越前代。在隋代青瓷、白瓷成熟的基础上进一步发展，出现了“南青北白”的局面。南方地区主要烧制青瓷，以浙江越窑为代表，北方地区主要烧制白瓷，以河北邢窑为代表。同时还烧出成熟的黑、黄、花瓷。唐代无论青瓷、白瓷，其器型大多为日常生活使用的碗、盘、壶、罐、瓶等。碗一般较浅，有直口和45度角斜出口等多种形式，其共同特征是：口沿外部凸出一周如唇状俗称唇口，圈足为平底或玉壁底，外部施釉不到底。壶最常见的是一种多棱形圆柱短流的执壶，壶腹一般为椭圆形或瓜棱形，壶柄为双排曲柄，壶口多为喇叭口，外部施釉不到底，底多为微微内凹的平底。与唐代书法艺术普及相关，唐代亦多有瓷砚制作。唐代瓷砚的足较多，更有镂孔圈足，砚面明显向上凸起。唐代器型从总体上看，往往给人一种浑圆丰满稳重的感觉。

釉下彩：唐代越窑青瓷中已有褐色釉下彩绘装饰，但并没有充分发展起来。湖南长沙窑釉下褐绿彩绘的出现，为瓷器装饰开辟了新的途径。唐代“花瓷”的出现是陶瓷工艺的又一新创举。

唐三彩：唐代陶瓷工艺中一支独放异彩的鲜花，以造型生动逼真、色泽艳丽和富有生活气息而著称。唐三彩的生产已有1300多年的历史，它吸取了中国画、雕塑等工艺美术的特点，采用堆贴、刻画等形式的装饰图案，线条粗犷有力，胎体用白色黏土制成，釉料用数种金属氧化物为着色剂，如用氧化铜烧成绿色、氧化铁烧成黄褐色、氧化钴烧成蓝色，并用铅作釉的熔剂，利用铅在烧制过程中的流动性烧成黄、绿、天蓝、褐红、茄紫等各种色调，斑斓绚丽。

五代前朝的陶瓷造型较多地沿袭晚唐风格。五代时期白瓷以唇口碗、花瓣口盘的出土最多，在定窑遗址晚唐地层中也发现不少。唇口碗晚唐时开始出现，五代时继续烧制。盘仍以花瓣口为主，这类白瓷一般胎薄体轻，制作精致。有相当数量的白瓷底部刻有“官”、“新官”字款，是晚唐、五代白瓷中的常见现象。

五代瓷器优美秀致，是工艺上进步的表现。五代制瓷工艺有很大改进，为了瓷器胎薄，对制瓷原料的加工更为精细，烧成后的胎质更加致密，玻化程度高。相应的成形技术也有提高。装烧技术更具开创性，成功地控制窑炉还原气氛。使用匣钵装烧较唐代更为普遍，使瓷器的成色均匀纯净。支烧工艺的改进和发展，使得五代满釉瓷器烧造成功。

五、辽代瓷器

辽代陶瓷在辽代手工业部门中占有重要地位。辽代瓷器可分两大类：中原类和契丹类。中原类型的瓷器有从北方流入契丹的，也有北宋工匠流落到辽地后在当地烧造的。这一类型瓷器的主要器型有注壶、温碗、盖罐、长颈壶、花口碗、香炉、盘、碟等。精细瓷器胎白、坚致，釉润似玉，颜色白中闪黄，外壁多刻莲瓣纹。一般白瓷的胎稍厚，釉胳粗，呈牙白色，多光素无纹。契丹类型的瓷器具有本民族的风格，时代越晚，契丹式瓷器越少。鸡冠壶是辽瓷中最有特色的造型，它的原型是契丹族游牧时用以盛水或奶的皮囊壶。最早的鸡冠壶完全模仿皮襄壶，皮革缝制的痕迹很逼真，甚至还堆出皮绳、皮扣；时代越晚，皮囊壶的特征就越少，有些仅成为装饰。辽代瓷窑集中在今辽宁和河北、山西的北部，主要有上京窑(今内蒙古巴林左旗东镇)、赤峰缸瓦窑、辽阳江官屯窑、北京门头沟窑等，主要产品是白瓷、黑瓷和三彩陶器。

六、宋、金时期的瓷器

宋代是我国陶瓷发展史上第一个黄金时代，宋代著名的窑系有：以生产白瓷为主的定窑系，以生产白瓷和釉下彩绘瓷为主的磁州窑系，以生产红、蓝窑变釉为主的钧窑系，北方生产青瓷的耀州窑系，南方生产青瓷的越窑和龙泉窑系，以及以江西景德镇为中心的青白瓷系和生产黑瓷及各种黑色窑变釉的黑瓷系等。除了这些为数众多的民窑外，宋朝宫廷还建立了汝官窑、钧官窑、汴京官窑、郊坛官窑等官窑群，形成了以汝窑、哥窑、官窑、钧窑、定窑五大名窑为首的宋瓷体系。与宋朝同时，中国北方并立的三个少数民族政权，即契丹人建立的辽、党项羌人建立的西夏和女真人建立的金，也都有各自的制瓷业。这些地区所生产的瓷器除具有本民族的特点外，还有明显受到唐宋北方诸窑影响的痕迹。

（一）五大名窑——定窑

定窑是宋代著名瓷窑之一，以产白瓷而驰名。宋代是定窑的发展时期，产量、质量及制作工艺较五代又有明显提高。定窑瓷器多为白釉，亦有少量的黑釉、酱釉、褐釉、绿釉等品种。宋代白釉颜色偏黄，唐代定窑白釉呈色偏青，在造型曲线转折变化的积釉处，常呈现较明显的青白色。这是区别唐宋定窑白瓷的重要依据。宋代定窑白釉还有一个明显的特征，即所谓的“泪痕”。这是上釉过程中，釉浆流淌的痕迹。“泪痕”厚处均有明显的偏黄色。无论是正烧还是覆烧，流向均是自上往下流淌。

酱釉、褐釉、黑釉、绿釉等品种，在定窑瓷器中占的比例不大，完整的传世品更是稀少，故收藏价值较高。定窑颜色釉品种均有一个共同的特点——全系白胎，即与白瓷所用胎料完全一样，只是外罩色釉不同。这是紫定、黑定、绿定与其他窑口区别的重要标志。

（二）五大名窑——钧窑

钧窑始见于北宋，终于元，是青瓷系统中比较独特的一支。以河南禹州为中心，窑址遍及县内各地。其最著名的品种是高温铜红乳浊釉，即在天蓝或月白色釉上烧出大小不一、形状各异的玫瑰紫或海棠红色，有的还交织着蓝、灰、褐、鳝鱼黄等颜色的斑点或丝缕。钧窑釉色变化多端。

北宋的钧瓷，胎略厚，致密，色灰，先素烧后施釉，以月白、天青、天蓝色为基本色调。釉中的铜分子经高温还原气氛，呈现紫红颜色。因为釉较厚，锻烧时釉翻滚，釉中所含金属分子重量不同，有的浮在表面，有的沉在釉底，冷却时釉子上下收缩温度不一致，往往留下不规则的细线状流动痕迹，被后人称为“蚯蚓走泥纹”。宋代钧瓷大多都有蚯蚓走泥纹，这是鉴定时比较重要的依据。

宋钧窑主要器型有：花盆、盆托、盘、碗、洗、炉、尊等。宋钧窑以釉色美取胜，因此除了堆凸乳钉、弦纹以外，一般没有其他纹饰。宋钧瓷底足有釉，圈足内多芝麻酱色。

（三）五大名窑——汝窑

汝窑窑址位于河南宝丰县。宝丰宋代隶属汝州，故简称汝窑，又因其是烧宫廷用瓷的窑场，故也称“汝官窑”。其烧造时间不长，仅从宋哲宗到宋徽宗烧造了 20 年。汝窑瓷器胎均为灰白色，深浅有别，与燃烧后的香灰相似，故俗称“香灰胎”，这是鉴定汝窑瓷器的要点之一。

汝窑瓷釉基本色调是一种淡淡的天青色，俗称“鸭蛋壳青色”，釉层不厚，随造型的转折变化，呈现浓淡深浅的层次变化。釉面开裂纹片，多为错落有致的极细纹片，透明无色似冰裂，俗称为“蟹爪纹”。汝窑瓷器底款有刻“奉华”和“蔡”字的两种，当为宋时所刻，均与宋宫廷和皇室相关。汝窑瓷器以釉色取胜，少见花纹装饰，但汝窑未烧贡瓷以前，曾有刻花和印花产品。

汝窑瓷器传世最少，且后代从未仿烧到九成像者。除胎釉、支钉痕外，汝窑瓷器至今未有高度超过 30 厘米、圆器口径超过 20 厘米的完整传世品。汝窑未烧造官窑瓷以前也曾生产青瓷，同时也生产磁州窑类型产品。真正的汝官窑产品，传世的仅见 70 余件。

（四）五大名窑——哥窑

宋代哥窑窑址至今未被发现，成为一个有趣的历史之谜。哥窑主要是陈设瓷，多仿古铜器形制，如贯耳瓶、菊瓣盘、兽耳炉、弦纹瓶、长颈瓶、立耳三足炉、鼎式炉、五足洗、葵口洗、葵口碗等。哥瓷胎体非常坚密，呈深紫灰色、灰色或土黄色；釉色较多，有粉青、翠青、灰青、米黄等；施釉较薄，温润似玉，器表有一层不很亮的酥油光，并有较大的黑色及较小的黄色开片，俗称金丝铁线。哥窑瓷器既有支烧的，也有垫圈烧的。传世哥瓷胎厚釉薄，胎色种类较多，有沉香色、淡白色、杏黄色、深灰色、黑色等，釉子不明亮，润如玉，有一层酥油光，紫口铁足现象很少。哥窑的瓷胎敲击起来，没有悦耳的金石声，而是近似破碎的“噗噗”声。

（五）五大名窑——官窑

北宋官窑至今没有找到窑址，文献记载也很少。从故宫博物院所列的收藏品看，被认为是北宋官窑的这批官窑瓷器的胎是紫黑色的，施釉很厚，莹润如堆脂，粉青或天青色，开稀疏的大纹片。施釉后略有流淌，口部等釉薄的地方隐约露出胎色。因此，紫口是北宋官窑一大特点。裹足支烧、器底有芝麻钉痕迹是另一大特点。

官窑和汝窑一样，以釉色为美，没有纹饰，瓷器只有凹下或凸起的弦纹或边楞。器型种类较少，除了盘、葵口洗以外，多仿古青铜器的造型，如长颈瓶、贯耳瓶、兽耳炉等。从已出土的大量瓷片看，南宋官窑瓷器的胎呈深灰、灰褐、灰黄等色。胎有薄厚两种。釉厚的瓷片从断面可看出施釉痕迹。釉温润似玉，也有比较光亮的。釉色有粉青、天青、灰青等，开比较细碎的纹片。南宋官窑既有裹足支烧的，也有垫烧的，器底大而薄的往往采用支烧与垫烧共用的方法来保证质量。

（六）宋、金磁州窑

磁州窑系是宋金时期北方最大的民窑系，以河北磁县磁州窑为中心，窑场在河北、河南、山西三省广有分布。江西吉州窑南宋时也烧造磁州窑系风格的瓷器。磁州窑系诸窑多是综合性瓷窑，兼烧白瓷、黑瓷、彩绘瓷、三彩陶器等品种。

白瓷是磁州窑的主要产品，造型以盘、碗最多见，也有瓶、罐、水盂、镜盒等。白瓷以其胎釉质地的不同，可以分为两类：一是仿定窑产品，胎土经过淘洗，比较细密，胎色白或黄白，釉层较薄，釉质莹润，除底足外通体施釉，其中优质品与定瓷差别很小；另一类是粗白瓷，胎体厚重，胎质粗糙，呈土黄或红褐色，杂质明显，胎上有一层化妆土，多是内壁施满釉，外壁施半釉，有些器物外壁可以很清楚地看出瓷胎、化妆土、白釉 3 个层次。

黑瓷也是磁州窑产品的大宗，这类产品的造型以罐、碗、瓶为主，也有盘、壶和玩具。胎质粗糙，胎色黄褐，胎体厚重，釉层较厚，黑色纯正。大多数器物是里施满釉、外施半釉，也有些里外均施半釉，有些罐类内壁施釉仅过口沿。绿瓷产量不大，大都是金代产品，主要造型有盆、盘、瓶等。

釉下彩绘是磁州窑独具特色的装饰手法。以釉色分，有白釉釉下彩和绿釉釉下彩；以彩色分，则有黑彩和褐彩图案。以花卉纹居多，如牡丹、荷花等，也有一些动物图案，如鱼、蝴蝶、芦雁、鹭鸶等，还有少量龙、凤，人物很少见，主要是枕面上的婴戏图。宋代磁州窑的纹饰真切生动，具有生活情趣。宋、金磁州窑还生产三彩陶瓷器，尤以金代为多。

（七）宋代耀州窑

耀州窑位于陕西铜川市，因地属古耀州得名，也叫铜川窑。北宋耀州窑青瓷的胎是灰白色，较薄，很坚硬；釉细密，光润，青中闪黄或略闪黄，类似北宋时期的龙泉窑。主要装饰方法是刻花、划花、印花、堆塑等。北宋初期开始出现非常草率的刻花，以后日臻成熟。北宋中期，已采用刻划结合的手法。刻主题纹饰，刀法犀利，线条流畅而奔放；划陪衬纹饰时，纤细如丝，排列有序，整体纹饰层次清楚，繁而不乱，有浅浮雕的装饰效果。北宋晚期盛行在盘、碗内印花，规整清晰。

耀州窑纹饰以花卉为主，以婴戏纹最有特色，活灵活现。耀州窑主要器型有盘、碗、杯、盏、钵、梅瓶、荷叶式高足盘、喇叭口瓶、葫芦形执壶、多子盒、枕、炉、凤头壶、花口尊、玉壶春瓶等。北宋耀州窑的碗身较高，敞口，小圈足，器物一般施满釉，工匠多拿着底足蘸釉。耀州窑虽属民间瓷窑，但制作非常规整，釉色很漂亮。

宋代耀州窑是北方青瓷的代表，以耀州窑为中心，形成了一个耀州窑系。河南的临汝窑、宝丰窑、宜阳窑、禹县窑、内乡窑、新安城关窑均深受其影响，烧造青釉刻划花、印花瓷器。这一时期广州西村窑、福建同安窑、广西永福窑和容县窑，为了适应外销的需要，也仿造耀州窑产品。

（八）宋代龙泉窑

龙泉窑始烧于北宋早期，南宋晚期产品最为辉煌。

北宋时期龙泉青瓷尚保留着仿越窑、瓯窑和婺州窑的遗风，釉呈浅青色，薄而光亮。南宋中期以后，完全形成自身的特点，以粉青和梅子青釉著称于世，这两种釉是龙泉青瓷中最名贵的品种。从工艺学角度分析，粉青和梅子青釉是一种“石灰碱釉”。这种釉在高温中黏度较大，流动性较小，适宜挂厚釉。北宋龙泉青瓷装饰手法主要为刻花、划花、印花及贴塑等。常见纹饰在北宋多莲瓣、荷叶，南宋多云纹、水波纹、游鱼等。

北宋龙泉窑器型有炉、瓶、盘、渣斗及塑像等，造型多变。南宋时，龙泉青瓷造型更加丰富，除各类日用器皿外，文房用具中的水盂、水注、笔筒、笔架等亦常见，象棋子、鸟食罐也颇有特色。宋代龙泉青瓷以釉色取胜。

（九）宋代青白瓷

青白瓷也叫影青瓷或隐青瓷，指的是釉色介于青白二色之间，青中泛白、白中透青的一种瓷器。青白瓷是宋元时期景德镇及受其影响的窑场烧成的、具有独特风格和鲜明时代特征的新品种。青白瓷系窑场多分布在南方几省，主要有江西景德镇窑、南丰白舍窑、吉安永和窑、广东潮安窑、福建德化窑、泉州碗窑乡窑、同安窑、南安窑等。

江西景德镇是青白瓷的烧造中心。北宋时青白瓷的基本特征是：胎质细密，呈白色，透光度极好。釉透明度高，光泽性强，流动性较大。釉色青白，最好的呈色如天青稍淡，釉薄处泛白，积釉处则呈水绿色。北宋偏早的一些器物积釉微泛黄色器型多见盘、碗等日用器皿，还有瓶、壶、盏托、注壶、枕、油盒。装饰的方法主要是刻花和印花，多在碗、盘的内壁，刻花花纹吃刀深浅不同，施釉后，吃刀深处积釉成青绿色，浅处泛白，层次感很强。刻印花图案内容主要是花卉。宋代景德镇青白瓷传世最多的是盘、碗、碟、盒及魂瓶等，尤其是魂瓶，江南地区宋墓儿乎都有出土。

南宋中期以后，景德镇受定窑影响采用复合支圈覆烧法，盘、碗的口沿也形成“芒口”。此时胎质比以前稍粗，釉色可以分为两类：一类偏白，一类偏青。在造型方面，南宋前期与北宋相似，主要有斗笠碗、平底碟、弧壁浅盘等南宋中晚期碗演变为撇口弧壁形。在装饰手法方面，南宋早期多为刻花、划花，内容以牡丹、荷花等花卉为主，也有婴戏纹；晚期印花很多，图案层次较多，构图繁缛，除花卉、水波游鱼外，还出现了人物故事题材。

（十）宋、金黑瓷

宋、金时期南北方都有黑瓷生产，产量比较大，器型主要是碗，盘、罐、坛、枕等，以碗的产量最大，这与宋朝的“斗茶”习俗有关。这些黑釉碗虽都以黑色釉为基本装饰，但经过特殊加工或窑变，形成了很多种类。

兔毫釉，即在黑色碗的里外壁上都有细长如丝毛状的斑纹，呈黄色或银白色，很像兔毛。兔毫盏以建阳窑最著名。油滴釉，即在碗的黑色釉层中形成一个个小圆点状结晶，有金黄色，也有银白色，很像油滴，故有此称。油滴盏也以建阳窑最佳。玳瑁斑，即在黑色釉层中窑变形成大小不等的斑块，有黄色，也有浅蓝色，混合交织在一起，很像玳瑁的硬壳，故名玳瑁斑，多见于永和窑。

剪纸贴花，即在黑釉碗的内壁有对称排列的剪纸图案，剪纸图案部位与周围颜色不同，系两次施釉而成。图案内容丰富，多成对出现，有飞凤、蝴蝶，还有开光式花卉。这种装饰方法唐时河北井径窑已有。木叶纹是在黑色釉中有一块黄色木叶斑装饰，木叶筋脉纹路清晰可见，很像叶子飘落于碗中，这种方法为宋代吉州窑所创。

黑釉剔花，这种方法常见于北方，多施于瓶、罐一类外壁。黑釉器物的装饰除以上几种外，还有黑釉印花、黑釉金彩、黑釉彩斑等，但数量不多。宋朝生产黑瓷的窑口很多，以福建建窑和江西吉州窑质量最高。

七、元代瓷器

在瓷器发展史上，元代是一个承前启后的重要时期。宋、金时代的各地主要瓷窑到了元代后期，都成了强弩之末，而真正代表瓷器生产时代特点的是景德镇窑。

从传世及出土的瓷器看，元代景德镇除了继续生产青白瓷、白瓷和黑釉瓷以外，新品种有卵白釉（枢府）瓷、青花瓷、釉里红瓷和红釉、蓝釉等高温颜色釉瓷，以及孔雀绿等低温颜色釉瓷。特别是青花瓷和高温颜色釉瓷的烧制成功，在中国陶瓷史上具有划时代的意义，为明代瓷都景德镇的形成奠定了坚实的基础。

（一）青白瓷和卵白釉

元代青白瓷的生产中心在江西景德镇。江西其他地区及福建、广东也都有生产，故有“江河川广器尚青白”之说。元代青白瓷的胎釉特征与宋代有所不同：瓷胎采用高岭土加瓷土的“二元配方”法，胎土中氧化铝的含量增加，烧成温度更高，胎质更白，器物很少变形。釉为石灰碱釉，即在釉料中掺入适量的草木灰，使釉中含有碱金属钾和钠，同时降低氧化钙的含量。由于釉的黏度提高，不易流淌，烧成后釉面失透，光泽柔和，釉色比宋代略白，但不如宋影青的玉质感强烈。器物造型除碗、盘、瓶、炉、罐、枕外，还新出现了扁型执壶、葫芦形执壶、多棱壶、笔架山、动物形砚滴等。造型特点是厚重饱满，胎壁厚，釉层薄。元代青白瓷比较注重装饰，普遍采用印花、刻花、划花技法，其中以刻印串珠纹最有特色。

卵白釉瓷是元代景德镇烧成的一个白瓷品种，常有人误称为“影青”。它的特点是：胎体厚重，胎质坚硬细密，釉面失透，釉色白中微泛青，如卵白色。卵白釉瓷器多为小件器，如浅式盘、折腰碗、高足碗等，造型特征是小圈足，足壁厚，削足规整，底心常有小乳钉状凸起。装饰方法主要是内壁印花，以缠枝花卉最常见，也有少量龙纹，有的因为釉子很厚，故纹饰模糊，不甚清晰。很多盘碗在内壁口沿处相对印“枢府”二字款，传世品中还有“太禧”款，均为楷书，这类器物又被称为“枢府器”。带这类款识的应是元代官府定做或征用的瓷器。由于这类瓷器制作精细，又有官府名称，加之所印云龙纹饰均为五爪龙，被后人认为是元代官窑的产品。无论是否官窑所产，元代烧制白瓷的成功经验都为以后釉下、釉上彩绘瓷的高度发展，奠定了坚实的基础。

（二）釉里红、青花釉里红

元代景德镇烧制成熟了釉里红瓷器，并且创制了青花釉里红这一新品种。

釉里红瓷是瓷胎上用铜红料着彩，然后施透明釉，用高温一次烧成的釉下彩瓷器。它的工艺过程和青花瓷完全一样，不同的是青花用钴料着彩，而釉里红则用铜红料。

青花釉里红瓷是指在同一器物上，既有钴料又有铜红料描绘或涂抹彩色，烧成后使釉下青花与釉里红彩同现于一器。由于铜红彩料对窑温极为敏感，和青花钴料在烧成过程中需要的气氛不一致，所以要将二者一次性装饰于同一器上，具有很高的工艺要求。因此，青花釉里红瓷一直被视为我国古瓷的名贵品种。

（三）青花瓷

青花是中国瓷器制造技术中的一种工艺手法，原始青花于唐宋已见端倪，元代景德镇湖田窑出现成熟青花。今以景德镇出产的最为著名。青花瓷又称白地青花瓷器，它是用含氧化钴的钴矿为原料，在陶瓷坯体上描绘纹饰，再罩上一层透明釉，经高温还原焰一次烧成，属于釉下彩的一种。钴料烧成后呈蓝色，具有着色力强、发色鲜艳、烧成率高、呈色稳定的特点。

成熟元青花瓷的主要要素有三点：洁白的瓷胎和纯净的透明釉、运用钴料产生蓝色的图案花纹、熟练掌握釉下彩绘的工艺技术。元青花瓷的胎由于采用了"瓷石＋高岭土"的二元配方，使胎中的 Al2O3 含量增高，烧成温度提高，焙烧过程中的变形率减少。多数器物的胎体也因此厚重，造型厚实饱满。胎色略带灰、黄，胎质疏松。底釉分青白和卵白两种，乳浊感强。其使用的青料包括国产料和进口料两种：国产料为高锰低铁型青料，呈色青蓝偏灰黑；进口料为低锰高铁型青料，呈色青翠浓艳，有铁锈斑痕。在部分器物上，也有国产料和进口料并用的情况。器型主要有日用器、供器、镇墓器等类，尤以竹节高足杯、带座器、镇墓器最具时代特色。

第三章　明清瓷器

一、明代瓷器

中国陶瓷发展史上，宋代是百花争艳，元代是一个过渡，明代则形成了几乎是景德镇一花独放的局面。明代景德镇的瓷器，以青花为最主要的产品。它代表了釉下彩发展的最高阶段。

（一）洪武瓷器

洪武官窑青花是承前启后的一代产品，继承了元青花传统，但工整有余，变化不多。图案题材以程式化的花卉纹为主，布局趋于简单，扁菊纹、缠枝纹或折枝莲叶纹较为多见。龙纹出现五爪，五爪尖连成一个圆形，一般以三爪、四爪为多。造型以盘、碗、罐为主。除玉壶春瓶、执壶及口径在 20 厘米左右的大碗为釉底外，其余均为胎底。胎底的盘、碗之类底部有红色护胎釉，且多数有明显刷纹。

在国内外传世品中可以确认为洪武瓷的，以釉里红器为最多。多数呈较淡或偏灰的色泽，图案花纹多见花卉纹。洪武官窑青花要少于釉里红器，主要使用含铁量较低且淘炼欠精的国产青料，呈色多为灰蓝色。铁结晶斑点不明显。

（二）永乐瓷器

从永乐朝开始，青花瓷器的制作已逐渐成为景德镇瓷器生产的主流。从永乐朝典型器看，由于烧成温度较高，釉内气泡较宣德器为少，而釉面有肥亮感，但有很大一部分永乐器也有很多气泡。永乐青花器的釉，基本上为白中泛青色，少数器有开片。青花有晕散现象。

永乐青花（包括其他品种）器的制作，除大盘、扁瓶等少数大件器外，多数器物的底部均已施釉，这是一个很重要的时代特征。永乐青花绘画笔法的主要特征是图案花纹多为双勾填色，这也是从永乐开始到成化前期明代青花细瓷最具共同性的一个特征。永乐青花瓷的主题图案往往以缠枝四季花（梅花、牡丹、莲花、菊花）为主，并以蕉叶、如意云、回纹、波涛等为辅纹，显得有疏朗感。永乐瓷中，只有极少数有"永乐年制"的年款字，绝大部分是没有年款的。

（三）宣德瓷器

宣德青花和永乐青花一样，是中国古代青花瓷的高峰，历史上称永乐、宣德为青花烧造的黄金时代。宣德时官窑青花瓷绝大多数使用苏麻离青料，同样具有永乐时期青花纹饰色泽浓艳、晕散、大小不等、凹陷胎骨具闪银白色"锡光"的黑色斑点等特点。同时宣德官窑还有一小部分使用国产钴料绘纹饰，颜色艳丽稳定，没有黑斑。宣德时期的青花瓷的胎体，比永乐时的同类器物要厚重，釉子肥厚闪青，不太平整，像橘子皮，俗称“橘皮釉”。宣德青花纹饰比永乐的稍显粗犷，随意点绘没有轮廓，俗称“一笔点画”。常见纹饰有枇杷绶带鸟、四季花卉、花果、缠枝牡丹、岁寒三友等。

（四）正统、景泰、天顺窑瓷器

正统、景泰、天顺三朝30余年，政局动荡，使得经济生产受到很大影响，是明代陶瓷史上情况不明的时期。传世品中至今未见一件署年款的官窑瓷器，所见瓷器均为民窑所产，故学术界有“空白期”之称。

正统、景泰、天顺三朝民窑青花瓷具有以下特征：青料除极少数为浓艳的进口料外，大多用含铁量较低的国产料，但其中也有少数色泽偏于浓翠的；从造型上说，出现了戟耳和带座的器物，这是元代造型的复古，但变化很大；由于全是民窑器，胎、釉制作都不太精细，削足也不规正。瓶、罐底部无釉。碗、盘底足跳刀痕明显。从元代开始的酱色假芒口在三朝器中仍时有发现，部分琢器如瓶、罐之类的口沿多见剥釉现象。器物底足从总的倾向来说有加大的趋势，足宽而深是这一时期民窑器的普遍特征。碗类的器足呈内敛者多见。器物内壁刷釉的制作方法在三朝仍流行，纹饰以缠枝花和折枝花草为多，动物纹中以麒麟和犀牛多见。

（五）成化瓷器

成化朝的官窑瓷有的继续使用苏麻离青料，宣德遗风仍存，但多数使用的是江西乐平县产的陂塘青，也叫平等青，其特点是青花颜色清淡典雅，蓝中闪灰，呈色非常稳定、平静。成化瓷器的胎子洁白、细密，胎体轻薄秀美；釉子洁白肥腴，纹饰纤细活泼，大量采用双勾平涂技法。

成化青花瓷常见纹饰有荷莲鸳鸯、松竹梅石、折枝花果、缠枝花卉、狮子麒麟、花鸟团龙、婴戏仕女、八仙高士，以及梵文和藏文等。器口内外多以弦纹，少数以卷草纹带或锦地纹带装饰。足外墙一般围以两或三道弦纹，一道靠上，两道靠近足底部边缘。常见官窑瓷器绝大多数是小件器，因此有“成化无大器”之说。成化瓷修胎规矩，瓶、罐、壶等立器有的隐约可看出接口痕迹；盘子塌底，碗、盘器足较直且稍高，底有釉，并有六字双圈或六字双框款，写“大明成化年制”。从窑址出土的瓷器看，写有双框款的瓷器，一般是成化后期的产品。也有在罐上写“天”字款的，无圈框，俗称“天字罐”。成化款苍劲有力，笔画圆润，字体较大，被框、圈紧紧束住。

（六）弘治瓷器

弘治朝的官窑青花瓷器无论从胎釉、造型，还是青花颜色，都非常接近成化，因此有“成弘不分”之说。弘治官窑瓷胎子细润、坚密。有的釉面光亮闪青，有亮青釉的说法；有的釉面很白润，用“如脂似玉”形容，一点都不过分。青花颜色闪灰浅淡，纹饰纤细，图案稀疏。还有一类器物青花颜色稍浓艳，纹饰细密。常见纹饰有海水龙纹、荷莲龙纹、四季花果、缠枝牡丹、婴戏、仕女及梵文等。弘治官窑器型秀巧，修胎规整，圆器底足圆滑，盘底下塌，圈足比成化时稍矮，足外下部有的也用青花画双圈。弘治朝官窑款，有“大明弘治年制”和“弘治年制”两种，均为楷书款，另有“弘治年制”篆款一种，但不见于青花器上。

弘治朝的民窑青花瓷和成化时一样，无论胎、釉的质量，还是造型的秀气程度，在明代民窑瓷器中都是较为突出的。民窑青花颜色比较浅淡，常见的纹饰有松鹤、折枝花、缠枝花、花果、婴戏仕女等。常见器型除了盘、碗、香炉、大瓶、葫芦瓶外，还有一种深腹浅里的碗，俗称“诸葛碗”，即看外表是深腹碗，实际上碗很浅，底足心上有一大圆孔通腹部，腹是空的。这种造型明代成化时才开始出现，弘治朝渐多。

（七）正德瓷器

正德朝的官窑青花瓷胎体比成化和弘治时的要厚重。立型大器胎厚欠精细，有的甚至出现缝隙；釉子肥厚光润，白中闪青或闪灰。正德后期开始使用“回青”，颜色浓艳闪紫，用双勾平涂技法绘画。常用纹饰有海兽波涛、云龙、云凤、双狮戏球、仕女婴戏、缠枝番莲、山石牡丹、钱纹、回纹等。以阿拉伯文字装饰器物是正德瓷器的又一大特点。

正德官窑青花造型造型中最具时代特征的“正德碗”，其特征是口微外撇，从口沿至足渐收敛，碗壁弧度大而深，圈足，又名“宫碗”、“宫式碗”。立器比较厚重，接胎痕迹明显。官窑款写得很工整，排列稍显松散，六字或四字款都有。正德的“德”字和宣德的“德”字一样，“心”字上没有一横。

正德民窑青花瓷胎子坚致但不够细密，白中闪灰，有孔洞缝隙及黑点，釉光润，白中闪青灰，多数是亮青釉，有的釉中有细密的气泡。青花颜色浅淡闪灰，具晕散，多双勾平涂，纹饰草率、随便，但不乏佳作。

（八）嘉靖、隆庆瓷器

嘉靖一朝45年，官窑生产从未间断，也形成了嘉靖官窑青花瓷器的独特风格。嘉靖朝的官窑青花小件瓷器的胎坚致细密、胎轻体薄，大件瓷器坚致但较粗、胎体厚重；小件器的釉面肥润光亮，大器欠平整，釉色白中闪青或闪灰。嘉靖朝的青花瓷器主要用西域地区的钴料回青及江西产的石子青配合使用，描绘出色彩艳丽闪紫的纹饰。由于回青料含铁量低，所绘纹饰没有黑色斑点，又由于含锰量高，纹饰浓艳泛紫。瓷器上常见松鹤、仙鹿、八卦、灵芝等字，及“壬”字形云纹和仙人乘槎等。纹饰布局繁缛，没有层次。此时山水通景纹饰开始出现。

隆庆一朝仅存6年，传世瓷器较少，官窑青花瓷更少，其总体风格与嘉靖类似。青花料仍用回青，呈色蓝中泛紫，纯正稳定。未署年款的青花瓷，很难与嘉靖和万历朝的区别开来。有款的则多署“大明隆庆年造”，也有写“制”字的。因隆庆时已出现的“官搭民烧”现象，刺激了民窑发展，故隆庆民窑青花中的精品，已接近官窑水平。

（九）万历瓷器

万历官窑青花、颜色釉和彩瓷都有极大成就，尤以青花五彩最为突出。其官窑青花瓷器可分前后两期：前期作品承袭嘉靖风格，后期作品下启康熙风格。万历朝时烧造瓷器数量很多，大器型所占比例大，小器型如盘、碗、笔杆、文具等也一应俱全。万历官窑青花小件瓷器的胎相当精细致密，大器稍差，釉光润肥厚，足内施亮青釉。万历早期使用回青，青花颜色艳丽泛紫，中晚期使用国产青料“无名异”和“元子”等，呈蓝中泛灰的色调。纹饰繁密，稍显凌乱，但也有疏朗清秀的，还有的在青花瓷上镂空纹饰，别具一格。

万历民窑青花瓷器胎洁白，有粗有细，同是碗、盘，也有厚薄之分。釉色白中闪青、光润。青花颜色有浓艳闪紫的，也有蓝中泛灰的。绘画比较潦草。常见纹饰有狮球、婴戏、高士、人物故事、山石花果、山水等。万历青花民窑款有年号款，也有吉语款、赞颂款、图记款等。

（十）天启瓷器

天启官窑是明代官窑的尾声，明末的农民大起义即爆发于天启末年，官窑生产受到严重影响，至崇帧时官窑停产，故天启官窑传世品极少。

根据传世不多的官窑青花瓷分析，其时代特点是大件产品渐少，小件产品增多，大件产品规整度略差，小件产品则很精细，颇有万历遗风。青花颜色可分四种：一、继承万历传统，呈色稳定，为鲜艳的浅蓝色，但已有浓淡深浅的层次变化。二、青花色泽清淡，青中泛浅灰色，呈色稳定。三、青花呈色不稳定，有晕散现象，纹饰的线条与釉面呈熔融现象。此类青花多为佛前供器。四、青花色调浓重，泛蓝黑或灰黑色的，多见于胎体厚重的青花器上。以上四种呈色，前两种属标准官窑青花，后两种多见于民窑青花。

（十一）崇祯瓷器

崇祯一朝是在战乱中度过的，在这一时期的制瓷业中，官窑已毫无地位。崇祯民窑瓷从传世品所见的品种有青花和五彩。崇祯青花处于万历后期到清康熙前期的转折点：细器制作较好，釉色发青、润亮，色泽明快。粗器有卧足底，填砂厉害，色泽灰暗。器物底釉有橘皮纹，部分器物有酱口。崇祯时期主要器型有盘、碗、罐、香炉、净水碗等。纹饰一般画得比较潦草。崇祯青花瓷器带年款的较少，佛前供器多有长篇铭文，字体比较古拙。崇祯时的斋堂款很多，往往写在碗心上，如“翔凤堂”、“博古斋”、“雨香斋”等，碗底常见“富贵佳器”、“雅”、“白玉”、“宣窑”以及银锭、方胜、兔子等图记款。

崇祯五彩有单纯的釉上五彩和青花五彩两种。青花五彩瓷的民窑风格以山水、人物、飞鸟、桃果等图案为主，突出青花，红、绿色调明显。单纯釉上五彩则特别强调绿、黄两色，多见人物故事图，盘底跳刀痕明显，有“天下太平”篆书方款。

二、清代瓷器

清代前期，康熙、雍正、乾隆三朝，瓷器生产在工艺技术和产量上都达到了历史的高峰。嘉庆以后社会经济衰退，景德镇官窑瓷器质量急剧下降，民窑方面虽然产量巨大，但已很少有精致之作。清代代表中国瓷器水平的，仍然是景德镇官窑器。清代官窑自康熙始，不但恢复了明代永乐、宣德以来所有的品种特色，而且还创烧了很多新的品种。

（一）顺治瓷器

传世的顺治青花瓷，以民窑器为多见。胎质、釉质均较粗，釉色发青。多数器物的口沿抹上一层淡酱色。有的盘底往往有窑裂痕。康熙时盛行的双圈足，顺治器亦有。炉一类器物的底足均为饼底实足。

顺治时纹饰一般很粗犷，满绘器物。有几种纹饰是顺治时所独有的，如常见于炉、罐上的非常粗犷的云龙，龙粗大威武，只露出头、身、尾等几截，其余部分被斑片状云遮挡，好似凶猛的恶龙从浓黑滚滚的云中腾跃而出，其身忽隐忽现。这时也会有崇祯朝式的勾勒轮廓，涂青花留白形成的“括号”云，常见于花觚、罐之上的芭蕉瑞兽、独角兽等。绘于盘、碗之上的人物故事，人物多居于庭院或室内，有一定的情节。

（二）康熙瓷器

康熙青花瓷在清代是最名贵、最精美的，素有“青花五彩”之美誉。“臧窑”为康熙早期代表，“郎窑”则代表康熙晚期水平。康熙青花的一个重要特征，是青花浓淡有多层次，而且有指印纹，即青花彩色中有手指印的纹样。康熙官窑青花，少见大器，一般都是小件的日用瓷和文房用具。康熙青花瓷与明代最大的区别是以民窑青花为主流，这是因“官搭民烧”成为定制，刺激了民窑的发展。民窑青花的器物多样而又多大件器，图案花纹也十分多样化。民窑青花器的款记有各种标记，一般不落年号款。

清康熙朝恢复了釉里红的生产，基本上都是官窑器。康熙釉里红的色泽，一般为淡红色，少见鲜红。青花釉里红器除盘、碗外，有各式瓶类、笔筒、高足碗、摇铃尊等。康熙晚期，民窑的青花釉里红器，也有很大发展。

釉里三彩是康熙朝新创烧的一种釉下彩品种。它除了青花和釉里红外，又增加了一种以铁为呈色剂的釉下豆青色。这也成为康熙一朝的特有品种。康熙五彩和康熙青花一样，是清代景德镇的一个重要品种，是从明代万历五彩的基础上发展而来的，烧彩温度为800℃，有“硬彩”之称。康熙五彩器一般均能见到明显旋纹痕及黑疵，除少数官窑器的圈足圆浑润滑外，大多民窑器的圈足边呈尖状，而且有斑块残缺的现象。康熙斗彩也是以釉下青花勾勒图案花纹的线条轮廓，高温烧成后，在釉上填以各种色彩。以小件器为多见，形制种类较少。康熙斗彩，官窑器一般有“大清康熙年制”两行六字青花款，部分不落款。

（三）雍正瓷器

雍正朝制瓷工艺之精、品种之多，都是其

他朝代所无法比拟的。雍正朝的颜色釉，以仿官、哥、汝、钧为最著，青釉的烧制最为成功。雍正釉里红和青花釉里红是雍正釉下彩中特别成功的品种。雍正粉彩在康熙的基础上有了更大发展，成为景德镇彩瓷的主流。无论在造型、胎釉和彩绘方面，都达到了空前的发展。

雍正朝的制瓷，在仿古方面，既仿宋代五大名窑和龙泉、影青等釉色，也仿明代宣德、成化、嘉靖、万历等朝的各类瓷器。在器型方面，追求古意，更多地吸收宣德一朝的器型、装饰。青花和彩瓷方面的图案纹饰，更多地倾向于从雅处着眼。器物底部的处理十分讲究，特别是官窑器的圈足部位，细腻柔润，成滚圆的“泥鳅背”。

雍正朝的官窑青花，早期接近康熙时的瓷器，部分瓷器色调艳丽明快。中期具有本朝特点，青花色调灰暗。其中一部分仿宣德青花类瓷器有晕散，纹饰上有人工点出的小黑色斑点，没有金属光泽，也不深入胎体；一部分仿嘉靖、万历的青花瓷深蓝色艳，呈色稳定；还有一部分仿成化时的青花瓷，颜色淡雅闪灰。雍正官窑青花瓷器的胎坚致洁白，非常细润，胎体轻薄，修胎非常规整，造型俊秀。

（四）乾隆瓷器

乾隆朝时期的制瓷业，在承袭康熙、雍正朝制瓷成就的基础上，工艺水平、质量和产量都达到历史高峰。

乾隆青花呈色稳定，早期与雍正时无甚区别，常有晕散出廓的现象，中期则形成正蓝呈色明快的风格，晚期则呈色略显青灰。民窑中落“斋堂”款的，无论工艺或青花呈色，均可与官窑媲美。乾隆青花瓷质早期与雍正基本一样，胎质洁白细润，晚期略显逊色，官窑与民窑无多大区别。釉面仍以青白色为主，匀净光润，也有呈粉白色的釉面，民窑中多见。微度的波浪釉偶有出现。浆胎青花康、雍、乾三朝均有。乾隆青花纹饰题材丰富多彩，传统的人物、动物、植物均有，吉祥图案到此时已规范化和普遍化，福、禄、寿寓意画及多子、登科、见喜等祈求美好愿望的心理，完全融于各种寓意的图案中，成为以后各代工匠创作的楷模。其他赞颂和粉饰太平的纹饰，如歌舞升平、安居乐业、人寿年丰等，则是乾隆统治60年的必然产物。

乾隆时的器物，除部分装饰风格仍沿康熙、雍正遗风外，有集堆贴、彩绘、镂孔、色釉等于一器的。官、民窑器釉面大多有橘皮纹。豆青、仿哥、茶叶末等色釉器，色釉和胎的交接处往往能看到细小的锯齿纹，尤以民窑器为甚。

（五）嘉庆瓷器

嘉庆朝国势衰微，制瓷业出现严重下滑。嘉庆早期，官窑瓷器仍延续乾隆朝的造型、式样、尺寸和图案，不看底款很难区分；后期制作质量衰退，品种、数量减少。由于粉彩等彩瓷的兴起，民窑青花的烧制数量减少，质量也普遍下降。

嘉庆朝的青花颜色大多深蓝，也有浅淡闪灰或稍微鲜亮点的，比较稳定，不晕散，但细看青花纹饰不像前朝的青花有下沉感，而是浮在釉面上。有的纹饰相当精细，和乾隆朝区别不大。

釉里红的制品以鼻烟壶小件器为精致，大件器的制品一般都不能达到色泽鲜艳的效果。嘉庆彩瓷以粉彩为主流，陈设器、文房用具和日用器皿以及五供、法器等都属常见。官窑器中的粉彩开光器为多见。粉彩中描金工艺的采用较普遍。

（六）道光瓷器

道光朝时，鸦片战争的爆发导致中国社会从此进入了半殖民地时期。瓷业规模缩减，质量明显下降，但官窑瓷器中仍有不少精品。民窑瓷器的特征与嘉庆时接近，有时难以区分，民间收藏界统称为“嘉道瓷”。

道光瓷的总特点是器型粗笨，青花颜色部分淡雅，部分深蓝，呈色较稳定，浮在釉面上。淡描勾莲纹饰比较常见，线条纤细浅淡。瓶、罐等大器上多加“喜”字，而盘、碗，水仙盆等一般无“喜”字。常见纹饰还有缠枝莲、鸳鸯荷莲、菊花、石榴、佛手、山水风景、婴戏、仕女、八仙、云龙、夔凤、花鸟等。

道光青花瓷传世较多，胎细密坚致，大件器物胎厚重，小件盘、碗有的比较薄细，釉较肥呈粉白色，而大件器物白中泛青，釉面呈微波起伏状，有的是“荞麦地”。一般器物的造型都比较笨拙。粉彩是道光彩瓷的主流，除白地粉彩器外，所见有各种色地开光粉彩，往往和描金工艺结合。器物除瓶、罐及少量文房用具外，大量的是碗、盘等日用器皿，图案以荷花、婴戏图、仕女及各种花蝶虫草为突出。

（七）咸丰、同治瓷器

咸丰官窑瓷器传世数量较少，多为咸丰五年（1855年）以前烧制。多延续道光朝风格，对于无纪年款识的民窑器物而言，几乎很难分别。

咸丰朝瓷器胎质粗松，波浪釉明显。器型除仿造传统器物外，很少有突出之作。在图案装饰方面，除传统图案外，多见八仙、王母、婴戏及蝙蝠寿字图等。咸丰朝青花瓷器颜色深沉稳定，有的略艳，有的黑灰，没有层次，细看像浮在釉面上。咸丰青花瓷官窑款以楷书为主，字体柔秀精细，一般没有圈或框。民窑瓷楷书及篆书款都有，篆书多图章式印款，有的很草率，甚至笔画不全。咸丰彩瓷也以粉彩为主，其特征之一是多用雪青紫色。粉彩多白地绘画，器物边口部分多描金，但精致之作甚少。斗彩制品极少，所见和道光官窑器相似。

同治朝官窑瓷器的制作，在清代处于最低潮时期，除宫廷婚庆所需和少量陈设瓷外，少有佳作。民窑瓷器的数量虽多，但质量粗糙，精品较少。

同治的青花瓷有的色泽清丽，有的色深发黑，都比较稳定，青花亦都浮在釉面上，没有往下沉的感觉。这时常见的纹饰除传统的龙凤、云鹤、缠枝花卉、荷池鸳鸯、八仙、婴戏、仕女、山水、博古外，还有很多吉祥寓意的内容，如五谷丰登、状元及第、寿山福海、麒麟送子、万寿无疆、年年有余等。同治青花瓷胎粗松，釉面不平整，署“体和殿”款的瓷器做工较精致，胎坚密，釉均匀，代表了同治时的最高制作水平，属官窑范畴。同治青花官窑瓷器的款识多楷书，六字两行款，写得工整请秀，但不规矩。四字两行款字迹比较拙。民窑瓷器篆书图章款较多，字迹很草。此外，珊瑚红地粉彩描金器在当时属珍品。同治朝还多见白地抹红彩及红、绿彩器。

（八）光绪、宣统瓷器

光绪初年大量烧造官窑器，景德镇制瓷业一度复兴。光绪瓷器流行仿前朝器型和纹饰，其中青花瓷以仿康熙朝器物最多，但光绪仿品与康熙器物相比，胎体轻薄，质地疏松，不够坚质细润；青花呈色虽浓艳，但显浮；纹饰画法草率，线条柔弱，缺乏层次感；釉层稀薄，釉质不够莹润。

光绪朝釉里红和青花釉里红的品种，在清晚期中是佼佼者，尤以鼻烟壶的制作为佳。彩瓷以粉彩为主，粉彩仍盛行和描金工艺相结合，而且有一种描金图案用得较为普遍。光绪官窑款识多用楷书，也有篆书的，字体修长清秀。“大清光绪年制”六字两行或三行，以及“光绪年制”四字款均有。民窑多不署款，有署“丁未玉梅堂制”、“兴邑复古窑造”、“清华珍品”、“乐道堂主人制”、“嘉泰松轩”等款的。

宣统在位不满三年，历时很短。官窑瓷器仍在烧造，造型及品种沿袭光绪旧制，传世数量较少。宣统时已采用机械制瓷，器型更加规整，胎质高度瓷化，釉面玻化，产品具有现代瓷的特征。民窑器仍在大量生产，以日常用粗瓷为主，精细品种较少，若无款识，很难与光绪或民国早期瓷器相区分。

宣统时单色釉瓷虽亦见红釉、黄釉、仿官、仿哥等器，但以宣统二年（1910年）为东陵、西陵烧造的白釉供器为突出。青花器有仿明嘉靖及仿清康熙的品种。彩瓷有粉彩、五彩、三彩、珐琅彩及白地红彩等。宣统瓷的款识以“大清宣统年制”六字楷书青花款为主，亦有抹红款及墨彩款。

古钱币

学术指导：戴志强

一、先秦时期的钱币

先秦时期货币属于钱币的形成时期，这一时期货币的主要形式除实物货币外，诞生了金属铸币。

（一）原始贝币

原始社会最初使用的货币形式是天然贝，具有大小适中、坚固耐用，且便于携带和计数的特点，逐渐在商品交换中充当起一般等价物的职能。贝币在中国商代就已出现，从商代墓葬中随葬贝的情况可以看出，贝在当时的社会已被视为财富的象征。到了商代晚期，随着商品经济的发展和交易范围的不断扩大，海贝逐渐供不应求，于是开始出现了“铜仿贝”等各种仿制贝。春秋后开始出现铸有文字的“有文铜贝”。

（二）布币

随着经济发展，“贝币”这种单一的、低面值的货币制度已经不能满足社会发展的需要，开始出现大额货币的铸造，铸造出了具有代表性的大钱——布币。布币是由青铜铲形农具“镈”演变而来的。春秋时期的布币主要是空首布，即有装柄的空心銎；战国时期的布币主要是平首布，已无装柄中空的銎，形似铲状铜片。布币的形制大致可以分为平肩、耸肩、圆肩和方足、尖足、圆足等类别。

空首布大致可分为三类：耸肩尖足空首布、平肩弧足空首布、歇肩弧足空首布。

平首布可分为尖足布、方足布、圆足布、三孔布等几大类。

（三）刀币

铸于春秋战国时期，根据时间的先后，表现为：刀首与刀脊之间的夹角由锐向钝过渡；刀身也由上宽下窄逐渐平行化；刀柄的纹饰大多以面背皆为二直线，后来逐渐变为面二背一、两面皆一，乃至无直线纹或平背的形式；刀环则由圆形发展为椭圆形。

刀币通行于燕国、齐国和赵国。燕国铸有“尖首刀”、“针首刀”和“明刀”等钱币。齐国铸造过面文为“齐之法化”的四字刀、“齐造邦长法化”六字刀、“齐法化”三字刀、“节墨之法化”五字刀，以及“安阳之法化”安阳刀等，其中三字刀后来成为齐国的法定货币。赵国的刀币主要有“甘丹刀”、“平首刀”和“不直刀”等。

（四）圜钱

圜钱是战国时期铸造并通行的一种圆形铜质货币，也称“圜化”、“环钱”。它不但是先秦时期四大铜铸币系统之一，也是秦国铸币的主要形式。圜钱可分为两大类：一是圆形圆孔，又称为“圜金”；二是圆形方孔，又叫“圆钱”。

根据所铸的不同货币单位，又可将圜钱分为三大类：一是以传统货币单位“刀”为名的齐、燕圜钱；二是以“圜”为单位的两周、三晋地区圜钱；三是以“两”为单位的秦国圜钱。秦国的“半两”钱，就是秦始皇一统天下后铸行的方孔“半两钱”的先驱。

（五）楚金币

金钣与金饼是出国流行的两大黄金铸币。大多数呈不规则的方形，少数呈圆形，是一种称量货币。饼身上凿打出方格与文字，使用时根据需要沿方格线切割成小块，称量支付。一般含金量都在90%以上。

二、秦汉两晋时期的钱币

（一）秦“半两”钱

秦统一中国后，明确规定了货币的质、量、形、用，并集中了钱币的铸造权。“半两钱”相当于十二株，是一种圆形方孔铜钱，无内外廓，背平无文。在穿孔两侧，分别列有篆书“半两”，钱文凸起。这种内方外圆的“半两”铸币，比起秦以前的其他形制的货币，使用起来更为方便，从一定程度上为以后我国历朝铜钱的基本形式奠定了基础。

（二）西汉钱币

1.“半两钱”

汉初流通的“半两钱”重量减轻了不少。刘邦时期的“榆荚半两”重量为三株，为秦半两的四分之一。这种荚钱穿孔比较大，无内外廓。

吕后摄政时期的“半两钱”重八株，俗称“八株半两”，体大肉薄，背平无文，钱文书写扁平，已有隶书倾向。

汉文帝时期铸造的“半两钱”重量减到了四株，俗称“四株半两”，穿孔较小，无内外廓，钱文制作较为规范。“四株半两”持续使用了三四十年不变。

2.“五铢钱”

汉武帝时期，为了防止币制混乱和铸币失控，先后进行了六次币制改革。其中“五铢钱”是我国历史上铸行数量最多、时间最长的记重钱。铸有“小五铢”、“金五铢”、“三官五铢”、“宣帝五铢”、“郡国五铢”以及“赤（侧）仄五铢”等。

“郡国五铢”又叫“元狩五铢”，钱文为小篆书体的“五铢”，少数钱上有一横划。光背，正面有轮无廓，背面则轮廓皆具，紫铜材质。

“赤(侧)仄五铢”可以一当五枚“郡国五铢”使用。被中央废除后，又铸行起“三官五铢”。该币的记号有两种，分别是穿上横和下半星，金属配比合理，物理性能佳。

汉武帝以后，“五铢”钱不仅数量庞大，且钱的范式也在变化，文字大小、书法结构和记号等都不一致。

西汉宣帝时期铸行“宣帝五铢”，其铜质、形制、书体、铸造水平都有了很大提高，几乎已臻完美。在两汉“五铢”中，这种钱形制规整，肉面光洁，面廓最宽，且内外廓要比钱肉略高，薄厚匀称，以工整敦厚著称。

西汉武帝间，“小五铢”开始铸造，因形状较小而得名。其面文中的“五铢”精美，书体和形制都有很大变化，从出土情况来看，可能是当做冥币使用的。

三、王莽钱币

王莽当政时推出了一系列币制改革措施，最典型的是“托古改制”，恢复已废止二百多年的“布币”、“刀币”，形制与战国时期不同，加了方孔圆钱，并铸上刀币的名称和价值，如“一刀平五千”等，又称“金错刀”。铸造数量较多，大小不一。

王莽推行“宝货制”，内容为“五物”、“六名”、“二十八品”。“五物”是指五种币材，即金、银、铜、龟、贝。“六名”指六大钱币类型，即金货、银货、铜货、龟货、贝货、泉化、布化。“二十八品”是指不同质地、形态、单位的二十八品钱币，分别为“金货一品”、“银货二品”、“龟货四品”、“贝货五品”、“泉货六品”、“布货十品”。这二十八品均为法定货币，但在实际流通中，主要只有“六泉十布”。“六泉”制作精细美观。“十布”是仿照战国“平首布”制造的。

王莽时期铸币的钱文内出现了悬针篆，属于小篆的一种，是篆书的异体，钱文秀美。

币制的频繁改换，使经济秩序也混乱无常。最终币制改革虽然失败了，但钱币的工艺水平无论从设计、铸造还是书法等方面来看，均已臻完善，达到了空前的高度。

四、东汉钱币

东汉初年仍沿用王莽的“货泉”，到光武帝时期复铸“五铢钱”，出现“建武五铢”，与西汉时的“五铢钱”相比要轻薄一些。“五铢”二字宽肥圆厚，笔画较粗浅。在五铢钱中，东汉五铢是遗留较多的一种。

东汉灵帝铸行“四出五铢”，又称“四出文钱”。钱幕从方孔的四角向外引出一道阳文直线到达外部，大概是为了防止挫磨钱背盗铜所使用的技术。“四出五铢”的制作工艺比一般的“东汉五铢”要好，也较重。

初平年间，铸行了一种小钱，直径只有12～15毫米，重0.1～0.5克，且无内外廓，“五铢”二字模糊不清，很难辨认，后世称为“无文钱”。

东汉后期钱法混乱，民间出现了大量“剪边钱”、“綖环钱”和“对文五铢”，都是将一枚完整的“五铢钱”切割剩一部分的剪凿钱。

五、三国钱币

曹魏初期曾一度废钱不用，交易皆用谷帛。至魏明帝“五铢钱”复铸。“曹魏五铢”直径通常20毫米左右，“五”字靠外廓，两角不全，“铢”字的“金”字旁多为半个。

与魏相比，吴、蜀的钱币则非常复杂，且多为大钱。蜀钱有“直百五铢”、“犍为五铢”等。吴钱有“大泉五百”、“大泉当千”、“大泉二千”等，是继王莽后最大的虚值钱。

六、两晋南北朝钱币

晋朝时期流通的主要货币是汉朝的“五铢钱”，此时期铸币数量不多，远远满足不了市场流通的需要。由于货币奇缺，币制不统一，市场上不得不用谷帛进行交易。

南北朝时期朝代不断更替，致使货币制度达不到统一，南北朝的货币制度不能相互通行，市场流通以商品交换为主。

东晋刘宋文帝先后铸造了“四铢钱”、“当两五铢钱”。刘宋武帝铸造了“孝建四铢”。刘宋前废帝时又铸造了“永光”和“景和”等小钱，重量只有二铢。

萧梁朝时政府铸造了铁“五铢”，陈朝铸有“陈五铢”和“太货六铢”。

西晋末年中国北方的五胡十六国中，赵国所铸造的“丰货”钱首次取消了计重，是对五铢钱制的一个突破。

北魏相继铸有“太和五铢”、“永平五铢”和“永安五铢”三种钱币。

北齐文宣帝开始铸造“常平五铢”，虽然大小不统一，但制作精细，轮廓规整，是北朝中存世较多的一种钱币。

北周先后铸造了“布泉”、“五行大布”、“永通万国”三种钱币，形制都极为精美，笔法华美，有“三大美泉”之称，被誉为六朝钱币之冠，号称“北周三品”。其中最精美的是“永通万国”，书法精绝。这三种货币均是方孔圆钱，字体均为玉箸篆，笔画匀称、温厚，有很高的艺术价值。但由于这三种钱币都是虚值钱，在当时的社会受到抵制。一枚“永通万国”要合五万枚“五铢钱”。随着朝代的更替，“永通万国”在铸行不到四年的时间里就随着北周的灭亡被销毁。

七、隋唐五代十国钱币

（一）隋五铢钱

隋朝初期，南北朝的各种货币仍在市场使用，还有西域的金币和银币，致使商品流通极不方便，阻碍了社会经济的发展。为加强中央集权，隋文帝下令整顿货币，铸造统一标准的“五铢钱”，称谓“开皇五铢”或“置样五铢”，并规定了每千钱重1千克，不合标准的销毁重铸，此外还禁止各种旧钱流通。至开皇五年（585年），货币终于统一，专行“五铢钱”。

隋炀帝时期所铸的五铢钱性质、大小与轻重和“开皇五铢”相同，但因含有锡、铅等金属，钱色发白，被称为“白钱”。隋王朝覆灭后，我国古钱的“铢两钱制”也随之终结。

（二）唐代钱币

唐高祖时期发行“开元通宝”。这是中国首次以“通宝”或“元宝”命名的钱币。“开元通宝”每十文重一两，此后逐渐成为我国的重量单位。“一两等于十钱”也始于“开元通宝”每十文重一两的规定。“开元通宝”的直径为八分，和汉五铢钱相近，重二铢。至此，我国的金属铸币统称为“通宝”、“元宝”，不再以重量为体系为钱币命名。

唐代“开元通宝”钱币版式繁多，达百余种。唐初所铸“开元通宝”钱文由书法家欧阳询所写，做工齐整，有较高的观赏价值。

“开元通宝”所用材料有金、银、铜、铅等，并对金属配比有详细规定。除了以铜为主要材质外，还有银质和金质钱币，金质传世较少。“开元通宝”金、银钱主要用于宫廷赏赐或玩赏，不是流通货币。

（三）乾封泉宝

唐朝与海外交流日盛，钱币大量外流，民间私铸行为渐起。唐高宗时，政府为取缔私铸，发行“乾封泉宝”。它是古钱史上首例以“泉宝”命名的钱币，也是首例以年号命名的“宝钱”。该钱铜料精纯，铸工精湛，但铸行时间短暂，存世不多。

（四）乾元重宝

“安史之乱”期间，为了筹措军费，唐政府与叛军都发行过铸币。唐肃宗发行了“乾元重宝”和“乾元重宝重轮钱”，一枚乾元重宝可以折合十枚或五十枚“开元通宝”。由于钱币本身的重量与官方定价差距太大，“乾元重宝”很快就在市场中贬值了。唐政府不得不将“乾元重宝”与“开元通宝”的比价改为一比一。

叛军称王后铸造了“得壹元宝”，称帝后又废“得壹元宝”铸“顺天元宝”。“得壹元宝”以一当“开元通宝”百，铜质呈暗红色，制作精美，因铸期短，非常稀少。

（五）大历元宝、建中通宝

唐代宗期间，西北地区铸有“大历元宝”、“建中通宝”，制作粗糙，铜质呈色混浊，书体朴实有力。此钱没有明确史书记载，但有实物传世。

（六）会昌开元

由于佛教的极度兴盛致使寺院耗资巨大，以致政府无铜铸钱。唐武宗期间，政府下令将各地寺庙内的铜铸佛像销毁，用以铸钱。这次所铸“开元通宝”钱背后印有铸造地之名，后世称为“会昌开元”。毁佛运动在当时佛教已极为兴盛的社会引起巨大震动，但随着日后社会财富的增加、市场流通的顺畅，明显体现出这项指令对于社会稳定、经济发展起了积极推进作用。“会昌开元”因铸地广，已发现的不同背文就有23种。

“咸通玄宝”发行于唐懿宗时期，是唐代最后一种铸钱。钱文为隶书，颇具魏碑风骨。此钱铸而未行，传世极少，为古泉珍品之一。

（七）五代十国钱币

五代十国时期由于政治上分裂割据，导致经济秩序混乱，形成了多种币制和区域性贬值，展开了错综复杂的货币战。

后梁和后晋基本沿用开元钱。梁太祖曾仿照开元铸行“开平通宝”和“开平元宝”，存世绝少。后晋则命令官民凡有铜，均可自由铸造“天福元宝”钱，因此版式和重量都不统一。但当时铜材得之不易，铜价很高，因此“天福元宝”存世也很少。

后唐明宗时，社会趋于稳定，政府开铸“天成元宝”，制作较为精良。后唐清泰年间铸造了“清泰元宝”，为后唐最后一个皇帝所铸。

后汉时期只铸有“汉元通宝”，书法仿开元钱。

后周钱币优于前四朝，铸有“周元通宝”，乃毁佛所铸。其铜质、铸造、工、书法都极为精美。

十国期间，前蜀铸造了“永平元宝”，形制仿照“开元通宝”，铸工佳，但很罕见。前蜀高祖铸行“通正元宝”，版式、数量较多，但钱文书法和铸工都不及永平钱。前蜀改国号为“天汉”后，又铸造了“天汉元宝”。光天年间铸有“光天元宝”。

后梁时期，马殷自立为楚王，铸有“天策府宝”，是钱币界盛传的珍品。该钱的制作和钱文都极为精美，采用楷书体。

五代十国中铸钱最多的南唐，有传世的“大齐通宝”、“保大元宝”、“永通泉货”、“开元通宝”、“大唐通宝”、“唐国通宝”。

五代十国期间铸币繁多，总体有两个特点：一是大额钱币盛行，多为当十、当百、当千使用。二是币材多为低等金属，铅钱、铁钱流通量比历朝都大。

八、宋元钱币

（一）两宋钱币

宋代是我国历史上铸币业继新莽后的又一高峰期。铸币业极为发达，数量和质量都远超过前代。币制以钱为主，白银日渐重要，还出现了纸币，但铜钱仍占据重要地位。

北宋真宗年间首创“交子”，是世界上最早的纸币。宋代铸造年号钱最多，300多年里共铸造了49种年号钱，还出现了皇帝亲自题写钱文，称“御书体”。宋太宗开始自题钱文“淳化元宝”，宋徽宗则题写了瘦金体的“崇宁通宝”、“大观通宝”等。

宋代钱币的面额种类繁多，名称变化多，以小平钱为主要流通货币，大钱少。有小平、折二、折三、当五、当十、当百、当五百等不同的面额。宝文名称不一，有元宝、通宝、重宝等。钱文书法也极为丰富多姿，篆、隶、行、草、楷五体俱备，具有创新、对称、复合的特点。不同的钱币流通区域性明显，在一定程度上造成了货币经济的割据局面。

宋代的铸币机构为钱监，实行军事化管理，但数量没有限制。

1. 北宋钱币

北宋货币以小平铜钱为主。北宋太祖铸行的“宋元通宝”是两宋时期的第一种钱币。是一种国号加宝文的宋开国钱。形制仿唐开元，材质有铜和铁两种。

宋太宗铸有“太平通宝”、“淳化通宝”和“至道元宝”，形制和“宋元通宝”相同。“淳化元宝”、“至道元宝”的钱文有真、行、草三种书体，皆出自宋太宗亲笔。

宋真宗铸有“咸平元宝”、“景德元宝”、“祥符元宝、通宝”和“天禧通宝”。“景德元宝”和“祥符通宝”也是御书钱。这时期出现元宝、通宝同铸的现象。

宋仁宗铸有“天圣元宝”、“明道元宝”、“嘉佑元宝”、“皇宋通宝”、“康定元宝”、“庆历重宝”、“至和元宝、通宝、重宝”。其在位时期钱监管理松散，各地所出铜质、版式和铸工参差不齐。宋仁宗改元九次，发行了八次年号钱。历年间因和西夏战事致使国力受损，纸币大量发行，造成物价上涨。

宋英宗铸有“治平元宝、通宝”。

宋神宗铸有“熙宁元宝、通宝、重宝”和“元丰通宝”。版式繁多，平均每年铸钱四百多万贯，是宋朝铸钱量最大的皇帝。

宋哲宗铸有“元祐通宝”、“绍圣元宝、通宝”、“元符通宝、重宝”。

宋徽宗先后铸钱11种，即“建国通宝”、“圣宋元宝、通宝”、“崇宁通宝、重宝、元宝”、“大观通宝”、“政和通宝、重宝”、“重和通宝”、“宣和通宝、元宝”。宋徽宗在书法和绘画上颇有造诣，所铸钱币也大多精美，是自西汉王莽以来最为精致的钱品。

宋钦宗铸有“靖康通宝、元宝”。宋钦宗在位不足两年，因此靖康钱传世很少。

2. 南宋钱币

南宋流通的主要货币是铁钱，且币值多为折二。南宋高宗铸有“建炎通宝、重宝”、“绍兴元宝、通宝”。

南宋孝宗淳熙七年（1180），所铸“淳熙元宝”钱文书体一律采用楷书，钱背上标铸“七”，用以纪年，比欧洲的纪年钱早了300多年。此后南宋钱币铸量逐年削减。

宋光宗铸有“绍熙元宝、通宝”；宋宁宗铸有“庆元通宝、元宝”、“嘉泰通宝、元宝”、“开禧通宝、元宝”。嘉定年间，除了铸有“圣宋通宝”、

"嘉定通宝、元宝"外，还铸有17种钱文的嘉定铁钱，创我国古代钱币宝文品种之最。

宋理宗铸"宝庆元宝"、"绍定通宝、元宝"、"端平元宝、通宝、重宝"、"嘉熙通宝、重宝"、"淳祐元宝、通宝"、"开庆通宝"、"景定元宝"。

此外还有建炎年间的"建炎通宝、重宝"，隆兴年间的"隆兴元宝"等。

九、辽夏金钱币

（一）辽代钱币

早期辽代铸钱受五代影响，后期受宋朝影响较大，其钱币多是小平钱，而且数量较少，制作较为粗糙。钱文多为隶书汉文，未发现有契丹文钱币流通存世。

现发现最早的辽自铸币是辽世宗所铸"天禄通宝"，之后辽穆宗铸有"应历通宝"，辽景宗铸有"保宁通宝"，辽圣宗铸有"统和元宝"，辽兴宗铸有"重熙通宝"，辽道宗铸有"咸雍通宝"、"清宁通宝"、"大康元宝、通宝"、"大安元宝"、"昌寿元宝"，辽天祚帝铸行"天庆元宝"。

（二）西夏钱币

西夏钱币有汉文钱和西夏文钱。因钱制受宋朝影响，年号钱颇多，不但形制规整，钱文书法也较为精美。其形制仿照宋钱，方孔圆钱，以小平钱为主，铜铁钱并用。西夏是我国第一个用自己民族文字铸行方孔圆钱的少数民族政权。现已发现的西夏汉文钱有七种，分别是夏惠宗的"大安通宝"，夏崇宗的"元德通宝、重宝"，夏襄宗的"皇建元宝"，夏仁宗的"天盛元宝"、"乾祐元宝"，夏桓宗的"天庆元宝"，夏神宗的"光定元宝"。其中"元德重宝"为折二钱，其余都是小平钱。

（三）金代钱币

金代钱币样式不多，但工艺都相当精美。金代自铸币之前，一直流通使用宋钱，至海陵王开始管理印刷交钞，使交钞与铜钱并行。到正隆年间铸有"正隆元宝"。

金世宗铸有"大定通宝"，金章宗铸有"泰和重宝、通宝"，金卫绍王铸有"崇庆元宝、通宝"及"至宁元宝"，金宣宗铸有"贞祐通宝"等。

金代纸币的印刷比铜钱的制造还早，因此纸币在货币经济中占有重要地位，对纸币发展史也有较大影响。

十、元代钱币

元代流通的主要货币是纸币，其数量之多、时间之久、范围之广，对社会经济起了举足轻重的作用。元朝纸币形状为长方形，一般长250毫米左右，宽170毫米左右。元朝纸币的流通主要经历了中统钞、至元钞、至正钞三个时期。其中最为稳定的是中统钞，流通时间最长的是至元钞。至正钞发行量最多，贬值也最为严重。

元朝同时也铸有钱币，主要有"中统元宝"、"元贞通宝"、"至大通宝"等。

十一、明清钱币

（一）明代钱币

明代大力推行纸币，以钞为主、钱为辅，并且更加广泛地使用白银。嘉靖以后，白银成为流通的主要货币，因此铸钱不多。

1. 大明宝钞

明太祖正式发行了"大明宝钞"，重新统一了纸币的发行流通制度。"大明宝钞"全称为"大明通行宝钞"，因在洪武年间发行，又称"洪武宝钞"。面额共分六等：一百文、二百文、三百文、四百文、五百文和一贯。因政府未限制其发行额度，导致其严重贬值。此后民间逐渐自发形成了使用银和铜钱进行交易的习俗，到明朝中期孝宗年间，纸币制度已经名存实亡。

中期以后，社会经济的主要货币是白银，铜钱为辅，这是封建时代后期货币流通的新特点。

2. 明初官制铜钱

从明太祖到明穆宗时期的二百余间，铸

行数量有限。到明神宗万历中期才开始大量铸钱。从天启到崇祯时期铸行无度，币制复杂，钱币贬值。

明太祖实行“洪武钱制”，铸造了五等币值的洪武钱，所铸钱文一律称通宝。明成祖铸行了铜色紫红的“永乐通宝”，制作非常精致，笔画端庄，全部都是小平钱。明宣宗铸有“宣德通宝”。此后到明孝宗统治之间，有68年未再铸行过铜钱。

孝宗年间宝钞贬值，民间私铸猖獗，政府再次开炉铸钱，铸行了“弘治通宝”，各省版本不一，制作与书法都较一般，数量也不多。

明世宗铸行“嘉靖通宝”，开始采用黄铜铸钱，存世较多。为防止私铸，“嘉靖通宝”还提升了铸造工艺，铸造出火漆、镟边、金背等钱，比明代之前的铸币都要精美。

3. 明后期钱币

明神宗万历时期为补充军费开支，大肆铸钱，铸量巨升。铸有“万历通宝”，传世版本较多。

明熹宗即位后，先补铸其父（明光宗只在位数月）年号钱“泰昌通宝”，后铸行“天启通宝”。由于宦官乱政，地方滥铸严重，财政的亏空又采用增铸货币来弥补，导致“天启通宝”版本非常多，差异很大。

明思宗铸有“崇祯通宝”，种类繁多，达百余种。

（二）清代钱币

1. 清入关前铸币

努尔哈赤建国后铸行满文的“天命汗钱”，同时铸造汉文的“天命通宝”。皇太极即位后，铸行满文“天聪汗钱”。当时满人尚未流通钱币，主要用于装饰，因此铸钱数量少，流传不广。

2. 清初及康乾间铸币

清军入关后，铸行“顺治通宝”，并禁用明钱及其他古钱，统一了币制。“顺治通宝”的材质为7：3的铜铅合金，称为“黄钱”，并有明确的铸额定量。

康熙帝期间铸有“康熙通宝”，铸行时间长达60年，铸量较多，版本比较简单。

雍正帝期间铸行“雍正通宝”，钱重一钱四分，精美标准。后因战事实行铜钱质量减重，每文钱改重一钱二分。从此以后清朝百余年内官方制钱的标准重量再无变化。由于雍正朝罚严峻，私铸现象较为少见，因此存世“雍正通宝”都很工整。

乾隆年间铸行“乾隆通宝”，钱文书法和铸工比雍正时期更加精美。在铜料中增加了2%的锡，称为“青钱”。“乾隆通宝”的版式较多，钱文有宋体、楷书、隶书。到乾隆后期，铸钱标准放松，民间私铸严重，导致乾隆后期的钱币质量参差不齐。

3. 清代中后期钱币

嘉庆年间再次整顿钱制，增加铸造数量，铸行“嘉庆通宝”，并让百姓使用白银。“嘉庆通宝”最初所铸工整美观，后期质量明显下降。

道光年间铸行“道光通宝”，由于白银外流加大，银价迅速上涨，银贵钱贱导致铜钱购买力大幅下降。鸦片战争在其间爆发，导致“道光通宝”大小轻重完全不统一。

到咸丰时期，“咸丰通宝”的铸行已很难正常进行。后又为筹措军费推出“咸丰元宝”和“咸丰重宝”大钱，引起严重的通货膨胀。咸丰钱币的版本极其多样，铸造情况混乱。

同治年间仅铸有少量“祺祥通宝、重宝”，以及“同治通宝”，铸行很不正常。

光绪年间有“光绪元宝、通宝、重宝”。我国历史上第一批机制币是在光绪时问世的，在以后的时间里逐渐取代了“方孔圆钱”。

宣统年间铸有大小两种“宣统通宝”，数量很少，全国各省几乎都已经停止铸钱。“宣统通宝”称为我国封建社会最后一种方孔圆钱。

第九部分

文物机构名录

全国文物拍卖企业名单

序号	名　称	拍卖范围	行业资质	文物资质年检情况
北京市				
1	北京雍和嘉诚拍卖有限公司	一、二、三类	行业自律公约成员单位	
2	北京泰和嘉成拍卖有限公司	一、二、三类	行业自律公约成员单位	
3	北京嘉德在线拍卖有限公司	一、二、三类	行业自律公约成员单位	
4	太平洋国际拍卖有限公司	一、二、三类	行业自律公约成员单位 中国文物艺术品拍卖标准化达标企业	
5	北京市古天一国际拍卖有限公司	一、二、三类	行业自律公约成员单位	
6	北京长风拍卖有限公司	一、二、三类	行业自律公约成员单位 中国文物艺术品拍卖标准化达标企业	
7	北京瑞平国际拍卖行有限公司	一、二、三类	行业自律公约成员单位 中国文物艺术品拍卖标准化达标企业	
8	北京明珠双龙国际拍卖有限公司	二、三类		
9	北京九歌国际拍卖股份有限公司	一、二、三类	行业自律公约成员单位	
10	北京金仕德国际拍卖有限公司	一、二、三类		
11	北京匡时国际拍卖有限公司	一、二、三类	行业自律公约成员单位 中国文物艺术品拍卖标准化达标企业	
12	北京中博国际拍卖有限公司	一、二、三类		
13	北京诚轩拍卖有限公司	一、二、三类	行业自律公约成员单位 中国文物艺术品拍卖标准化达标企业	
14	北京中招国际拍卖有限公司	一、二、三类	行业自律公约成员单位 中国文物艺术品拍卖标准化达标企业	
15	北京紫禁万象国际拍卖有限公司	一、二、三类		
16	东方国际拍卖有限责任公司	一、二、三类	行业自律公约成员单位	
17	北京玄和国际拍卖有限公司	二、三类		
18	北京嘉宝国际拍卖有限公司	二、三类		因年度内未开展文物拍卖活动被暂停文物拍卖资质
19	中鸿信国际拍卖有限公司	一、二、三类	行业自律公约成员单位	
20	北京盛佳国际拍卖有限公司	二、三类		
21	北京今典联合国际拍卖有限公司	二、三类		

序号	名　称	拍卖范围	行业资质	文物资质年检情况
22	北京保利国际拍卖有限公司	一、二、三类	行业自律公约成员单位 中国文物艺术品拍卖标准化达标企业	
23	北京德宝国际拍卖有限公司	二、三类	行业自律公约成员单位 中国文物艺术品拍卖标准化达标企业	
24	金懋国际拍卖有限公司	一、二、三类		
25	中宝拍卖有限公司	一、二、三类	行业自律公约成员单位	
26	北京东正拍卖有限公司	一、二、三类	行业自律公约成员单位	
27	北京万隆拍卖有限公司	一、二、三类	行业自律公约成员单位	
28	中都国际拍卖有限公司	一、二、三类	行业自律公约成员单位 中国文物艺术品拍卖标准化达标企业	
29	北京永乐国际拍卖有限公司	一、二、三类	行业自律公约成员单位	
30	北京盘古拍卖有限公司	一、二、三类		
31	中安太平（北京）国际拍卖有限公司	二、三类		
32	北京三希堂国际拍卖有限公司	二、三类	行业自律公约成员单位	
33	北京东西方国际拍卖有限责任公司	二、三类		
34	北京中鼎国际拍卖有限公司	一、二、三类		
35	北京荣宝拍卖有限公司	一、二、三类	行业自律公约成员单位 中国文物艺术品拍卖标准化达标企业	
36	北京盈时国际拍卖有限公司	一、二、三类	行业自律公约成员单位	
37	中国嘉德国际拍卖有限公司	一、二、三类	行业自律公约成员单位 中国文物艺术品拍卖标准化达标企业	
38	北京中拍国际拍卖有限公司	一、二、三类	行业自律公约成员单位 中国文物艺术品拍卖标准化达标企业	
39	北京建亚世纪拍卖有限公司	二、三类	行业自律公约成员单位	
40	北京富比富国际拍卖有限公司	一、二、三类		
41	北京开元天兴拍卖有限公司	二、三类	行业自律公约成员单位	
42	北京东拍国际拍卖有限公司	一、二、三类		
43	中贸圣佳国际拍卖有限公司	一、二、三类	行业自律公约成员单位 中国文物艺术品拍卖标准化达标企业	
44	北京远方国际拍卖有限公司	一、二、三类	行业自律公约成员单位	
45	北京亚洲宏大国际拍卖有限公司	二、三类		
46	北京华辰拍卖有限公司	一、二、三类	行业自律公约成员单位 中国文物艺术品拍卖标准化达标企业	
47	北京江洋富通国际拍卖有限公司	二、三类	行业自律公约成员单位	
48	北京传是国际拍卖有限责任公司	一、二、三类	行业自律公约成员单位	
49	北京百衲民间艺术品拍卖有限责任公司	二、三类		

序号	名 称	拍卖范围	行业资质	文物资质年检情况
50	北京翰海拍卖有限公司	一、二、三类	行业自律公约成员单位 中国文物艺术品拍卖标准化达标企业	
51	北京印千山国际拍卖有限公司	二、三类	行业自律公约成员单位	
52	北京荣海嘉国际拍卖有限公司	二、三类	行业自律公约成员单位	
53	北京太和天辰国际拍卖有限公司	二、三类		
54	北京中汉拍卖有限公司	一、二、三类	行业自律公约成员单位	
55	北京海王村拍卖有限责任公司	一、二、三类	行业自律公约成员单位	
56	北京中嘉国际拍卖有限公司	一、二、三类		
57	北京华铭国际拍卖有限公司	二、三类		
58	舍得拍卖（北京）有限公司	二、三类		
59	大唐国际拍卖（北京）有限责任公司	二、三类		
60	东方求实国际拍卖（北京）有限公司	二、三类		
61	中通得利（北京）国际拍卖有限公司	二、三类		因所聘专业人员不符要求被暂停文物拍卖资质。因年度内未开展文物拍卖活动被暂停文物拍卖资质。
62	北京海士德国际拍卖有限公司	二、三类		
63	中联环球国际拍卖（北京）有限公司	二、三类	行业自律公约成员单位	
64	北京华夏藏珍国际拍卖有限公司	二、三类		
65	更乐（北京）国际拍卖有限公司	二、三类		
66	北京宣石国际拍卖有限公司	二、三类	行业自律公约成员单位	
67	北京亚洲容海国际拍卖有限公司	二、三类		
68	北京琴岛荣德国际拍卖有限公司	二、三类	行业自律公约成员单位	
69	北京宝鼎拍卖有限责任公司	一、二、三类	行业自律公约成员单位	
70	北京都市联盟国际拍卖有限公司	二、三类	行业自律公约成员单位	
71	北京龙普华国际拍卖有限公司	二、三类		
72	北京嘉禾国际拍卖有限公司	二、三类	行业自律公约成员单位	
73	北京宝瑞盈国际拍卖有限公司	二、三类		
74	汉秦（北京）国际拍卖有限公司	二、三类	行业自律公约成员单位	
75	北京卓德国际拍卖有限公司	二、三类	行业自律公约成员单位	
76	北京景星麟凤国际拍卖有限公司	二、三类		
77	北京日隆天一拍卖有限公司	二、三类		
78	北京中贸拍卖行有限责任公司	二、三类		
79	北京鼎时国际拍卖有限公司	二、三类	行业自律公约成员单位	
80	鼎周（北京）国际拍卖有限公司	二、三类		
81	北京维塔维登国际拍卖有限公司	二、三类		
82	朔方国际拍卖（北京）有限公司	二、三类	行业自律公约成员单位	
83	宝腾国际拍卖有限公司	二、三类		
84	北京诚灏国际拍卖有限公司	二、三类		
85	北京华夏传承国际拍卖有限公司	二、三类	行业自律公约成员单位	

序号	名　称	拍卖范围	行业资质	文物资质年检情况
86	北京世纪盛唐国际拍卖有限公司	二、三类		
87	北京海华宏业拍卖有限责任公司	二、三类	行业自律公约成员单位	
88	北京际华春秋拍卖有限公司	二、三类		
89	中恒一品（北京）国际拍卖有限公司	二、三类		因所聘专业人员不符要求被暂停文物拍卖资质。
90	北京文津阁国际拍卖有限责任公司	二、三类		
91	中联国际拍卖中心有限公司	一、二、三类		
92	北京西荣阁拍卖有限公司	二、三类		
93	北京中投嘉艺国际拍卖有限公司	二、三类		
94	北京隆荣国际拍卖有限公司	二、三类		
95	北京银座国际拍卖有限公司	二、三类	行业自律公约成员单位	
96	北京瓯江城成国际拍卖有限公司	二、三类	行业自律公约成员单位	
97	北京宝笈轩国际拍卖有限公司	二、三类		
98	北京东方大观国际拍卖有限公司	二、三类		
99	北京盛天泰国际拍卖有限公司	二、三类	行业自律公约成员单位	
100	品盛（北京）国际拍卖有限公司	二、三类	行业自律公约成员单位	
101	北京美三山拍卖有限公司	二、三类		
102	北京亨申世纪拍卖有限公司	二、三类		
103	北京恒盛鼎国际拍卖有限公司	二、三类		
104	北京瑞雅斋拍卖有限公司	二、三类		
105	北京嘉利年华国际拍卖有限公司	二、三类		
106	北京东方利德拍卖有限公司	二、三类	行业自律公约成员单位	
107	北京旷深国际拍卖有限公司	二、三类		
108	北京鼎兴天和国际拍卖有限公司	二、三类		
109	北京中行天下国际拍卖有限公司	二、三类		
110	北京华夏金典国际拍卖有限公司	二、三类		
111	北京湛然国际拍卖有限公司	二、三类		
112	北京盈昌国际拍卖有限公司	二、三类		
113	北京艺融国际拍卖有限公司	二、三类		
114	北京大晋浩天国际拍卖有限公司	二、三类		
115	北京八方经典国际拍卖有限公司	二、三类		
	天津市			
116	天津国际拍卖有限责任公司	一、二、三类	行业自律公约成员单位	
117	海天国际拍卖（天津）有限公司	一、二、三类	行业自律公约成员单位	
118	天津市同方国际拍卖行有限公司	二、三类	行业自律公约成员单位	
119	天津瀚雅拍卖有限公司	二、三类		
120	天津蓝天国际拍卖行有限责任公司	一、二、三类	行业自律公约成员单位 中国文物艺术品拍卖标准化达标企业	
121	天津福信国际拍卖有限公司	一、二、三类	行业自律公约成员单位	因所聘专业人员不符要求被暂停文物拍卖资质。

序号	名　称	拍卖范围	行业资质	文物资质年检情况
	河北省			
122	河北翰华拍卖有限责任公司	二、三类		因所聘专业人员不符要求被暂停文物拍卖资质。
123	大马河北拍卖有限公司	二、三类		
124	河北省嘉海拍卖有限公司	二、三类		因所聘专业人员不符要求被暂停文物拍卖资质。
	山西省			
125	山西晋通拍卖有限公司	一、二、三类	行业自律公约成员单位	
126	山西晋德拍卖有限责任公司	一、二、三类	行业自律公约成员单位	
127	山西百业拍卖有限公司	一、二、三类	行业自律公约成员单位	
128	山西兴晋拍卖股份有限公司	一、二、三类		
129	山西晋宝拍卖有限公司	一、二、三类	行业自律公约成员单位 中国文物艺术品拍卖标准化达标企业	
130	山西融易达拍卖有限公司	二、三类		
	辽宁省			
131	辽宁国际商品拍卖有限公司	一、二、三类	行业自律公约成员单位	
132	辽宁建投拍卖有限公司	二、三类	行业自律公约成员单位	
133	辽宁中正拍卖有限公司	一、二、三类		
134	富佳斋拍卖有限公司	一、二、三类		
135	辽宁光大拍卖行有限公司	二、三类		因所聘专业人员不符要求被暂停文物拍卖资质。
136	辽宁友利拍卖有限公司	二、三类		
137	辽宁中兴国际拍卖有限公司	二、三类		
138	辽宁华安拍卖有限公司	二、三类		
	黑龙江省			
139	黑龙江嘉瑞拍卖有限公司	二、三类		
	上海市			
140	上海敬华艺术品拍卖有限公司	一、二、三类	行业自律公约成员单位	
141	上海长城拍卖有限公司	一、二、三类	行业自律公约成员单位 中国文物艺术品拍卖标准化达标企业	
142	上海朵云轩拍卖有限公司	一、二、三类	行业自律公约成员单位 中国文物艺术品拍卖标准化达标企业	
143	上海国际商品拍卖有限公司	一、二、三类	行业自律公约成员单位 中国文物艺术品拍卖标准化达标企业	
144	上海新华拍卖有限公司	一、二、三类		
145	上海嘉泰拍卖有限公司	一、二、三类		

序号	名　称	拍卖范围	行业资质	文物资质年检情况
146	上海青莲阁拍卖有限责任公司	一、二、三类	行业自律公约成员单位 中国文物艺术品拍卖标准化达标企业	
147	上海国泰拍卖行有限责任公司	一、二、三类	行业自律公约成员单 中国文物艺术品拍卖标准化达标企	因所聘专业人员不符要求被暂停文物拍卖资质。
148	上海拍卖行有限责任公司	一、二、三类	行业自律公约成员单位 中国文物艺术品拍卖标准化达标企业	
149	上海信仁拍卖有限公司	一、二、三类		因所聘专业人员不符要求被暂停文物拍卖资质。
150	上海东方国际商品拍卖有限公司	一、二、三类	行业自律公约成员单位 中国文物艺术品拍卖标准化达标企业	
151	上海老城隍庙拍卖行有限公司	一、二、三类	行业自律公约成员单位	
152	上海黄浦拍卖行有限公司	二、三类	行业自律公约成员单位	
153	上海华夏拍卖有限公司	二、三类	行业自律公约成员单位	
154	上海中天拍卖有限公司	二、三类		因所聘专业人员不符要求被暂停文物拍卖资质。
155	上海天衡拍卖有限公司	二、三类		因所聘专业人员不符要求被暂停文物拍卖资质。
156	上海博海拍卖有限公司	二、三类		
157	上海金槌商品拍卖有限公司	二、三类		
158	上海中亿拍卖有限公司	二、三类		
159	上海泓盛拍卖有限公司	一、二、三类	行业自律公约成员单位	
160	上海和韵拍卖有限公司	一、二、三类		因所聘专业人员不符要求被暂停文物拍卖资质。
161	上海博古斋拍卖有限公司	一、二、三类	行业自律公约成员单位	
162	上海恒利拍卖有限公司	二、三类		
163	上海驰翰拍卖有限公司	二、三类	行业自律公约成员单位	
164	上海大众拍卖有限公司	一、二、三类	行业自律公约成员单位 中国文物艺术品拍卖标准化达标企业	
165	上海工美拍卖有限公司	一、二、三类	行业自律公约成员单位	
166	上海崇源艺术品拍卖有限公司	一、二、三类		
167	上海鸿海商品拍卖有限公司	二、三类		
168	上海道明拍卖有限公司	一、二、三类	行业自律公约成员单位	
169	上海宏大拍卖有限公司	二、三类		
170	上海鸿生拍卖有限公司	二、三类		
171	上海晟安拍卖有限公司	一、二、三类	行业自律公约成员单位	
172	上海和润拍卖有限公司	二、三类		

序号	名　称	拍卖范围	行业资质	文物资质年检情况
173	上海聚德拍卖有限公司	二、三类		
174	上海汇元拍卖有限公司	二、三类		
175	上海瑞星拍卖有限公司	二、三类		
176	上海涵古轩拍卖有限公司	二、三类	行业自律公约成员单位	
177	上海中福拍卖有限公司	二、三类	行业自律公约成员单位	
178	上海汉霖拍卖有限公司	二、三类		
179	上海离原拍卖有限公司	二、三类		
180	上海传世拍卖有限公司	二、三类		
181	上海春秋堂艺术品拍卖有限公司	二、三类		
182	上海宝龙拍卖有限公司	二、三类	行业自律公约成员单位	
183	上海协合拍卖有限公司	二、三类		
184	上海厚宝拍卖有限公司	二、三类		
185	荣宝斋（上海）拍卖有限公司	二、三类	行业自律公约成员单位	
186	上海嘉禾拍卖有限公司	二、三类	行业自律公约成员单位	
187	上海嘉玺拍卖有限公司	二、三类		
188	上海元亨利贞拍卖有限公司	二、三类		
189	上海华宇拍卖有限公司	二、三类		
190	上海骏达拍卖有限公司	二、三类		
191	上海雅藏拍卖有限公司	二、三类		
192	上海铭广拍卖有限公司	二、三类		
193	上海海同拍卖有限公司	二、三类		
194	上海产权拍卖有限公司	二、三类		
195	上海孟真拍卖有限公司	二、三类		
196	上海华博拍卖有限公司	二、三类		
197	上海泛华拍卖有限公司	二、三类		
198	上海中汉拍卖有限公司	二、三类		
199	上海奇贝拍卖有限公司	二、三类		
江苏省				
200	江苏省实成拍卖有限公司	一、二、三类	行业自律公约成员单位	
201	南京正大拍卖有限公司	一、二、三类	行业自律公约成员单位	
202	江苏省拍卖总行有限公司	一、二、三类	行业自律公约成员单位 中国文物艺术品拍卖标准化达标企业	
203	江苏五爱拍卖有限公司	二、三类		
204	苏州东方艺术品拍卖有限公司	一、二、三类	行业自律公约成员单位 中国文物艺术品拍卖标准化达标企业	
205	江苏嘉恒国际拍卖有限公司	二、三类		
206	江苏省南京十竹斋拍卖有限公司	一、二、三类	行业自律公约成员单位	
207	苏州市吴门拍卖有限公司	一、二、三类	行业自律公约成员单位 中国文物艺术品拍卖标准化达标企业	

序号	名　称	拍卖范围	行业资质	文物资质年检情况
208	江苏万达国际拍卖有限公司	一、二、三类		因所聘专业人员不符要求被暂停文物拍卖资质。
209	江苏聚德拍卖有限公司	一、二、三类	行业自律公约成员单位	
210	江苏爱涛拍卖有限公司	一、二、三类	行业自律公约成员单位 中国文物艺术品拍卖标准化达标企业	
211	江苏淮海拍卖有限公司	一、二、三类	行业自律公约成员单位	
212	无锡金鼎来拍卖有限公司	二、三类		因违法违规操作被暂停文物拍卖资质。
213	南京经典拍卖有限公司	二、三类	行业自律公约成员单位 中国文物艺术品拍卖标准化达标企业	
214	江苏中山拍卖有限公司	二、三类	行业自律公约成员单位	
215	南京嘉信拍卖有限公司	二、三类	行业自律公约成员单位 中国文物艺术品拍卖标准化达标企业	
216	常州沧海拍卖有限公司	二、三类	行业自律公约成员单位	
217	江苏九德拍卖有限公司	二、三类		
218	江苏景宏拍卖有限公司	二、三类	行业自律公约成员单位	
219	江苏真德拍卖有限公司	二、三类		
220	江苏凤凰拍卖有限公司	二、三类		
221	江苏天诚拍卖有限公司	二、三类		
		浙江省		
222	浙江浙商拍卖有限公司	一、二、三类		因所聘专业人员不符要求被暂停文物拍卖资质。
223	浙江省省直拍卖行	二、三类		
224	浙江中财拍卖行有限公司	一、二、三类		
225	浙江世贸拍卖中心有限公司	一、二、三类	行业自律公约成员单位	因所聘专业人员不符要求被暂停文物拍卖资质。
226	浙江丽泽拍卖有限公司	一、二、三类		因所聘专业人员不符要求被暂停文物拍卖资质。
227	浙江盛世拍卖有限公司	一、二、三类		
228	浙江保利国际拍卖有限公司	二、三类	行业自律公约成员单位	因所聘专业人员不符要求被暂停文物拍卖资质。
229	西泠印社拍卖有限公司	一、二、三类	行业自律公约成员单位 中国文物艺术品拍卖标准化达标企业	
230	浙江民和拍卖有限公司	二、三类		
231	宁波富邦拍卖有限公司	二、三类	行业自律公约成员单位	

序号	名　称	拍卖范围	行业资质	文物资质年检情况
232	浙江萧然拍卖有限公司	二、三类		因所聘专业人员不符要求被暂停文物拍卖资质。
233	浙江长乐拍卖有限公司	二、三类	行业自律公约成员单位	
234	浙江南北拍卖有限公司	二、三类		
235	浙江佳宝拍卖有限公司	一、二、三类	行业自律公约成员单位 中国文物艺术品拍卖标准化达标企业	
236	浙江一通拍卖有限公司	一、二、三类	行业自律公约成员单位	因所聘专业人员不符要求被暂停文物拍卖资质。
237	浙江国际商品拍卖中心有限责任公司	二、三类	行业自律公约成员单位 中国文物艺术品拍卖标准化达标企业	因所聘专业人员不符要求被暂停文物拍卖资质。
238	绍兴翰越堂拍卖有限公司	二、三类		
239	浙江中钜拍卖有限公司	二、三类		
240	浙江时代拍卖有限公司	二、三类	行业自律公约成员单位	
241	浙江联合拍卖有限公司	二、三类		
242	浙江钱塘拍卖有限公司	一、二、三类	行业自律公约成员单位	因所聘专业人员不符要求被暂停文物拍卖资质。
243	浙江大地拍卖有限公司	二、三类		
244	浙江皓翰国际拍卖有限公司	一、二、三类		
245	浙江隆安拍卖有限公司	二、三类		因所聘专业人员不符要求被暂停文物拍卖资质。
246	温州汇丰拍卖行有限公司	一、二、三类	行业自律公约成员单位	
247	浙江诚信拍卖有限公司	二、三类		因年度内未开展文物拍卖活动被暂停文物拍卖资质。因所聘专业人员不符要求被暂停文物拍卖资质。
248	浙江骏成拍卖有限公司	二、三类		
249	浙江经典拍卖有限公司	二、三类		因所聘专业人员不符要求被暂停文物拍卖资质。
250	浙江三江拍卖有限公司	二、三类	行业自律公约成员单位	因所聘专业人员不符要求被暂停文物拍卖资质。
251	浙江永暄拍卖有限公司	二、三类		因所聘专业人员不符要求被暂停文物拍卖资质。
252	浙江汇通拍卖有限公司	二、三类		因所聘专业人员不符要求被暂停文物拍卖资质。
253	宁波东方拍卖有限公司	二、三类		

序号	名 称	拍卖范围	行业资质	文物资质年检情况
254	浙江美术传媒拍卖有限公司	二、三类	行业自律公约成员单位	
255	浙江横店拍卖有限公司	二、三类		
256	杭州天工艺苑拍卖有限公司	二、三类		
	安徽省			
257	安徽艺海拍卖有限责任公司	一、二、三类		
258	安徽盘龙企业拍卖有限公司	二、三类		
259	安徽星汉拍卖有限公司	二、三类		
260	安徽古今天元拍卖有限公司	二、三类		
	福建省			
261	海峡拍卖行有限公司	二、三类	行业自律公约成员单位	因所聘专业人员不符要求被暂停文物拍卖资质。
262	福建运通拍卖行有限公司	一、二、三类		
263	厦门特拍拍卖有限公司	一、二、三类		
264	福建省拍卖行	一、二、三类	行业自律公约成员单位	
265	福建华兴拍卖行	二、三类		因所聘专业人员不符要求被暂停文物拍卖资质。
266	福建省贸易信托拍卖行	一、二、三类	行业自律公约成员单位 中国文物艺术品拍卖标准化达标企业	
267	福建省顶信拍卖有限公司	二、三类	行业自律公约成员单位	
268	福建静轩拍卖有限公司	二、三类	行业自律公约成员单位	
	山东省			
269	山东新世纪拍卖行有限公司	二、三类		
270	青岛天麒阁拍卖有限公司	二、三类		
271	青岛中艺拍卖有限公司	二、三类		
272	迦南国际拍卖有限公司	二、三类		
	河南省			
273	河南省方迪拍卖有限公司	二、三类		
274	河南鸿远拍卖有限公司	二、三类		
275	嘉信诚（郑州）拍卖有限公司	二、三类		因年度内未开展文物拍卖活动被暂停文物拍卖资质。因所聘专业人员不符要求被暂停文物拍卖资质。
276	河南省新恒丰拍卖行有限公司	二、三类	行业自律公约成员单位	
277	河南原田拍卖有限公司	二、三类		
278	河南省日信拍卖有限公司	一、二、三类	行业自律公约成员单位	
279	河南省豫呈祥拍卖有限责任公司	一、二、三类	行业自律公约成员单位	
280	郑州拍卖总行	二、三类	行业自律公约成员单位	
281	河南金帝拍卖有限公司	二、三类		
282	河南华宝拍卖有限公司	二、三类		

序号	名　称	拍卖范围	行业资质	文物资质年检情况
		湖北省		
283	武汉市大唐拍卖有限责任公司	一、二、三类		
284	武汉中信拍卖有限公司	一、二、三类		
285	湖北诚信拍卖有限公司	二、三类	行业自律公约成员单位	
286	湖北金信拍卖有限公司	二、三类		
287	湖北嘉宝一品拍卖有限公司	二、三类		
		湖南省		
288	湖南省国际商品拍卖有限公司	二、三类		因违法违规操作被暂停文物拍卖资质。
289	湖南永乐拍卖有限公司	二、三类	行业自律公约成员单位	
		广东省		
290	广州华艺国际拍卖有限公司	一、二、三类	行业自律公约成员单位 中国文物艺术品拍卖标准化达标企业	
291	广东省古今拍卖有限公司	一、二、三类	行业自律公约成员单位 中国文物艺术品拍卖标准化达标企业	
292	广东凤凰拍卖有限公司	二、三类	行业自律公约成员单位	因年度内未开展文物拍卖活动被暂停文物拍卖资质。
293	广东保利拍卖有限公司	二、三类		
294	广东旭通达拍卖有限公司	二、三类	行业自律公约成员单位	因年度内未开展文物拍卖活动被暂停文物拍卖资质。
295	广东省拍卖行有限公司	二、三类	行业自律公约成员单位 中国文物艺术品拍卖标准化达标企业	
296	安华白云拍卖行有限公司	一、二、三类	行业自律公约成员单位	
297	深圳市拍卖行有限公司	一、二、三类	行业自律公约成员单位 中国文物艺术品拍卖标准化达标企业	
298	广州市银通拍卖行有限公司	二、三类	行业自律公约成员单位	
299	珠海圣荣拍卖有限公司	二、三类		因所聘专业人员不符要求被暂停文物拍卖资质。
300	广州市皇玛拍卖有限公司	二、三类	行业自律公约成员单位 中国文物艺术品拍卖标准化达标企业	
301	广东浩宏拍卖有限公司	二、三类	行业自律公约成员单位	
302	广东衡益拍卖有限公司	二、三类		
303		二、三类		因所聘专业人员不符要求被暂停文物拍卖资质。
304	广东中翰清花拍卖有限公司	二、三类		因所聘专业人员不符要求被暂停文物拍卖资质。

序号	名 称	拍卖范围	行业资质	文物资质年检情况
		广西壮族自治区		
305	广西邕华拍卖有限责任公司	一、二、三类		因年度内未开展文物拍卖活动被暂停文物拍卖资质。
		海南省		
306	海南安达信拍卖有限公司	二、三类		
307	海南泰达拍卖有限公司	一、二、三类	行业自律公约成员单位	
		四川省		
308	四川联拍拍卖有限公司	二、三类		
309	成都八益拍卖有限公司	二、三类	行业自律公约成员单位	
310	四川达州市万星拍卖有限公司	二、三类		
311	成都市金沙拍卖有限公司	二、三类		
312	四川省嘉诚拍卖有限公司	二、三类	行业自律公约成员单位 中国文物艺术品拍卖标准化达标企业	
313	四川德轩拍卖有限责任公司	二、三类		
314	四川东方拍卖有限责任公司	二、三类		
315	四川嘉宝拍卖有限公司	二、三类		
		云南省		
316	云南典藏拍卖集团有限公司	一、二、三类	行业自律公约成员单位	
317	昆明雅士得拍卖有限公司	二、三类		因所聘专业人员不符要求被暂停文物拍卖资质。
318	云南国信拍卖有限公司	二、三类		因所聘专业人员不符要求被暂停文物拍卖资质。因年度内未开展文物拍卖活动被暂停文物拍卖资质。
		重庆市		
319	重庆恒升拍卖有限公司	一、二、三类	行业自律公约成员单位 中国文物艺术品拍卖标准化达标企业	
320	重庆华夏文物拍卖有限公司	一、二、三类	行业自律公约成员单位 中国文物艺术品拍卖标准化达标企业	
		陕西省		
321	陕西文德拍卖有限公司	一、二、三类	行业自律公约成员单位	因年度内未开展文物拍卖活动被暂停文物拍卖资质。因所聘专业人员不符要求被暂停文物拍卖资质。
322	陕西瑞晨拍卖有限公司	一、二、三类		
323	陕西大德拍卖有限责任公司	二、三类		

序号	名　称	拍卖范围	行业资质	文物资质年检情况
324	陕西华秦拍卖有限公司	二、三类		因年度内未开展文物拍卖活动被暂停文物拍卖资质。因所聘专业人员不符要求被暂停文物拍卖资质。
325	陕西宝隆拍卖有限责任公司	一、二、三类		
326	陕西诚挚拍卖有限责任公司	二、三类		
327	陕西华夏国际拍卖有限公司	二、三类		
328	陕西秦宝斋拍卖有限责任公司	二、三类		因年度内未开展文物拍卖活动被暂停文物拍卖资质。因所聘专业人员不符要求被暂停文物拍卖资质。
329	西安力邦拍卖有限公司	二、三类		
330	陕西天龙国际拍卖有限公司	二、三类	行业自律公约成员单位	
331	陕西秦商拍卖有限责任公司	二、三类		
	甘肃省			
332	未来四方集团拍卖有限公司	一、二、三类	行业自律公约成员单位 中国文物艺术品拍卖标准化达标企业	
	宁夏回族自治区			
333	宁夏佳朋拍卖行（有限公司）	二、三类		因所聘专业人员不符要求被暂停文物拍卖资质。
334	宁夏力鼎拍卖有限公司	二、三类		因年度内未开展文物拍卖活动被暂停文物拍卖资质。因所聘专业人员不符要求被暂停文物拍卖资质。

全国主要博物馆名录

序号	名 称	性质	地 址	邮政编码
			北京市	
1	故宫博物院	文物	东城区景山前街 4 号	100009
2	中国国家博物馆	文物	东城区东长安街 16 号	100006
3	首都博物馆	文物	西城区复兴门外大街 16 号	100045
4	中国钱币博物馆	行业	西城区德胜门东大街 9 号	100120
5	北京红楼文化艺术博物馆	行业	西城区南菜园 12 号	100054
6	北京民俗博物馆	行业	朝外大街 141 号	100020
7	北京历代帝王庙博物馆	文物	北京西城区阜内大街 131 号	100034
8	中国印刷博物馆	行业	北京市大兴区黄村兴华北路 25 号	102600
9	北京工艺美术博物馆	行业	王府井大街 200 号	100005
10	中国人民革命军事博物馆	行业	海淀区复兴路 9 号	100038
11	中国航空博物馆	行业	北京市昌平区小汤山镇 5806#	102211
12	北京新文化运动纪念馆	文物	北京市东城区五四大街 29 号	100009
13	北京李大钊故居	文物	西城区文华胡同 24 号	100031
14	北京自然博物馆	行业	北京市东城区天桥南大街 126 号	100050
15	北京市古代钱币展览馆	文物	北京市西城区德胜门东大街 9 号	100120
16	北京古代建筑博物馆	文物	北京市西城区东经路 21 号	100050
17	老舍纪念馆	文物	北京市东城区灯市口西街丰富胡同 19 号	100006
18	大钟寺古钟博物馆	文物	北三环西路甲 31 号	100096
19	中国科学技术馆	行业	北京市朝阳区北辰东路 5 号	100012
20	中国人民大学博物馆	文物	北京市海淀区中关村大街 59 号	100872
21	徐悲鸿纪念馆	文物	西城区新街口北大街 53 号	100035
22	郭沫若纪念馆	行业	西城区前海西街 18 号	100009
23	北京市大葆台西汉墓博物馆	文物	丰台区郭公庄村南隅	100160
24	北京中国紫檀博物馆	民办	北京建国路 23 号	100123
25	孔庙和国子监博物馆	文物	东城区国子监街 13-15 号	100007
26	观复博物馆	民办	朝阳区大山子张万坟金南路 18 号	100015
27	中华世纪坛世界艺术馆	行业	海淀区复兴路甲九号	100038
28	中国国家画院美术馆	行业	北京市海淀区西三环北路 54 号	100048
29	卢沟桥历史博物馆	行业	丰台卢沟桥城南街 77 号	100165
30	北京鲁迅博物馆	文物	北京市西城区阜内大街宫门口二条 19 号	100034

序号	名　称	性质	地　址	邮政编码
31	中国美术馆	行业	东城区五四大街 1 号	100010
32	中国现代文学馆	行业	北京市朝阳区文学馆路 45 号	100029
33	中国印钞造币博物馆	行业	北京市西城区西直门外大街甲 143 号	100044
34	恭王府	文物	北京市西城区前海西街 17 号	100009
35	北京艺术博物馆	文物	海淀区西三环北路万寿寺	100081
36	北京皇城艺术馆	行业	东城菖蒲河沿 9 号	100006
37	炎黄艺术馆	民办	朝阳区亚运村慧忠路 9 号	100101
38	中央美术学院美术馆	行业	朝阳区花家地南街 8 号	100102
39	中国工艺美术馆	行业	西城区复兴门内大街 101 号	100031
40	民族文化宫博物馆	行业	西城区复兴门内大街 49 号	100031
41	韩美林艺术馆（北京）	行业	通州区梨园镇九棵树东路 68 号	101100
42	茅盾故居	行业	东城区后圆恩寺胡同 13 号	100009
43	保利艺术博物馆	行业	东城区朝阳门北大街 1 号新保利大厦	100010
天津市				
44	天津博物馆	文物	天津市河西区友谊路 31 号	300201
45	周恩来邓颖超纪念馆	文物	天津市南开区水上公园西路 9 号	300191
46	蓟县文物博物馆	文物	蓟县武定街 41 号	301900
47	近代天津博物馆	行业	和平区河北路 314 号	300050
48	李叔同故居纪念馆	文物	天津市河北区海河东路与滨海道交口	300143
49	天津曹禺故居纪念馆	行业	天津市河北区民主道 5-7 号	300143
50	天津鼓楼博物馆	文物	南开区老城厢鼓楼	300090
51	天津科学技术馆	行业	河西隆昌路 94 号	300201
52	天津梁启超纪念馆	文物	天津市河北区民族路 44-46 号	300010
53	天津美术学院美术馆	行业	天津市河北区中山路	300141
54	天津市蓟县地质博物馆（天津市蓟县历史博物馆）	行业	天津市蓟县府君山公园内	301900
55	天津市民俗博物馆	文物	天津市南开区古文化街 80 号	300090
56	天津市三条石历史博物馆	文物	天津市红桥区博物馆大街 34 号	300092
57	天津文庙博物馆	文物	南开区东马路东门里 2 号	300090
58	天津戏剧博物馆	文物	南开区东门里大街 257 号	300090
59	天津杨柳青博物馆	文物	天津市西青区杨柳青镇估衣街 47 号	300380
60	天津杨柳青木版年画博物馆	文物	天津市河西区佟楼三合里 111 号	300074
61	天津自然博物馆	文物	天津市河西区马场道 206 号	300074
62	中共天津历史纪念馆	文物	和平区山西路 98 号	300020
河北省				
63	河北省博物馆	文物	河北省石家庄市东大街 4 号	050011
64	河北省民俗博物馆	文物	石家庄市育才街 181 号	050021
65	保定市博物馆	文物	朝阳北大街 599 号	071000
66	沧州市博物馆	文物	沧州市浮阳南大道 31 号	061001
67	磁山文化博物馆	文物	磁山二街村东	056300
68	磁州窑博物馆	文物	磁县磁州路路北	056500

序号	名称	性质	地址	邮政编码
69	定州市博物馆	文物	定州市刀枪街1号	073000
70	邯郸市博物馆	文物	中华北大街45号	056002
71	廊坊博物馆	文物	和平路238-1	065000
72	满城汉墓博物馆	文物	满城县汉墓景区	072150
73	石家庄市博物馆	文物	建设北大街11号	050011
74	唐山博物馆	文物	唐山市路北区	063000
75	蔚县博物馆	文物	河北省张家口市蔚县城南关释迦寺	075700
76	武强年画博物馆	文物	武强县新开街1号	053300
77	邢窑博物馆	文物	崆山白云洞景区	054300
78	张家口市博物馆	文物	张家口桥东区东山路甲副13号	075000
山西省				
79	山西博物院	文物	太原市滨河西路北段13号	030024
80	山西省艺术博物馆	文物	太原市起凤街1号	030001
81	山西省民俗博物馆	文物	太原市文庙巷3号	030001
82	大同市博物馆	文物	大同市魏都大道	037004
83	临汾市博物馆	文物	鼓楼西街海子边40号	041000
84	吕梁汉画像石博物馆	文物	吕梁市离石区龙凤南大街	033000
85	太原市晋祠博物馆	文物	太原市晋源区晋祠镇	030025
86	长治市博物馆	文物	长治市太行西街259号	046011
内蒙古自治区				
87	内蒙古博物院	文物	呼市新华东街27号	010010
88	赤峰博物馆	文物	赤峰市新城区富河街中段	024000
89	鄂尔多斯博物馆	文物	内蒙古鄂尔多斯市康巴什新区	017000
90	鄂尔多斯革命历史博物馆	文物	鄂尔多斯市东胜区达拉特北路4号	017000
91	鄂尔多斯青铜器博物馆	行业	东胜区准格尔南路三号	017000
92	红山文化专题博物馆	行业	赤峰市红山区三中街居委会新华路东	024000
93	呼和浩特博物馆	文物	呼和浩特市通道北路62号	010051
94	满洲里市博物馆	文物	满洲里三道街	021400
95	内蒙古包头博物馆	文物	包头市昆都仑区阿尔丁大街25号	014010
辽宁省				
96	辽宁省博物馆	文物	沈阳市沈河区市府大路363号	110013
97	鞍山市博物馆	文物	鞍山市铁东区千山中路41号	114003
98	本溪市博物馆	文物	辽宁省本溪市明山区峪明路324-1	117020
99	大连现代博物馆	文物	大连市沙河口区会展路10号	116023
100	大连艺术展览馆	文物	西岗胜利街35号	116001
101	大连自然博物馆	行业	沙河口区黑石礁西村街40号	116023
102	东港市博物馆	文物	东港市人民大街28号	118300
103	抚顺市博物馆	文物	抚顺市新抚区南昌路17号	113008

序号	名　称	性质	地　址	邮政编码
104	阜新市博物馆	文物	阜新市细河区工业街 44-2 号	123000
105	葫芦岛市博物馆	文物	葫芦岛市连山区	125001
106	锦州市博物馆	文物	锦州市古塔区北三里一号	121004
107	辽阳博物馆	行业	中心路 2 号	111000
108	凌源市博物馆	行业	凌源市南大街建设路 7 号	122500
109	普兰店市博物馆	文物	普兰店市九七广场 C 座	116200
110	沈阳“九一八”历史博物馆	文物	沈阳市大东区望花南街 46 号	110044
111	沈阳故宫博物院	文物	沈阳市沈河区沈阳路 171 号	110011
112	铁岭市博物馆	文物	铁岭市银州区文化街 88 号	112000
113	营口市博物馆	文物	营口市站前区少年宫里 21 号	115000
114	庄河市博物馆	文物	庄河市世纪大街一段 32 号	116400
			吉林省	
115	吉林省博物院	文物	长春市人民大街 3188 号	130041
116	白城市博物馆	文物	白城市公园东路 12 号	137000
117	大安市博物馆	文物	人民路 32 号	131300
118	敦化市博物馆	文物	吉林省敦化市六顶山东侧	133700
119	吉林市文庙博物馆	行业	昌邑区南昌路 2 号	132001
120	吉林市博物馆	文物	吉林大街 100 号	132013
121	辽源市博物馆	文物	辽源市龙山区龙山公园内魁星楼北侧	136200
122	梅河口市博物馆	文物	人民大街 2008 号	135000
123	舒兰市博物馆	文物	舒兰大街 4617 号	132600
124	四平市博物馆	文物	四平市铁西区南新华大街 647 号	136000
125	延边博物馆	文物	延吉市延朝路 1-4 号	133000
126	延吉市博物馆	文物	延吉市西山街 1055 号	133000
127	长春市文庙博物馆	文物	长春市南关区东天街 239 号	130031
			黑龙江省	
128	黑龙江省博物馆	文物	哈尔滨市南岗区红军街 50 号	150001
129	黑河市博物馆	文物	海兰街 237 号	164399
130	北安市博物馆	文物	龙江路华山街北	164000
131	大庆市博物馆	文物	大庆市开发区火炬新街	163316
132	哈尔滨市博物馆	文物	哈尔滨市南岗区一满街 253 号	150001
133	哈尔滨市建筑艺术馆	行业	道里区透笼街 88 号	150010
134	哈尔滨市钱币博物馆	文物	哈尔滨市道里区尚志大街 160 号	150010
135	海伦市博物馆	文物	海伦市体育场东侧	152300
136	鹤岗市博物馆	文物	鹤岗市工农区电信路艺博图大厦	154101
137	黑龙江美术馆	文物	道里区地段街 133 号	150010
138	黑龙江省民族博物馆	文物	哈尔滨市南岗区文庙街 25 号	150001
139	鸡西市博物馆	文物	鸡西市鸡冠区文化路西段	158100
140	佳木斯市博物馆	文物	长安路 922 号	154002
141	牡丹江市博物馆	文物	牡丹江市太平路 156 号	157011

序号	名　称	性质	地　址	邮政编码
142	齐齐哈尔博物馆	文物	齐市建华区中华路 1 号	161006
143	绥芬河市博物馆	文物	绥芬河市长江路 17 号	157300
144	绥化市博物馆	文物	绥化市北林区迎宾路南	152000
145	伊春市博物馆	文物	伊春市伊春区新兴西大街号	153000
146	肇东市博物馆	文物	黑龙江省肇东市五权北路	151100
147	中国书法文化博物馆	文物	尚志市新建路北环街 176 号	150600
上海市				
148	上海博物馆	文物	人民大道 201 号	200003
149	复旦大学博物馆	行业	邯郸路 220 号	200433
150	刘海粟美术馆	文物	虹桥路 1660 号	200336
151	上海蔡元培故居陈列馆	文物	华山路 303 弄 16 号	200040
152	上海科技馆	行业	世纪大道 2000 号	200127
153	上海鲁迅纪念馆	文物	甜爱路 200 号	200081
154	上海毛泽东旧居陈列馆	文物	茂名北路 120 弄 5–9 号	200041
155	上海美术馆	文物	南京西路 325 号	200003
156	上海市历史博物馆	文物	汉口路 193 号	200002
157	上海吴昌硕纪念馆	民办	陆家嘴东路 15 号	200120
158	朱屺瞻艺术馆	文物	欧阳路 580 号	200081
江苏省				
159	南京博物院	文物	南京市中山东路 321 号	210016
160	常熟博物馆	行业	江苏省常熟市北门大街 1 号	215500
161	常熟美术馆	行业	西门大街 117 号	215500
162	常州博物馆	文物	常州市龙城大道 1288 号	213022
163	大丰市博物馆	文物	大丰市飞达东路	224100
164	丹阳市博物馆	文物	丹阳市丹金路 1 号	212300
165	东台市博物馆	文物	东台市东亭南路 26-8 号	224200
166	高邮市博物馆	文物	人民路 507 号	225600
167	淮安市博物馆	文物	淮安市健康西路 146-1	223001
168	江苏宜兴美术馆（尹瘦石艺术馆）	文物	宜兴市宜城镇公园路 1 号	214200
169	江阴市博物馆	文物	江阴市澄江中路 128 号	214431
170	姜堰市博物馆	文物	姜堰南大街 219 号	225500
171	姜堰市高二适纪念馆	行业	姜堰市姜堰镇古田路 1 号	225500
172	句容市博物馆	文物	葛仙湖公园内	212400
173	李可染艺术馆	行业	徐州市建国东路广大北巷 16 号	221003
174	连云港市博物馆	文物	连云港市新浦区朝阳东路 68 号	222006
175	连云港市民俗博物馆	文物	连云港市新浦区新市路 35 号	222000
176	柳亚子纪念馆	文物	吴江市黎里古镇	215212
177	南京鲁迅纪念馆	行业	南京市察哈尔路 37 号	210003
178	南京市博物馆	文物	南京市莫愁路 188 号	210004
179	倪瓒纪念馆	行业	街道芙蓉三路旁	214191
180	苏州博物馆	文物	苏州市东北街 204 号	215001

序号	名　称	性质	地　址	邮政编码
181	苏州工艺美术博物馆	行业	苏州市西北街 88 号	215001
182	苏州文庙管理所（苏州碑刻博物馆）	文物	江苏省苏州市沧浪区人民路 613 号	215007
183	太仓市博物馆	文物	江苏省太仓市上海东路 100 号	215400
184	泰兴市博物馆	文物	泰兴市府前街 2 号	225400
185	泰州市博物馆	文物	青年北路 20 号	225300
186	翁同龢纪念馆	文物	常熟市翁家巷门 2 号	215500
187	无锡博物院	文物	无锡市钟书路 100 号	214023
188	无锡书画博物馆	行业	无锡市运河公园 23 号	214031
189	无锡窑群遗址博物馆	行业	无锡市大窑路 27 号	214021
190	新沂市博物馆	文物	新沂大桥西路 8 号	221400
191	兴化市博物馆	文物	兴化牌楼北路 2 号	225700
192	宿迁市博物馆	文物	宿迁市世纪大道 88 号	223800
193	宿迁市古黄河诗词书法艺术馆	文物	宿迁市黄河公园内	223800
194	徐州博物馆	文物	徐州市和平路 101 号	221009
195	徐州汉画像石艺术馆	文物	徐州市泉山区湖东路	221006
196	徐州民俗博物馆	文物	徐州市户部山崔家巷 2 号	221009
197	颜真卿纪念馆	文物	南京市广州路 221 号	210000
198	扬州八怪纪念馆	文物	淮海路驼岭巷 18 号	225000
199	扬州博物馆	文物	扬州市文昌西路 468 号	225125
200	扬州汉广陵王墓博物馆（扬州汉陵苑）	文物	扬州市平山堂东路 98 号	225007
201	仪征市博物馆	文物	仪征市解放西路 201 号	211400
202	宜兴陶瓷博物馆	文物	宜兴市丁山北路 150 号	214221
203	宜兴徐悲鸿纪念馆	文物	宜兴市宜城公园路	214200
204	镇江博物馆	文物	伯先路 85 号	212002
205	镇江焦山碑刻博物馆	文物	镇江市东吴路焦山风景区内	212008
206	周恩来纪念馆	行业	江苏省淮安市淮安区桃花垠	223200
207	朱屺瞻纪念馆	行业	浏河公园	215431
			浙江省	
208	浙江省博物馆	文物	杭州孤山路 25 号	310007
209	浙江自然博物馆	文物	杭州西湖文化广场 6 号	310014
210	慈溪市博物馆	文物	浒山街道寺山路 352	315300
211	东阳市博物馆	文物	东阳市城南东路 77 号	322100
212	丰子恺纪念馆	文物	石门镇大井路 1 号	314512
213	海宁市博物馆	文物	浙江省海宁市西山路 542 号	314400
214	海宁市徐邦达艺术馆	文物	海宁市建设路 122 号	314400
215	韩美林艺术馆	文物	杭州市西湖区桃源岭 3 号	310013
216	杭州博物馆	文物	杭州粮道山 18 号	310002
217	杭州工艺美术博物馆	行业	浙江省杭州市拱墅区小河路 450 号	310015
218	杭州南宋官窑博物馆	文物	杭州市上城区南复路 60 号	310008

序号	名称	性质	地址	邮政编码
219	杭州市余杭博物馆	文物	浙江省杭州市余杭区临平广和街95号	311100
220	湖州市博物馆	文物	湖州市仁皇山新区吴兴路1号	313000
221	嘉善县吴镇纪念馆	文物	嘉善县魏塘街道花园路178号	314100
222	嘉兴市博物馆	文物	嘉兴市海盐塘路485号	314050
223	嘉兴市蒲华美术馆	文物	嘉兴市中和街36号	314000
224	嘉兴市沈钧儒纪念馆	文物	嘉兴市环城南路南帮岸3号	314000
225	兰溪市博物馆	文物	兰溪横山路11号	321100
226	乐清市文物馆	文物	乐清市乐成乐湖路26号	325600
227	良渚博物院	文物	杭州余杭区良渚街道美丽洲路1号	311113
228	临海市博物馆	文物	临海市东郭巷73号	317000
229	龙泉青瓷博物馆	文物	龙泉市剑川大道258号	323700
230	陆游纪念馆	文物	浙江省绍兴市延安路439号	312000
231	潘絜兹艺术馆	行业	柳城镇龙山公园	321203
232	潘天寿纪念馆	行业	南山路212号	310002
233	平湖市博物馆	文物	平湖市当湖街道新华南路372号	314200
234	平湖市李叔同纪念馆	文物	平湖市当湖镇叔同路29号	314200
235	平湖市陆维钊书画院	文物	乐园路80-136号	314200
236	钱君匋艺术研究馆	文物	西山路493号	314000
237	衢州市博物馆	文物	浙江省衢州市新桥街98号	324000
238	瑞安市文物馆	文物	瑞安市玉海街道道院前街5号	325200
239	上虞博物馆	文物	浙江省上虞市人民路228号	312300
240	绍兴博物馆	文物	偏门直街75号	312000
241	绍兴鲁迅纪念馆	文物	浙江绍兴鲁迅中路235号	312000
242	桐庐叶浅予艺术馆、民间剪纸艺术馆	文物	桐庐县城南街道大奇山519号	311501
243	桐乡市博物馆	文物	桐乡市庆丰南路8号	314500
244	桐乡市革命历史纪念馆	行业	桐乡市茅盾东路107号	314500
245	桐乡市茅盾纪念馆	文物	桐乡市乌镇观前街17号	314501
246	温州博物馆	文物	温州市市府路	325014
247	吴茀之纪念馆	文物	浦江县书画街5号	322200
248	义乌市博物馆	文物	城中北路126号	322000
249	永康市博物馆	文物	永康市文博路1号	321300
250	余姚博物馆	文物	余姚市龙泉山西麓广场	315400
251	余姚市河姆渡遗址博物馆	文物	余姚市河姆渡镇芦山寺村	315414
252	俞曲园纪念馆	文物	杭州孤山路32号	310007
253	中国湖笔博物馆	行业	湖州市莲花庄路258号	313000
254	中国印学博物馆	行业	杭州市孤山后山路10号	310007
255	诸暨市博物馆	文物	东一路18号	311800
256	诸乐三艺术馆	文物	安吉县递铺镇东庄弄路2号	313300
			安徽省	
257	安徽博物院	文物	安徽省合肥市政务区怀宁路268号（新馆）；庐阳区安庆路268号（老馆）	230000

序号	名　称	性质	地　址	邮政编码
258	安徽省九华山历史文物馆	文物	九华山风景区化城路 41 号	242811
259	安庆市博物馆	文物	沿江东路 150 号	246003
260	安庆市赵朴初故居陈列馆	文物	安庆市迎江区天台里街 9 号	246003
261	蚌埠市博物馆	行业	胜利中路 51 号	233000
262	亳州博物馆	文物	亳州芍花路 209 号	236813
263	巢湖市博物馆	文物	巢湖市放王岗	238000
264	陈独秀纪念馆	文物	安庆市大观区十里乡	246005
265	池州市博物馆	文物	皖池州市池阳路	247000
266	阜阳市博物馆	文物	阜阳市清河东路	236034
267	合肥市赖少其艺术馆	行业	合肥市政务文化新区石台路（艺术公园内）	230022
268	淮北市博物馆	文物	市博物馆路 1 号	235000
269	淮南市博物馆	文物	安徽省淮南市洞山中路 15 号	232001
270	黄宾虹纪念馆	文物	歙县郑村镇	245200
271	金寨历史文物馆	文物	金寨县文化中心	237300
272	林散之艺术馆	行业	雨山区唐贤街 1 号	243041
273	刘开渠纪念馆	行业	淮北市相山路 4 号	235000
274	马鞍山市博物馆	文物	太白大道 2006-1	243000
275	天长市博物馆	文物	天长市石梁西路 131 号	239300
276	桐城市博物馆	文物	桐城市公园路 3 号	231402
277	铜陵市博物馆	文物	铜陵市学院路 477 号	244000
278	宿州博物馆	文物	宿州市政务新区	234000
279	宣城市博物馆	文物	宣城市府山广场	242000
280	赵朴初生平陈列馆	文物	安徽省太湖县寺前镇	246450
			福建省	
281	福建博物院	文物	福州市鼓楼区湖头街 96 号	350001
282	福安市博物馆	文物	福安公园路 58 号	355000
283	福鼎市博物馆	文物	福鼎市中山中路 211 号	355200
284	福建民俗博物馆	文物	福州市三坊七巷郎官巷 25 号	350001
285	福清市博物馆	文物	福清市玉屏街道向高街豆区园内	350300
286	福州市博物馆	文物	福州市晋安区文博路 8 号	350011
287	福州市林则徐纪念馆	文物	福州市澳门路 16 号	350001
288	建阳市博物馆	行业	建阳市上水南路 42-44 号	354200
289	晋江市博物馆	文物	晋江市世纪大道 382 号	362200
290	龙海市博物馆	文物	龙海市石码镇九二〇路 114-116 号	363100
291	南安市博物馆	文物	南安市柳新路文化中心	362300
292	南平市博物馆	文物	南平市马坑路 124 号	353000
293	莆田市博物馆	文物	莆田市文献东路 99 号	351100
294	泉州市博物馆	文物	泉州市区北清东路西湖北侧	362000
295	三明市博物馆	文物	三明市梅列区富华新村 30 号	365000

序号	名 称	性质	地 址	邮政编码
296	厦门市博物馆	文物	厦门体育路95号	361012
297	邵武市博物馆	文物	邵武市新建路6号	354000
298	石狮市博物馆	文物	石狮市宝塘路中段	362700
299	武夷山市博物馆	文物	武夷山市武夷宫仿宋古街	354302
300	永安市博物馆	文物	永安市大同路123号	366000
301	漳平市博物馆	文物	漳平市东山公园	364400
302	漳州市博物馆	文物	漳州市龙文区迎宾路中段	363005
303	长乐市博物馆	文物	长乐市爱心路198号	350200
			江西省	
304	江西省博物馆	文物	南昌市新洲路2号	330025
305	八大山人纪念馆	文物	青云谱区青云路259号	330043
306	德兴市博物馆	文物	德兴市朝阳路79号	334200
307	抚州市博物馆	文物	市迎宾大道586号	344000
308	赣州市博物馆	文物	赣州市兴国路	341000
309	高安市博物馆	文物	高安市筠泉路1号	330800
310	贵溪市博物馆	文物	贵溪市雄石东路30号	335400
311	黄秋园纪念馆	民办	南昌市小桃花巷21号	330003
312	吉安市博物馆	文物	吉安市西肖家巷7号	343000
313	景德镇官窑博物馆	文物	中山北路2号	333000
314	景德镇民窑博物馆	文物	江西省景德镇市航空路18号	333000
315	景德镇陶瓷馆	文物	莲社北路169号	333000
316	景德镇陶瓷民俗博物馆	文物	枫树山蟠龙岗	333000
317	九江市博物馆	文物	九江市环城路142号	332000
318	乐平市博物馆	文物	大连新区东风路	333300
319	南昌市博物馆	文物	南昌市八一大道376号	330006
320	南昌市民俗博物馆	文物	南昌市子固路165号	330008
321	南康市博物馆	文物	南康市宝林路7号	341400
322	瑞昌市博物馆	文物	瑞昌市人民北路167号	332200
323	上饶市博物馆	文物	上饶市书院路48号	334000
324	新余市博物馆	文物	江西省新余市仙来中大道61号	338000
325	宜春市博物馆	文物	袁山大道中路18号	336000
326	樟树市博物馆	文物	樟树市广场路35号	331200
			山东省	
327	山东博物馆	文物	济南市经十东路129号	250014
328	山东省石刻艺术博物馆	文物	济南市历下区青年东路6号	250011
329	安丘市博物馆	文物	安丘潍安路127号	262100
330	博山陶瓷琉璃艺术博物馆	文物	博山区西冶街南首17号	255200
331	昌邑市博物馆	文物	昌邑市利民街5号	261300

序号	名　称	性质	地　址	邮政编码
332	陈介祺故居陈列馆	文物	潍城区芙蓉街北首	261021
333	东营市历史博物馆	文物	东营市广饶县月河路 270 号	257300
334	高密市博物馆	文物	高密市文体公园	261500
335	郭味蕖故居陈列馆	文物	潍城区岳王庙街 64 号	261021
336	海阳市博物馆	文物	海阳市文山街 11 号	265100
337	菏泽市博物馆	文物	菏泽华英路 537 号	274000
338	即墨市博物馆	文物	即墨中山街 48 号	266200
339	济南市博物馆	文物	济南市经十一路 30 号	250014
340	济宁市博物馆	文物	市中区古槐路	272000
341	胶南市博物馆	文物	胶南文化路 103 号	266400
342	胶州市博物馆	文物	胶州市兰州东路 113 号	266300
343	莱西市博物馆	文物	上海西路 17 号	266600
344	莱阳市博物馆	文物	大寺街 045 号	265200
345	莱州市博物馆	文物	府前西街 666 号	261400
346	聊城市博物馆	文物	聊城市东昌府区双街	252000
347	临清市博物馆	文物	临清市温泉路中段文化中心	252600
348	临清市季羡林先生纪念馆	文物	临清市温泉路中段文化中心	252600
349	临沂市博物馆	文物	临沂市北城新区兰陵路中段	276000
350	龙口市博物馆	文物	龙口市东莱街 137 号	265701
351	青岛市博物馆	文物	青岛市梅岭东路 51 号	266061
352	青岛市康有为故居纪念馆	文物	青岛市福山支路 5 号	266003
353	青岛市民俗博物馆	文物	青岛市太平路 19 号	266003
354	青岛崇汉轩汉画像砖博物馆	民办	青岛市崂山区中韩镇四零一医院崂山分院院内	266101
355	青州市博物馆	文物	范公亭西路 1 号	262500
356	曲阜汉画艺术博物馆	民办	曲阜市明故城墙南展厅（西马道街）	273100
357	曲阜市汉魏碑刻陈列馆	文物	曲阜市后作街	273100
358	日照市博物馆	文物	日照烟台路 33 号	276826
359	寿光市博物馆	文物	寿光市文化中心 3 楼	262700
360	泰安市博物馆	文物	泰安市泰山区朝阳街 7 号（岱庙内）	271000
361	滕州市博物馆	文物	滕州市学院路 82 号	277500
362	滕州市汉画像石馆	文物	滕州府前东路 1 号	277500
363	滕州市砚台博物馆	行业	滕州市墨子研究中心龙泉广场砚台博物馆	277500
364	王学仲艺术馆	文物	滕州市塔寺街 20 号	277500
365	威海市博物馆	文物	威海市文化中路 73 号	264200
366	潍坊市博物馆	文物	潍坊市东风东街 6616 号	261061
367	文登市博物馆	文物	文登市文山东路博展中心	264400
368	烟台市博物馆	文物	烟台市南大街 61 号	264008
369	兖州市博物馆	文物	兖州市城区文化东路 53 号	272100
370	枣庄市博物馆	文物	枣庄市市中区龙庭路 56 号	277010
371	章丘市博物馆	文物	明水清照路 135 号	250200
372	招远市博物馆	文物	招远府前路 128 号	265400

序号	名　称	性质	地　址	邮政编码
373	诸城市博物馆	文物	诸城市和平北街 125 号	262200
374	淄博市博物馆	文物	淄博市张店区商场西街 153 号	255035
375	淄博市陶瓷博物馆	文物	张店区西四路 119 号	255033
376	淄博艺术博物馆	民办	周村银子市 23 号	255300
			河南省	
377	河南博物院	文物	郑州市农业路 8 号	450002
378	安阳博物馆	文物	文明大道东段	455000
379	安阳市民间艺术博物馆	文物	安阳鼓楼东街 6 号	455000
380	巩义市博物馆	文物	巩义市杜甫路 82 号	451200
381	河南古代壁画馆	文物	河南省洛阳市机场路 45 号	471002
382	河南省地质博物馆	行业	河南省郑州市	450016
383	鹤壁市博物馆	文物	鹤壁市淇滨区华夏南路南段	458030
384	济源市博物馆	文物	天坛中路 1087 号	454650
385	焦作市博物馆	文物	焦作市建设中路 72 号	454002
386	开封市博物馆	文物	迎宾路 26 号	475000
387	开封市艺术博物馆	文物	河南省开封市徐府街 85 号	475001
388	林州市博物馆	文物	林州市翠薇路 5 号	456550
389	灵宝市博物馆	文物	灵宝市北区函谷大道东侧	472500
390	洛阳匾额博物馆	文物	瀍河区新街 433 号	471000
391	洛阳博物馆	文物	河南省洛阳市洛龙区聂泰路	471000
392	洛阳古代艺术博物馆	文物	河南省洛阳市机场路 45 号	471002
393	洛阳民俗博物馆	文物	洛阳市瀍河区新街 433 号	471000
394	孟州市博物馆	文物	孟州市北环路西段	454750
395	南阳市博物馆	文物	南阳市卧龙路 766 号	473000
396	南阳市汉画馆	文物	河南省南阳市汉画街 398 号	473000
397	濮阳市博物馆	文物	河南省濮阳市华龙区开州路 165 号	457000
398	汝州市汝瓷博物馆	文物	汝州市望嵩中路 31 号	467599
399	三门峡市博物馆	文物	三门峡市陕州风景区内	472000
400	新乡市博物馆	文物	新乡市人民东路甲一号	453000
401	新野汉画像砖博物馆	文物	新野县书院路	473500
402	新郑市博物馆	文物	新郑市轩辕路西段	451100
403	许昌市博物馆	文物	许昌市许都路	461000
404	殷墟博物馆	文物	安阳殷墟路北端	455000
405	禹州钧官窑址博物馆	文物	禹州市钧官窑路 60 号	461670
406	郑州博物馆	文物	郑州市嵩山南路 168 号	450007
407	郑州自然博物馆	行业	郑州市英才街 6 号	450044
408	中国文字博物馆	文物	河南省安阳市人民大道 656 号	455000
409	周口市博物馆	文物	周口市东新区文昌大道东段	466001
410	驻马店市博物馆	文物	驻马店市通达路	463000
			湖北省	
411	湖北省博物馆	文物	湖北省武汉市武昌区东湖路 160 号	430077

序号	名　称	性质	地　址	邮政编码
412	安陆市博物馆	文物	安陆市解放大道 210 号	432600
413	赤壁市博物馆	文物	陆水湖大道 229 号	437300
414	大冶市博物馆	文物	青铜广场湛月路	435100
415	丹江口市博物馆	文物	丹江口市北京路 120 号	442708
416	董必武纪念馆	行业	湖北红安陵园大道 1 号	438400
417	鄂州市博物馆	文物	鄂州市武昌大道西山坡公园路 7 号	436000
418	恩施市博物馆	文物	解放路 111 号	445000
419	广水市博物馆	文物	广水市文昌路 1 号	432700
420	湖北艺术博物馆	文物	武昌东湖路三官殿 1 号	430077
421	黄冈市博物馆	文物	黄州区公园路 7 号	438000
422	黄冈市民俗博物馆	文物	黄冈市东门路 151 号	438000
423	黄石市博物馆	文物	黄石市团城山开发区广会路 12 号	435000
424	荆门市博物馆	文物	湖北省荆门市象山大道 19 号	448000
425	荆州博物馆	文物	湖北省荆州市荆中路 142 号	434020
426	潜江市博物馆	文物	章华南路 27 号	433100
427	十堰市博物馆	文物	北京北路 91 号	442000
428	石首市博物馆	文物	南岳大道 178 号	434400
429	松滋市博物馆	文物	松滋市乐乡大道 105 号	434200
430	随州市博物馆	文物	擂鼓墩大道 98 号	441300
431	随州市曾侯乙墓遗址博物馆	文物	随州市擂鼓墩大道 44 号	441300
432	天门市博物馆	文物	竟陵西寺路 14 号	431700
433	武汉博物馆	文物	武汉市江汉区青年路 373 号	430023
434	武穴市博物馆	文物	武穴玉湖路 239 号	435400
435	仙桃市博物馆	文物	仙桃大道 60 号	433000
436	咸宁市博物馆	文物	温泉金桂路	437100
437	襄阳市博物馆	文物	襄城区北街 1 号	441021
438	襄阳市米芾纪念馆	文物	樊城区解放路 2 号	441000
439	孝感市博物馆	文物	孝感市城站路 87 号	432000
440	宜昌市博物馆	文物	宜昌市夷陵大道 115 号	443000
441	宜城市博物馆	文物	宜城中华大道 9 号	441400
442	宜都市博物馆	文物	宜都市陆城园林大道 29 号	443300
443	枣阳市博物馆	文物	枣阳市西环一路 52 号	441200
444	枝江市博物馆	文物	南岗路 50 号	443200
445	钟祥市博物馆	文物	湖北省钟祥市郢中街办元佑路 7 号	431900
			湖南省	
446	湖南省博物馆	文物	长沙市东风路 50 号	410005
447	郴州市博物馆	文物	郴州市日月路 3 号	423000
448	衡阳市博物馆	文物	衡阳市石鼓区明翰路 28 号	421001
449	怀化市博物馆	文物	怀化市迎丰中路 350 号	418000

序号	名　称	性质	地　址	邮政编码
450	临湘市博物馆	文物	河西中路16号	414300
451	浏阳市博物馆	文物	浏阳市圭斋路81号	410300
452	娄底市博物馆	文物	娄底市长青中街17号	417000
453	齐白石纪念馆	文物	湖南省湘潭市大湖路2号	411100
454	湘潭市博物馆	文物	湖南省湘潭市雨湖区平政路392号	411100
455	湘乡市博物馆	文物	湘乡市工贸新区桑梅中路	411400
456	益阳市博物馆	文物	康复南路（益阳大剧院旁）	413000
457	永州市博物馆	文物	永州市零陵区南津南路414号	425000
458	长沙简牍博物馆	文物	长沙白沙路92号	410002
459	长沙市博物馆（中共湘区委员会旧址纪念馆）	文物	长沙市开福区八一路538号	410011
			广东省	
460	广东省博物馆	文物	广州市天河区珠江东路2号	510623
461	潮州市博物馆	文物	潮州市人民广场西南侧	521000
462	从化市博物馆	文物	从化市河滨北路74号	510900
463	东莞市博物馆	文物	东莞市城区新芬路36号	523007
464	佛山市博物馆	文物	佛山市禅城区汾江中路43号	528000
465	高剑父纪念馆	文物	解放北路861号	510180
466	高要市博物馆	文物	高要市南岸镇世纪大道15号	526100
467	高州市博物馆	文物	高州市城西观山	525200
468	广东民间工艺博物馆	文物	广州市中山七路	510170
469	广东石湾陶瓷博物馆	行业	佛山市禅城区石湾镇高庙路5-6号	528031
470	广州博物馆	文物	广州市越秀山镇海楼	510040
471	广州艺术博物院	文物	广州市麓湖路13号	510095
472	河源市博物馆	文物	河源市源城区滨江大道	517000
473	鹤山市博物馆	文物	鹤山市沙坪镇人民东路45号	529700
474	惠州市博物馆	文物	惠州市江北市民乐园西路3号	516003
475	江门市博物馆	文物	江门市五邑华侨广场内	529000
476	揭阳市博物馆	文物	榕城韩祠路七号	522031
477	乐昌市博物馆	文物	乐昌市东环南路榴村小学后山	512200
478	雷州市博物馆	文物	雷州市西湖大道	524200
479	连州市博物馆	文物	连州市文化广场	513400
480	罗定市博物馆	文物	罗定市罗城街道文博街	527200
481	茂名市博物馆	文物	茂名市人民北路	525000
482	南雄市博物馆	文物	南雄市三影塔广场59号	512400
483	普宁市博物馆	文物	普宁市流沙赤华路南段西侧	515300
484	清远市博物馆	文物	清远市新城十八号区银泉路博物馆大楼	511518
485	汕头市博物馆	文物	市金平区月眉路与韩堤路交界处	515031
486	韶关市博物馆	文物	韶关市武江区工业西路90号	512028
487	深圳博物馆	文物	福田区同心路6号	518027

序号	名　称	性质	地　址	邮政编码
488	四会市博物馆	文物	四会市行政中心大楼侧	526200
489	台山市博物馆	文物	台山市台城环北大道诗山	529200
490	兴宁市博物馆	文物	兴城街道办事处人民公园内	514500
491	阳春市博物馆	文物	阳春市中心广场内西南侧	529600
492	英德市博物馆	文物	英德市和平北路	513000
493	云浮市博物馆	文物	云浮市云城区新世纪大道中博物馆大楼	527300
494	增城市博物馆	文物	广东省增城市荔城街前进路 31 号	511300
495	湛江市博物馆	文物	赤坎南方路 50 号	524038
496	中山市博物馆	文物	中山市孙文中路 197 号	528403
497	珠海市博物馆	文物	珠海市吉大景山路 191 号九洲城	519015
			广西壮族自治区	
498	广西壮族自治区博物馆	文物	广西南宁市青秀区民族大道 34 号	530022
499	广西民族博物馆	文物	南宁青环路 11 号	530028
500	北流市博物馆	文物	北流市城东一路 0090 号	537400
501	广西地质博物馆	行业	南宁市建政路 1 号	530023
502	广西自然博物馆	文物	南宁人民东路 1-1 号	530012
503	桂北民俗博物馆	文物	灵川县灵北路尾	541200
504	桂海碑林博物馆	文物	桂林市七星区龙隐路 1 号	541004
505	桂林博物馆	文物	桂林市西山路 4 号	541001
506	桂平市博物馆	文物	桂平市人民中路	537200
507	贺州市博物馆	文物	贺州市体育路 65 号	542899
508	柳州市博物馆	文物	柳州市解放北路 37 号	545001
509	南宁市博物馆	文物	南宁市兴宁区朝阳路 3 号	530012
510	凭祥市博物馆	文物	广西凭祥市北环路新洞口旁	532600
511	钦州市博物馆	文物	广西钦州市宫保街冯子材旧居内	535000
512	梧州市博物馆	文物	梧州市珠山公园内	543000
			海南省	
513	海口市博物馆	文物	海口市海府路 169 号	571100
514	海南省博物馆	文物	海口市国兴大道 68 号	570203
515	海南省民族博物馆	文物	五指山市泰翡路	572200
516	琼海市博物馆	行业	加积镇官塘大道	571400
517	文昌市博物馆	文物	文城镇文东里 20 号	571300
			重庆市	
518	重庆中国三峡博物馆	文物	重庆市渝中区人民路 236 号	400015
519	重庆自然博物馆	文物	重庆市渝中区枇杷山正街 74 号	400013
520	重庆历史名人馆	行业	重庆市渝北区朝东路附一号	400011
521	重庆市巴渝名匾文化艺术博物馆	民办	重庆市渝中区李子坝	400014
522	重庆市民族博物馆	文物	重庆市九龙坡区红狮大道 6 号	400050
			四川省	
523	四川博物院	文物	四川省成都市浣花南路 251 号	610071
524	巴金纪念馆	行业	龙泉驿区龙都南路 668 号	610100

序号	名称	性质	地址	邮政编码
525	成都博物馆	文物	青羊区天府广场西侧	610015
526	成都画院书画博物馆	文物	成都市下同仁路80号	610015
527	成都金沙遗址博物馆	文物	成都市金沙遗址路2号	610091
528	成都隋唐窑址博物馆	文物	成都市一环路西二段31号	610071
529	成都武侯祠博物馆	文物	成都武侯祠大街231号	610041
530	德阳市博物馆	文物	德阳市文庙街133号	618000
531	峨眉山博物馆	文物	四川省峨眉山市	614201
532	广安市博物馆	文物	广安市广安区青莲路1号	638000
533	广元市博物馆	文物	四川广元东坝文化艺术中心	628000
534	郭沫若故居博物馆	文物	四川省乐山市沙湾区文豪路中段	614900
535	江油市博物馆	文物	江油市文风街	621700
536	内江市张大千纪念馆	文物	四川省内江市东兴区东桐路圆顶山	641002
537	彭州市博物馆	文物	彭州市天彭镇金彭西路403号	611930
538	蓬溪书法艺术博物馆	文物	蓬溪县赤城镇中河街156号	629100
539	三苏祠博物馆	文物	眉山市东坡区沙縠行南段96号	620010
540	四川广汉三星堆博物馆	行业	四川省广汉市西安路133号	618300
541	四川宋瓷博物馆	文物	遂宁市西山路613号	629000
542	雅安市博物馆	文物	四川省雅安市雨城区文定街15号	625000
543	宜宾市博物院	文物	宜宾市翠屏区真武山七组46号	644000
			贵州省	
544	贵州省博物馆	文物	贵阳市北京路168号	550004
545	毕节市博物馆	文物	贵州省毕节市七星关区百花路19号	551700
546	仁怀市博物馆	文物	仁怀市盐津河风景名胜区	564500
547	遵义市博物馆	文物	遵义市人民路与珠海路交汇处	563000
			云南省	
548	云南省博物馆	文物	昆明市五一路118号	650032
549	安宁市博物馆	文物	云南省安宁市连然街122号	650300
550	白沙壁画博物馆	文物	玉龙县白沙乡三元村	674101
551	大理市博物馆	文物	大理古城复兴路111号	671003
552	昆明市博物馆	文物	昆明市拓东路93号	650041
553	丽江市博物院	文物	黑龙潭公园旁	674100
554	普洱市博物馆	文物	普洱市北部滨河路文化中心	665000
555	玉溪市博物馆	文物	玉溪市红塔大道30号	653100
556	云南民俗博物馆	民办	昆明市滇池路云南民族村故城	650228
557	云南民族博物馆	行业	昆明市滇池路1503号	650228
558	云南省保山市博物馆	文物	云南省保山市隆阳区永昌文化园4号	678000
559	昭通市博物馆	文物	昭通市北部新区	657000
			西藏自治区	
560	藏东南文化遗产博物馆	文物	西藏林芝地区八一镇巴吉村	860000
561	西藏博物馆	文物	拉萨市民族南路2号	850000

序号	名　称	性质	地　址	邮政编码
			陕西省	
562	陕西历史博物馆	文物	西安市小寨东路 91 号	710061
563	秦始皇帝陵博物院（秦始皇兵马俑博物馆）	文物	陕西西安临潼	710600
564	安康历史博物馆	文物	汉滨区香溪路 28 号	725009
565	宝鸡民俗博物馆	文物	陕西省宝鸡市西宝路 12 号	721006
566	宝鸡青铜器博物院	文物	陕西宝鸡渭滨区滨河路中华石鼓园	721006
567	宝鸡市大唐秦王陵博物馆	文物	宝鸡市金台区陵塬乡陵塬村	721001
568	韩城市博物馆	文物	韩城市金城区学巷 45 号	715400
569	汉阳陵博物馆	文物	咸阳市渭城区正阳镇	712038
570	汉中市博物馆	文物	陕西省汉中市汉台区东大街 26 号	723000
571	乾陵博物馆	文物	陕西省咸阳乾县	713300
572	陕北历史文化博物馆	行业	陕西省榆林市崇文路 4 号榆林学院博物馆	719000
573	陕西元代建筑博物馆	文物	昝村镇西街	715403
574	陕西自然博物馆	行业	西安市长安南路 88 号	710061
575	商洛市博物馆	文物	商州区工农路	726000
576	西安碑林博物馆	文物	西安市碑林区三学街 15 号	710001
577	西安博物院	文物	西安市友谊西路 72 号	710068
578	西安钱币博物馆	行业	西安市西大街 188 号	710002
579	西安中国书法艺术博物馆	行业	西安市自强东路 585 号大明宫南宫墙西南角	710015
580	兴平市博物馆	文物	县门街东路 29 号	713100
581	耀州窑博物馆	文物	陕西省铜川市王益区黄堡镇新宜南路 25 号	727001
582	榆林市汉画像石博物馆	文物	榆林市世纪广场北一楼	719000
583	昭陵博物馆	文物	礼泉县烟霞镇	713206
584	周陵博物馆	文物	渭城区周陵镇	712023
			甘肃省	
585	甘肃省博物馆	文物	兰州市西津西路 3 号	730050
586	白银市博物馆	文物	白银市白银区西区长安路 16 号	730900
587	定西市博物馆	文物	定西市安定区中华路 23 号	743000
588	敦煌市博物馆	文物	敦煌市鸣山北路 1390 号	736200
589	甘肃地质博物馆	行业	兰州市团结路 6 号	730030
590	甘肃马家窑彩陶文化博物馆	民办	临洮县洮阳镇南关 1 号	730500
591	甘肃省钱币博物馆	行业	兰州市东岗西路 698 号	730000
592	金昌市博物馆	文物	金川区建设路	737100
593	兰州市博物馆	文物	兰州庆阳路 240 号	730030
594	兰州市非物质文化遗产陈列馆	文物	兰州市北滨河路 450 号金城关文化风情园区二台	730000
595	临夏市博物馆	文物	临夏市环城东路 35 号	731100
596	陇南市武都区博物馆	文物	陇南市武都区钟楼滩文广大厦	746000
597	平凉市博物馆	文物	平凉市宝塔梁	744000
598	庆阳市博物馆	文物	庆阳市弘化西路	745000
599	天水市博物馆	文物	天水市秦州区伏羲路 110 号	741000

序号	名　称	性质	地　址	邮政编码
600	武威市博物馆	文物	武威市凉州区新青年巷 46 号	733000
601	玉门市博物馆	文物	玉门市玉苑路文化三馆大楼	735211
602	张掖市博物馆	文物	张掖市县府街 86 号	734000
		青海省		
603	青海民族博物馆	文物	青海省西宁市西关大街 58 号	810008
604	青海省博物馆	文物	青海省西宁市西关大街 58 号	810008
605	青海省民俗博物馆	文物	西宁市为民巷 13 号	810007
606	西宁市博物馆	文物	西宁市虎台公园	810000
		宁夏回族自治区		
607	宁夏博物馆	文物	金凤区人民广场	750002
608	西吉钱币博物馆	文物	西吉东什字南街	756200
609	西夏博物馆	文物	西夏区西夏陵	750021
610	须弥山博物馆	文物	须弥山石窟	756003
611	银川世界岩画馆	行业	贺兰县贺兰口	750200
		新疆维吾尔自治区		
612	新疆维吾尔自治区博物馆	文物	新疆乌鲁木齐市西北路 581 号	830000
613	阿勒泰市博物馆	文物	阿勒泰市文化路八道巷	836500
614	吐鲁番博物馆	文物	吐鲁番市木纳尔路 1268 号	838000
615	乌鲁木齐市博物馆	文物	乌市南湖南路 123 号	830063
616	伊犁林则徐纪念馆	文物	伊宁市开发区福州路 885 号	835000

全国主要艺术机构

单位名称	联系电话	通信地址
中国文物学会	010-84020901	北京市东城区雍和宫大街戏楼胡同 1 号　邮编：100007
中国文物保护基金会	010-64025850	北京市东城区戏楼胡同 1 号　邮编：100007
中国博物馆协会	010-64031809	北京市东城区戏楼胡同一号　邮编：100007
中国书法家协会	010-65389212	北京市朝阳区农展馆南里 10 号　邮编：100026
中国美术家协会	010-59759390	北京市朝阳区北沙滩 1 号院 32 号楼 B 座 18 层　邮编：100083
中国文学艺术界联合会	010-59759350	北京市朝阳区北沙滩 1 号院 32 号楼　邮编：100083
中国艺术研究院	010-64891166	北京市朝阳区惠新北里甲一号　邮编：100029
中国艺术科技研究所	010-67172619	北京市崇文区广渠门南小街领行国际 1 号楼 2 单元 20 层　邮编：100061
中国国家画院	010-68416601	北京市海淀区西三环北路 54 号　邮编：100044
北京画院	010-65025171	北京市朝阳区六里屯北里 1 号　邮编：100026
李可染艺术基金会	010-68520423	北京海淀区翠微中里 12 号　邮编：100036
中国长城学会	010-63345230	北京市西城区莲花池东路甲 5 号白云时代大厦东塔 507　邮编：100038
李可染画院	010-68252398 010-68250507	北京市海淀区翠微中里 12 号
中国收藏家协会	010-64012635 010-84027307	北京市朝阳区高碑店西店 1118 号国粹苑 C 座二层　邮编：100124
中国书画收藏家协会	010-84007230	北京市东城区东直门内北小街 2 号楼 402 室　邮编：100007
北京市收藏家协会	010-63370493	北京复兴门外大街 16 号首都博物馆内　邮编：100045
天津市收藏家协会	022-27258136	天津市南开区城厢中路 778 号 9 号楼 3 门　邮编：300101

单位名称	联系电话	通信地址
云南省收藏家协会	0871-5389989	云南省昆明市人民西路 124 号昆明潘家湾文化市场办公楼二楼 邮编：650031
西藏自治区收藏家协会	0891-6887792	西藏拉萨市巴尔库路 10 号自治区文物局 邮编：830000
陕西省收藏家协会	029-87427035	陕西省西安市东新街 2 号收藏品市场 邮编：710004
甘肃省收藏协会	0931-4607166	甘肃兰州市城关区陇西路金城大剧院西侧 邮编：730030
青海省收藏家协会	0971-7115771	青海省西宁市七一路 328 号一楼青海省西宁市军区办公楼 邮编 810000
宁夏收藏协会	0951-4123896	宁夏银川市兴庆区北京东路 365 号国际花园 3 号楼 2 单元 504 室 邮编：750004
新疆自治区收藏家协会	0991-8877177	新疆乌鲁木齐市幸福路 9 号名家古玩城 4 楼 邮编：830001
安徽省收藏家协会	0551-4692776	安徽省合肥市长江东路 1121 圣大国际大厦 5-1706 邮编：230011
福建省收藏家协会	0591-83552026	福建省福州市仓山区东升路 17 号 邮编：350007
江西省收藏家协会	18070097629	江西省南昌市西湖区丁公路 98 号恒茂 22 栋 B302 邮编：330046
九江市收藏协会	13907029179	江西省九江市浔阳东路 39 号东区 10 栋 邮编：332000
山东省收藏家协会	0531-2060628	山东省济南市马鞍山路 15 号新世界商城 3 楼东厅 609 室 邮编：250000
河南省收藏家协会	0371-65865531	河南省郑州市经五路 1 号附 5 号 邮编：450003
湖北省收藏家协会	027-83744659	湖北省武汉市硚口崇仁路 92 号 3 楼 邮编：430030
湖南省收藏协会	0731-84443953	湖南省长沙市韭菜园南路大麓珍宝古玩城旁富顺大厦 403 室 邮编：410000
广东省收藏家协会	020-83333406	广东省广州市解放北路 542 号 邮编：510030
广西收藏协会	0771-2564939	广西南宁市民主路北四里 12-3 号 邮编：530023
海南省收藏家协会	0898-68928942	海南省海口市国兴大道 68 号省博物馆 邮编：570200
重庆收藏协会	023-63528552	重庆渝北区红锦大道金山路 3 号汇景台东宫会所 邮编：401120
四川省收藏家协会	028-86932300	四川省成都市青羊区酱园公所街 9 号 4 楼 邮编：610071
贵州省收藏协会	13985424779	贵州省贵阳市新添大道南段 187 号银佳花园 5 栋 2 单元 5 号 邮编：550004

单位名称	联系电话	通信地址
河北省收藏家协会	0311-86212249	河北省石家庄市西大街46号省文物局107房间 邮编：050011
山西省收藏家协会	0351-4085545	山西省太原市太原广场收投分公司01012信箱 邮编：030001
内蒙古收藏家协会	0471-6916317	内蒙古呼和浩特市新华大街18号 邮编：010010
辽宁省收藏家协会	024-23848168	辽宁省沈阳市沈河区青年大街215号62B 邮编：110016
黑龙江省收藏家协会	0451-87000845	黑龙江省哈尔滨市道外区靖宇大街368号同记珠宝古玩城五楼 邮编：150020
上海市收藏协会	021-63140930	上海市中山南路1551号 邮编：200003
江苏省收藏家协会	025-84823476	江苏省南京市石头城路99号南艺后街艺术收藏品市场D2-18室 邮编：210013
浙江省收藏协会	0571-86053603	浙江省杭州市文晖路269号通盛嘉苑1栋902室 邮编：310014

World's Leading Data Service on Chinese Art Market

全球领先的中国艺术市场数据研究机构

雅昌艺术市场监测中心（AMMA）
是雅昌集团旗下的独立艺术市场监测及研究机构。
我们的分析基于**中国成立最早、数据最全的**“雅昌中国艺术品数据库”，及其自1993年至今
统计到的600+家中国艺术品拍卖机构的13,000+拍卖专场中超过3,200,000件拍品成交及图文信息，
以及在海外成交的中国艺术品信息。在充分尊重和理解艺术专业知识的前提下，对数据进行严谨的整理和分析，
并据此运用统计学和经济学的方法观测艺术市场走势，分析艺术品类以及艺术家的市场行情，
提供艺术品估价信息参考，并提供相关讲座和咨询服务。

AMMA (Art Market Monitor of ARTRON, a subsidiary of ARTRON GROUP)
is a research center committed to Chinese art market monitoring and analysis.
Our research and consulting services are on the basis of the **China's first and most comprehensive database**,
Artron Chinese Artworks Database, recording over **3,200,000 Chinese artworks** auction results from
over 13,000 sales, with high-definition images and complete illustrative information from over **600 auction houses**
since the first art auction hammer was knocked in China in 1993, as well as Chinese artworks sold overseas.
By means of statistical and econometrical methodology, AMMA observes the pricing trend of Chinese art market as
well as the market movements of a specialized category or an artist. AMMA also serves our clients with
data-processing, art appraisal and pricing consulting.
We provide customized art market seminars to individual and institutional clients.

普陀山南海观音像

产品名称	材　质	规　格	发行量	零售价
普陀山南海观音像至尊版	Au.999	6000g	9尊	3,190,000元
		1000g	99尊	559,000元
		600g	199尊	339,000元
普陀山南海观音像臻享版	Ag.999	3000g	999尊	59,900元
		600g	1999尊	11,900元

刘大为，中国雕塑家、佛教造像大师。早期参与南京雨花台群雕像、毛泽东纪念堂的汉白玉毛主席雕像等大型纪念性雕像工程。个人代表作有中国的普陀山南海观音像、香港大屿山天坛大佛、香港西方寺五方佛，以及新加坡双林寺千手观音、尼泊尔中华寺释迦牟尼像、大安寺普闲菩萨等，在国际佛教造像界具有极高的影响力。中国佛教协会原会长赵朴初曾为其题词：会心妙手，成佛庄严，相好光明，赞叹无尽。

道生长老，1922年生于浙江舟山，现为普陀山佛教协会谘议委员会主席、普陀山全山首座。曾任普陀山普济寺维那、知客、监院，普陀山佛协副会长，浙江省佛协常务理事。道生长老终身受持《妙法莲华经》，得“六根清净”成佛之大道，是当代的得道高僧。

慈航普渡

道生长老题词“慈航普渡”

俊生法师，时年84岁，著名佛教大师。从1973年受邀普陀山普济寺常住，常负责接待国家领导人及海外要员。其佛学精湛，国学精通，琴棋书画无所不能，尤其是其书法艺术是当今佛教界的一株奇葩。

惟航法师，1963年出生。现任浙江省佛教协会副会长、舟山市佛教协会名誉会长、普陀山佛教协会第五届理事会副会长、普陀山普济禅寺首座、普陀山宝陀讲寺监院、普陀山佛教书画院院长。

慈悲喜舍

俊生法师题词“慈悲喜舍”

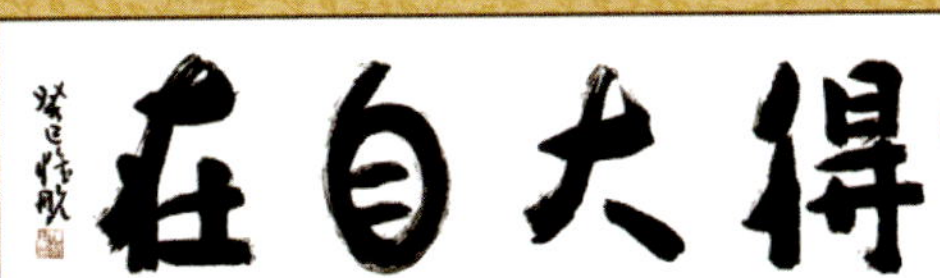

惟航法师题词“得大自在”

北京博乐雅书画院藏品赏析

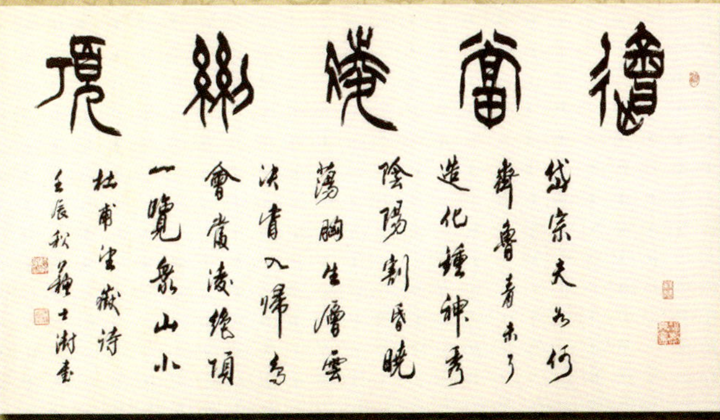

苏士澍作品《望岳》 97cm×197cm

这是苏士澍先生典型风格的作品，大篆书写佳句，行书书写全诗，配以多方自制印章。大篆磅礴开放，行书流水行云，篆刻古朴含蓄，三者各具情态又浑然一体。在一件作品里可以欣赏到一位艺术家多方面的才华，感受无穷的艺术魅力。

赵国经 王美芳作品《海棠花下问春归》

120cm×79cm

这件作品可谓经典之作，整幅构图合理自然，优雅的人物与盛开的鲜花和谐相处，描绘出人与自然息息相关的情调。每一个花瓣都栩栩如生，画家精心点染，显示出无限的生机。如诗似梦的境界，让人真正有了赏心悦目的感觉，通篇体现和演绎了一个完整的"美"字。

昌化鸡血石
鸡血大红袍

16cm×13cm×5cm

昌化鸡血石大红袍是难能可贵的珍品，在众多的鸡血液中极其罕见。这块全天然的鸡血石含血量达95%血色鲜艳，质地温润，形态迥然，给人以美的享受。拥有它似有贵族之尊的感觉，确实是件难得之料。

牛克思作品 高山水洞石《花开富贵》

37cm×28cm×7cm

寿山石中的高山水洞石其石质包含有寿山石中"六德"之韵。中国工艺大师牛克思先生（林汉立）运用他多年的雕刻技艺对石材图腾的布局进行了精心策划、巧妙勾思，将作品的意境体现得淋漓尽致，尤其在镂空雕方面更是利用了石头自然的巧色将作品的内涵展现得完美无缺，使作品形象生动，给人栩栩如生的感觉。这件作品材质丰满，颜色鲜艳，工艺精湛，题材意义优雅高贵。曾入选做中国邮票和电话卡的图案。它的出现是寿山石雕中的难得之作，收藏它有深刻的意义。

合作征集

主办单位

中国收藏家协会
中国拍卖行业协会
雅昌企业（集团）有限公司

学术支持

《中国收藏拍卖年鉴》专家顾问委员会
雅昌艺术市场监测中心

《中国收藏拍卖年鉴》编委会
电话：010-58613396
地址：北京市朝阳区广渠门外大街8号优士阁大厦A座12A05
邮编：100022
邮箱：s@ccay.cn
网址：www.ccay.cn